# 유가 전통과 과학

This publication was made possible through the support of a grant from Templeton Religion Trust. The opinions expressed in this publication are those of the author and do not necessarily reflect the views of Templeton Religion Trust.

템플턴 동아시아 과학사상 총서 1

유가 전통과 과학
Science and Confucian Tradition

| | |
|---|---|
| 지은이 | 김영식 |
| 펴낸이 | 오정혜 |
| 펴낸곳 | 예문서원 |
| 편 집 | 김병훈 |
| 인 쇄 | ㈜상지사 P&B |
| 제 책 | ㈜상지사 P&B |
| 초판1쇄 | 2013년 2월 28일 |
| 주 소 | 서울시 성북구 안암동 4가 41-10 건양빌딩 4층 |
| 출판등록 | 1993년 1월 7일 (제307-2010-51호) |
| 전화번호 | 925-5913~4 / 팩시밀리 929-2285 |
| Homepage | http://www.yemoon.com |
| E-mail | yemoonsw@empas.com |

ISBN 978-89-7646-301-2   93150
ⓒ Kim Yung Sik  2013 Printed in Seoul, Korea

YEMOONSEOWON #4 Gun-yang B.D. 41-10 Anamdong 4-Ga, Seongbuk-Gu Seoul KOREA 136-074
Tel) 02-925-5913~4, Fax) 02-929-2285

값 24,000원

템플턴 동아시아 과학사상 총서 1

# 유가 전통과 과학

김영식 지음

예문서원

## 지은이의 말

1.

동아시아에서의 과학의 발전에 있어 유가 전통이 미친 영향에 대한 평가는 지난 한 세기 동안 크게 변화해 왔다. 20세기 초부터 한참 동안은 유가 전통에 대한 평가는 부정적 일색이었다. 유가 전통은 과학만이 아니라 중국 및 동아시아 사회·문화 전반을 두고 부정적인 영향을 미쳤다는 생각이 널리 퍼져 있었던 것이다. 그러나 20세기 후반에 접어들면서 이 같은 생각은 급격히 바뀌어 갔고 유가 전통의 긍정적인 역할을 찾는 경향이 생겨났다. 특히 지난 2, 30년간 동아시아 여러 나라들의 인상적인 산업발전과 경제성장이 주목받으면서 과거 이 지역의 사회와 문화에서 지배적인 요소였던 유가 전통이 그 같은 발전에 무언가 기여한 면이 있을 것이라는 생각이 생겨나게 되었고, 자연히 그로부터 여러 긍정적인 측면들을 찾는 경향이 자라났다. 그리고 유가 전통에서 과학적·합리적 측면들, 그리고 과학의 발전에 기여한 측면들을 찾아보는 시도들이 그 과정에서 나타나게 되었다.

물론 이 같은 시도들은 동아시아 전통 문화와 사회에 대한 이해, 특히 유가 전통의 다양한 측면에 대한 이해의 폭을 넓히는 데 기여했다고 할 수 있다. 그러나 그로부터 문제들도 빚어졌다. 특히 이 같은 시도들은 피상적으로, 또한 다분히 감상적으로, 이루어졌고 일거에 모든 것에 답하려 드는 식으로 조급하게 이루어지는 경우가 많았으며 유가 전통 및 동아시아 문화, 그리고 그 속에서의 과학에 대한 제대로 된 이해에 바탕한 깊이 있는,

차근한, 본격적·학문적 연구, 논의는 드물었다. 심지어는, 차분한 본격적인 연구를 할 준비가 되어 있는 학자들은 그 같은 연구를 피하고 하지 않는 반면에 오히려 그런 준비가 되어 있지 못한 사람들이 나서서 단순화되고 손쉬운 결론들을 내어 놓는 일도 잦아졌다. 이런 상황에서, 유가 전통과 과학과 관련해서 몇 가지 주제, 측면들에 대해 더 차분히 살펴보는 기회를 제공하게 될 것을 기대하면서 이 책을 내어 놓는다.

## 2.

이 책에 실린 11편의 글은 새로 쓴 것들이 아니라 그동안 내기 여기저기 발표했던 글들을 모은 것이다. 그 중에는 이미 30년이 되어 가는 글까지 포함되었고, 다섯 편은 원래 영어로 출판되어 있었던 것을 이번에 번역하여 이 책에 포함하게 되었다. 물론 하나하나가 독립적인 별개의 글들로 이루어진 이 책이 전체적으로 체계 있고 정합성 있는 구성을 이루고 있지는 못하다. 오래된 글 몇 편은 현재 학계의 상황과는 다른 과거의 상황을 반영하기도 한다. 그러나 책으로 엮는 과정에서 명백한 오류만을 고치고 다른 글과 완전히 중복되는 부분을 축약하고 주 달기 등 형식 면에서의 통일만 기했을 뿐 각각의 글의 내용은 그대로 두었다. 그럼에도 불구하고 글들 전체가 합쳐져서 유가 전통과 과학이라는 주제에 대한 종합적인 시각을 지니는 데 도움 있으리라 기대한다.

3.

11편의 글을 세 '부'로 나누었다. 1부는 직접 과학 자체는 아니지만 유학자들의 과학 및 자연지식에 영향을 미쳤고 유가 전통 속에서의 과학의 성격을 규정했던 기본적인 철학적 개념들, 그리고 유학자들의 학문방법론을 다루는 글들로 구성했다. 처음 두 편은 '기氣', '심心', '리理'라는 유가철학의 가장 기본적인 세 가지 개념들을 다루는데, 이 글들에서는 이 개념들 자체만이 아니라 그것들 사이의 관계를 살펴봄으로써 이 개념들이 유가 전통의 학문적, 철학적 논의—자연세계에 대한 논의를 포함해서—에서 어떤 의미를 지니고 어떤 역할을 했는지를 보여 줄 것이다. 세 번째 글은 유학자들의 논의에서 중요한 역할을 했던 '유추類推'의 방법을 분석함으로써 그들의 논의—역시 자연세계에 대한 논의를 포함해서—의 특성을 보여 줄 것이다. 이 중 '기와 심' 및 유추를 다루는 글들은 중국 및 동아시아 유학자들에게 엄청난 영향을 미쳤던 주희를 대상으로 했는데, '리와 기'를 다루는 글은 그 두 개념 사이의 관계에 대해 치열한 논쟁이 지속되었던 조선의 대표적 유학자인 이황을 대상으로 했다.

유가 전통 속에서의 과학의 위치와 성격을 다루는 네 편의 글들로 이루어진 2부에서는 유학자들이 과학에 대해 어떤 태도를 보였고 과학이 그들의 학문체계 속에서 어떤 의미를 지녔는가와 같은 질문들에 대해 다룬다. 먼저 첫 번째 글은 주희를 예로 들어 과학과 그 대상인 자연세계에 대한 그의 태도를 개관하는 글이다. 다음의 두 글은 미신과 술수에 대한 유학자들의 태도를 살피는데, 이처럼 경계 영역에 속한 것들에 대한 태도를 살펴보는 것이 과학과 자연세계에 대한 그들의 태도를 이해하는 데에 도움이 될 수 있다. 이 두 편 중 앞의 글에서는 역시 주희를 예로 들지만 뒤의 글에서는 미신과 술수에 대해 비판적이었다고 알려진 조선의 정약용을 살펴본다. 한편, 17세기 이후에는 서양의 과학 지식이나 개념이 동아시아에 유입되어 유학자들에게 영향을 미쳤고 따라서 그들이 서양 과학 지식과 개념에 대해 어떤 인식을 지녔는지 살펴보는 것도 유학자들이 과학에 대해 지닌 태도의 이해에 도움을 줄 수 있을 것이다. 지전설에 대한 유학자들의 반응을 다루는 네 번째 글은 그런 의미에서 포함되었다.

  오늘날 우리가 접하고 있는 과학기술은 주로 서양에서 생겨나서 발전되어 왔으며 따라서 서양의 다양한 사회적·문화적 요소들의 영향을 받았다. 예컨대 현대사회에서 과학기술이 지니는 가장 뚜렷한 두 가지 특성들—과학기술의 전문직업화, 과학과 기술의 밀접한 연결—은 서양 사회에서 과학이 발전해 가는 과정에서 그 사회적·문화적 요소들의 영향을 받아 생겨난 것들이다. 따라서 서양에서의 과학기술의 발전 과정에 대한 이해를 위해서는 당연히 이들 사회적·문화적 요소들에 대한 이해가 필요하다. 중국(동아시아)에서의 과학기술의 발전 과정을 두고서도 이는 마찬가지가 될 것이므로 3부는 중국 과학의 사회적·문화적 맥락을 다루는 세 편의 글들로 이루어져 있다. 우선 유학자들이 전문 과학 지식과 그 종사자들에 대해서 어떤 태도를 보였는가를 보는 것으로 시작한 후 다음 두 글에서 중국의 사회적·문화적 요소들 두 가지와 과학의 관계에 대해 검토할 것인데, 이들 요소들 중 한 가지는 중국에서 강력했고 중국 과학의 발전에 부정적이었던 것으로 생각하는 관료제이고 다른 하나는 중국에서 서양과 전혀 다른 성격을 띠었던 종교가 될 것이다.

4.

이 책을 만드는 과정에서 여러 사람들로부터 도움을 받았다. 영어로 된 글들을 번역해 준 신민철, 오선실, 허윤섭 군은 당초 나 자신으로서는 엄두가 나지 않았던 작업을 시작할 수 있게 해 주었다. 특히 신민철 군은 여러 글들을 번역해 주었을 뿐 아니라 이 책에 실린 모든 글들의 원고정리 작업을 도와주었다.

이 책은 서울대학교 과학문화연구센터의 '템플턴 동아시아 과학과 종교 프로젝트'(Templeton Science and Religion in East Asia project)가 기획한 총서의 첫 권이다. 이 총서의 출판을 맡아 준 예문서원의 여러분에게, 그리고 프로젝트를 지원해 준 템플턴 종교기금(Templeton Religion Trust)에 감사한다.

2013년 2월 김영식

차례 유가 전통과 과학

지은이의 말   4

## 제1부 유가의 자연철학

### 제1장 주희 사상 속에서의 '기'와 '심'   15
1. 머리말   15
2. 기   17
3. 심   24
4. 기와 심   31
5. 맺는 말   39

### 제2장 이황의 리기관과 신유학 전통 상에서의 그 위치   40
1. 이황의 리기관   41
2. '주리'적 성격과 리-기 구분   45
3. 이황의 리기관과 주희   49
4. 주희의 '리' 개념의 특성   51
5. 주희의 리기관   57
6. 주희 리기관으로부터의 벗어남: 리의 실재화   62
7. 후기   67

### 제3장 주희의 격물치지 이론에서 '유추'의 방법   71
1. 격물: 리와 마음   72
2. '관통'의 문제: 개별 리들로부터 하나의 리로   76
3. 알고 있는 것으로부터 알지 못하는 것으로의 '유추'   80
4. '유추'의 단계들: 지식의 시작으로부터 지식의 도달에 이르기까지   83
5. 완벽하고 철저한 이해에 기반한 '유추'   87
6. '관통'을 향한 느리고 점진적인 과정 속에서의 '유추'   90

## 제2부 유가 전통 속의 과학

### 제1장 자연세계와 과학지식에 대한 주희의 태도  97
    1. 머리말: 주희의 자연지식  97
    2. 주희의 자연세계  100
    3. 기본 개념들과 개념틀들  105
    4. 전문 과학지식에 대한 주희의 태도  111
    5. 주희와 중국 과학의 발전  118

### 제2장 과학적·초자연적 주제들에 대한 주희의 태도: 유가 학문의 경계 규정과 확장  128
    1. 유가 학문에서 과학 및 초자연적 주제들의 위치  129
    2. 표준 문헌들의 확립  132
    3. 초자연적 주제들의 정당화  141
        1) 기와 마음의 상호작용 / 141    2)『주역』과의 연결 / 144
    4. 초자연적 주제들의 포괄: 이상한 사물들과 현상들에 대한 설명  146
    5. 지적 도전, 자신감, 그리고 고대에 대한 존경  150
    6. 유가 학문의 범주 확장  155

### 제3장 미신과 술수에 대한 정약용의 태도  159
    1. 머리말  159
    2. 주희  162
        1) '초자연적' 현상들에 대한 주희의 설명 / 162
        2)『주역』/ 164
        3) 기와 심의 상호작용 및 귀신 개념 / 165
    3. 이익  168
    4. 미신과 술수에 대한 정약용의 태도  175
        1) 미신과 술수의 거부 / 176    2) 미신과 술수의 선택적 수용 / 179
        3) 상관적 사고에 대한 비판 / 186    4) 실용주의적 태도 / 193
    5. 맺음말: 주희, 이익, 정약용  198

### 제4장 조선 후기의 지전설   203
1. 머리말   203
2. 조선 후기 학자들의 지전 관념   204
    1) 김석문 / 205
    2) 이익 / 208
    3) 홍대용 / 212
    4) 박지원 / 213
3. 동아시아에서의 지전 관념   217
4. 조선 후기 지전 관념의 가능한 출처 및 근거들   221
    1) 전통 중국의 출처들 / 221
    2) 서양의 출처들 / 225
5. 조선 후기 지전 관념: 서양으로부터의 수용인가, 독자적 창안인가?   229
6. 맺음말   235


## 제3부 사회적·문화적 맥락들

### 제1장 전통시대 중국 사회의 학자들과 전문 과학기술지식   239
1. 전문가가 되는 것을 경계하는 경전의 근거들   242
    1) '형이상'과 '형이하'의 이분법 / 242
    2) '군자불기' / 244
    3) '소도' / 244
2. 전문분야에 대한 학자들의 관심을 고무하는 요소들   245
    1) 경전 근거들의 양면성 / 245
    2) 철학적 개념들 / 247
    3) 주석의 전통과 표준 문헌들 / 248
    4) 격물 / 251
    5) 실용성 / 252
3. 전문 과학기술지식에 대한 학자들의 관심   256
4. 제한된 '수렴'   259
5. 서양의 상황과의 비교   266
6. 맺음말   272

제2장 전통 중국에서의 과학과 종교   273

제3장 전통 중국의 과학과 관료제   288
    1. 전통시대 중국에서 관료제는 과학의 발달을 '억제'했는가?   291
    2. 문화 간 비교의 문제들   297
    3. 중국의 과학과 관료제에 대한 연구를 위한 새로운 관점들   301
    4. 맺는 말: 새로운 연구 주제들과 질문들   306

수록 논문 원게재지   309
찾아보기   310

# 제1부 유가의 자연철학

# 제1장 주희 사상 속에서의 '기'와 '심'

## 1. 머리말

　서양철학과 중국철학의 비교연구 중 흔히 접하게 되는 한 가지 유형이 서양에서 중요시되었던 철학적 개념이나 문제를 선택해서 그것이 중국에서 어떻게 다루어졌나를 보는 것이다. 이러한 비교는 비교 자체로서도 흥미 있을 뿐 아니라 다루어지는 개념이나 문제에 대한 이해를 도울 수도 있다고 생각된다.

　그러나 나는 이런 유형의 비교에 대해 회의적이다. 서양에서 중요한 그 같은 개념이나 문제가 중국에서는 존재하지 않는 경우가 많기 때문이다. 물론 한쪽 철학에서 중요시된 것이 다른 쪽에서는 존재하지도 않았다는 것은 흥미 있는 일이며, 어떤 면에서는 그것이 두 철학의 차이를 가장 잘 보여 준다고 할 수 있다. 그리고 중국 철학에 어떤 개념이나 문제가 존재하지 않았다고 하더라도 의미상 그에 해당되는 것들에 대해 어떻게 생각하고 이야기했는가를 살펴보는 일도 흥미 있을 수 있다. 그러나 이러한 시도는 어느 수준을 넘어서게 되면 무익하고 비생산적이며 때로는 위험하게 된다. 그것이 양쪽 철학 모두에 대한, 특히 중국철학에 대한, 왜곡을 초래할 수도 있기 때문이다. 예를 들어 '서양 자연철학 전통에 있어서의 리理와 기氣'의 관계를 살펴보겠다고 나선다면 그것이 서양철학을 얼마만큼 왜곡시킬 것인가? 역사학자들이 교육을 받는 과정에서 선생들로부터 이러한 작업에 빠지는 데 대한 경각심을 주입받는 것은 바로 그 같은 이유에서일 것이고 나 자신 그러한 교육을 받아 왔다.1)

'물질과 정신'의 문제에 관해 서양철학과 중국철학을 비교하는 것은 이 같은 유형의 예가 될 것이다. 물론 중국철학에 '물질'이나 '정신'의 개념이 없었다고 말하기는 힘들다. 그러나 중국에서는 그 두 가지가 서로 상반되거나 대립되는 것으로 엄격히 구별되지 않았고, 따라서 서양철학이 그것들 사이의 엄격한 구분 위에서 '물질과 정신'의 관계를 문제 삼았던 데 반해 중국철학에서는 그것이 별로 문제로 여겨지지 않았던 것이다. 내게 주어진 주제인 "성리학(性理學(新儒學))에서 본 물질과 정신의 문제"란 바로 이렇게 중국철학에서 문제 삼지 않았던 '문제'를 다루는 일인 셈이다.

이 글이 신유학에 이러한 문제가 존재하지 않았음을 논의하는 것만으로 그칠 수는 없는 이상, 여기서는 위에서 지적한 위험을 무릅쓰고서라도 그 문제가 존재하지 않은 상태에서 신유학자들은 우리가 '물질'과 '정신'이라고 부르거나 그렇게 부를 만한 것들에 대해 어떻게 생각했나를 살펴보도록 하겠다. 그리고 '물질'과 '정신'이라는 서양철학의 개념을 직접 사용해서 신유학자의 생각을 다루는 것은 어려운 일이기 때문에 그와 관련되었다고 볼 수 있는 '기(氣)'와 '심(心)'이라는 신유학의 개념들을 살펴볼 것이다. 물론 이들 개념이 흔히 생각하듯이 각각 '물질'과 '정신'에 해당되는 것은 결코 아니며, 그 점은 처음부터 분명히 지적해야겠다. 그러나 내게 주어진 문제에

---

1) 그런 '경각심'을 주입받는 일이 잦다는 것은 그러한 작업이 역사학자들에 의해서도 흔히 행해지고 있으며 그들도 거기에서 매력을 느끼거나 어떤 유용성을 발견함을 말해 준다. 사실 그러한 비교가 목적으로서 행해지지 않고 수단으로서 행해진다면, 그리고 그에 따라 그러한 비교가 결과로서 주어지는 것이 아니라 이해를 돕는, 확실히 하는, 또는 더 다양하게 하는 방편으로 행해진다면 도움이 될 수도 있을 것이다.

대한 의미 있는 해답은 결국 이들 개념에 대한 신유학자들의 생각과 이야기들 속에 들어 있을 것임 또한 사실이다.

다음 절들에 실린 내용은 주희朱熹(1130~1200)의 '기' 및 '심' 개념에 대해 각각 다른 맥락에서 살펴봄으로써 주희에게는 물질과 정신만이 아니라 기와 심도 서로 명확히 구분되지 않았으며, 기도 심의 속성을 지녔고 심 또한 기로 이루어졌음을, 그리고 그것들이 서로 영향을 주고 상호작용을 하였음을 보일 것이다.

## 2. 기

주희는 기의 구체적 속성들에 대해서 분명히 이야기하지 않았다. 비록 현대의 학자들이 기의 특정한 성격에 대해 주목해서 기가 '입자적'이 아니라 '연속적'이라고 말하거나 기의 '에너지'적 측면을 언급한 바 있지만,[2] 이 같은 이야기들은 기에 대한 전통적 생각들에는 존재하지 않았던 구분들을 행해 얻어진 결과들이다. 그 같은 구분들을 행하지 않고 우리가 할 수 있는 것은 단지 기라는 말이 사용된 주희의 산재된 논의들에 담겨 있는 기의 속성들에 대한 정보들을 모아 보는 일이 되겠다.[3]

---

[2] 예를 들어 安田二郎는 氣가 입자적이 아니라 연속적이라고 주장했다. 「朱子の氣について」, 『中國近世思想硏究』(東京, 1976), 3~61쪽 중 33쪽 이하 참조할 것. 山田慶兒도 이 점에서 安田의 생각을 받아들였다. 『朱子の自然學』(東京: 岩波書店, 1978), 38쪽. 氣의 '에너지'적 측면은, 예를 들어, Manfred Porkert, *The Theoretical Foundations of Chinese Medicine* (MIT Press, 1974), pp.166~196에서 강조되어 있다.

[3] 주희의 글과 언급들을 담고 있는 자료들 중 가장 중요한 것은 『朱子語類』(1270년 편찬, 1473년 재간행; 臺北: 正中書局, 1962년 引行)와 『晦庵先生朱文公文集』(1534년 四部備要版)이다. 그러나 이 장에서는 더 나중에 편찬되고 더 선택적으로 편집된 『朱子全書』(1713년판)로부터의 인용들도 담고 있다. 이하에서 『晦庵先生朱文公文集』은 『朱文公文集』으로 약칭하고, '『朱子語類』 권8 8a3'은 『朱子語類』 권8 8a쪽에서 시작되는 구절들

주희의 언급들 중 어떤 것들은 기가 미세함을—또는 같은 내용이 되겠지만, 매우 투과성이 강함을— 의미하는 것으로 해석될 수 있다. 예를 들어 어떤 기는 "금이나 돌마저도 투과할" 수 있는 것이다.[4] 기로 이루어진 바람(風)은 무엇이든—예를 들어 목관(木棺)을— 뚫고 들어갈 수 있다.[5] 기의 가장 보편적인 이미지는 '기(氣)'라는 글자의 현대의 용례 중 가장 흔한 경우인 '공기' 또는 '기체'가 나타내 준다. 예를 들어 사람이 호흡 중에 들이마시는 공기가 기이다.[6] 기를 이처럼 미세하고 기체의 성격을 띠는 것으로 여겼으므로 기가 압축되면 압력을 나타내리라고 생각한 것은 당연했다. 예를 들어 극도로 압축된 상태에서 기는 천둥칠 때 들리는 것과 같은 폭발음을 낸다.[7] 그리고 기가 출구가 없는 닫힌 공간에 갇히게 되면 거대한 힘을 내게 된다.[8] 기의 움직임이 극도로 빨라지면 마치 고체처럼 단단해지는데, 예를 들어 높은 곳에서의 바람의 완강함이 그것을 보여 준다.[9] 물론 기는 응집되어 실제로 고체가 될 수도 있다. 왜냐하면 기란 응집(聚)하여 고체까지를 포함한 세상의 모든 것들을 이루는 것이기 때문이다. 어떤 기는 습(濕)한데, 이 습한 기가 응결해서 비가 된다.[10] 사실, 비뿐만 아니라 눈, 서리, 이슬, 안개 등이 모두 습한 기가 나타내 주는 여러 형태들이다.[11] 기는 또한 빛이나

중 세 번째 구절을, 『朱子全書』 권10 33b0'은 『朱子全書』 권10, 바로 앞 페이지(33a쪽)에서 이미 시작되어 33b쪽에서 계속되는 구절을 가리킨다. 다음의 식을 사용하면 1473년판의 쪽수(p)로부터 北京 中華書局 현대판(1986)의 쪽수(q)를 대략적으로 구할 수 있다.

q=(q0−1)+1.2p.(여기서 'q0'는 현대판에서 각 권이 시작하는 쪽수이다.)

4) '陽氣'와 '天地之氣'가 그러한 예이다. 『朱子語類』 권8 8a3・4・5, 권52 19b2, 권74 24b2 등.
5) 『朱子語類』 권89 13b1 등.
6) 『朱子語類』 권1 6b2, 권74 10b1 등.
7) 『朱子語類』 권2 10b1, 권72 18a1 등.
8) 『朱子語類』 권89 14a0 등.
9) 『朱子語類』 권2 6a0・10a0・13b0 등.
10) 『朱子語類』 권2 10a2, 권70 11b2 등.

색깔과 같은 물리적 성질들을 보이기도 한다. 예를 들어 어떤 기는 밝은 성질이 있어 빛을 내는 천체들을 만든다.[12) 주희는 그런 기를 '광기光氣'라고 불렀다.[13) 소리 또한 기의 움직임에 의해 생긴다.[14)

위 문단에서의 논의가 기의 물리적 —또는 물질적— 측면에 대해 주희로부터 알아낼 수 있는 사실상 전부를 보여 준다. 그러나 기는 단지 물리적이거나 물질적인 것만이 아니라 세계의 모든 사물이나 현상을 구성하고 그 기초가 된다.

예를 들어 기는 생명체의 생리적 현상을 일으킨다. 우선 기 자체가 생명의 근원이다. 주희는 생명이 기의 응집(聚)으로부터 생기고 죽음은 기의 흩어짐(散)에 기인한다는 당시의 일반적 생각을 받아들였다.[15) 또한 기는 '기화氣化'라고 부르는 과정을 통해서 생명의 원초적인 형태를 이룬다. 최초의 인간을 비롯해 그 외의 다른 생명체들이 생겨난 것은 바로 이 '기화'의 과정을 통해서였다.

> 사물이 생겨나는(生物) 시초에 음陰과 양陽의 정精이 저절로 응결하여 '둘'을 이루었다. 바로 '기화'에 의해 생겨난 것이다. 예를 들어 이(蝨)기 지절로 튀어나오는 것처럼. 일단 이 둘, 즉 한 암컷과 한 수컷이 있고 나면 그 후로는 [이] 종자種子로부터 차례차례 생겨난다.[16)

그러나 이 '기화'의 과정은 니덤(Joseph Needham)이 생각하는 것과 같이 '자연발

---

11) 이러한 기상학적 현상에 대한 朱熹의 생각은 山田慶兒, 『朱子の自然學』, 4장; 김영식, 『주희의 자연철학』(예문서원, 2005), 277~288쪽에 다루어져 있다.
12) 『朱文公文集』 권70 3a; 『朱子全書』 권49 27b2 등.
13) 『朱子全書』 권50 4a0 등.
14) 『朱子語類』 권99 4a1 등.
15) 『朱子語類』 권3 3b3, 권126 5b2; 『朱文公文集』 권52 15b 등.
16) 『朱子全書』 권49 26a1, "生物之初, 陰陽之精自凝結兩個. 蓋是氣化而生. 如蝨子自然爆出來. 旣有此兩個, 一牡一牝後來却從種子漸漸生去." 이 외에도 『朱子語類』 권1 6a2, 권94 13b1, 권97 4a2; 『朱文公文集』 권52 15a를 볼 것.

생'(spontaneous generation)이라는 개념과 정확히 일치하는 것은 아니었다.17) 기가 불활성不活性의 물질이고 '기화'의 과정이 기에 그것과는 별개인 생명을 부여하는 경우에만 그러한 방식으로 해석될 수 있을 것인데 주희의 '기화' 개념은 그와는 달랐던 것이다. 아래에서 보이게 되겠지만, 주희는 기가 단순히 불활성 물질은 아닐 뿐만 아니라 생명을 포함한 많은 다른 성질들을 본유本有한다고 생각했다. 사실 기의 가장 중요한 성질 가운데 하나가 바로 그것이 항상 움직이고 회전하여 인간과 '만물萬物'을 형성한다는 것이다.18) 그리고 이 '만물'이 생명 없는 사물뿐 아니라 생명 있는 것도 포함하기 때문에 기는 세계의 모든 사물의 물질적 기초임과 동시에 생명을 포함한 비물리적·비물질적 속성들의 궁극적 원천이기도 하다. 따라서 인간과 사물들이 생기기 위해서는 반드시 먼저 기가 있어야 한다.19) 주희는 때로 이 기를 '생기生氣'라고 불렀다.20)

기는 이렇게 생명을 형성할 뿐만 아니라 생명체들에 영양분을 주기도 한다. 예를 들어, "대지는 이 기를 받아들여 만물을 발육發育한다."21) 사람에게 영양을 공급하는 것도 기이다. 인체의 내부는 기로 충만되어 있고22) 이 기는 사람의 생명에 필수적이다. 물론 기는 계속해서 사람의 몸 안으로 들어오고 몸 밖으로 나가고 하지만, 이 기가 몸에서 완전히 빠져 나가면

---

17) Joseph Needham, *Science and Civilisation in China* (Cambridge University Press, 1954~), vol.2, p.481·487. R. Hatton은 '氣化'를 'spontaneous generation'으로 번역하기도 한다. "A Comparison of Ch'i and Prime Matter", *Philosophy East and West* 32 (1982), pp.159~175 중 p.166.
18) 『朱子語類』 권1 3b1, 권74 18a2; 『朱子全書』 권49 24b2 등.
19) 『朱子語類』 권16 2b4 등.
20) 『朱子語類』 권63 26b2 등. '生氣'라는 단어는 의학 문헌들에서 때로는 극히 전문적인 의미로 사용된다. 예를 들어 Porkert, *Theoretical Foundations of Chinese Medicine*, p.173. '氣'라는 글자가 포함된 전문의학용어들에 대한 논의가 같은 책, pp.167~176에 실려 있다.
21) 『朱子語類』 권74 24b2, "地便承受得這氣發育萬物."
22) 『朱子語類』 권5 12a4; 『朱子全書』 권49 5a2 등.

그 사람은 죽게 되는 것이다. 기는 또한 인간의 신체활동을 가능하게 해 주며 체력의 원천이기도 하다.[23] 따라서 기가 손상되면 그 사람은 병들게 된다.[24] 그리고 사람의 수명壽命도 그가 부여받은 기에 좌우된다.[25]

    위에서 언급한 생명, 죽음, 영양, 질병 및 신체활동과 같은 현상들은 기의 물리적·물질적인 면과 적어도 이론적으로는 연결될 수 있다. 그러나 그러한 연결이 가능해 보이지 않는 현상들에 대해서 주희가 '기'라는 말을 사용해서 논의하는 예들도 많이 찾을 수 있다. 기에 비물질적 속성들이 직접 주어져 있거나, 물질적이라고 볼 수 있는 기의 속성들이 분명히 비물질적인 현상들의 근거가 되는 것이 그러한 경우들이다. 이 중 전자의 유형의 예는 '사악한 기'(邪氣), '나쁜 기'(惡氣), '게으르고 오만하고 사악하고 치우친 기'(惰慢邪僻之氣), '무너진 기'(隕墮之氣) 등이다.[26] 주희는 우박이나 황무黃霧와 같은 예사롭지 않은 기상 현상들을 '사악한 기'의 탓으로 돌렸다.[27] 심지어 그는 '좋은(好) 기', '좋지 않은(不好) 기' 등을 이야기하기도 했다.— "좋지 않은 기는 항상 많고 좋은 기는 항상 적다."[28] 그러나 후자의 유형의 예가 훨씬 더 잦았다. 주희는 정신, 사고思考, 이해理解, 용기勇氣, 도덕 등 명백히 비물질적인 현상들을 순수함, 맑음, 단단함, 균형 등과 같이 물질적이라고 볼 수 있는 기의 성질들과 연결시켰던 것이다. 몇 가지 손쉬운 예를 들자면, 양심良心은 맑은(淸) 기로부터 자라나는 반면, 기가 흐리면(昏) 도덕성을 잃는다.[29] 사욕은 불순한(雜) 기에 의해 생긴다.[30] 용기도 기, 특히 '장壯한

---

23) 『朱子語類』 권52 19b2; 『朱文公文集』 권50 30a 등.
24) 『朱文公文集』 권48 25b 등.
25) 『朱子語類』 권1 6b3, 권4 20a2, 권100 4b1 등.
26) 『朱子語類』 권60 10b3, 권73 11b1, 권103 1a1; 『朱子全書』 권2 8b1 등.
27) 『朱子語類』 권99 3a4.
28) 『朱子語類』 권59 11a0, "不好底氣常多, 好底氣常少."
29) 『朱子語類』 권59 16a0; 『朱文公文集』 권56 10a 등.
30) 『朱文公文集』 권73 41b 등.

기로부터 생기는데,31) 그러나 기가 너무 세면(剛) 사람이 '자신을 다스릴'(自克) 수 없다.32) 주희는 지각知覺도 기의 작용으로 돌렸다.33) 또 그는 부자간의 사랑도 아버지와 아들의 기가 원래 같았다는 사실로 설명했다.34) 심지어는 문체文體에 대해 이야기하면서 기의 강하고 약함을 언급했다.35)

기와 정신적·도덕적 속성들과의 연결은 맹자孟子, 특히 그의 '호연지기浩然之氣'에 관한 언급으로까지 거슬러 올라갈 수 있다.36) 주희는 도덕적 속성들을 기에 부여하는 점에서 맹자를 따른 것이다.— 인간은 '하늘과 땅의 올바른 기'(天地之正氣)로부터 '호연지기'를 받아 그것으로 자신을 채운다. 그렇다면 호연지기는 그것이 '의義'를 지녔다는 것을 제외하면 인체를 채우고 있는 기와 같은 기이다.37) 사람은 '의를 쌓고 욕심을 절제하여 부끄러운 상태에 빠지지 않음으로써 호연지기를 도야할 수 있다.38) 호연지기를 기른 사람은 체력뿐 아니라 정신적·도덕적 힘도 지니게 된다. 예를 들어 호연지기는 사람을 대담하게 만든다.39)

기에 이처럼 도덕적 속성이 부여되었기 때문에 주희가 사람들의 도덕 수준의 차이를 그들의 기의 차이로 돌린 것은 당연했다.40) 성인聖人의 출현까지도 그 당시의 기에 좌우된다.41) 그러나 주희는 인간의 기의 성질은

---

31) 『朱子語類』 권34 24a1 등.
32) 『朱文公文集』 권64 27b 등.
33) 『朱文公文集』 권50 30a~30b; 『朱子全書』 권49 5a3 등.
34) 『朱子語類』 권17 11b3 등.
35) 『朱子語類』 권101 11a2·3 등. 중국 문학이론에서의 氣 개념에 대해서는 예를 들어 David Pollard, "Ch'i in Chinese Literary Theory", A. A. Rickett, ed., *Chinese Approaches to Literature from Confucius to Liang Ch'i-ch'ao* (Princeton University Press, 1977), pp.43~66을 참조할 것.
36) 『孟子』 「公孫丑上」 2장.
37) 『朱子語類』 권52 11b1 등.
38) 『朱子語類』 권18 29a2, 권52 19b2 등.
39) 『朱子語類』 권52 19b2 등.
40) 『朱子語類』 권4 11b5, 권52 11b1~12a0 등.

출생 시에 고정되는 것이 아니라 살아가는 도중 공부나 다른 노력에 의해 변할 수 있다고 생각했던 것으로 보인다.42) 사람과 동물, 또는 서로 다른 동물들 사이의 차이 역시 그것들의 기의 성질의 차이에 의해 설명된다. 예를 들어 사람의 기는 맑고(淸) 밝고(明) 균형 있는(中) 반면 사람이 아닌 동식물 및 그 외의 사물들의 기는 흐리고(濁) 어둡고(暗) 치우쳐(偏) 있다.43)

기에 대한 주희의 생각을 살펴본 이상의 논의로부터 그에게는 물질과 생명 또는 물질과 정신 사이의 불연속이란 존재하지 않았다는 것이 분명해진다.44) 그가 물리적·생리적·정신적 현상들 사이의 차이를 인식했다고 하더라도 그것은 종류의 차이가 아니라 정도의 차이일 뿐이었다. 서로 다른 현상들을 일으키는 기의 성질들과 작용들은 물론 서로 다르지만 그러한 차이는 서로 다른 종류의 기로부터이거나 또는 기의 성질과 작용에 있어서의 불연속적인 차이로부터 생겨나는 것이 아니었던 것이다. 또한 주희는 생명과 정신 현상을 설명하기 위해서 기를 초월한 어떤 비물질적 존재를 상정(想定)하지도 않았다. 단일한 기가 그것의 다양한 성질들과 작용들을 통해서 이 모든 현상들을 일으키는 것이다. 이것은 주희가 '기'라는 글자를 포함한 몇 가지 표현들을 사용하는 방식에도 반영되어 있다. 좋은 예가 '기력(氣力)(기의 힘)이라는 표현이다. 그는 자신이 어려운 문제들을 설명

---

41) 『朱子語類』 권108 6a4 등.
42) 『朱子語類』 권27 29a1, 권113 1a1, 권117 21a1 등.
43) 『朱子語類』 권57 7b2, 권59 2a2·2b2, 권64 9b2; 『朱文公文集』 권46 11b 등.
44) 이상의 논의로부터 주희를 생기론자(vitalist)와 대립되는 기계론자(mechanist)라고 부르고 싶은 유혹을 받을 수 있다. 그러나 서양에서의 기계론자들의 견해들은, 물질과 생명 사이의 궁극적인 불연속을 고집했던 생기론자들과의 끊임없는 투쟁을 통해 형성되었음을 기억해야 한다. 따라서 서양의 기계론자들은 생명과 생명이 결여된 물질 사이의 간격을 항상 의식했고 그것을 받아들이기도 했으며, 단지 물질과 그것의 운동만을 사용해서 그 간격을 연결시키는 것이 그들의 과제였다. 그러나 주희는 그 같은 간격을 의식하지 못했기 때문에 이 같은 일을 할 필요가 없었다. 서양에서의 생기론-기계론 논쟁에 관한 논의로 H. Hein, "The Endurance of the Mechanism-Vitalism Controversy", *Journal of the History of Biology* 5 (1972), pp.159~188이 있다.

하는 일에 "기력을 낭비했다"고 이야기하여 기의 힘이 정신활동에 관여함을 분명히 보여 주었다.45) 기력은 또한 인간의 다른 활동들을 위해서도 필요하다. 주희는 자신이 늙어서 뚜렷이 보고 말하거나 움직일 수 있는 "기력이 없다"고 이야기했던 것이다.46) 그는 또한 '선善'이나 '성聖' 같은 속성들을 가리키면서 '기상氣象'(기의 모양)이라는 표현을 사용하기도 했다.47) 주희는 위에서 생명의 시작과 관련해서 언급했던 '기화'라는 용어도 "추위, 더위, 낮, 밤, 비, 이슬, 서리, 눈, 산, 강, 나무, 돌, 쇠(金), 물, 불, 흙" 등 생명이 없는 것들과 관련해서 사용했다.48) 사실 위에서 보았듯이 그는 '호연지기'가 피를 구성하고 인체를 채우는 기와 같다고 이야기하기까지 했다.49)

이처럼 주희에게 있어 기는 세계의 모든 사물의 기본적 재료이며 모든 현상의 기초였다. 그리고 그는 세계의 어떤 현상도 기의 범위 바깥에 남겨 두지 않았다.

## 3. 심

주희에게는 '심心'이라는 글자가 마음(또는 정신)을 뜻하기도 했고 마음이 그 속에 존재한다고 믿었던 장기臟器인 심장心臟을 나타낼 수도 있었다. 그는 다음과 같이 그 두 의미를 구별했다.

> 폐肺나 간肝과 같은 오장五臟의 [하나인] '심'(즉 심장)은 사실상 하나의 물체이다. 오늘날 학자들이 잡고 버리고 존재하고 사라짐을 논하는 '심'(즉 마음)은 스스로

---
45) 『朱子語類』 권109 10b0; 『朱子全書』 권27 5b0 등.
46) 『朱子語類』 권104 10b3.
47) 『朱子語類』 권103 1a2; 『朱子全書』 권10 32a4・33b0 등.
48) 『朱子語類』 권60 7b1.
49) 『朱子語類』 권52 11b1.

"신명불측神明不測"하다. 따라서 "오장의 [하나인] 심"이 병을 얻으면 약을 사용하여 이를 보補할 수 있으나, 이 '심'이 [병을 얻으면] 창포菖蒲나 복령茯苓 [같은 약으로도] 보할 수 있는 것이 아니다.50)

그러나 마음은 심장에만 존재하는 것이 아니며 몸속의 다른 곳들에도 있을 수 있다. 실제로 주희는 "빈 곳을 채우는 것이 측은지심惻隱之心"이라는 정호程顥(1032~1085)의 이야기를 측은지심이 인간의 몸을 채운다는 것으로 해석했다.51) 그의 한 제자가 "'심'은 이 한 덩어리[즉 심장]가 아니다"라는 주희 자신의 언급을 인용하고 심장이 "단지 마음의 '추뉴樞紐'일 뿐"이라고 주장했을 때, 주희는 그에 동의하지 않고 그 대신 심장은 "마음의 신명神明함이 오르내리는 집"이라고 이야기했다.52)

심장은 사고思考하는 기관器官이다. 주희는 보는 것과 듣는 것이 눈과 귀의 작용이듯이 사고는 심장의 작용이라고 이야기했다.53) 그는 "심장의 '관官'은 사고이다"라는 『맹자』의 언급을 심장이 사고를 주관한다는 의미로 해석하고, 맹자를 좇아서, 심장은 사고할 수 있기 때문에 외부의 사물에 의해 막힘을 방지할 수 있다고 주장했다.54) 외부의 사물에 의해 생긴 '나쁜 생각과 잡된

---

50) 『朱子語類』 권5 5a1, "如肺肝五臟之心, 却是實有一物. 若今學者所論操舍存亡之心, 則自是神明不測. 故五臟之心受病, 則可用藥補之. 這個心, 則非菖蒲茯等所可補也." 그러나 주희가 '心'이란 글자를 사용한 모든 경우에서 그가 이 두 가지 중 어느 쪽을 의미했는지 항상 구분할 수 있는 것은 아니다. 사실, 많은 경우 그는 그 같은 구분을 염두에도 두지 않았던 것으로 보인다. 이 글에서는 이 글자를 '심장'이나 '마음(정신)'으로 번역하고 어느 한쪽임이 분명하지 않은 경우에는 그냥 '심'이라고 쓰기로 하겠다.
51) 『朱子語類』 권53 5b2 및 6a1·2·3 등. 程顥의 언급(滿腔子是惻隱之心)은 『河南程氏遺書』 권2; 『二程集』(北京 中華書局刊) 62쪽에 나와 있으며, 『孟子』 「公孫丑上」 6장에 대한 주석이다. 주희는 二程 형제의 비슷한 다른 언급(心要在腔子裏)에 대해서도 논의했다. 『朱子語類』 권5 5a2, 권96 2b3·3a1 등.
52) 『朱子語類』 권5 5a2, "問: 先生嘗言心不是這一塊. 某竊謂滿體皆心也, 此特其樞紐耳. 曰: 不然. 此非心也, 乃心之神明昇降之舍."
53) 『朱子語類』 권5 4b2, 권32 8a1 등.
54) 『朱子語類』 권59 33b1~34a2 등. 맹자의 언급은 「告子上」 15장에 있다: "耳目之官, 不思

걱정들(邪思雜慮)은 심장이 사고함을 통해 그것들을 제거할 수 있기 때문에 심장을 채우거나 심장의 다른 활동들을 방해할 수 없다. 반면에 눈과 귀는 사고할 수 없고, 따라서 그러한 것들에 의해 막히기 쉽다.[55]

사고는 인간의 마음의 주된 기능이다. 주희에게는 "사려思慮란 마음이 드러난 것"이었다.[56] 그것은 또한 마음의 끊임없이 계속되는 작용이다. 주희는 사람이 아무리 그러려고 해도 마음은 사고하기를 중단할 수 없다는 이정二程 형제의 견해를 받아들였다.[57] 마음은 사고할 수 있기 때문에 읽기와 쓰기 같은 활동들도 주관한다.[58] 지혜와 지식 또한 사고할 수 있는 마음의 능력에서 나온다. 주희는 다음과 같이 말했다. "지혜와 지식은 모두 마음으로부터 나온다. 만약 마음에 주인이 없으면, 어떻게 일에 응하고 사물에 접하는 사이에 사고하여 그것들에 마땅한 것을 얻을 수 있겠는가?"[59]

지각知覺 또한 마음의 소관이다. 주희는 지각과 마음의 관계에 대해 여러 가지 방식으로 이야기했다. 예를 들어 그는 "마음은 지각하는 것"이라고 말했다.[60] 그는 또한 지각을 마음의 '드러남(發)', '기능(用)' 또는 '덕德'이라고 이야기했으며,[61] "지각하는 것은 마음의 리理이다"라고 말하기도 했다.[62] 지각의 구체적인 예를 들어 이야기하면서, 그는 통증을 느끼는 능력을 마음이 존재하는 증거로 생각했다.[63] 그는 또한 보는 것과 듣는 것을 마음과

---

而蔽於物. 物交物, 則引之而已矣. 心之官則思. 思則得之, 不思則不得之." 『朱子語類』 권59 34a1에서 주희는 '官'을 '主'라고 해석하고 있다.
55) 『朱子語類』 권59 33b2 등.
56) 『朱子語類』 권62 17b2, "思慮是心之發了."
57) 『朱子語類』 권97 11a7~11b0, 권118 19b5 등.
58) 『朱子語類』 권21 18b1, 권47 11a2 등.
59) 『朱子語類』 권44 24b4~25a0, "睿智皆出於心, 心旣無主, 則應事接物之間, 其何以思慮而得其宜."
60) 『朱子語類』 권31 5b1. 『朱子語類』 권60 8a0 및 『朱文公文集』 권76 21b에서 주희는 '마음의 지각(心之知覺)'을 언급하고 있다.
61) 『朱子語類』 권5 3a4, 권20 17a2; 『朱文公文集』 권45 12a~12b 등.
62) 『朱子語類』 권5 3b1.

연관시켰다. 그의 이야기를 빌리면, "귀와 눈이 보고 듣는 것에 대해 이야기하자면, 보고 듣는 까닭이 곧 그 마음이다."[64] "보는 것, 듣는 것, 행동 역시 마음이 그것들을 향한 것이다."[65] "[마음이] 맑을 때는 보는 것이 밝고 듣는 것이 뚜렷하다."[66] 하호河鎬(1128~1175)에게 보낸 편지에서 주희는 마음이 어떻게 지각을 제어하는가(御)를 다음과 같이 보여 주었다.

보는 것과 듣는 것은 얕고 정체되어 있으며 [명백한] 위치를 지니고 있으나 마음의 신명神明함은 헤아릴 수 없다. 따라서 보고 들을 때에는 반드시 마음으로 이를 제어해야 한다. 그런 후에는 그 '바름'(正)을 잃지 않을 것이다.[67]

마음은 단지 인간의 사고와 지각 활동만이 아니라 다른 활동들도 제어한다. 한 제자가 "형체形體의 움직임이 마음과 서로 관련되어 있는가"를 물었을 때 주희는 "마음이 그것을 움직이게 한다"고 대답했다.[68] 그는 심지어 "보고 듣고 말하고 움직이고 나가고 기거하고 말하고 침묵하는 것과 같이 밖에서 볼 수 있는 것 또한 이 마음의 기능이어서 결코 마음과 분리될 수 없다"고 이야기했다.[69] 따라서 "사물이 잘못될 때는 잘못된 것은 단지 한 가지이지만 마음이 잘못될 때는 만 가지 일이 잘못된다."[70] 주희가

---

63) 『朱子語類』 권53 5b2・6a1 등. 이들 역시 위에서 본 程顥의 언급―"滿腔子是惻隱之心"―에 대한 주희의 주해들이다.
64) 『朱子語類』 권5 4b3, "耳目之視聽, 所以視聽, 卽其心也也."
65) 『朱子語類』 권5 4a3, "視聽行動亦是心向那裏." 주희는 색깔이나 소리 같은 감각 성질들의 지각을 '人心'의 소관으로 이야기하고 이를 도리를 지각하는 '道心'과 대비했다. 『朱子語類』 권78 27a3 및 27b0・1・3 등.
66) 『朱子語類』 권113 7a0, "心, 淸時少, 亂時多. 其淸時, 視明聽聰."
67) 『朱文公文集』 권40 18b, "視聽淺滯有方, 而心之神明不測. 故見聞之際, 必以心御之. 然後不失其正."
68) 『朱子語類』 권5 4a3, "問: 形體之動與心相關否. 曰: 豈不相關. 自是心使他動."
69) 『朱文公文集』 권45 12a~12b, "凡視聽言動出處語默之見於外者, 亦卽此心之用, 而未嘗離也."
70) 『朱子語類』 권51 5a1, "物差了, 只是一事差. 心差了時, 萬事差."

마음은 몸을 '주관하고'(主) '주재主宰하는' 것이라고 되풀이 이야기한 것은 바로 이 같은 의미에서였다.71) 사람의 마음은 또한 그 사람의 '성性', '정情', '재才' 등도 주재한다.72)

마음이 사람의 모든 활동을 제어하기 때문에 사람이 행하는 활동이 실제로 이루어지기 위해서는 그의 마음이 그 활동에 수반되어야 한다. 주희는 다음과 같이 이야기했다. "사람이 이 마음을 가지고 일을 하게 되면 그때에야 이 일을 이루기 시작한다. 만약 이 마음이 없으면 어찌 이 일을 성취할 수 있겠는가?"73) 더 구체적으로는, "만약에 마음이 같이 있지 않으면, 보아도 보지 못하고 들어도 듣지 못하며 굽어진 것을 곧다고 생각하고 곧은 것을 굽었다고 생각할 것이다."74) 또한, "마음이 없는 상태에서 [읽으면], 결코 읽지 않은 것과 같다."75)

사람의 마음이 자신의 활동을 주관할 수 있기 위해서는 '진실되어야(誠) 한다'. 주희는 『중용中庸』의 "진실되지 않으면 아무것도 없다"(不誠無物: 25장)란 말을 바로 그런 의미에서 해석했다.— "진실되지 않으면 마음이 존재하지 않은 것이다. 보아도 보지 못하며 들어도 듣지 못한다. 귀와 눈이 없다고 말한다고 해도 좋다."76) 또한, 마음의 존재만으로는 충분치 않다. 마음이 '바름'(正)을 지녀야 하는 것이다. 만약 '바름'을 얻지 못하면 그 마음은 존재하지 않는 것과 같다. 주희의 말로는, "만약 마음이 그 '바름'을 얻지 못하면, 보아도

---

71) 『朱子語類』 권5 12a4, 권12 1a4, 권20 15b6, 권96 2b3; 『朱文公文集』 권67 18b 등.
72) 『朱子語類』 권5 6b4·7a3·12b3 등. 이 같은 생각은 張載(1020~1077)의 유명한 언급— "心統性情"(『張子全書』, 四部備要版, 권14 2a)—에서 유래한 것으로 볼 수 있다. 이 언급에 대한 주희의 다른 논의가 『朱子語類』 권98 6b2~8a3에 실려 있다.
73) 『朱子語類』 권13 12a1, "人有此心去做事, 方始成這事. 若無此心, 如何會成這事."
74) 『朱子語類』 권24 22a3, "若心不在焉, 則視之而不見, 聽之而不聞, 以枉爲直, 以直爲枉."
75) 『朱子語類』 권64 16b3, "無心讀, 則……如不曾讀相似." 또한 『朱子語類』 권64 16b4를 볼 것.
76) 『朱子語類』 권64, 16a0, "不誠則心不在焉. 視不見, 聽不聞. 是雖謂之無耳目可也."

보지 못하고 들어도 듣지 못하며 먹어도 그 맛을 알지 못한다."77)

마음은 한 번에 한 가지 활동만을 주관한다. 주희는, "사람은 단지 하나의 마음만을 가지고 있는데, 어찌 그것을 나누어 [한꺼번에] 여러 가지를 할 수 있겠는가?" 하고 물었다.78) 다시 말하면, 사람이 동시에 여러 가지 활동을 한다면 그 시점에서 그 사람의 마음에 의해 주관되고 있는 활동 이외의 활동들은 실제로 행해지지 않는다는 것이다. 주희는 이정二程 형제의 '주일主一'이라는 표현을 마음이 한 시점에서 한 가지 일만을 주관하는 상태를 나타내는 데 사용했다.— "주일일 때에는, 앉으면 마음도 앉고 가면 마음도 가며 몸이 이곳에 있으면 마음 또한 이곳에 있다."79) 이 같은 '주일'의 상태는 사람이 "그의 마음을 안정시키면(定)" 도달할 수 있다.80) 주희는 역시 이정 형제를 좇아서 이러한 상태를 '경敬'의 상태와 같은 것으로 보았다.81)

사람의 마음은 이상적—그리고 본연의— 상태에서는 어떠한 생각에 의해서도 점유되지 않고 '비어(虛) 있다. 주희는 마음은 원래 '허虛'하거나 '허령虛靈'하거나 '허명虛明'하다고 되풀이 이야기했다.82) 마음이 "만 가지 리理"를 포함하거나 "많은 도리道理를 통과시킬 수 있는" 것은 이처럼 마음이 '허하거나 '허령하기 때문이다.83) 이러한 생각은 주희로 하여금 심장은 속에 빈 공간이 많아서 많은 도리를 포함할 수 있다고까지 말하도록 했다.84) 빈 마음—또는 빈 심장—이

---

77) 『朱子語類』 권16 32a3~32b0, "且如心不得其正, 則視不見, 聽不聞, 食而不知其味."
78) 『朱子全書』 권44 5b1, "人只有一個心. 如何分做許多去."
79) 『朱子語類』 권119 9a1, "若主一時, 坐則心坐, 行則心行, 身在這裏心亦在這裏." '主一'에 대한 二程 형제의 생각에 대해서는 A. C. Graham, *Two Chinese Philosophers: Ch'eng Ming-tao and Ch'eng Yi-ch'uan* (London, 1958), pp.68~72를 볼 것. 여기서 Graham은 이 단어를 'making unity the ruler'라고 번역하고 있다.
80) 『朱子語類』 권96 6b4.
81) 『朱子語類』 권96 6b1 · 7a1 등.
82) 『朱子語類』 권5 4b3 · 6a0, 권16 26a2, 권44 25a0, 권57 7b2, 권96 2b1, 권126 7b3; 『朱文公文集』 권76 21b; 『朱子全書』 권44 5a3 등.
83) 『朱子語類』 권5 6a0, 권57 7b2; 『朱子全書』 권44 5a3~5b0 등.
84) 『朱子全書』 권45 2a1, 권60 14b2 등.

많은 도리를 포함할 수 있기 때문에 그것은 많은 것들과 일들을 알 수 있다. 주희의 이야기로는, "이 '심'은 원래 '허령'하고 만 가지 리가 갖추어져 있으니 모든 일과 사물을 마땅히 알 수 있는 것이다."85)

그러나 '심'은 외부의 사물, 생각 또는 욕심에 의해 막힐 수가 있다. 예를 들어 주희는 '심'이 "사물이나 욕심에 의해 막히면 그에 따라 어두워지고 완전히 알 수가 없게 된다"고 이야기했다.86) 또한, "'심'은 원래 넓고 큰 것이다. 그것이 낮고 좁게 되는 것은 단지 부끄러움에 의해 '심'이 막힌 것이다."87) '심'은 외부의 사물이나 욕심에 의해서만이 아니라 사람의 어둡고 탁한 기에 의해서도 막힌다.— "어둡고 탁한 [기]를 받은 사람도 이 같은 도리를 그 속에 지니고 있지만 단지 어둡고 탁한 [기]에 의해 막혀 있는 것일 따름이다."88) 이렇게 막혀 있을 때에는 '심'은 더 이상 비어 있지 않으며 그 '양量'이 줄어든다. 주희는 "사람의 '심'의 '양'은 원래 크지만 사욕 때문에 작아지는 것"이라고 이야기했다.89)

물론, 이상적으로는, 사물과 욕심은 그것들에 대한 생각이 지나간 후에는 '심' 속에 머물러서는 안 된다. 주희는 다음과 같이 말했다. "사람의 마음은 원래 투명하고 비어 있고 밝다. 사물이 오면, 마음은 '감感'에 따라 '응應'하고 저절로 그것의 높이와 무게를 본다. 그 일이 지나면 마음은 전처럼 그렇게 비어야만 한다."90) "마음에 아무 사물도 없어진 후에 사물에 응할 수 있다"는 것이다.91) 이것은 밤에 충분히 쉰 사람의 상태와 같은데, 왜냐하면 그

---

85) 『朱子全書』 권44 5a3~6b0, "此心本來虛靈, 萬理具備, 事事物物皆所當知."
86) 『朱子全書』 권44 5b0, "心爲物欲所蔽. 故昏而不能盡知."
87) 『朱子語類』 권16 21a1: "心本是闊大底物事. 固是因愧怍了便卑狹, 便被他隔碍了." 여기서 주희는 『大學』의 구절—"心廣體胖"(제6장)—에 대해 주해하고 있다.
88) 『朱子語類』 권4 19a0, "稟得昏濁者, 這道理也只在裏面. 只被昏濁遮蔽了."
89) 『朱子語類』 권43 2a2, "人之心量本自大, 緣私故小."
90) 『朱子語類』 권16 26a2~26b0, "人心本是湛然虛明. 事物之來, 隨感而應, 自然見得高下輕重. 事過,便當依前恁地虛方得." 또한 『朱子語類』 권96 2b2를 볼 것.

때 사람의 마음은 다시 "비고 고요할"(虛靜) 것이기 때문이다.92) 마음이 평안하고 들떠 있지 않으면, "도리가 저절로 분명해진다."93) 따라서 마음을 빈 상태로 안정되게 유지하고 막힘이 없도록 하는 것은 인간의 지적·도덕적 노력에서 가장 중요한 일이다.

## 4. 기와 심

마음에 대한 주희의 논의는 주로 도덕적·형이상학적 문제들에 관해서였다. 그는 마음과 '성性', '정情', '지志', '의意', '재才' 등 여러 가지 개념들과의 관계를 고찰했다. 예를 들어 '성性'은 "마음의 '체體'"이고 '정情'은 "마음의 '용用'"이다.94) 더 구체적으로는, '성'은 "마음의 도리"이고 '정'은 "마음이 드러나 보이는 것"이며 마음 자체는 "신체를 주재하는 것"이다.95) 주희는 또한 '인심人心'과 '도심道心' 사이의 구분에 대해서도 논의했다. 예를 들어 "도심은 의리義理로부터 나오는 것이고 인심은 사람의 몸으로부터 나오는 것이다."96)

마음에 대한 주희의 생각에서 보이는 이 같은 형이상학적 편향은 앞에서 보았듯이 마음을 '영靈' 또는 '신명불측神明不測'이라고 한 그의 이야기들에도

---

91) 『朱子語類』 권16 24b2, "蓋心無物然後能應物."
92) 『朱子語類』 권59 16a1. 주희는 이어서 마음은 "곧 사물과 접하고 전처럼 나빠져 버린다"(少間才與物接, 依舊又枉沒了)고 이야기했다.
93) 『朱子語類』 권120 28a2, "如此心平……則道理自逐旋分明."
94) 『朱子語類』 권117 14a0.
95) 『朱子語類』 권5 7a3, "性是心之道理. 心是主宰於身者. 四端便是情, 是心之發見處." 마음, '性', '情', '志', '意', '才' 사이의 관계에 대한 주희의 다른 언급들이 『朱子語類』 권5 3a3·5b2~6a0·6a4·6b4·12a4·12b3, 권59 10b0 등에 담겨 있다.
96) 『朱子語類』 권78 28a1, "道心是義理上發出來, 人心是人身上發出來." 따라서 주희는 人心을 人欲과, 그리고 道心을 天理와 동일시했다. 人心과 道心에 관한 그의 다른 언급들이 『朱子語類』 권78 26b3~33b1에 실려 있다.

반영되어 있었다.97) 마음의 상태와 관련해서 그가 자주 사용한 '허虛'라는 글자도 '비어 있다'는 뜻 '외에 '추상적', '비실재적'이라는 의미도 지녔다. 예를 들어 주희는 "마음은 영상影象을 지니고 있는 것처럼 보이지만 그 실체는 '허虛하다'"고 이야기했다.98) 또한 그는 "『논어論語』는 마음에 대해서는 이야기하지 않고 단지 실재하는 것들에 대해서만 이야기했다"고 말함으로써 그의 생각으로는 마음이 실재하는 것이 아님을 암시했다.99) 실제로 그는 마음은 '형영形影' 또는 '형상形象'을 지니지 못한다고 생각했다.100) 따라서, 주희에게는 "사물은 쉽게 드러나지만 마음은 형체(形)가 없다. 사물의 무게와 길이는 재기 쉬우나 마음의 무게와 길이는 재기 힘들다."101)

그러나 주희는 마음이 기의 영역을 초월하는 것으로 생각하지 않았다. 마음 또한 기를 통해서—그 속성들과 작용들을 통해서— 논의될 수 있었던 것이다. 예를 들어 그는 마음은 기의 '정상精爽'한 부분에 지나지 않는다고 이야기했다.102) 그리고 마음의 가장 특징적 기능인 지각은 기의 '영靈'스러운 부분에 기인한다.103) "기 속에 원래 '영스러운 것이 있고"104) 이것이 심장과 눈과 귀의 활동을 주관한다는 것이다. 따라서, "사람의 형形과 기가 구비되면 지각하고 움직일 수 있는 것이 생긴다."105) 인심과 도심을 구분하면서는 주희는 "인심이라고 부르는 것은 기와 혈血이 화합和合해서 만들어진다"고까지 이야기했다.106) 그리고, 이미 보았듯이, 주희에게 물질과 정신의 엄격한

---

97) 『朱子語類』 권5 3a3・3b3・5a1, 권18 12b2, 권24 11a3; 『朱文公文集』 권40 18b 등.
98) 『朱子語類』 권5 6a0, "心似乎有影象, 然其體却虛."
99) 『朱子語類』 권19 2a4, "論語不說心, 只說實事."
100) 『朱子語類』 권5 4b3, 권15 19a3 등.
101) 『朱子語類』 권51 5a1, "物易見, 心無形. 度物之輕重長短易, 度心之輕重長短難."
102) 『朱子語類』 권5 3b2.
103) 『朱子語類』 권5 3b1, 권60 8a0 등.
104) 『朱子語類』 권5 3b2, "氣中自有個靈底物事."
105) 『朱文公文集』 권50 30a, "人之形氣旣具而有知覺能運動者生也."
106) 『朱子語類』 권78 33b1, "所謂人心者, 是氣血和合做成."

구별이 없었고 단일한 기가 물질, 생명, 정신의 현상과 과정들을 일으켰던 것을 염두에 두면 이것은 놀라운 일은 아니다.

물론 주희는 물질과 정신 각각에 해당하는 서로 다른 두 종류의 기라고 생각할 수 있는 표현들을 사용하기도 했다. '혈기血氣'와 '지기志氣'를 구분했던 범중엄范仲淹(989~1052)을 좇아서 그는 다음과 같이 이야기했다.

> 성인聖人이 [보통]사람과 같은 것은 혈기이고 다른 것은 지기이다. 혈기는 때로 쇠衰하고 지기는 쇠하는 때가 없다. "소년少年에 '미정未定'이고 장년壯年에 '강剛'하고 노년에 '쇠'하는" 것은 혈기이고, "여색을 경계하고 다툼을 경계하고 욕심을 경계하는" 것은 지기이다. 군자는 그의 지기를 기르고, 따라서 혈기에 의해 움직여지지 않는다.107)

그러나 주희에게는 혈기와 지기는 다른 종류의 기가 아니라 단일한 기의 다른 측면들에 불과했다.— "기는 하나이다. 마음을 주관하는 것은 지기이고 형체를 주관하는 것이 혈기이다."108) 그는 혈기와 '호연지기'의 관계에 대해서도 같은 이야기를 했다.— "기는 단지 하나의 기이다. 다만 의리義理로부터 나온 것은 '호연지기'이고 피와 육신으로부터 나온 것이 '혈기의 기'일 뿐이다."109)

또한 주희는 마음과 관련된 특성들과 현상들을 기의 속성들과 작용들에 의한 것으로 보았다. 위에서 이미 여러 예를 보았지만 그 중 한 가지에

---

107) 『論語集註』(四部備要版) 「季氏」 7장, "聖人同於人者, 血氣也. 異於人者, 志氣也. 血氣有時而衰, 志氣則無時而衰也. 少未定壯而剛老而衰者, 血氣也. 戒於色戒於鬪戒於得者, 志氣也. 君子養其志氣. 故不爲血氣所動." 范仲淹과 주희는 여기서 『論語』 「季氏」편 제7장의 구절("君子有三戒. 少之時血氣未定, 戒之在色. 及其壯也, 血氣方剛, 戒之在鬪. 及其老也, 血氣既衰, 戒之得")에 대해 논의하고 있다. 또한 『朱子語類』 권46 2b2, 권104 11a3을 볼 것.
108) 『朱文公文集』 권62 23a, "氣一也. 主於心者, 則爲志氣. 主於形體者, 卽爲血氣."
109) 『朱子語類』 권52 10b4, "氣只是一個氣. 但從義理中出來者, 卽浩然之氣. 從血肉身中出來者, 爲血氣之氣耳." 또한 『朱子語類』 권46 2b3, 권52 11b1·13b0을 볼 것.

대해서 자세히 살펴보도록 하자. 주희에 따르면, 용기와 대담함은 '큰(大) 기'로부터 생긴다. "감히 아무것도 하지 않는" 사람은 "기가 작은 것이고······ 무슨 일이나 감히 하려고 하는" 사람은 "그의 기가 큰 것이다." 예를 들어 "이 기를 길러서 크게 한 사람은 그것(즉 죽음)을 두려워하지 않는다."110) 심지어 주희는 기가 어떻게 커지고 작아지는가에 대해서 이야기하기도 했다.

> 지금 사람의 마음속에 부끄러움이 있으면 [사람의 몸을 채우고 있는] 이 기는 저절로 줄어들고 사라져서 일을 함에 있어 더 이상 용기와 날카로움을 지니지 못한다. 다른 사람과 맞서 싸울 때 또 한 사람이 뒤에서 돕도록 할 수 있으면, 자연히 기가 뛰어남을 더욱 느낄 것이다.111)

따라서 "용기는 기에 의해 사람에게 더해진다."112) 주희는 또한 '장壯'한 기를 용기의 원천이라고 보았다.113)

주희가 도덕적·정신적 속성들을 나타내는 데에 '기氣'라는 글자가 포함된 몇몇 단어들을 사용한 것도 같은 면을 보여 준다. 가장 두드러진 예는 '호연지기'이다. 위에서도 보았듯이 호연지기는 사람의 신체를 채우는 기와 같은 기이지만 "의義를 모으고 누적시켜서 가득 차고 성盛하게 된 것이고,······ 그러면 이 기는 바로 '호연浩然'할 수 있다."114) 그는 『맹자』에 나오는 또 다른 단어들인 '평단지기平旦之氣'와 '야기夜氣'에 대해 다음과 같이 말했다.

---

110) 『朱子語類』 권52 19b2, "······今一樣人畏避退縮事事不敢做, 只是氣小. 有一樣人未必識道理, 然事事敢做, 是他氣大······如古人······敢去徇國, 是他養得這氣大了, 不怕他."
111) 『朱子語類』 권52 25b3~26a0, "今人心中才有歉愧, 則此氣自然消餒, 作事更無勇銳······譬如與人鬪敵, 又得一人在後相助, 自然愈覺氣勝."
112) 『朱子語類』 권47 11b2, "勇是以氣加人."
113) 『朱子語類』 권34 24a1.
114) 『朱子語類』 권59 15b2, "所以充滿於一身之中者, 卽是此氣. 集義積累到充盛處, 仰不愧俯不怍, 這氣便能浩然."

"몇 시간 쉰 후, 기는 맑아지고 양심良心은 자란다. 새벽과 낮이 되면 기는 탁해지고 양심은 나타날 수 없다."115)

따라서 사람의 기가 그 사람의 마음에 영향을 미친다고 생각하는 것은 주희에게는 당연한 일이었다. 예를 들어, "기가 맑으면 마음은 '길러야 할 바'(所養)를 얻고 저절로 맑아진다. 기가 탁하면 마음은 길러야 할 바를 잃고 저절로 탁해진다."116) 그는 또한 "혈기는 의로운 마음을 도와 일어나게 할 수 있으며, 사람의 혈기가 쇠할 때는 의로운 마음도 역시 따라서 쇠한다"고 말했다.117) 그에 의하면 "나쁜 기는 [화를 내도록] '감感'할 수 있다."118) 주희는 화를 잘 내는 자신의 경향도 자신의 "기의 '질質'이 병들어서인" 것으로 설명했다.119)

사람의 기는 또한 그 사람의 마음을 움직이게 할 수 있다. 물론 주희가 분명히 인식했듯이 마음은 그 자체로서 움직이는 것이다.120) 예를 들어 사고思考는 "마음의 움직임"이다.121) 주희는 마음의 움직임을 가리켜 '흐름'(流), '살아 있음'(活), '유행流行과 같은 표현들을 사용하기도 했다.122) 그러나 주희에게 움직임은 사람의 마음의 이상적 상태는 아니었다. 마음의 움직임, 특히 기에 의해 야기되는 움직임은 회피되어야만 할 것이었다. 『맹자』의

---

115) 『朱子語類』 권59 15b2, "歇得這些時後, 氣便淸, 良心便長. 及旦晝, 則氣便濁, 良心便著不得." 이 단어들은 『孟子』 「告子上」 제8장에 나오며, 이들에 대한 주희의 논의는 『朱子語類』 권59 15b2~21b2에 실려 있다.
116) 『朱子語類』 권59 17b3, "若氣淸, 則心得所養, 自然存得淸. 氣濁, 則心失所養, 便自濁了." 앞의 주에서 인용된 『朱子語類』 권59 15b2에서 주희는 마음에서 "길러야 할 것"(所養)이 '良心'임을 밝혔다. 또한 『朱子語類』 권59 15b1을 볼 것.
117) 『朱子語類』 권46 2b3, "蓋血氣助得義心起來. 人之血氣衰時, 則義心亦從而衰."
118) 『朱子語類』 권30 11a0, "蓋是惡氣感得恁地[怒]." 따라서 주희에게는 "비록 [孔子와 같은] 聖人이 화를 낸 것이라고 해도 역시 좋지 않은 것"(雖聖人之怒, 亦是不好底物事)이다.
119) 『朱子語類』 권104 11b1, "某氣質有病, 多在忿懥."
120) 『朱子語類』 권5 4a1, 권34 6a3, 권62 17b2 등.
121) 『朱子語類』 권34 6a3.
122) 『朱子語類』 권59 32a0, 권71 10b0, 권118 19b5 등.

유명한 구절(「公孫丑上」 제2장)에 나오는, "'지志'를 유지하고 기를 난폭하게 하지 않음"(持其志, 無暴其氣)으로써 "마음을 움직이지 않게 하는"(不動心) 방법에 대한 그의 논의에서 되풀이 이야기된 것이 바로 이 점이었다.123) 따라서 마음이 바르고 안정되어 움직이지 않기 위해서는 '기를 기르고'(養氣), '기를 지키고'(守氣), '기를 난폭하게 하지 않는 것'(無暴其氣)이 중요하다.124)

물론 기와 마음의 상호작용은 한 방향으로만 일어나는 것이 아니다. 기가 마음에 영향을 주기만 하는 것이 아니라 마음이 기에 영향을 줄 수도 있는 것이다. 예를 들어 주희는 "마음이 일단 내버려지면 기가 반드시 어두워진다. 기가 일단 어두워지면 마음은 더욱 망亡한다. 양쪽이 서로 끌어당기고 움직이게 한다"고 이야기했다.125) 다른 한편, "만약 이 마음(즉 良心)을 유지할 수 있으면 기는 항상 맑다."126) 그리고 의義를 모으면 기가 '호연'해지는 것은 마음이 기에 이처럼 영향을 주기 때문이다.127) 위에서 보았듯이 공부나 수양修養이 사람의 '기의 성질'(氣稟)을 변화시킬 수 있는 것도 같은 이유에서이다.128) 심지어는 음악도 "사람의 혈기를 움직여 흔들 수 있고, 어떤 사람이 비록 나쁜 뜻을 지니고 있다 하더라도 드러낼 수 없도록 할 것이다."129)

사람의 기와 마음의 상호작용이 지니는 여러 측면들 중 주희가 가장 자주 언급한 것은 기와 '지志' 사이의 상호작용이다. 역시 위에 인용한

---

123) 『朱子語類』 권52 1a3~9a0. 위(주 107)에서 인용한 『論語』 「季氏」편 제7장에서의 孔子의 경계를 좇아 주희가 "군자는…… 혈기에 의해 使役되지 않도록 경계[해야] 한다"(君子……警戒勿爲血氣所役也; 『朱子語類』 권46 2b1)고 이야기한 것도 같은 관점을 보여준다.
124) 『朱子語類』 권18 29b1, 권52 4b0・9b1; 『朱子全書』 권20 24b0 등.
125) 『朱子語類』 권59 21b2, "蓋心旣放, 則氣必昏. 氣旣昏, 則心愈亡. 兩個互相牽動."
126) 『朱子語類』 권59 16a0, "若存得此心, 則氣常時淸."
127) 『朱子語類』 권52 13a1・13b0・14a0 등.
128) 『朱子語類』 권4 12a0, 권27 29a1 등.
129) 『朱子語類』 권35 20b0, "樂能動盪人之血氣. 使人有些小不義之意都着不得."

『맹자』의 구절에서의 언급들―"지가 이르면 기가 뒤따른다"(夫志至焉, 氣次焉.); "지가 하나가 되면 기를 움직이고, 기가 하나가 되면 지를 움직인다"(志壹則動氣, 氣壹則動志.)―이 주희로 하여금 기와 마음의 상호작용을 논의할 기회를 제공했다. 그는 "'지'가 여기 있으면 기 [또한] 여기 있다.······ '지'와 기는 저절로 서로 따른다"고 이야기했다.130) 주희는 '화를 [남에게] 옮기는'(遷怒) 일을 기와 '지'가 서로를 움직이는 예로 들었다.― "속에 사사로운 뜻을 지니고 '화를 [남에게] 옮기는' 데까지 이른 것은 '지'가 기를 움직이는 것이다. '화난 기'에 의해 움직여져서 [화를] 옮기는 것은 기가 '지를 움직이는 것이다.'"131) 화내는 것만이 아니라 심하게 기뻐하는 일도 기를 난폭하게 하고 그에 따라 '지'를 움직일 수 있다.132)

주희는 이정 형제를 좇아서 '지(志)'가 기를 움직이는 일이 기가 '지'를 움직이는 일보다 훨씬 잦다고 믿었고, 따라서 두 가지 중 '지'가 더 중요하다고 생각했다.133) 이것이 사람이 '지'를 잘 유지하면 기가 '지'를 움직일 수 없는 이유이다.― "술을 마시면 확실히 '지'를 움직일 수 있다. 그러나 그 '지'를 지킬 수 있으면 역시 움직일 수 없다."134) 그리고 "'지'가 강하면 체력도 역시 강하다."135) 주희는 마음을 움직이지 않도록 유지함으로써 불에 타는 것을 견뎌낼 수 있었던 한 승려에 대해서 이야기하기도 했다.136)

사람의 마음은 자신의 몸 안의 기만이 아니라 외부세계의 기와도 상호작

---

130) 『朱子語類』 권26 12a1, "志在這裏, 氣便在這裏······志與氣自是相隨."
131) 『朱子語類』 권30 5a3, "內有私意而至於遷怒者, 志動氣也. 有爲怒氣所動而遷者, 氣動志也." 여기서 주희는 顔回가 "화를 [남에게] 옮기지 않았다"는 孔子의 언급(『論語』 「雍也」 2장)에 대해 주해하고 있다. 공자의 이 언급에 대한 주희의 다른 주해들이 『朱子語類』 권30 4b2~12b0에 실려 있다.
132) 『朱子語類』 권52 7a0.
133) 『朱子語類』 권52 14a0, 권59 21a1; 『孟子集註』(四部備要版) 「公孫丑上」 2장 등.
134) 『朱子語類』 권52 26a0, "如飮酒固能動志. 然苟能持其志, 則亦不能動矣."
135) 『朱子語類』 권87 31a4, "志也强, 體力也强."
136) 『朱子語類』 권107 17a4.

용을 한다. 예를 들어 주희는 "사람의 마음이 일단 움직이면 반드시 기에 이르러서 이 '굴신왕래屈伸往來'하는 것(즉 '천지의 기天地之氣)과 서로 작용하고 통한다"고 이야기했다.137) 그 이유는, 주희의 생각으로는 "사람의 기와 '천지의 기'는 항상 서로 접하고 그 사이에 틈이 없기" 때문이다.138) 물론 마음으로 외부세계의 기를 움직이는 것은 보통사람의 통상적 능력은 아니다. 공자孔子와 같이 "마음이 넓고 큰" 성인만이 "하늘(天)과 서로 조화로운 관계에 있을" 수 있는 것이다.139) 실제로 주희는 우리로서는 불가능해 보이는—'초인적' 또는 '초자연적'으로 보이는— 많은 현상들을 인간의 마음과 외부세계의 기의 상호감응相互感應에 의한 것으로 생각했다. 그 같은 감응은, 예를 들어, 제사를 지낼 때 후손의 정성이 조상의 기에 이르러서 그것을 불러 올 수 있는 데에서 볼 수 있다.140) 점占이나 운명예측 같은 일도 사람의 마음이 외부세계의 기('천지의 기')와 접해서 그것을 감지하고 그에 따라 여러 가지 운수運數들—결국은 기의 성질에 의해 정해지는—을 알아내려는 것이다.141) 심지어 주희는 사람의 마음이 외부세계의 기에 작용함으로써 큰 자연재앙들이 일어날 수 있다는 제자의 이야기에 동조하기도 했다.— "사람이 살아가면서 많은 잘못과 죄악을 쌓으면, [외부세계에] 작용하여 상서롭지 못한 일을 불러오고 해와 달의 '박식薄蝕', 산이 무너지고 강이 말라버리는 일, 홍수, 가뭄, 기근 등의 변變을 일으킨다."142)

끝으로, 사람의 마음은 다른 사람의 마음, 심지어는 동물의 마음과도 상호작용할 수 있다. 이들 마음이 모두 기로 이루어져 있을 뿐만 아니라

---

137) 『朱子語類』 권3 2a0, "人心才動, 必達於氣, 便與這屈伸往來者相感通."
138) 『朱子語類』 권3 1b4~2a0, "人之氣與天地之氣, 常相接無間斷."
139) 『朱子語類』 권87 26a1, "此心蕩蕩地方與天相契." 『朱子語類』 권34 6b2에서 주희는 孔子가 "天地와 서로 감응한다"(與天地相應)고 이야기하고 있다.
140) 예를 들어 김영식, 『주희의 자연철학』, 5장을 참조할 것.
141) 『朱子語類』 권3 2a0, 권4 20a1 · 2 등.
142) 『朱子語類』 권62 19b0, "如人生積累愆咎, 感召不祥, 致有日月薄蝕山崩川竭水旱凶荒之變."

각각이 외부세계의 기와 작용하는 것이므로 이것은 당연한 일이다. 주희는 마음과 마음 사이의 직접적인 상호 감응과 작용의 구체적인 예들에 대해서도 이야기했다. 예를 들어 "정성이 지극히 두터운" 사람은 "남의 마음을 읽을"(他心通) 수 있다.143) 또한 주희는 병든 계모에 대한 지극한 효성이 물고기를 감동시켜 얼음을 깨고 튀어 나오게 했다는 "왕상효감王祥孝感"의 고사를 이야기하기도 했다.144)

## 5. 맺는 말

이상에서 기와 심 및 그것들 사이의 관계에 관한 주희의 생각을 살펴보았다. 그 내용으로부터 물질과 정신에 관한, 그리고 그것들 사이의 관계에 대한 주희의 생각을 추출하는 것이 불가능하지는 않을 것이다. 예를 들어 그가 이야기하는 '혈기'와 '지기' 사이의 구분이나 기와 '지志'의 상호작용에 대한 그의 생각은 거의 물질과 정신의 구분이나 관계를 이야기하고 있는 것처럼 보이기까지 한다. 그러나 그 같은 주희의 생각은 근본적으로 단일한 기의 서로 다른 측면들에 관한 것임을, 그리고 그 같은 구분이나 관계에 대한 그의 생각이 일관적이거나 지속적이었던 것이 아니었음도 보았다.

---

143) 『朱子語類』 권44 23a3.
144) 『朱子語類』 권136 8b2. 王祥의 이야기는 『晉書』 권33에 나온다.

# 제2장 이황의 리기관과 신유학 전통 상에서의 그 위치

리理와 기氣는 송대宋代 이후 신유학자들의 사상 및 철학에서 가장 기본이 되는 개념들이다. 그리고 이 점은 흔히 성리학이라고 불린 조선의 신유학에서도 마찬가지였다. 따라서 이황李滉(退溪, 1501~1570)의 사상 및 철학을 논의함에 있어 그 기초로서 먼저 그의 리기관理氣觀을 살펴보는 것으로부터 시작할 필요가 있다.

이황은 우리나라 신유학의 발전 과정에서 중요한 역할을 했으며, 주희朱熹 이래 신유학의 전개에 독창적인 기여를 한 것으로 인식되기도 한다.[1] 그리고 그 같은 기여의 일부분으로 그의 '주리主理적' 리기관이 자주 지적된다. 물론 이황 사상의 주된 관심은, 다른 대부분의 유학자에서 그렇듯이, 윤리적 문제에 주어졌다. 그러나 그의 윤리 이론은 리와 기에 관한 이론적·철학적 고찰에 바탕하고 있었다. 예를 들어 이황과 기대승奇大升(高峯, 1527~1572)의 유명한 '사단칠정四端七情' 논쟁에서도 리와 기의 관계에 관한 논의가 핵심적 역할을 했다.

이 글은 이황의 리기관을 개관하는 것으로부터 시작한 후 그것이 기초로

---

1) 李滉의 독창적인 기여를 인정하는 연구들로는 高橋亨, 「李朝儒學史における主理主氣派の發達」, 『朝鮮支那文化の硏究』(京城帝國大學法文學會, 1929), 141~281쪽; 윤사순, 『退溪哲學의 硏究』(고려대학교 출판부, 1980), 서장(특히 1~2쪽); Tu Wei-ming, "T'oegye's Creative Interpretation of Chu Hsi's Philosophy of Principle", 『退溪學報』 35(1982), 35~57쪽 (특히 35~36쪽) 등이 있다.

하는 주희의 리기관을 검토하는 순서로 진행할 것이다. 또한 주희의 리기관에 대한 이황의 이해를 검토함으로써 그의 이른바 '기여'가 어떠한 것이었나를 살피고, 나아가 신유학 발전 과정에서의 이황과 조선 성리학의 역할과 위치를 재조명해 볼 것이다.

## 1. 이황의 리기관

이황과 기대승 사이의 '사단칠정' 논쟁과 거기에 포함된 이들의 리기관의 차이, 특히 이황의 리기관의 특징은 그동안 많이 다루어져 왔으므로 여기서는 그 골자만을 살펴보기로 한다.[2] 잘 알려져 있듯이 논쟁은 1559년 이황이 정지운鄭之雲(1509~1561)의 「천명도天命圖」에 나오는 "사단은 리에서 발發하고 칠정은 기에서 발한다"(四端發於理, 七情發於氣)라는 표현을 "사단은 리의 발이고 칠정은 기의 발이다"(四端理之發, 七情氣之發)라고 바꾼 것에 대해 기대승이 이의를 제기함으로써 시작되었다. 기대승의 반론의 요점은 사단과 칠정이 다같이 '정情'이며 "칠정의 바깥에 따로 사단이 있는 것이 아니다"라는 것이었다.[3] 또한 그는 리와 기가 구분은 가능하지만 실제 사물에 있어 서로 분리시키는 것은 불가능함을 들어 사단과 칠정의 관계에 대한 이황의 견해를 비판했다.

> 무릇 리는 기의 주재主宰이고 기는 리의 재료材料이다. 이 두 가지는 분명히 구분된다. 그러나 사물에 있어서는, 그것들은 혼륜混淪되어 분리되지 않는다.[4]

---

[2] 李滉과 奇大升의 四端七情 논쟁의 자세한 전말과 각각에 대한 평가는 윤사순, 『退溪哲學의 硏究』, 제3장 心性觀, 특히 89~125쪽을 볼 것. 이 논쟁에서 두 사람이 주고받은 글들은 『退溪全書』(大東文化硏究院, 1954) 上冊, 402~442쪽과 『高峯先生文集』, 「兩先生四七理氣往復書」에 실려 있다.

[3] 奇大升의 이 언급(非七情之外復有四端也)은 『退溪全書』 上, 408쪽에 실려 있다.

[4] 『退溪全書』 上, 408쪽, "夫理, 氣之主宰也; 氣, 理之材料也. 二者固有分, 而其在事物也, 則

따라서 "학자들은 모름지기 리가 기의 바깥에 있지 않음을, 그리고 기가 '과불급過不及'이 없이 자연히 발현되는 것이 리의 본체本體임을 알아야 할 것"5)이라는 것이 기대승의 입장이었다.

몇 차례의 서신교환 끝에 이황이 도달한 결론은 "사단은 리가 발하고 기가 그것에 '따르는'(隨) 것이고, 칠정은 기가 발하고 리가 그것을 '타는'(乘) 것"6)이라는 것이었다. 이렇게 함으로써 그는 "사단이 발하는 것은 순전히 리이므로 불선不善이 없으며, 칠정이 발하는 것은 기를 겸하기 때문에 선善과 악惡이 있다"7)는 자신의 원래의 입장도 유지하고 기대승의 비판에도 답한 것으로 생각했다. 그는 자신의 입장을 다음과 같이 정리했다.

> 칠정을 사단에 대립시켜 각각 그 구분에 따라 말하자면, 칠정의 기에 대한 관계는 사단의 리에 대한 관계와 같다. 그 발함에 각각 혈맥血脈이 있고 그 이름(名)에 모두 가리키는 바가 있다. 따라서 그 주主된 바에 따라 그것들을 분속分屬시킬 수 있었을 뿐이다. 비록 나 역시 칠정이 리에 간여하지 않는다고 말하지 않지만, 바깥의 사물이 우연히 서로 모이고 붙어서 감感하고 동動한 것이다. 또한 사단이 사물에 감하여 동함은 확실히 칠정과 다르지 않다. 다만 사단은 리가 발하고 기가 그에 따르는 것이고, 칠정은 기가 발하고 리가 그것을 타는 것이다.8)

이 같은 이황의 입장에서 문제가 되었던 점 한 가지는 "리가 발한다"(理發) — 기만이 아니라 리도 발한다는 점에서 이것은 '理氣互發'로 불리기도 했다는 것이었다. 그리고 이것이 문제가 되었던 것은 "리가 발한다"는 생각이 "리는 정의情意가

---

　　固混淪而不可分開."
5) 『退溪全書』上, 408쪽, "學者須知理之不外於氣, 而氣之無過不及自然發見者, 乃理之本體也."
6) 『退溪全書』上, 816쪽, "四端理發而氣隨之, 七情氣發而理乘之."
7) 『退溪全書』上, 402쪽, "四端之發, 純理, 故無不善. 七情之發, 兼氣, 故有善惡."
8) 『退溪全書』上, 417쪽, "若以七情對四端而各以其分而言之, 七情之於氣, 猶四端之於理也. 其發各有血脈. 其名皆有所指, 故可隨其所主而分屬之耳. 雖渾亦非謂七情不干於理, 外物偶相湊著而感動也. 且四端感物而動, 固不異於七情. 但四則理發而氣隨之, 七則氣發而理乘之."

없고 계탁計度이 없고 조작造作이 없다"는 주희의 유명한 언급9)과 어긋나는 것으로 보였기 때문이었다. 그 점에서는 리의 '발發'만이 아니라, 「태극도설太極圖說」의 "태극동이생양太極動而生陽……"이라는 구절의 해석이 빚어낸 리의 '동動'이나 격물格物 이론의 해석에서 나온 리의 '도到'라는 생각도 마찬가지로 문제를 빚었다.10)

이황 또한 리 개념에 대한 자신의 생각이 지니는 이 같은 문제를 인식했고 때로는 위의 주희의 언급을 인용하기도 했지만,11) 그는 이것을 '체용體用' 이론을 통해서 해결하였다. 정의·계탁·조작이 없어서 '발'·'동'·'도'할 수 없는 것은 리의 '체體'이며, 리의 '용用'은 그 같은 것이 있을 수 있다는 것이었다. 예를 들어 그는 다음과 같이 말했다.

> …… 이로부터, 정의情意나 조작造作이 없는 것은 리의 본연의 '체'이고 그 자리함에 따라 발현되어 이르지(到) 않음이 없는 것은 리의 지극히 신묘한 '용'임을 알았다. 전에는 [나는] 단지 본체의 무위無爲함만을 말고 묘한 '용'이 능히 드러나 행할 수 있음은 알지 못했으며, 거의 리를 죽은 것으로 생각하기까지 했다. 도道를 떠남이 또한 멀고 심하지 않았는가!12)

이 같은 자신의 입장을 뒷받침하기 위해 이황은 주희의 또 다른 언급들을 이용했다. 예를 들어 바로 같은 문제를 두고 이양중李養中(자는 公浩)과 주고받은 문답에서 그는 자신의 논의를 "리에 동정이 있으므로 기에 동정이 있다"(理有動靜, 故氣有動靜)라는 주희의 언급13)에 근거했다.

---

9) 『朱子語類』 권1, 3a, "理却無情意無計度無造作."
10) 예를 들어 尹絲淳, 『退溪哲學의 硏究』, 제5장 退溪哲學의 性格, 특히 225~232쪽을 볼 것.
11) 『退溪全書』上, 464·889쪽 등.
12) 『退溪全書』上, 465쪽, "……是知無情意造作者, 此理本然之體; 其隨寓發見而無不到者, 此理至神之用也. 向也, 但有見於本體之無爲, 而不知妙用之能顯行, 殆若認理爲死物. 其去道不亦遠甚矣乎."

【질문】 "태극이 동動하여 양陽을 '생生'하고, 정靜하여 음陰을 '생한다'"는 구절을 보자. 주자는 "리는 정의가 없고 조작이 없다"고 말했다. 정의와 조작이 없다면 아마도 능히 음양을 '생할 수 없을 것이다. 만약 능히 '생할 수 있다면, 이는 당초에는 본래 기氣가 없다가 저 태극이 음양을 '생해 내놓은 연후에 그 기가 비로소 있게 되었음이 아닌가?……

【대답】 주자는 일찍이 "리에 동정이 있으므로 기에 동정이 있다. 만약에 리에 동정이 없다면 기가 어찌 스스로 동정을 지니겠는가?"라고 말했다. 이것을 알면 위와 같은 의혹은 없어질 것이다. 무릇 "정의가 없다"고 한 것은 본연의 '체體'를 가리키는 것이고 능히 '발'하고 능히 '생할 수 있는 것은 지극히 묘한 '용'이다.…… 리는 스스로 '용'을 지니며, 따라서 자연히 양을 '생하고 음을 '생한다.[14]

이황은 또한 "리에는 반드시 '용'이 있다. 하필 이것이 마음의 '용'이라고만 말할 것인가"라는 주희의 언급[15]도 같은 목적으로 이용했다.

주자는 또 "리에는 반드시 '용'이 있다. 하필 이것이 마음의 '용'이라고만 말할 것인가"라고 말했다. 그런즉 그 '용'은 비록 사람 마음의 밖에 있는 것이 아니지만 그것이 '용'의 묘妙가 되는 것은 실로 리의 발현 때문이며, 사람 마음의 지극함에 따라 이르지(到) 않음이 없고 다하지 않음이 없다. 다만 나의 격물이 지극하지 못함이 있음을 걱정할 뿐 리가 능히 '스스로 이를' 수 없음을 걱정해서는 안 된다.[16]

---

13) 『朱文公文集』 권56, 33b~34a에 실려 있는 주희의 원문은 다음과 같다. "理有動靜, 故氣有動靜. 若理無動靜, 則氣何自有動靜乎."
14) 『退溪全書』 上, 889쪽, "[問曰] 太極動而生陽, 靜而生陰. 朱子曰. 理無情意無造作. 旣無情意造作, 則恐不能生陰陽. 若曰能生, 則是當初本無氣, 到那太極生出陰陽然後, 其氣方有否. [李滉曰] 朱子嘗曰. 理有動靜, 故氣有動靜. 若理無動靜, 則氣何自有動靜乎. 知此則無此疑矣. 蓋無情意云云, 本然之體; 能發能生, 至妙之用也……理自有用, 故自然而生陽生陰." 李滉은 『退溪全書』 上, 608쪽에서도 朱熹의 같은 언급을 인용하고 있다.
15) 『朱子語類』 권18, 23a2, "理必有用. 何必說是心之用乎."
16) 『退溪全書』 上, 465쪽, "朱子又曰. 理必有用. 何必說是心之用乎. 則其用雖不外乎 人心, 而其所爲用之妙, 實是理之發見者. 隨人心所至而無所不到, 無所不盡. 但恐吾之格物有未至, 不患理不能自到也."

## 2. '주리적' 성격과 리-기 구분

이황이 이처럼 리의 '발'·'동'·'도' 등을 통해서 사단을 칠정과 구분하려 한 데에는 가치지향적·윤리적 목적이 있어서였음은 뒤에 다시 살펴보겠지만, 거기에는 또한 기에 비해서 리를 중요시하는 그의 주리적 경향이 드러난다. 그는 근본적으로 리는 '순선純善'인 데 반해 기는 선과 악이 모두 가능하다고 생각했다.

> 담일湛一함은 기의 본本이다. 이때에는 아직 그것을 악惡이라고 말할 수 없다. 그러나 기가 어찌 순전히 선할 수 있겠는가? 오직 기가 아직 일을 주관하지 않을 때 리가 주主가 되고 따라서 '순선'인 것이다.[17]

사단이 선하기만 한 데 반해 칠정은 악할 수 있는 것은 "그 기가 반드시 '순선'일 수는 없기"[18] 때문이다. 그는 위의 "사단은 리가 발하고 기가 그것에 따르는 것이고, 칠정은 기가 발하고 리가 그것을 타는 것"이라는 말 뒤에 다음과 같이 덧붙였다.

> 리가 발함에도 기가 그에 따름이 없으면 해 내서 이룰 수가 없고, 기가 발함에도 리가 이를 타는 것이 없으면 이욕利欲에 빠져 금수禽獸가 되며, 이것은 바뀌지 않는 정리定理이다.[19]

나아가 이황은 "리는 귀하고 기는 천하다"는 표현을 쓰기도 했다.

---

17) 『退溪全書』上, 891쪽, "湛一, 氣之本. 當此時, 未可謂之惡. 然氣何能純善. 惟是氣未用事時, 理爲主, 故純善也."
18) 『退溪全書』上, 600쪽, "情之有善無惡, 四端是也. 若七情不可言無惡者, 以其氣未必純善故也."
19) 『退溪全書』上, 816쪽, "理而無氣之隨則做出來不成. 氣而無理之乘則陷利欲而爲禽獸. 此不易之定理."

사람의 일신一身은 리와 기를 겸비한다. 리는 귀하고 기는 천하다. 그러나 리는 무위이고 기는 욕欲이 있다. 따라서 리를 실천하는 것을 주로 하면 '양기養氣'가 그 속에 있다. 성현이 그러하다. '양기'에 치우치면 반드시 성性을 해치는 데에 이른다. 노장老莊이 그러하다.[20]

이황의 리기관의 주리적인 측면은 이뿐이 아니었다. 우선, 기는 생성과 소멸生死이 있음에 반해 리는 생성·소멸이 없이 영원하다. 이황의 설명에 의하면 '형形'이 있는 기는 존재하지 않는 때가 있음에 반해 '형'이 없는 리는 항상 존재한다.[21] 그는 다음과 같이 주희의 언급을 인용하며 기의 생성이 영구적으로 지속되는 것을 리에 근거시키기도 했다.— "기의 이미 흩어진散 것은 화化해 버려서 [더 이상] 존재하지 않지만, 리에 근거하여 날로 '생生'하는 것은 확실히 호연하고 무궁하다."[22] 또한 이황은 리가 기를 주재하는 측면을 강조했다. "리는 본래 그 존귀함에 있어 짝이 없다. [리는] 사물을 '명命'하되 사물에 의해 '명'함을 받지 않으며, 기가 당하여 이겨낼 수 있는 것이 아니다"[23]라는 그의 말은 이의 좋은 예이고, 태극—그가 리와 동일시한—이 능히 '생'할 수 있는 반면 기인 음양은 태극에 의해 '생해진 것'이라는 그의 생각[24]도 리가 기를 주재하는 이 같은 측면을 보여 준다. 이황의 주리적 측면은 사단칠정 논쟁과 관련해서만이 아니라, 앞에서도 보았듯이, "태극동이생양太極動而生陽……"이라는 구절이나 격물 이론의 해석에서 리의 '동動'이나 '도到'와 같은 문제들을

---

20) 『退溪全書』 上, 335쪽, "人之一身, 理氣兼備. 理貴氣賤. 然理無爲而氣有欲. 故主於踐理者, 養氣在其中. 聖賢是也. 偏於養氣者, 必至於賊性. 老莊是也."
21) 『退溪全書』 上, 161쪽, "氣有生死理無生死之說, 得之. 以日光照物比之, 亦善然. 日光猶有時而無者, 以有形故也. 至於理, 則無聲臭無方體無窮盡, 何時而無耶."
22) 『退溪全書』 上, 604쪽, "朱子嘗曰. 氣之已散者, 既化而無有矣, 而根於理而日生者, 固浩然而無窮."
23) 『退溪全書』 上, 354쪽, "理本其尊無對, 命物而不命於物, 非氣所當勝也."
24) 『退溪全書』 上, 921쪽 등.

다루는 데에도 나타났다.25)

이 같은 주리적 측면, 특히 기에 비한 리의 중요성을 강조하기 위해 이황은 리를 기와 구분해야 함을 강조했고, 리를 기와 섞는 일이나 리와 기를 하나로 보는 일을 비판했다. 예를 들어 그는 다음과 같이 이야기했다.

> 만약 능히 여러 리를 궁구하여 완전히 투철함에 이를 수 있으면 이 물사物事(즉 리)가 지극히 허虛하면서도 지극히 실實하고 지극히 '무無'이면서도 지극히 '유有'이며, '동動'이지만 '동'이 없고 '정靜'이지만 '정'이 없으며, '깨끗하고 깨끗해서'(潔潔淨淨) 추호도 더할 수 없고 추호도 덜할 수 없으며, 능히 음양오행과 만물만사의 본本이 되면서도 음양오행과 만물만사 속에 한정되지 않는다는 것을 꿰뚫어 볼 수 있다. 어찌 기와 섞어서 일체一體로 생각하거나 일물一物로 볼 것인가?26)

사단과 칠정의 구분도 바로 리와 기의 구분에 근거했음은 위에서 보았다.

물론 리와 기의 이 같은 구분은 관념적으로 가능할 뿐 실제 사물에서 그것이 분리되는 것은 아니었고, 이황에 대한 기대승의 비판의 중요한 논거가 바로 이것이었다.27) 이황도 이 점을 인정했다. 예를 들어, 아래의 언급에서 이황은 리와 기의 구분을 이야기하면서도 리가 기의 밖에 있거나 기가 리의 밖에 있는 것이 아님을 인정했다.

---

25) 윤사순은 이에 대해 다루면서 다음과 같이 이야기하기까지 한다.
"이 세 가지가 그의 理氣說 중에서, 그 主理의 경향이 가장 두드러진 것들이고, 주이적 경향으로 이룩된 까닭에 가장 많은 論難을 야기한 대표적 이론들이다. 퇴계는 이들의 문제에서 가장 많은 이론적 난관에 봉착하였지만, 그럼에도 불구하고 주저치 않고 끝까지 그 난관마저 주리적 방법으로 해결하고자 하였다."(『退溪哲學의 硏究』, 제5장 退溪哲學의 성격, 225쪽)
26) 『退溪全書』上, 424쪽, "若能窮究衆理, 到得十分透徹. 洞見此個物事至虛而至實, 至無而至有, 動而無動, 靜而無靜. 潔潔淨淨地, 一毫添不得, 一毫減不得, 能爲陰陽五行萬物萬事之本, 而不囿於陰陽五行萬物萬事之中. 安有雜氣而認爲一體看作一物耶."
27) 위의 주4)를 볼 것.

무릇 "리가 발하고 기가 이에 따른다"(理發而氣隨之)라고 하는 것은 리를 주로 해서 말할 수 있는 것일 뿐, 리가 기의 밖에 있다고 말하는 것이 아니다. 사단이 이것이다. "기가 발하고 리가 그것을 탄다"(氣發而理乘之)라고 하는 것은 기를 주로 해서 말할 수 있는 것일 뿐, 기가 리의 밖에 있다고 말하는 것이 아니다. 칠정이 이것이다.28)

또한 그는 사단칠정의 구분을 논하는 위에서 되풀이 인용된 언급에 앞서서 "천하에 리 없는 기가 없고 기 없는 리가 없다"고 말했다.29) 그가 "사람의 일신一身"이 "리와 기의 합合"에 의해 생겼다고 말했던 것은 위에서도 보았으며, 그는 마음(心) 또한 리와 기의 '합'으로 볼 수 있었다.30) 이런 점들을 종합하여 이황은 다음과 같이 이야기했다.

무릇 사람의 일신은 리와 기가 '합'하여 '생'한다. 그러므로 이 둘(즉 리와 기)은 서로 발용發用함이 있고, 그 '발'함은 또한 서로 기다린다. 서로 '발'하는 것을 보면 각각이 주主로 하는 바가 있음을 알 수 있고, 서로 기다리는 것을 보면 서로 그 속에 있음을 알 수 있다. 서로 그 속에 있으므로 혼륜渾淪하여 말함이 분명히 있을 수 있고, 각각 주로 하는 바가 있으므로 분별分別하여 말하여도 불가함이 없다.31)

그러나 기대승이 강조한 '리기불가분개理氣不可分開'의 입장을 이런 식으로 받아들이면서도 이황은 사단과 칠정의 구분을 고집했고 리와 기의 구분 또한 강조했다. 이 점을 강조하기 위해 그는 「비리기위일물변증非理氣爲一物辨證」(리와 기가 一物이 아니라는 변증)이라는 제목의 글을 쓰기도 했다.32)

---

28) 『退溪全書』上, 419쪽, "大抵有理發而氣隨之者, 則可主理而言耳, 非謂理外於氣. 四端是也. 有氣發而理乘之者, 則可主氣而言耳, 非謂氣外於理. 七情是也."
29) 『退溪全書』上, 816쪽, "天下無無理之氣, 無無氣之理."
30) 『退溪全書』上, 600쪽, "蓋合理氣統性情者, 心也."
31) 『退溪全書』上, 416쪽, "蓋人之一身, 理與氣合而生. 故二者互有發用, 而其發又相須也. 互發, 則各有所主可知, 相須, 則互在其中可知. 互在其中, 故渾淪言之者固有之. 各有所主, 故分別言之而無不可."
32) 『退溪全書』上, 920~922쪽에 실려 있다.

이 글에서 그는 "리와 기는 '결단코 별개(決是二物)'라는 주희의 언급에 바탕하여 자신의 주장을 전개시켜 나갔다.33)

## 3. 이황의 리기관과 주희

이황의 리기관과 그 주리적 특성을 주로 살펴본 앞 절의 논의에서 눈에 띄는 점은 그의 핵심적인 생각들이 주희의 언급들에 근거하여 제시되고 있다는 것이다. 위에서 본대로, 그는 "리에 동정(動靜)이 있으므로 기에 동정이 있다. 만약에 리에 동정이 없다면 기가 어찌 스스로 동정을 지니겠는가?"라거나 "리에는 반드시 '용(用)'이 있다. 하필 이것이 마음의 '용'이라고만 말할 것인가" 같은 주희의 언급들을 인용해 리가 '동'하고 리에 '용'이 있다는 주장을 뒷받침했으며, "사단은 리의 '발'이고 칠정은 기의 '발'이다"라는 자신의 주장을 그대로 말하고 있는 주희의 언급도 찾아내었다.34)

그러나 이렇듯 이황이 그의 주장을 주희의 언급들에 근거하여 내놓고 있는 것은 사실이지만, 이것들은 주희의 언급들 가운데 대표적이거나 전형적이라고 할 수 있는 것들이 아니었다. 또한 이황이 인용한 주희의 언급들이 반드시 이황이 해석한 식으로만 해석될 수 있는 것들도 아니었다. 어떤 면에서 이황의 리기 이론은 주희의 언급들 중 자신의 입장에 부합될 수 있는 부분만을 선택하여 자기 나름으로 해석한 것이라고도 볼 수 있다.

이런 과정에서 이황이 주희의 생각을 오해했거나 왜곡한 것으로 보이는 경우도 있었다. 예를 들어 위에서 본 "리에 동정이 있으므로 기에 동정이

---

33) 朱熹의 언급은 『朱文公文集』 권46, 24a에 나온다.
34) 『退溪全書』 上, 407쪽. 朱熹의 언급은 『朱子語類』 권53, 17b에 나온다. "四端是理之發, 七情是氣之發."

있다"는 주희의 말은 '동정'의 리가 있기 때문에 기가 '동정動靜'할 수 있다는 것이지, 이황이 해석하듯이 리가 '동정'하기 때문에 기가 동정한다는 뜻이 아니었으며, 그것은 주희의 또 다른 언급—"동정이 있다는 것은 반드시 '동정하는 까닭이 되는 리(所以動靜之理)가 있다는 것을 의미한다"[35]—으로부터도 분명히 알 수 있다. 또한 이황은 마음(心)이 리와 기의 '합'이라는 자신의 생각을 펴면서 역시 "리가 기와 합하면 능히 지각知覺할 수 있다"는 주희의 언급을 인용하고 있지만, 아래에서 실제 주희가 말한 바—특히 촛불과의 비유—를 보면 주희의 뜻이 이황과 같지 않았음을 알 수 있다.

> 리는 지각하지 못한다. 기가 응집(聚)하여 형형을 이루고 리가 기와 합하면 능히 지각할 수 있다. 이 촛불에 비유하자면, 이 기름을 얻음으로써 많은 광염光焰을 지니는 것이다.[36]

물론 주희의 리기관이 뚜렷하고 명확했던 것은 아니며 오히려 모호한 측면도 있었다. 어떤 면에서는 이황과 기대승 사이에 있었던 논쟁의 소지가 이미 이 같은 주희의 모호함 속에 존재하고 있었다고도 말할 수 있다. 이황이 「비리기위일물변증」에서 인용하는 주희의 다음과 같은 언급은 리기의 "결시이물決是二物"과 "불가분개不可分開" 양쪽 모두를 주장함으로써 그 같은 논쟁의 소지를 포함하고 있는 대표적인 예였다.

> 리와 기라고 이르는 것들은 결단코 별개(二物)이다. 다만 사물의 측면에서 보면, 두 가지가 혼륜되어 있으며 이것들을 분리하여 각각 다른 곳에 처處하도록 할 수 없다. 그러나 이 두 가지가 각각 [별개의] 것이라고 해도 해害가 없다. 리의

---

[35] 『朱文公文集』 권45, 11b, "其動靜, 則必有所以動靜之理."
[36] 『朱子語類』 권5, 3a4, "理未知覺. 氣聚成形, 理與氣合便能知覺. 譬如這燭火, 是因得這脂膏便有許多光焰." 李滉은 朱熹의 이 언급을 『退溪全書』 上, 603쪽에서 인용하고 있다.

측면에서 본다면, 비록 아직 사물이 없어도 '사물이 있을 리'(有物之理)는 이미 있다. 하지만 역시 단지 그 리만이 있을 따름이다. 실제로 이 사물이 있는 것은 결코 아니다.[37]

그러나 주희에게서 우리가 보게 되는 이 같은 면은 '모호함'이라고 특징짓기보다는 리와 기가—특히 이 두 개념 사이의 관계가— 지니는 다양함과 복잡함에 대한 제대로의 이해, 또는 더 현실적인 이해를 반영한다고 보는 것이 더 타당하다. 그리고 이 점을 제대로 보이기 위해서는 리와 기의 관계에 관한 주희의 생각을 자세히 살펴볼 필요가 있다. 내 생각으로는, 아직도 이 같은 작업이 충분히 제대로 이루어졌다고 할 수 없다. 물론 리와 기의 관계에 관한 논쟁은 우리나라만이 아니라 중국에서도 주희 이후 계속되어 왔지만, 이것이 주희 자신의 말과 글과 생각에 바탕한 것이 아니라 리와 기 각각에 대한 논자들의 믿음, 그리고 그것들 사이의 관계가 어떠해야 한다는 논자들의 생각에 좌우되는 경우가 많았던 것이다. 그렇다면 리와 기의 관계에 관한 주희 자신의 생각을 그 이후의 그에 관한 생각과 논쟁의 전개와 분리해서 살펴볼 필요가 있음이 분명하고, 그것이 바로 나음 설의 과제가 될 것이다.

### 4. 주희의 '리' 개념의 특성

주희의 리기관의 핵심적인 점들은 그의 리 개념이 지니는 특성들과 밀접한 관련이 있다. 그리고 그의 리 개념의 이 같은 특성들이 제대로

---

[37] 『朱文公文集』 권46, 24a, "所謂理與氣, 此決是二物. 但在物上看, 則二物混淪, 不可分開各在一處. 然不害二物之各爲一物也. 若在理上看, 則雖未有物而已有物之理. 然亦但有其理而已, 未嘗實有是物也."

이해되지 않은 상황에서 리 및 리-기에 관한 많은 오해와 문제가 발생하였다. 물론 그의 기 개념이라고 해서 명확하거나 문제가 없는 개념이란 것은 아니지만, 그에 대해서는 어느 정도의 합의가 이루어져 있다고 볼 수 있는 데 반해[38] 리 개념은 전혀 그렇지 못한 것이다. 그렇다면 주희의 리 개념은 어떠한 것이었는가?

주희 자신은 리가 무엇인가를 명확히 말해 주는 정의定義를 제시하지 않았다. 아마도 다음과 같이 말했을 때 그가 리의 정의에 가장 가까이 갔다고 할 수 있겠다.

> 천하의 사물에 대해 보자면, 반드시 각각이 '소이연所以然'의 '고故'와 그 '소당연所當然'의 '칙則'을 지닌다. [이것이] 이른바 리이다.[39]

그는 같은 생각을 약간 다르게 표현하기도 했다.— "리를 궁구하는 것은 사물의 '소이연'과 그 '소당연'을 알기를 원하는 것일 뿐이다."[40] 이런 식으로 주희는 리의 두 가지 서로 다른 측면을 보고 그것들을 '소이연'과 '소당연'이라고 표현한 것이다.

이 두 표현은 각각 '이유'와 '규범'이라는 우리의 생각과 비슷해 보인다. 그러나 주희는 이 표현들에 대한 일반적인 설명을 제시하지 않고 구체적인 예들을 통해 그것들에 대해 이야기했을 뿐이다.

예를 들어 부모를 섬김에 있어 마땅히 효성스럽고, 형을 섬김에 있어 마땅히 아우의 도리를 지켜야 한다(弟)는 것 등이 바로 '소당연'의 '칙'이다. 그러나, 부모를

---

38) 朱熹의 氣 개념에 관한 간단한 논의는 김영식, 『주희의 자연철학』(예문서원, 2005), 2장을 볼 것.
39) 『大學或問』(文淵閣四庫全書版), 권1, 11b~12a, "至於天下之物, 則必各有所以然之故與其所當然之則. 所謂理也."
40) 『朱文公文集』 권64, 33a, "窮理者, 欲知事物之所以然與其所當然者而已."

섬김에 있어 어째서 반드시 효성스러워야 하고 형을 섬김에 있어 어째서 반드시 아우의 도리를 지녀야 하는가— 이것이 곧 '소이연'의 '고'이다.41)

때로 주희는 이 가운데 '소당연'의 측면에 대해서만 이야기하고 '소이연'의 측면은 이야기하지 않았다.

> 봄(視)에는 마땅히 보아야 할 '칙'이 있고, 들음(聽)에는 마땅히 들어야 할 '칙'이 있다. 이와 같이 [즉 마땅히 보아야 할 때] 보고 이와 같이 [마땅히 들어야 할 때] 들으면, 옳다. 이와 같지 않을 때 보고 이와 같지 않을 때 들으면 옳지 않다.……[이로부터] 미루어 입의 맛에 대함과 코의 냄새에 대함에 이르면, 각각이 '당연'의 '칙'을 가지지 않음이 없다. 이른바 리를 궁구한다 함은 이것을 궁구하는 것일 따름이다.42)

리에 관한 이 같은 주희의 생각에서 주목해야 할 점은, 그에게 있어서 어떤 물체나 현상의 리는 그 물체나 현상 자체보다 더 근본적인 차원에서 그 물체나 현상에 대한 설명이나 이해를 제공해 줄 수 있는 간단한 개념이나 원리가 아니라는 것이다. 어떤 물체나 현상의 리는 단지 그것 때문에 그 물체가 그처럼 존재하고 그 현상이 그처럼 일어나는 것에 지나지 않는다. 그 물체나 현상의 리가 있으면, 그리고 있을 때에만, 그 물체나 현상은 존재하고 일어나는 것이다. 주희 자신의 말을 따르면, "이 리가 있으면 바로 이 물체나 현상이 있다. 초목의 경우 종자種子가 있으면 바로 초목을 생겨나게 하는 것과 같다."43) 주희가 여기서 사물의 리와 초목의

---

41) 『朱子語類』 권18, 21b, "如事親當孝, 事兄當弟之類, 便是當然之則. 然事親如何却須要孝, 從兄如何却須要弟, 此卽所以然之故."
42) 『朱子語類』 권59, 6b~7a, "蓋視有當視之則, 聽有當聽之則. 如是而視, 如是而聽, 便是. 不如是而視, 不如是而聽, 便不是……推至於口之於味, 鼻之於臭, 莫不各有當然之則. 所謂窮理者, 窮此而已."
43) 『朱子語類』 권13, 12a, "有是理, 方有這物事. 如草木有個種子, 方生出草木."

종자 사이의 유비관계를 사용한 것은 물체나 현상이 존재하거나 일어나기 위해서는 그것의 리가 반드시 있어야 한다는 점을 더욱더 분명히 해준다. 주희는 이 생각을 한 구절에서 다음의 네 가지 서로 다른 방식으로 표현했다.

① 이 리가 있으면 이 사물이 있다.……
② 이 리가 없음에도 이 사물이 있는 일은 없다.
③ 이 리가 없으면 비록 이 사물이 있어도 이 사물이 없음과 같다.……
④ 이 리가 없으면 이 사물이 없다.[44]

따라서 모든 것은, 그것이 존재하기 위해서는, 그것의 리가 있어야 한다. 예를 들어 천지가 존재하기 위해서는 천지의 리가 있어야 한다.[45] 기도 그것의 리가 있을 때에만 존재할 수 있다.[46] 주희는 "이 리가 있으면 이 기가 유행하고 만물을 발육한다"고 말했다.[47] 그는 또한 "그 리가 여러 가지가 있으므로 사물 또한 여러 가지가 있다"고 이야기했다.[48] 심지어는 '귀신 휘파람'(鬼嘯)이나 '귀신 불'(鬼火) 같은 괴이한 현상들도 그것들의 리가 있을 때 일어난다.[49]

물론 이것이 복잡한 주희의 리 개념의 모든 측면들을 다 포괄할 수는 없으며, 특히 그의 도덕철학에 나타나는 리 개념의 여러 측면들은 위의 특성만으로 설명되지 않는다.[50] 그러나 어떤 것의 리가 그것이 존재하거나

---

44) 『朱子語類』 권64, 17a, "① 有是理, 則有是物.…… ② 未有無此理而有此物也. ③ 無是理, 則雖有是物 若無是物矣.…… ④ 無是理, 則無是物."
45) 『朱子語類』 권1, 1b 등.
46) 『朱子語類』 권1, 1b 및 권87, 23b; 『朱文公文集』 권58, 10b 등.
47) 『朱子語類』 권1, 1b, "有此理, 便有此氣流行發育."
48) 『朱子語類』 권94, 19a, "其理有許多, 故物亦有許多."
49) 『朱子語類』 권3, 4b 등
50) 理의 다양한 측면들에 대한 근래의 논의들로는 Allen Wittenborn, "Li Revisited and Other

일어나게 하는 것이라는 점은 주희의 생각 속에 너무나 철저하게 자리 잡아서, 그에게는 "이[것의] 리가 있다"(有此理)는 표현이 "이것이 존재할 수 있다"거나 "이것이 일어날 수 있다", 심지어는 "이것이 사실이다"는 것을 의미했다.[51] 그가 어떤 현상을 언급한 후에 "아마도 이것의 리가 있을 것이다"고 했을 경우에,[52] 그것은 "아마도 그 같은 현상이 가능할 것이다"라는 것을 의미했다. 그리고 "이것의 리가 있는가?" 하고 물었을 때[53]에는 그 현상이 가능한가를 묻는 것이었다. 반면에 그가 "이것의 리가 없다"고 이야기하거나 "어떻게 이것의 리가 있을 수 있는가?" 하고 물었을 때에는, 그것은 '이것'이 존재하거나 일어날 수 없다거나 '이것'이 불가능하다는 것을 의미했다.[54]

그러므로, 복잡한 물체나 현상의 리는 그 물체나 현상 자체보다 개념적으로 더 간단하거나 근본적이지 않다. 사실 리는 주어진 물체나 현상 전체를 한꺼번에 지칭한다. 복잡한 물체나 현상의 리는 그 물체나 현상을 더 간단한 형태로 설명하거나 더 근본적인 차원으로 분석하는 데―그에 따라 그것을 더 깊은 차원에서 이해하는 데― 사용될 수 있는 어떤 것이 아니다. 주희가 물체나 현상의 리를 언급했을 때, 그것은 그 물체가 존재할 것이나 그 현상이 일어날 것을 보장할 뿐이다. 또한 리의 내용이 더 이상 분석되거나 더 깊게 탐구되는 일도 없다. 그것은 전체적으로 한꺼번에 파악될 뿐이다. 사람이 어떤 사물에 접했을 때, 그의 마음은 그것의 리를 '이해'하거나 '아는' 것이 아니라 '보는' 것이다.

---

Explorations", *Bulletin of Sung-Yüan Studies* 17 (1981), pp.32~48; Willard J. Peterson, "Another Look at Li", *Bulletin of Sung-Yüan Studies* 18 (1986), pp.13~32 등이 있다.
51) 현대 우리말의 "그럴 리가 있다"거나 "그럴 리가 있는가?" 등의 표현들은 바로 理의 이 같은 측면의 잔재라고 할 수 있겠다.
52) 『朱子語類』 권86, 10b; 권92, 6a 등.
53) 『朱子語類』 권97, 3b 등.
54) 『朱子語類』 권3, 4b; 권16, 18b; 권18, 2a; 권86, 10b; 권89, 14a 등.

따라서, 앞에서 보았듯이, 비록 주희가 "동정動靜의 리"를 언급하기는 했지만 그것은 운동과 정지의 성격과 세부 사실에 대한 분석과 설명을 가능하게 해 주는 어떤 것이 아니었다. 그것은 단지 '그것 때문에 동動과 정靜이 있는 까닭이 되는 리'(所以動靜之理)였다. 주희는 다음과 같이 말했다.— "이 '동'의 리가 있어 [태극이] '동'하여 양을 '생'한다. 이 '정'의 리가 있어 [태극이] '정'하여 음을 '생'한다."55) 마찬가지로, 그가 "[새개] 날고 [물고기개] 뛰는 것은 리 때문이다"56)라고 말했을 때, 이 리는 새가 날고 물고기가 뛰어오르는 특정한 움직임들을 가리킬 뿐 이들 움직임에 대한 더 간단하거나 근본적인 이해를 포함하지 않았다. 때로 리에 대한 그의 언급들은 더 일반적인 형태를 띠기도 해서, 예를 들어 그는 "음양과 오행의 복잡한 얽힘이 '조리와 체계'(條緒)를 잃지 않는 것이 바로 리이다"57)라고 이야기했다. 그러나 이 리는 단지 이 '조리와 체계'가 존재한다는 것 외에는 그것에 대해서 아무것도 말해 주지 않는다.

이런 면에서 어떤 사물의 리는 사실상 그것이 그 사물이 되게 하는 조건에 지나지 않으며, 그 사물에 대한 정의定義와 비슷하다. 주희가 의자(椅)의 리로서 자주 언급한 내용, 즉 그것이 "네 개의 다리가 있고 [그 위에] 앉을 수 있다"58)는 것은 의자의 정의라고 할 수 있다. 또 주희에게 부채(扇)의 리는 "부채는 이와 같이 만들고 마땅히 이와 같이 사용해야 한다"는 것이었는데59) 이 또한 부채에 대한 일종의 정의라고 할 수 있겠다. 정의가 그렇듯이, 어떤 것의 리는 그것의 기능을 포함한다. 예를 들어 그 위에 앉을 수

---

55) 『朱子語類』 권94, 8a, "有這動之理, 便能動而生陽. 有這靜之理, 便能靜而生陰." 朱熹는 여기서 「太極圖說」의 구절에 대해 해설하고 있다.
56) 『朱子語類』 권63, 12b, "所以飛, 所以躍者, 理也."
57) 『朱子語類』 권1, 2b, "陰陽五行錯綜不失條緒, 便是理."
58) 『朱子語類』 권62, 15a; 권77, 5a 등, "這個椅子有四隻脚, 可以坐. 此椅之理也."
59) 『朱子語類』 권62, 15a~15b, "扇子是如此做, 合當如此用. 此便是……理."

있다는 것은 의자의 기능인 것이다. 사람의 리를 두고서는 주희는 '말과 동작'을 예로 들었다.60)

## 5. 주희의 리기관

그러면 위와 같은 특성을 지닌 주희의 리 개념은 기와는 어떤 관계를 지니고 있었는가?

주희에게 있어 리와 기의 관계는 서로 반대되는 양쪽 측면을 지니고 있다. 한쪽 측면은 기가 존재하기 위해서는 기의 리가 존재해야 한다는 것이다. 이것은 앞 절에서 강조된 측면으로서, "이 리가 있은 후에 이 기가 있다"61)는 주희의 되풀이되는 이야기는 분명히 이를 의미한다. 그러나 리와 기의 관계에는 이에 정반대되는 측면도 있는데, 그것은 리가 존재하기 위해서 기가 존재해야 한다는 것이다. 왜냐하면 사물의 리는 그 사물과 별도로 분리되어 존재하는 것이 아니기 때문이다. 리는 사물 속에, 즉 사물을 구성하는 기 속에 존재할 수밖에 없는 것이다. 따라서 리는 그 존재를 위해 기를 필요로 한다.

앞 절에서 나는 주로 위의 두 가지 중 전자의 측면을 강조했지만, 주희가 후자의 측면을 소홀히 했던 것은 아니다. 예를 들어 그는 "리가 기에 머문다"62)거나 "일단 기가 있으면, 리 또한 기 가운데 있다"63)고 이야기했다. 때로 그는 리가 기 속에 존재하는 방식에 대해 다음과 같이 좀더 구체적인 표현들을 쓰기도 했다.

---

60) 『朱子語類』 권77, 5a, "語言動作便是人之理."
61) 『朱子語類』 권4, 15a 및 권95, 13a; 『朱文公文集』 권58, 10b 등, "有是理後有是氣."
62) 『朱子語類』 권4, 13b, "理寓於氣."
63) 『朱子語類』 권94, 8a, "旣有氣, 則理又在乎氣之中."

이 기가 있은 후에 이 리가 안돈安頓할 곳이 있다.64)

이 기가 없으면 이 리 또한 '걸려 있을'(掛搭) 곳이 없다.65)

리는 기에 '붙어서'(搭) 작용한다.66)

기가 응결하지 않을 때에는 리 또한 '붙을'(附著) 곳이 없다.67)

리가 있으나 기가 없으면, 리가 '설'(立) 곳이 없다. 기가 있은 후에야 리가 설 곳이 있다.68)

그렇다면, 주희의 생각으로는 기가 리로 하여금 '안돈'하고, '걸려 있고', '붙고', '설' 수 있는 곳을 마련해 주는 것이다.

위의 두 가지 측면 중 전자는 리기관계의 논리적 측면을 보여 주고 후자는 본체론적 측면을 보여 준다고 말할 수도 있겠다. 그러나 이것들은 단일한 관계의 양쪽 측면에 지나지 않는다. 주희는 자주, 때로는 한 문장에서, 이 두 측면을 결합시켰다. 리기관계의 한쪽 측면을 예시하기 위해 위에서 인용한 문장들 중 어떤 것들은 사실은 양쪽 측면 모두를 포함하는 더 긴 문장들의 부분들이었다. 예를 들어 주희는 한 문장에서 "이 리가 있은 후에야 이 기가 있다. 이 기가 있은 후에 이 리가 안돈할 곳이 있다"69)고 이야기했으며, 다른 한 문장 속에서 "일단 리가 있으면, 기가 있다. 일단 기가 있으면, 리 또한 기 가운데 있다"70)고도 이야기했다. 때로 그는 다음과

---

64) 『朱文公文集』 권58, 10b, "旣有此氣, 然後此理有安頓處." 또한 『朱子語類』 권74, 17b를 볼 것.
65) 『朱子語類』 권1, 2b, "無是氣, 則是理亦無掛搭處."
66) 『朱子語類』 권94, 10a, "理搭於氣而行."
67) 『朱子語類』 권1, 2b, "若氣不結聚時, 理亦無所附著."
68) 『朱子語類』 권94, 14a, "有理而無氣, 則理無所立. 有氣而後理方有所立."
69) 『朱文公文集』 권58, 10b, "有此理後, 方有此氣. 旣有此氣, 然後此理有安頓處." 주64)와 같은 구절.

같이 양쪽 측면들을 평행구로 표현하기도 했다.— "천하에 리 없는 기가 없고, 또한 기 없는 리도 없다."71)

그러나 주희는 리기관계의 이 두 측면이 정확히 어떻게 서로 관련되어 있는가를 분명히 해 주지 않았다. 때로 그는 두 측면을 한 문장에 결합시킴으로써 혼동을 빚기도 했다. 예를 들어 주희가 "이 리가 있은 후에 이 기가 있다. 이 기가 있으면 반드시 이 리가 있다"72)라고 말하거나 "이 기가 아직 없을 때 이 리가 있다. 일단 이 리가 있으면 반드시 이 기가 있다"73)라고 말했을 때 그가 정확히 무엇을 의미했는지는 알기가 힘들다.

그렇다면 리기관계에 대한 질문이 계속해서 제기되었던 것은 놀라운 일이 아니다. 주희의 대화 상대자들에 의해 가장 자주 제기되었던 질문은 기가 존재하기 위해서는 먼저 기의 리가 있어야 한다는 말의 의미에 관해서였다. 이 질문에 대한 주희의 전형적인 대답은 이 말이 시간상의 선후관계를 의미하는 것이 아니라는 것이었다. 예를 들어 그는, "요컨대, 역시 먼저 리가 있다고 말해야 한다. 다만 오늘 이 리가 있고 내일 이 기가 있다고 말해서는 안 된다"74)라고 이야기했다. 그의 다음과 같은 유명한 언급도 역시 같은 내용을 말하고 있다.

> 이에 대해서는[즉 리와 기 사이에는] 원래 선후를 말할 수 있음이 없다. 그러나 반드시 그 유래를 좇기를 원한다면, 먼저 이 리가 있었다고 말해야 할 것이다.75)

---

70) 『朱子語類』 권94, 8a, "既有理, 便有氣. 既有氣, 則理又在乎氣之中." 주63)과 같은 구절.
71) 『朱子語類』 권1, 1b, "天下未有無理之氣, 亦未有無氣之理."
72) 『朱子語類』 권4, 15a, "有是理而後有是氣. 有是氣則必有是理." 여기서 두 번째 문장을 "이 氣가 있으면 이 [氣의] 理가 있음에 틀림없다"는 것을 의미하는 것으로, 즉 위의 첫 번째 측면을 의미하는 것으로 해석할 수 있겠지만, 이 구절의 나중 문장들은 그렇지 않음을 분명히 해 준다.
73) 『朱子語類』 권93, 11b, "未有此氣, 便有此理. 既有此理, 必有此氣." 또한 『朱子語類』 권95, 18b~19a의 "未有這事, 先有這理"라는 구절을 볼 것.
74) 『朱子語類』 권1, 3a, "要之, 也先有理. 只不可說是今日有是理明日却有是氣."

위에서 본 리기관계의 두 측면이 리와 기의 관계가 지니는 모든 측면들을 다 포괄하는 것은 아니다. 주희는 리기관계의 다른 측면들에 대해서도 이야기했으며 그런 측면들을 보여 주는 다른 예들을 제시하기도 했다. 예를 들어 그는 리는 가시적인 형적形跡이 없음에 반해 기는 그것을 지님을 강조했다. 또한 그는 기는 다양한 방식으로 변하고 움직이고 작동하는 데 반해 리는 그렇지 못함을 지적했다.

> 무릇 기는 능히 응결하고 조작할 수 있으나, 리는 정의와 계탁과 조작이 없다.······ 리는 단지 깨끗하고 공활空闊한 세계이다. 그것은 형적이 없고 조작하지 못한다. 기는 능히 온양醞釀하고 응결하여 만물을 '생'한다.76)

그렇다면 기 때문에 여러 현상들과 구체적 효과들이 있는 것이다. 물론 이들 현상들이나 작용들의 리가 있어야 하는 것이기는 하지만, 기가 그것들의 실제 작인作因인 것이다. 주희는 이 점을 지각知覺을 예로 들어 보여 주었다.

> 【질문】지각은 마음의 정령스러워서 그 같은 것인가, 아니면 기의 작용인가?
> 【대답】순전히 기의 작용만은 아니다. 먼저 지각의 리가 있다. [그러나] 리는 지각하지 못한다. 기가 응결하여 형形을 이루고 리가 기와 합하면 능히 지각할 수 있다.77)

위에서 언급한 리와 기의 '합'이 어떤 형태로 일어나는지에 대해서는 주희는 정확히 이야기하지 않았다. 그러나 분명한 것은 이렇게 결합된

---

75) 『朱子語類』 권1, 2b, "此本無先後之可言. 然必欲推其所從來, 則須說先有是理."
76) 『朱子語類』 권1, 3a, "蓋氣則能凝結造作, 理却無情意無計度無造作.······若理則只是個淨潔空闊底世界. 無形迹. 他却不會造作. 氣則能醞釀凝聚生物也."
77) 『朱子語類』 권5, 3a, "問. 知覺是心之靈固如此, 抑氣之爲耶. 曰. 不專是氣. 是先有知覺之理. 理未知覺. 氣聚成形, 理與氣合, 便能知覺."

리와 기는 서로 분리될 수 없다는 것이다. 리는 실제 사물과 분리되어 존재할 수 없으며 기는 모든 사물을 구성하기 때문이다. 리기의 '결시이물決是 二物'과 '불가분개不可分開' 양쪽 모두를 주장하는 위에서 본 주희의 언급은 바로 이 점을 이야기한 것이다.78)

그러나 이렇듯 불가분의 관계에 있는 리와 기에는 서로 다른 역할이 있다. 위에서 이야기해 온 리기관계의 여러 가지 측면들은 사실상 리와 기의 이같이 서로 다른 역할들을 나타내 주는 여러 가지 방식이었다고 볼 수 있다. 때로는 리가 더 중요한 역할을 하는 것으로 보인다. 리는 기에 논리적으로 선행하며 기보다 더 근본적이기 때문이다. 주희의 말에 따르면, "이 리가 있으면 이 기가 있다. 그러나 리가 본本이며, [따라서] 이제 [사람들은] 리를 따라 기를 이야기한다."79) 그러나 때로는 기의 역할이 더 중요해 보인다. 사물의 가시적이고 실체적인 면들이 기에 의한 것일 뿐 아니라 사물 속의 기는 그것의 리가 어떠할 것인가를 규정해 주기도 하기 때문이다. 따라서 주희는 "그것이 받은 바 기가 여러 가지이기 때문에 그것의 리가 여러 가지이다"라고 말했다.80)

이 같은 주희의 이야기들을 고려하면 주희 이후 신유학자들의 논의가 리와 기 중 어느 한쪽을 강조하는 경향을 띠게 된 것은 당연한 일이었다고 할 수 있다. 물론 그들의 궁극적인 목적은 리의 추구에 있었지만 그 추구에 있어 리와 기 중 어느 쪽이 더 중요한가 하는 논쟁이 계속되었으며, 위에서 본 이황과 기대승 사이의 논쟁도 그 같은 성격을 띠었던 것이다. 그러나 이것은 주희의 본뜻과는 달랐다. 그에게는 리와 기가 모두 중요했다. 주희에게 리와 기란 실재세계의 두 층을 가리키는 것이었고, 그것은 리와 기의 상대적

---

78) 『朱文公文集』 권46, 24a. 위의 주37)을 볼 것.
79) 『朱子語類』 권1, 1b, "有是理, 便有是氣. 但理是本, 而今且從理上說氣."
80) 『朱子語類』 권4, 2a, "惟其所受之氣只有許多, 故其理只有許多."

중요성에 대해 더 중립적으로 이야기하고 있는 다음 구절이 잘 보여 준다.

> 천지간에 리가 있고 기가 있다. 리란 것은 형이상形而上의 도道이고 사물을 '생生'하는 근본이다. 기란 것은 형이하形而下의 기器이고 사물을 '생'하는 도구이다. 이런 까닭에, 사람과 사물이 '생함에 있어, 반드시 이 리를 얻은 후에 성性이 있으며, 반드시 이 기를 얻은 후에 형形이 있다.[81]

## 6. 주희 리기관으로부터의 벗어남: 리의 실재화

앞 절에서 보았듯이, 주희의 리기관은 여러 가지 다양한 측면을 지녔고 그에 따라 복잡한 느낌을 주지만, 이것은 실제로 그같이 복잡하고 다양할 수밖에 없는 리와 기 사이의 관계에 대한 주희의 정확하고 현실적인 이해를 보여 주는 것이다. 이에 반해 이황은 이 같은 주희의 리기관의 본지本旨를 제대로 이해하지 못한 것 같은 느낌을 준다. 물론 이황이 주희를 깊이 신봉했으며 주희의 이론을 진지하게 탐구·추종·수용했음은 주지의 사실이다. 그리고 이황의 리기관이 '사단칠정'의 해석에 있어서의 그의 독특한 견해를 낳았고 이것이 이황의 리기 이론이 주희 이론을 한 차원 위로 발전시킨 것이라는 평가를 낳기도 했다.[82] 그러나 리와 기의 관계에 관한, 그리고 리의 성격에 관한 이황의 견해들을 자세히 검토해 보면 그가 주희의 리기관에 대한 충분한 이해에 이르지 못하지 않았나 하는 의혹이 생기는 것을 막을 수가 없다.[83]

---

81) 『朱文公文集』 권58, 4b, "天地之間, 有理有氣. 理也者, 形而上之道也. 生物之本也. 氣也者, 形而下之器也. 生物之具也. 是以人物之生, 必稟此理然後有性, 必稟此氣然後有形."
82) 예를 들어 윤사순, 『退溪哲學의 硏究』, 제1장 眞理觀, 32쪽; Tu Wei-ming, "T'oegye's Creative Interpretation of Chu Hsi's Philosophy of Principle", 『退溪學報』 35, 51쪽을 볼 것.
83) 허남진은 나와의 개인적 토론에서 기묘사화 이후 조선의 특수한 상황에서 유교적

특히 이황은 리와 기가 '결시이물'임과 아울러 '불가분개'임 양쪽 모두를 주장하는 주희의 견해에 충실하지 못했다. 이 두 측면 중 전자에 치중한 이황은 리와 기가 서로 별개임에 그치지 않고 리와 기가 각각 독자적 실재인 것으로 생각한 것이다. 그에 따라 그는 리가 기와 별도로 존재할 수 없다는 사실을 소홀히 하게 되었다. 앞서 언급한 「비리기위일물변증」에서 그는 위에서 본 주희의 주장을 인용하면서도, "사물의 측면에서 보면, 두 가지가 혼륜되어 있으며 이것들을 분리하여 각각 다른 곳에 처하도록 할 수 없다"는 점은 소홀히 하고 그 대신 "이 두 가지가 각각 [별개의 것이라고] 해도 해가 없다"는 점을 강조했다. 심지어 그는 리가 기와 별도로 존재할 수 없다는 '불가분개'의 입장을 리와 기가 하나라는 '리기일물理氣一物'의 입장으로 바꾸어 놓은 후 이 입장에 대해 반론을 펴기까지 했다.— "만약 리와 기가 원래 하나라고 말한다면 태극이 곧 양의兩儀(음과 양)인데 어찌 [태극이] 능히 [음양을] '생生'함이 있을 수 있을 것인가?"[84]

위에서 보았듯이 이황이 "리에 동정이 있다"[理有動靜]는 주희의 말을 동정의 리가 있다는 뜻으로 이해하지 않고 리가 '동정'한다는 뜻으로 이해했던 것은 그가 이처럼 리를 독자적인 실재로 인식함에 따른 것이었다. 그리고 그 같은 생각은 이황으로 하여금 「태극도설太極圖說」의 "태극동이생양太極動而生陽……"에서 태극을 리와 동일시하고 이 구절을 리가 '동'하여 기를 '생'한다는 뜻으로[85] 그리고 나아가서 "리가…… 스스로 양을 '생'하고 음을 '생'한다"[86]는 뜻으로 해석하도록 했으며, 이에 따라 리는 그 자체로서

---

명분을 강조하고 羅欽順(1465~1547), 徐敬德(1489~1546) 등의 '主氣的' 경향을 막기 위해 李滉이 '고의적으로' 朱熹를 '主理的'으로 해석했을 가능성을 지적했다.

84) 『退溪全書』 上, 921쪽, "若曰理氣本一物, 則太極即是兩儀, 安有能生者乎." 여기서 李滉은 또 理와 太極, 氣와 陰陽을 동일시하고 있는데, 이 점 또한 朱熹의 생각에 대한 정확한 이해라고 할 수 없다.
85) 『退溪全書』 上, 608쪽, "濂溪云, 太極動而生陽. 是言理動而氣生也."
86) 『退溪全書』 上, 889쪽, "理自有用, 故自然而生陽生陰也."

'동'할 수 있고 무엇을 '생'할 수도 있는 것이 되었다. 이것이 위에서 본 주희의 리 개념에서 크게 벗어났음은 굳이 말할 필요가 없다.[87]

리를 실재로 보는 이 같은 경향은 이황에게서만 볼 수 있거나 그에게서 시작된 것이 아니었다. 그것은 신유학 전통이 리 개념을 수용하면서부터 바로 시작되었으며, 심지어는 주희 자신도 그로부터 완전히 초연할 수는 없었던 것이다. 특히 신유학에서의 리 개념의 중요성이 커지고 더구나, 위에서 본 것처럼, 어떤 사물이 존재하기 위해서는 그것의 리가 있어야 한다는 측면이 인식되면서부터는, 어떤 물체나 현상의 리가 그 물체나 현상과 별도로 존재할 수 있는 실재라는 생각이 생겨나게 되었다. 물론 주희는 그 같은 관념을 용납하지 않았고, 자주 그에 대한 거부의 의사를 밝혔다. 예를 들어 그는 "추위와 더위, 낮과 밤, 열림과 닫힘, 감(往)과 옴(來)— 실제의 리는 이것들 가운데 흐르고 움직인다. 이것들이 없으면 실제의 리는 놓아둘 곳이 없다"고 이야기했고,[88] "리는 천지와 만물 사이의 모든 곳에 있다"는 그의 말[89]도 같은 것을 의미했다. 따라서 주희는 리는 별도의 실재가 아니라 기(세상의 모든 것을 구성하는) 속이나 마음(세상의 모든 것을 지각하는) 속에 존재한다고 되풀이해서 이야기했던 것이다.

리는 또한 별도의 '일물一物'이 아니다. [그것은 곧 이 기 가운데에 존재한다.[90]

마음과 리는 하나이다. 리가 눈앞의 '일물'인 것이 아니다. 리는 마음 가운데에 있다.[91]

---

87) 이 같은 점은 윤사순, 「退溪의 宇宙生成觀」, 『退溪學報』 제39집(1983), 24~39쪽; 배종호, 「退溪의 宇宙觀 — 理氣論을 중심으로」, 『退溪學硏究』 제1집(1987), 1~21쪽에도 지적되어 있다.
88) 『朱子語類』 권95, 6b, "寒暑晝夜闔闢往來, 而實理於是流行其間. 非此則實理無所頓放."
89) 『朱子語類』 권18, 23a, "理遍在天地萬物之間."
90) 『朱子語類』 권1, 2b, "然理又非別爲一物. 卽存乎是氣之中." 이 언급은 주75)와 주65)에 각각 인용한 언급들 사이에 나온다.

기나 마음이 없으면 리가 존재할 곳이 없다는 그의 되풀이된 언급도 같은 점을 표현한 것이었다.92)

그러나 이 같은 주희의 이야기들이 리가 별도로 존재하는 실재라는 생각이 끈질기게 생겨나는 것을 막을 수는 없었다. 리는 기 속에 존재한다고 그가 되풀이해서 이야기해야만 했다는 사실 자체가 이를 보여 주는데, 왜냐하면 그 같은 그의 이야기는 사실상 리가 별도로 존재한다는 가정 하에 그것을 어디서 찾을 것인가를 묻던 사람들에 대한 대답으로 제시된 것이었기 때문이다. 심지어 그는 사람이나 사물이 존재하기 전에는 리가 어디에 존재했는가 하는 질문에도 대답해야만 했다.93)

한편 리가 마음 속에 있다는 그 자신의 언급도, 비록 그것이 리의 별도의 실재로서의 존재를 부정할 목적에서 제시된 것이기는 했지만, 리가 실제 구체적 물체나 현상과 별도로 존재한다는 것으로 해석될 수가 있었다. 그리고 주희 자신도 이 같은 경향에서 완전히 초연하지는 못했다. 예를 들어 그는 "사람의 심장에…… 빈 곳들이 있어서 많은 도리道理를 포함하고 저장할 수 있다"94)고 이야기했다. 불교의 '공空'과 '무無' 개념에 대한 주희의 반대도 그로 하여금 리의 실재성을 강조하도록 함으로써 그런 경향을 강화시켰다.

주희의 동시대인들이나 그 이후의 사람들은 리를 별도의 실재로 보는 그 같은 경향을 더 많이 띠었다. 어떤 사물의 리가 있는가 하는 질문에 대한 그들의 관심(왜냐하면 어떤 사물의 리가 있어야만 그 사물이 존재할 수 있으므로)은 쉽게 그들로 하여금 "그 리가 어디에 존재하는가?"라거나 "그 리를 어디서

---

91) 『朱子語類』 권5, 3b, "心與理一. 不是理在前面爲一物. 理便在心之中."
92) 『朱子語類』 권1, 2b 및 권5, 3a; 『朱文公文集』 권58, 10b 등.
93) 『朱子語類』 권1, 2a; 권94, 7a 등.
94) 『朱子語類』 권98, 7b, "人心……這些虛處, 便包藏許多道理."

찾을 수 있는가?", 심지어는 "어떻게 그 리를 얻을 수 있는가?"와 같은 질문들을 던지게 했고, 그것들은 분명히 별도의 실재로서의 리라는 관념을 함축했다. 그리고 이 같은 질문들이 바로 주희 이후의 신유학자들이 계속해서 던지는 질문이 되었으며, 그들은 리의 추구를 자신들의 학문과 수양의 목표로 삼게 되었던 것이다. 그렇다면 이황에 이르기까지의 신유학의 발전 과정에는 이처럼 리를 실재로 보는 경향이 뚜렷이 존재했고 이황은 그 한 예였다고 볼 수 있다.

 물론 이황이 리를 실재로 본 데에는 그 나름의 이유가 있었다. 리와 기의 구분을 강조하고 리를 스스로 '발'·'동'·'도'할 수 있는 실재로 보는 것이, 위에서 그의 주리적 경향을 논의하면서 지적했듯이, 그의 윤리적·가치지향적 입장과 부합되기 때문이었다.[95] 그리고 바로 이 같은 점이 이황의

---

95) 이 점을 윤사순은 되풀이해서 여러 가지 형태로 지적한 바 있다.
"그(즉 李滉)에 있어서는 어떻게 해서라도 理와 氣를 분별함으로써 人欲으로부터의 天理의 우월성을 확립하지 않으면 안 되겠다는 이상이 앞섰던 것 같다."(『退溪哲學의 硏究』, 제3장 心性觀, 124쪽)
"理到·理發·理生이 성립하지 않고서는, 義理의 절대불변성도 주장할 수 없고, 자율적 주체인의 상도 수립할 수 없고, 원초적 생명외경에 입각한 존재의 근원적 의미도 탐색할 수 없기 때문에, 그것들을 역설하고 體用說에 의한 合理化를 모색하였던 것이다."(『退溪哲學의 硏究』, 제5장 退溪哲學의 性格, 241쪽)
"……理의 自到를 믿는다는 것은 곧 그 眞理의 객관성에 능동적 성격까지 인정하는 사고이다. 그러므로 그것은 바로 理에 인간의 주관적 의지를 초월하는 객관성과 함께 객관성을 보편타당하게 실현할 수 있는 능력이 있음을 믿는 증거인 셈이다."(『退溪哲學의 硏究』, 제1장 眞理觀, 32쪽)
杜維明(Tu Wei-ming) 또한 비슷한 지적을 한 바 있다.
"理가 스스로 動할 수 있는가, 아니면 본질적으로 靜的인가 하는 문제는 기본적으로 형이상학적 성격을 지닌다. 그러나 이 문제는 사회적 윤리 및 도덕적 自己高揚에 대해서도 광범한 의의를 갖게 된다. 여기서의 기본적 쟁점은 궁극적 실재란 단지 '존재'일 뿐인가, 아니면 그와 동시에 '작용'의 기능을 갖는가 하는 것이다. 만일 궁극적 실재가 존재일 뿐이요 작용이 아니라 한다면…… 理로서의 인간의 본성은 도덕적 수양을 통해 스스로를 실현하기 위해서는 또 다른 어떤 존재에 의해 활동성을 부여받지 않으면 안 된다.…… 이와 마찬가지로 理가 發할 수 있느냐 없느냐의 문제에 있어서도, 性의 참된 본체 및 실질적인 가능을 규정함에 있어서 도덕적 감각은 결정적인 중요성을 지닌다.…… 그러나 이러한 모든 것은 인간과 자연의 생성을 위해 끊

리 이론의 독창성을 보여 주는 것으로 지적되기도 했다. 그러나 그런 과정에서 이황의 리기관은 주희의 리기관으로부터 벗어났고 여러 가지 문제를 빚게 되었던 것이다.96)

## 7. 후기

이황의 리기관을 다루는 이 글은 여기서 끝낼 수도 있겠다. 그러나 신유학 발전 과정에서의 그것의 위치를 좀더 살펴보기 위해 아직 가설적인 성격에 머무는 이 후기를 첨부한다.

우선, 위에서 본 것과 같은 이황의 리기관에 대해서 조선 성리학자들 사이에서 강한 비판이 있었음은 주지의 사실이다. 이황의 이론에 대한 기대승의 비판에 대해서는 위에서도 언급했고, 그 후에도 이이李珥(栗谷, 1536~1584) 등, 이른바 '주기파主氣派' 성리학자들의 비판이 이어졌던 것이다. 그리고 흥미 있는 것은 이들 '주기파' 성리학자들이 이황보다는 오히려 주희의 리기관의 본지에 더 가까웠다는 사실이다.

예를 들어 기대승은 이황에 비해 주희 리기관의 본지를 분명히 더 제대로 이해했던 것으로 보인다. 위에서 보았듯이 기대승은 리와 기가 구분은 가능하지만 실제 사물에 있어 서로 분리시키는 것은 불가능함을 들어 '리발'과 '기발'의 구분을 통한 사단과 칠정의 구분을 거부했으며, 사단이 "순전히 천리가 '발'한 것이지만 능히 칠정의 바깥에서 나올 수 있는 것이

---

임없이 力動的으로 發出하는 도덕적인 힘이라는 창조력의 자율적 중심으로서의 理의 개념에 달려 있는 것이다."("T'oegye's Creative Interpretation of Chu Hsi's Philosophy of Principle", 『退溪學報』 35, 53쪽. 번역문은 『퇴계학보』 35에 실린 번역 논문(16~34쪽; 영어 원 논문의 앞에 실림)의 30~31쪽 내용을 그대로 따름.)
96) 주87)을 볼 것.

아니라, 칠정 중 '발하여 '중절中節'인 것의 실마리가 바로 [사단"이라고 주장하였다.97) 따라서 그에게 "기가 지나치거나 못 미침이 없이 자연히 발현되는 것이 리의 본체"였던 것은 당연했으며,98) 칠정이 사단과 달리 선악이 있을 수 있는 이유는 "기는 흔적이 있으므로 그것이 유행流行하고 발현함에 있어 지나치거나 못 미침의 차이가 없을 수 없기" 때문이었다. 그는 또한 "기가 리를 따라 발하여 추호의 막힘이 없는 것'이 바로 '리발'이라고 이야기했다.99) 또한, 이황이 기대승의 지적을 받아들여 "기가 자연히 발현함이 리의 본체"임을 인정한 것100)을 비롯하여, 사단칠정의 구분과 리기관계에 대한 이황의 생각이 위의 2절에서 본 것처럼 변하는 과정은, 기대승의 지적에 의해 이황이 주희의 리기관의 본지를 더 제대로 이해하게 된 것으로 볼 수 있다.

기대승의 입장을 더욱 발전시켜 이황을 비판했던 이이에 이르러 주희의 리기관에 대한 이해는 더욱 분명해졌다. 우선 이이는 '리발'을 거부하여 다음과 같이 말했다.

> 무릇 '발하는 것은 기이고 '발하는 까닭이 리이다. 기가 아니면 능히 '발할 수 없고 리가 아니면 '발'할 바가 없다.101)

이에 따라 그는 "사단은 리가 발하고 기가 그것에 따르는 것이고, 칠정은 기가 발하고 리가 그것을 타는 것'이라는 이황의 주장 중 앞부분은 거부하고

---

97) 『退溪全書』 上, 408쪽, "此固純是天理所發. 然非能出於七情之外也. 乃七情中發而中節者之苗脈也."
98) 위의 주5)를 볼 것.
99) 『高峯先生文集』, 「兩先生四七理氣往復書」 下篇, 10張 後面.
100) 『退溪全書』 上, 414쪽, "氣之自然發見乃理之本體."
101) 『栗谷全書』 권10, 「答成浩原(8)」, "大抵發之者, 氣也. 所以發者, 理也. 非氣則不能發, 非理則無所發."

뒷부분, 즉 "칠정은 기가 발하고 리가 그것을 타는 것"만을 받아들였다. 이이에 따르면, 칠정만이 아니라 사단도 "기가 발하고 리가 그것을 타는 것"이며, "대지大地의 '화化' [또한] 기가 '화'하고 리가 그것에 타乘) 않음이 없다."102) 이 같은 이이의 생각은 분명히 주희의 리기관의 본지에 더 충실한 것으로 보이며, 그 점은 위의 언급들과 같은 글에 나오는 다음과 같은 이이의 이야기에서 더욱 분명히 드러난다.

무릇 리란 기의 주재主宰이다. 기란 리가 타는(乘) 것이다. 리가 아니면 기가 '뿌리내 릴'(根柢) 바가 없고, 기가 아니면 리가 '기대고 붙을'(依著) 곳이 없다. 이미 '이물二物' 이 아니지만 또한 '일물一物'도 아니다. '일물'이 아니므로 '하나이지만 둘'(一而二)이 고 '이물'이 아니므로 '둘이지만 하나'(二而一)이다. '일물'이 아니라 함은 무엇을 말하 는 것인가? 비록 리와 기가 서로 떨어질 수 없지만, '묘합妙合'의 가운데에 리는 스스로 리이고 기는 스스로 기이며 서로 '끼고 섞이지'(挾雜) 않는다. 그러므로 '일물' 이 아닌 것이다. '이물'이 아니라 함은 무엇을 말하는 것인가? 비록 리는 스스로 리이고 기는 스스로 기라고 하지만 [리와 기는] 혼륜하여 틈이 없으며 선후와 이합 離合이 없어서, 그것이 '이물'임을 보이지 않는다. 그러므로 '이물'이 아니다.103)

물론 리를 실재로 보고 리만을 중요시하는 데 대한 반격의 움직임은 중국에 서도 있었다. 명말에 들어서 심화된 이 같은 반격의 움직임은 리에 대한 지나친 강조를 반대하고 리가 기氣, '기器', '세勢' 속에 존재할 뿐임을 주장한

---

102) 『栗谷全書』 권10, 「答成浩原(8)」, "天地之化, 無非氣化而理乘之."
103) 『栗谷全書』 권10, 「答成浩原(8)」, "夫理者, 氣之主宰也. 氣者, 理之所乘也. 非理則氣無所根 柢. 非氣則理無所依著. 旣非二物, 又非一物. 非一物, 故一而二. 非二物, 故二而一也. 非一物 者, 何謂也. 理氣雖相離不得, 而妙合之中, 理自理, 氣自氣, 不相挾雜, 故非一物也. 非二物者, 何謂也. 雖曰理自理, 氣自氣, 而混淪無間, 無先後, 無離合, 不見其爲二物, 故非二物也." 李珥 의 理氣觀에 관한 논의는 예를 들어 배종호, 『韓國儒學史』(연세대학교 출판부, 1974), 82~117쪽; Julia Ching, "Yi Yulgok on the 'Four Beginnings and the Seven Emotions'", in Wm. Theodore de Bary and JaHyun Kim Haboush, eds., *The Rise of Neo-Confucianism in Korea* (New York: Columbia University Press, 1985), pp.303~322 등을 볼 것.

왕부지王夫之(1619~1692)에게서 가장 철저한 형태로 표현되기도 했다.[104] 그러나 중국에서의 움직임은 리를 실재하는 것으로 간주하고 리만을 중시하는 위에서 본 경향이 지나치게 진행된 데 대한 반작용의 형태를 띠었다. 리에 대한 추구는 명대 신유학자들 사이에서는 너무나 큰 중요성을 띠었고, 실제 일들에 남달리 예민한 관심을 지녔던 왕수인王守仁(陽明, 1472~1529) 같은 사람까지도 리에 대한 강박적 추구로 몰고 가서 결국은 모든 것의 리가 우리의 마음 속에 있다는 극단적 입장을 취하도록 했던 것이다.

이 같은 왕수인 류의 발전이 본격적으로 일어나지 않은 상황에서 조선에서는 이황의 주리적 경향에 대한 '주기파'의 반격이 있었고, 이 '주리-주기' 논쟁은 조선 성리학에 독특한 것이었다.[105] 이 같은 사실이 조선 성리학의 중국 신유학 이해의 깊이와 독창성을 나타내는지—'사칠四七' 이론, '리자도理自到' 이론 등에서 보듯이— 아니면 오히려 그것이 미진未盡함을 나타내는지—왕수인 식으로 극단까지 논급하는 대신 형식적인 '주리-주기' 논쟁에 머물렀다는 데서—를 가리는 것은 아마도 의미가 없는 일일 것이다. 또한 그것을 어떤 식으로 판가름했다고 해서 조선 성리학의 전개 과정에서의 이황의 중요성이 흔들리는 것도 아니다. 그러나 이황에게 비판적인 시각에서의 이 같은 검토 작업은 철저히 수행되어야 할 필요가 있다. 그리고 이 검토 작업이 제대로 이루어진 후에야 신유학 발전 과정에서의 이황의 위치와 역할이 제대로 이해될 수 있을 것이며, 그 과정에서의 그의 '기여'가 어떠한 것이었는지가 제대로 입론될 수 있을 것이다.

---

104) 王夫之의 이 같은 측면에 대해서는 Yung Sik Kim, "Wang Fu-chih's Revolt against the Domination of Li", *Journal of Chinese Philosophy* 9 (1982), pp.291~305를 볼 것.

105) 같은 사실을 두고 杜維明은 다음과 같이 말하고 있다.— "新儒學의 작업에 대한 陽明의 재조명의 성공이 아마도 중국에서는 退溪流의 현상이 일어나지 않은 주된 이유일 것이다."("T'oegye's Creative Interpretation of Chu Hsi's Philosophy of Principle", 『退溪學報』 35, 36쪽; 나 자신의 번역)

# 제3장 주희의 격물치지 이론에서 '유추'의 방법

'격물格物'과 '치지致知'는 신유학자新儒學者들의 학문과 수신修身의 노력에서 가장 중요한 요소들이었다. 격물과 치지의 목적은 리理에 도달하는 것, 즉 먼저 개개의 사물과 사건에 내재한 수많은 '리'에 도달한 다음, 그것을 통해서 궁극적으로 하나의 보편적인 리에 도달하는 것이었다. 신유학자들은 이러한 목적을 지니고 수행되는 작업의 여러 단계들에 대해 자세하고 폭넓게 논의했는데, 그 중에서도 특히 한 가지 방법이 매우 중요하게 여겨졌다. 그것은 바로 '유추類推'라고 하는 방법으로, 하나의 사물이나 현상에 관한 지식을 같은 '류類'에 속하는 다른 사물이나 현상에 관한 지식으로 '확장시키는(推)' 방법이었다.[1] 나는 이 글에서 수세기 동안

---

1) 諸橋轍次, 『大漢和辭典』(東京, 1957~1960), 12:43636:43(299)은 '유추'라는 단어가 쓰인 가장 초기의 용례로 『淮南子』와 『漢書』에 등장하는 구절들을 제시하였지만, 이 방법에 해당하는 관념은 漢代 이전에서도 찾아볼 수 있다. 예컨대 D. C. Lau가 다음 논문에서 검토한 『孟子』와 『墨子』의 구절들을 볼 것. D. C. Lau, "On Mencius' Use of the Method of Analogy in Argument", *Asia Major*, new series 10 (1963), pp.173~194; D. C. Lau (tr.), *Mencius*(Baltimore, 1970), pp.235~263에 재록.
주희의 학문방법론에 관한 그간의 연구는 주로 수신과 독서의 방법에 초점을 맞추어 왔으며, 유추의 방법은 대체로 간과해 왔다. 주희의 유추 방법에 대해 어느 정도 상세히 다룬 글들로는 張立文, 『朱熹思想硏究』(北京: 中國社會科學出版社, 1981), 400~402쪽; 陳來, 『朱子哲學硏究』(上海: 華東師範大學出版社, 2000), 309~314쪽을 볼 것. 주희의 격물 이론에 대해서는 D. C. Lau, "A Note on Ke Wu", *Bulletin of the School of Oriental and African Studies* 30 (1967), pp.353~357; 錢穆, 『朱子新學案』(全5冊; 臺北: 三民書局, 1971) 제2책, 504~550쪽; Hoyt C. Tillman, "The Idea and the Reality of the 'Thing' during the Sung", *Bulletin of Sung-Yuan Studies* 14 (1978), pp.68~82; 김영식, 『주희의 자연철학』(예문서원, 2005), 제1장을 볼 것. '讀書法'에 대한 주희의 생각은 예컨대

중국의 학문세계를 지배한 신유학의 집대성자 주희朱熹(1130~1200)를 예로 들어, 그가 '유추'의 방법에 대해서 어떠한 생각을 했는지 살펴볼 것이며, 그와 더불어 주희의 격물치지 이론의 전체 맥락 속에서 유추의 방법이 차지하는 위치를 규명해 볼 것이다. 특히 주희가 생각했던 '유추'의 방법이, 하나의 사물에 관한 지식을 다른 사물에 관한 지식으로 확장할 수 있게 함으로써, '관통貫通'을 궁극적인 목적으로 하는 격물과 치지의 작업에서 핵심적인 역할을 수행하였음을 보일 것이다. 이를 위해 첫 번째 절에서 리와 격물에 대한 주희의 생각 중에서 몇 가지 측면들을 되짚어 봄으로써 시작할 것이다.

## 1. 격물: 리와 마음

주희의 격물 작업의 목적은 '리理'에 도달하는 것이었는데, 리는 여러 측면과 다양한 의미를 지닌 개념이었다.[2] 그러나 주희가 리에 대해 강조한 한 가지 측면은, 개별 사물과 현상 각각에 대한 수많은 개별 리들이 있고 이들 모든 사물과 현상들의 리들을 총체적으로 아우르는 하나의 리가 있다는 점이었다. 바꿔 말하면, 세상의 모든 사물과 현상은 제각기 리를 가지고 있지만, 그 각각의 리는 하나의 리의 발현이라는 것이다. 그는 "리는 하나이지

---

Daniel K. Gardner, *Chu Hsi: Learning to Be a Sage* (Berkeley: University of California Press, 1990), pp.42~54를 볼 것.

2) 주희를 비롯한 신유학자들의 '리' 개념의 다양한 측면에 대한 논의는 Allen Wittenborn, "Li Revisited and Other Explorations", *Bulletin of Sung-Yuan Studies* 17 (1981), pp. 32~48; Cheng Chung-ying, "Chu Hsi's Methodology and Theory of Understanding", in Wing-tsit Chan, ed., *Chu Hsi and Neo-Confucianism* (Honolulu: University of Hawaii Press, 1986), pp. 169~196; Willard J. Peterson, "Another Look at Li", *Bulletin of Sung-Yuan Studies* 18 (1986), pp.13~32; 김영식, 『주희의 자연철학』, 제1장 등을 볼 것.

만, 그것의 발현은 여러 가지이다'(理一分殊)라는 정이程頤(1033~1107)의 유명한 구절을 높이 평가하면서 다음과 같이 말했다. "하늘과 땅, 그리고 만물에 대해 함께 말하자면, [그것들은] 단지 하나의 리일 뿐이다. 사람의 리에 대해 말하자면, 역시 각자가 [그 자신의] 리를 가지고 있다."3) 주희 자신은 같은 생각을 여러 가지 다른 방식으로 표현했다. "모든 사물은 각각 [저마다의] 리를 가지고 있다. [그러나 그 리들은 전체적으로 하나의 리일 뿐이다.]"4) "하늘과 땅, 음과 양, 삶과 죽음, 낮과 밤, 그리고 귀鬼와 신神, [이들 모두가] 단지 하나의 리일 따름이다."5)

위에서 언급한 '하나의 리'는 사물과 사건들 각각의 개별적인 리들을 포괄하는 일종의 '보편적인' 리이다. 주희는 그 하나의 리를 '천리天理'와 동일시했는데,6) 인간 본연의 성性에 '인仁'이나 '의義'와 같은 윤리적 덕목의 형태로 천리가 구현되어 있었다. 사람이 덕을 상실하고 악한 속성을 보이는 까닭은 '인욕人欲'이 천리의 발현을 방해하고 차단하기 때문이다. 그 기원이 고대까지 소급되는 '천리'와 '인욕'의 이 같은 이분법은7) 주희의 도덕철학을 구성하는 토대가 되었고, 따라서 주희에게는 인욕으로부터 자유로운 마음의 상태에 도달하는 것이야말로 인간의 자기수양에서 추구해야 하는 궁극적인 목표였다.8) 이 목표를 성취했을 때, 인간의 마음은 천리를 완전히 체현하

---

3) 『朱子語類』권1 1b6, "合天地萬物而言, 只是一箇理; 及在人, 則又各自有一箇理." 정이의 말은 『粹言』권1(『二程集』, 北京: 中華書局, 1981, 1201~1203쪽)과 『伊川文集』권5(『二程集』, 609쪽)에 등장하는데, 여기에서 정이는 張載(1020~1077)가 "理一分殊"의 내용을 잘 밝혀냈다고 평가했다.
4) 『朱子語類』권94 8b0, "物物各有理, 總只是一箇理."
5) 『朱子語類』권25 13b1, "天地陰陽生死晝夜鬼神, 只是一理."
6) 『朱子語類』권40 8a1, 권41 7a0.
7) 예컨대 "사람이 '物'로 변했다는 것은, [그가] 천리를 파괴하고 인욕을 한없이 추구했음을 [의미한다]"(人化物也者, 滅天理而窮人欲者也)는 『禮記』「樂記」의 구절을 볼 것. 『禮記注疏』(臺北: 新文豐出版公司, 1977), 권37, 10a~10b.
8) '천리'와 '인욕'의 양분법에 대한 주희의 논의는 『朱子語類』권13 2a6~3b2, 권31 14b2, 권40 7a0, 권41 5b1·7a0·20b2, 권68 10a2, 권90 7a5~7b0; 『朱文公文集』권39 20a, 권

게 되는 것이었다.9)

천리를 구현하는 것은 인간의 본성뿐만이 아니다. 세상의 모든 사물과 사건이 그 나름대로의 리를 가지고 있고 이들 개별 리들은 하나의 보편적 리, 즉 '천리'의 구체적인 발현들인 것이다. 따라서 인간은 '격물'의 방법을 통해 천리에 도달할 수 있다. 왜냐하면 흔히 영어로 '사물의 탐구'(investigation of things)라고 번역되는 '격물'은 바로 '사물'에 담겨 있는 리에 도달함을 의미했기 때문이다.10) 주희는 "격물이란 모든 사물에 있어 그 궁극의 리를 남김없이 궁구窮究하는 것"이라고 하거나,11) 또는 "격물이란 사물의 리를 끝까지 궁구하기를 원하는 것일 뿐"이라고 말했다.12) 따라서 격물은 사물들(物)의 이 같은 리들에 도달한다는 의미를 지녔다. 그리고 모든 사물이 지닌 각각의 리가 하나의 보편적 리의 발현이기 때문에, 모든 사물은 탐구할 만한 가치가 있는 것이었다.

천리는 인간의 마음(心) 속에도 존재하며 마음의 리를 구성하기도 한다. 본연의 상태에서 인간의 마음은 인욕의 방해를 전혀 받지 않고 천리를 완전히 발현한다. 그리고 사물과 사건의 개별 리가 천리의 발현이기 때문에,

---

73 42b; 『朱子全書』 권3 3a3 등에서 볼 수 있다.
9) 주희는 심지어 "성인(즉 공자)은 온몸이 천리와 혼연일체"(聖人一身渾然天理)라고 말하기도 했다. 『朱子語類』 권58 1a1, 권44 18b1 등을 볼 것.
10) 예를 들어 『大學章句』(四部備要本), 2a를 볼 것. 송대에 사용된 격물의 의미에 대한 간단한 논의들로는 A. C. Graham, *Two Chinese Philosophers: Ch'eng Ming-tao and Ch'eng Yi-ch'uan* (London: Lund Humphries, 1958), pp.74~82; D. C. Lau, "A Note on Ke Wu" (*Bulletin of the School of Oriental and African Studies* 30); 錢穆, 『朱子新學案』 제2책, 504~550쪽; Tillman, "The Idea and the Reality of the 'Thing' during the Sung" (*Bulletin of Sung-Yuan Studies* 14) 등을 볼 것. 격물에 대한 그 이전 사상가들의 생각에 대한 주희 자신의 설명은 『朱子語類』 권18 23b1~24b2를 볼 것.
11) 『朱子語類』 권15 8a5, "格物, 是物物上窮其至理."
12) 『朱子語類』 권63 7a0, "格物者, 便是要窮盡物理." Gardner는 격물을 "사물에 담긴 원리의 이해"(apprehension of the principle in things)로 번역함으로써 이러한 측면을 분명히 드러냈다. Gardner, *Chu Hsi: Learning to Be a Sage*, pp.x~xi, 52~53, 88n, 117~118 등을 볼 것.

주희는 본연의 상태에 있는 인간의 마음에 모든 '만물의 리'가 담겨 있다고 말할 수 있었다.13) 나아가 그는 마음의 리와 사물의 리를 동일시했다.

> 사물 속의 리와 내 마음 속의 리는 본래 하나이다. 양자는 [그 사이에] 아주 작은 틈도 없다. 다만, 내가 그것(즉, 사물 속의 리)에 감응해야만 할 뿐이다.…… 사물과 마음은 이 리를 공유한다.14)

따라서, 주희의 주장에 따르면 인간의 마음은 그 본연의 상태―'텅 빈'(虛), '밝은'(明/光), '고요한'(靜/寧), '안정된'(定), 또는 '평화로운'(平) 원초적 상태―에서 사물 속의 리를 볼 수 있는데, 그 같은 리가 마음 자체에 담겨 있는 천리의 발현일 따름이기 때문이다. 그는 다음과 같이 말했다. "마음을 비우면 도(道)와 리(理)를 똑똑히 볼 수 있다."15) "마음이 밝으면 이 일(事)이 이 리를 가지고 있으며 이 사물이 이 리를 가지고 있음을 저절로 볼 수 있다."16) "마음이 평화롭고 기(氣)가 안정되면 도와 리를 볼 수 있다."17)

끝으로, 주희가 인간이 하나의 사물과 사건의 리에 도달한 상태를 일컬어 리를 '안다'고 말하지 않고 리를 '본다'(見・看)고 말했다는 사실에 주목할 필요가 있다.18) 바꾸어 말하면, 인간이 격물의 결과로 얻게 되는 것은 리에 대한 지식이라기보다는 리를 볼 수 있는 통찰력이라는 것이다. 이러한 의미에서 볼 때, 마음이 사물의 리에 도달한다는 것은 마음의 리와 사물의 리 사이의 일종의 '공명'(resonance)이었다.19) 그렇다면 주희에게 있어서 격물이

---

13) 『朱子語類』 권9 6a3; 『朱子全書』 권44 5a3~5b0; 『孟子集注』(四部備要本) 권7 1a 등.
14) 『朱子語類』 권12 17b3, "物與我心中之理, 本是一物. 兩無少欠. 但要我應之爾……物心共此理."
15) 『朱子語類』 권11 3a5~3b0, "虛心則見道理明."
16) 『朱子語類』 권12 8b3~9a0, "心地明明, 則此事有此理, 此物有此理, 自然見得."
17) 『朱子語類』 권11 3a1, "敎他心平氣定, 見得道理."
18) 『朱子語類』 권11 2a2・3b5, 권12 8b3~9a0 등.
19) Gardner, *Chu Hsi: Learning to Be a Sage*, p.53.

주로 지적인 과정이었던 것은 아니라는 점, 그리고 그가 도덕적이고 사회적인 문제들을 두고 격물의 노력을 강조하는 경우가 압도적으로 많았다는 점은 결코 놀랄 만한 일이 아닌 것이다.

## 2. '관통'의 문제: 개별 리들로부터 하나의 리로

그러나 개별 사물과 사건들의 수많은 리들을 하나하나 전부 이해하는 것이 주희의 진짜 목표가 아니었다. 주희에게 격물의 궁극적인 목표는 하나의 보편적 리에, 즉 인간 마음의 본연의 상태에 내재된 도덕적 덕목들을 보장해 줄 천리에 도달하는 것이었다. 따라서 격물을 추구하는 사람이라면 모름지기 수많은 개별 리들의 이해로부터 하나의 천리의 이해로의 전환을 이루어 내야만 했다. 그러한 전환을 이루어냈을 때, 그는 '관통貫通'을 성취하게 되는 것이었다.

그러나 그러한 전환의 필요성은 문제를 발생시켰다. 왜냐하면 개별 리들의 이해로부터 보편적 리의 이해로 어떻게 나아갈 수 있는지가 전혀 분명하지 않았기 때문이다. 이에 따라 한 가지 질문이 곧바로 제기되었다. 관통을 성취하기까지 얼마나 많은 사물들을 탐구하여 그것들의 리들을 이해해야 하는 것인가? 아래에 인용한 대화에서 정이의 한 제자가 던진 질문은 본질적으로 이 질문이었다.

【질문】 격물을 할 때에는 모든 사물을 다 탐구해야 합니까? 아니면 하나의 사물만을 살펴보고도 만 가지 리를 전부 알 수 있는 것입니까?
【대답】 어떻게 그와 같은 완전한 관통이 있을 수 있겠느냐. 만일 하나의 사물만 탐구해 보고 곧바로 여러 리들을 관통한다고 한다면, 안자顔子조차도 [자신이] 이와

같이 [될 수 있다고 감히 [말하지] 못할 것이다. 도道는 반드시 오늘 한 가지를 탐구하고 내일 또 다른 한 가지를 탐구해야만 한다. 많이 쌓이고 익숙해진 다음에야 홀연히 저절로 '관통'이 있게 될 것이다.[20]

그러나 위와 같은 정이의 대답만으로는 질문자의 의문이 전혀 해결될 수 없었다. 왜냐하면 정이는 질문자가 제시한 두 가지 대안을 모두 거부하면서도, 수많은 항목을 축적하고 수많은 사안에 익숙해진 뒤에야 '홀연히' 그리고 '자연스럽게 관통하게 될 것이라는 지극히 모호한 입장을 취했기 때문이다. 주희가 이 문제를 논의하면서 중심에 놓았던 것은 바로 위와 같은 정이의 대답이었다.[21]

주희는 위에 인용한 정이의 대답을 자주 인용했는데, 우선 그는 정이가 극단적인 입장을 취하지 않았다는 점을 높이 평가했다. 예컨대 주희는 다음과 같이 말했다. "그(즉 정이)는 한 가지 사안을 탐구하기만 하면 곧바로 관통할 수 있다고 말하지도 않았고, 천하 만물의 리를 남김없이 규명해야만 비로소 관통할 수 있다고 말하지도 않았다."[22] 주희는 양시楊時(1053~1135)가 전자를, 호안국胡安國(1074-1138)이 후자의 입장을 취했음에 비해 "하나의 리만을 철두철미하게 탐구해서도 안 되고 천하 만물의 리를 전부 망라하여 탐구할 수도 없다고 말한 사람은 오직 [정]이천伊川이 유일했다"고 지적했다.[23]

그러나 정이는 그렇다면 어떻게 관통의 상태에 도달할 수 있는지에 대해서는 자세히 설명하지 않았고, 주희 또한 정이보다 더 멀리 나아가지

---

20) 『河南程氏遺書』 권18(『二程集』, 188쪽), "或問: 格物須物物格之, 還只格一物而萬理皆知? 曰: 怎生便會該通? 若只格一物, 便通衆理, 雖顔子亦不敢如此. 道須是今日格一件, 明日又格一件, 積習既多, 然後脫然自有貫通處."
21) 『朱子語類』 권18 2a1~4a1, 6a1~7a0 등. 『朱子語類』 권18 4b3~6b0에서 주희는 程顥가 남긴 약간 다른 말을 인용하기도 했다.
22) 『朱子語類』 권18 2b1, "他也不說格一件後便會通, 也不說盡格得天下物理後方始通." 『朱子語類』 권18 5b1・6a0・25a1도 함께 볼 것.
23) 『朱子語類』 권18 24b2, "惟伊川言, '不可只窮一理, 亦不能遍窮天下萬物之理.'"

않았다. 정이를 따라, 주희 또한 오랜 기간 동안 많은 사물을 보고 경험하고 공부한 다음에야 관통이 '저절로' 그리고 '점진적으로' 오게 된다고 강조할 뿐이었다.24) 다음은 이에 관한 주희의 전형적인 언급들이다.

> 한 가지 일에 접하면, 곧장 그 일에 대해 그 리를 끝까지 탐구하고, 얼마 뒤에 [그렇게 탐구한 것이] 많아지면 자연스럽게 관통할 수 있다.25)

> 이 한 가지가 철저하게 이해되고 저 한 가지도 역시 철저히 이해되어 [그러한 것들이] 많이 쌓여야만 비로소 관통할 수 있을 따름이다.26)

이런 식의 이야기를 해 나가면서 주희는 자신이 말하는 것이 지극히 어려운 과정임을 인식하고 있었다. 관통의 상태가 '저절로' 닥쳐온다고는 했지만, 그것은 아주 오랜 기간 각고의 공부와 노력의 과정 끝에야 찾아오는 것이었기 때문이다. 따라서 비록 그가 앞에서 언급한 두 가지 대안들 가운데 어느 한 가지를 선택하기를 거부하기는 했지만, 실제로 그는 되도록 많은 사물들을 탐구할 것을 강조하는 경향을 보였다. 예컨대 그는 다음과 같이 말했다.

> 비록 만 가지 리가 하나의 리일 뿐이지만, 학자는 또한 만 가지 리 속에 있는 수천 수백 가지 온갖 복잡한 실마리들에 대해 이해해 나가야 한다. [만 가지 리가] 사방으로부터 한데 모아들게 되면, 저절로 [그것들이] 하나의 리임을 볼 수 있다. 그 만 가지 리에 대해 계속 이해해 나가지 않고 겨우 어느 한 가지만을 이해하는 데 전념한다면, [그것은 단지 공허한 상상일 따름이다.27)

---

24) 『朱子語類』 권8 12a11, 권9 1b5・6b2 등.
25) 『朱子語類』 권18 5b2, "只是才遇一事, 即就一事究竟其理, 少間多了, 自然會貫通."
26) 『朱子語類』 권44 20a4, "只是這一件理會得透, 那一件又理會得透, 積累多, 便會貫通."
27) 『朱子語類』 권117 12b0, "萬理雖只是一理, 學者且要去萬理中千頭百緒都理會, 四面湊合來, 自見得是一理. 不去理會那萬理, 只管去理會那一理,……只是空想象."

실제로 주희는 격물치지에 있어 어떤 사물이나 현상도 제외시키지 말아야 한다고 역설했다.28) 예컨대 그는 '매일매일의 노력을 확장시킴에 있어 리가 포함시키지 못하거나 리가 관통하지 못할 바가 없으며 그것을 확충하여 천지와 그 폭과 크기를 같이 하는 데까지 이르게 된다'라고 말했다.29) 만일 이 기준에 이르지 못하면 "정밀한 것은 이해할 수 있지만 엉성한 것은 놓치게 되며, 큰 것은 이해할 수 있지만 작은 것은 고려하지 않게 된다. 이와 같이 되면 결국에는 흠결이 생길 것이다."30) "만일 한 면만 보고 다른 한 면을 보지 못하면 관통할 수 없게 될 것이다."31) 학자라면 당연히 한쪽에만 치우친 '보통사람의 학문'(常人之學)이 아니라 어떤 편벽함도 없는 '성인聖人의 학문'을 목표로 삼아야 하는 것이다.32)

그러나 모든 사물과 현상을 탐구하고 세상의 리를 모두 이해하는 것은 불가능하다. 한 가지를 검토하고 연이어 다른 것을 검토하는 과정을 단순히 반복하는 것만으로는 세상 모든 사물과 모든 현상을 다 다룰 수는 없는 것이다. 따라서 자신이 이미 획득한 것을 '확장'(致)시켜야만 한다. 주희는 "지식을 확장하고 충만케 한다"(擴而充)는 『맹자』의 구절(「公孫丑上」 6장)을 바로 그러한 의미로 해석했다.33) 그렇다면 그 과정 어딘가에서 개별 사물과 현상의 리를 이해하는 것과 관통을 가져다 줄 하나의 리를 이해하는 것 사이의 간극을 뛰어넘어야만 한다. 관통에 이르는 과정에 있어 본질적인 문제는 이 간극을 어떻게 뛰어넘느냐 하는 것이었다.

---

28) 『朱子語類』 권4 21a1, 권15 4a1·7a1·25b3 등.
29) 『朱子語類』 권8 1b1, "日用工夫,……然推之, 理無有不包, 無有不貫. 及其充廣, 可與天地同其廣大."
30) 『朱子語類』 권15 4a1, "不成是精底去理會, 粗底又放過了; 大底去理會, 小底又不問了. 如此, 終是有欠闕."
31) 『朱子語類』 권15 7a1, "若見得一邊, 不見一邊, 便不該通."
32) 『朱子語類』 권8 1b1~2, "常人之學, 多是偏於一理, 主於一說, 故不見四旁, 以起爭辨. 聖人則中正和平, 無所偏倚."
33) 『朱子語類』 권16 8a1, 권18 11b2 등.

## 3. 알고 있는 것으로부터 알지 못하는 것으로의 '유추'

여기서 유추의 방법이 중요하게 부각된다. 왜냐하면, 아직 알지 못하는 사물과 사건들을 일일이 살펴볼 필요가 없이, 이미 알고 있는 사물과 사건들에 대한 이해로부터 추론을 통해 이해할 수 있게 해 주는 것이 바로 유추의 방법이기 때문이다. 주희는 다음과 같이 말했다. "학자는 이것들(즉 五德)에 대해서 그 정미精微한 깊이를 탐구하며, 또한 유추에 의한 확장(推類)을 통해서 [미처 탐구하지 못한] 나머지까지도 샅샅이 이해한다."34)

유추는 알고 있는 기지既知의 사물이나 현상과 알지 못하는 미지未知의 사물이나 현상이 서로 같은 '류類'에 속할 때 가능하다. 바꿔 말하면, 유추에 의한 지식의 확장은 같은 '류'에 속하는 비슷한 사물들 사이에서 발생한다는 것이다. 이 점에서 유추의 방법은 중국 전통 사고에서 핵심적인 위치를 차지하고 있던 이른바 '상관적 사고'(correlative thought)—음양오행과 같은 다양한 범주들을 포함하는 '상응'(correspondences)의 체계에 바탕한—와 일맥상통한다.35) 주희는 '많이 쌓이고 익숙해진 다음에야 홀연히 저절로 관통이 있게 될 것'이라는 위에서 본 정이의 이론을 설명하면서 다음과 같이 말했다.

이제 10가지 일을 가지고 말해 보자. [그 중에서] 7~8가지를 이해할 수 있으면, [나머지] 2~3가지는 [같은] '류'를 다루어 통할 수 있다. 네 둘레가 모두 이해되면,

---

34) 『大學章句』, 3b, "學者於此, 究其精微之蘊, 而又推類以盡其餘." 주희는 심지어 "단 한 가지 일만 끝까지 탐구하면 그 나머지는 유추할 수 있다"(但於一事上窮盡, 其他可以類推)고 했던 정호·정이 형제 가운데 한 사람의 말을 인용하기도 했다. 『朱子語類』 권18 6bl.

35) '상관적 사고'와 음양오행의 범주들에 대해서는 John B. Henderson, *The Development and Decline of Chinese Cosmology* (New York: Columbia University Press, 1984; 문중양 역, 『중국의 우주론과 청대의 과학혁명』, 소명출판, 2004); A. C. Graham, *Yin-Yang and the Nature of Correlative Thinking* (Singapore: The Institute of East Asian Philosophies, 1986); 김영식, 『주희의 자연철학』, 3~4장을 볼 것.

중앙의 아직 알지 못하는 것의 도와 리 역시 이와 같음을 알 수 있다.…… 가령 갑자기 어떤 일이 일어났을 때, 어떤 일은 이것에 들어맞고 어떤 일은 저것에 들어맞는다는 것을 반드시 알아야 한다. 그러면 방금 일어난 이 일도 역시 이해할 수가 있게 되는 것이다.36)

'유추'라는 단어를 이루는 '류'와 '추'라는 두 글자 중에서 주희가 훨씬 더 강조했던 것은 두 번째 글자인 '추'였다. 그에게 중요한 것은 '확장'의 측면이었던 것이다. 주희는 '류'가 의미하는 바가 무엇인지는 정의하지 않았다. 그가 음양이나 오행과 같은 범주를 염두에 두고 있었던 것은 분명해 보이지만, 그러나 유추가 반드시 그러한 범주들에 속한 것들 사이에서만 일어날 필요는 없었다. 그는 어떤 두 가지 사물이나 현상 사이에서 일종의 유사성이나 유비관계를 발견할 수만 있다면, 그것들이 하나의 '류'에 속한 것으로 생각한 것으로 보인다. 이것은 그가 유추의 방법을 설명할 때 가장 자주 언급한 주제인 부모, 군주, 연장자를 섬기는 일에 대한 그의 논의에서 볼 수 있다.37) 예컨대 다음 인용문에서 주희는 부모와 군주, 연장자 등에 대한 다양한 섬김(事)의 행위가 서로 비슷하다는 점에 근거해서 유추에 관한 논의를 전개하고 있는데, 그가 강조하는 것은 이러한 비슷한 것들 사이의 '확장'(推)이 가능하다는 점이었다.

부모를 섬기는 일을 예로 들자면, 진실로 마땅히 부모를 섬겨야 하는 도道를 속속들이 알아야 한다. [자신의 섬김이] 부모에게 받아들여질 때 어떻게 해야 하는지, 부모에게 받아들여지지 않을 때는 또 어떻게 해야 하는지 [이해해야만 한다.] 이를 군주를 섬기는 일로 확장시켜 보면, 군주에게 받아들여질 때 어떻게 해야 하는지,

---

36) 『朱子語類』권18 15a1, "今以十事言之, 若理會得七八件, 則那兩三件觸類可通. 若四旁都理會得, 則中間所未通者, 其道理亦是如此……如忽然遇一件事來時, 必知某事合如此, 某事合如彼, 則此方來之事亦有可見者矣."
37) 『朱子語類』권14 11b4, 권16 5a1, 권18 6b1・7b2 등.

군주에게 받아들여지지 않을 때는 또 어떻게 해야 하는지도 알게 된다. 이를 연장자를 섬기는 일로 확장시켜 보아도 이와 같다. 이로부터 확장시켜 나가면, 어느 것도 그렇지 않은 것이 없다.[38]

그렇다면 '유추'의 방법은 알고 있는 것으로부터 알지 못하는 것으로 확장시켜 나가는 방법이었던 것이다. 그리고 이것은 기본적으로 유추의 방법에 대한 주희 자신의 생각이기도 했다. 한 제자가 유추에 대해 물었을 때, 주희는 다음과 같이 대답했다. "[그것은 이미 이해하고 있는 것으로부터 확장해 나아가는 것이다."[39] 이렇게 해서 '추'라는 글자는 '추론推論(inference)'의 의미를 갖게 되었다.[40]

영어로 흔히 '지식의 확장'(extension of knowledge)이라고 번역되는 '치지致知'라는 말이 그러한 확장을 가리킨다. 예컨대 주희는 다음과 같이 말했다.

'치지'라고 하는 것은 자신이 이미 알고 있는 바에 근거하여 그것을 추론하고(推) 확장해서(致) 미처 알지 못했던 것에 도달하고 그것을 극한까지 가져감을 말한다.

---

[38] 『朱子語類』 권18 7b2~8a0, "且如事親, 固當盡其事之之道, 若得於親時是如何, 不得於親時又當如何. 以此而推之於事君, 則知得於君時是如何, 不得於君時又當如何. 推以事長, 亦是如此. 自此推去, 莫不皆然."

[39] 『朱子語類』 권18 23a1, "問以類而推之說. 曰: '是從已理會得處推將去'."

[40] 『史記』 「孟子荀卿列傳」에 삽입된 鄒衍(BC 305~240)의 전기는 상관적 사고의 기원을 보여 주는 주된 자료로서, 이 같은 '확장'의 측면을 분명히 강조하고 있다. 이는 旣知의 것으로부터 未知의 것으로의 지적 확장이 추연의 시대 혹은 늦어도 司馬遷(BC 145~90)의 시대쯤이면 상관적 사고의 전형적인 방법으로 인식되었음을 보여 준다.
"추연은 항상 작은 사물을 먼저 살펴보고, 그 다음에는 그것들로부터 얻은 지식을 확장(推)하고 확대하여 무한에 이르렀다. 그는 먼저 현재에서 시작해서 이로부터 위로 황제[의 시기]까지 거슬러 올라갔는데 이는 여러 학자들이 함께 서술한 바이다. 그는 시대의 성쇠 과정에서 큰 사건들을 추적했고 祥瑞를 비롯한 徵兆와 제도를 기록하고, 그것을 멀리 확장시켜 천지가 아직 생겨나지 않은, 그윽하고 아득하여 살펴볼 수 없는 시점까지 확장시켰다. 그리고 그는 먼저 중국의 명산대천, 이어진 계곡들, 날짐승과 들짐승, 물과 흙에서 나는 것, 물류 중에서 진귀한 것들을 열거한 다음, 이에 근거하여 바다 너머 사람이 직접 볼 수 없는 곳까지 확장시켰다." 『史記』(中華書局 標點校勘本), 권74, 2344쪽.

이렇게 함에 있어 반드시 천지만물의 리들에 도달하여 그 리들을 '하나로 관통'(一以貫之)해야 한다. 그렇게 된 연후에야 지식의 도달(至)이 있게 되는 것이다.41)

주희는 '치지'뿐만 아니라 '격물', '궁리窮理'(리의 철저한 탐구) 등 학자의 지적 노력의 다양한 단계들과 측면들을 지칭하는 다른 중요한 용어들에 대해서도 같은 식으로 이야기했다. 그에 의하면 "격물이란 다름 아니라 이해하지 못했던 것을 이해하는 것"이었다.42) "'궁리'하는 사람은 이미 알고 있는 것에 바탕해서 알지 못하는 것으로 나아가며, 이미 이룬 것에 바탕해서 아직 이루지 못한 것으로 나아간다."43)

## 4. '유추'의 단계들: 지식의 시작으로부터 지식의 도달에 이르기까지

앞 절에서 인용한 구절들은 유추의 방법이 지니고 있는 몇 가지 주요 측면들을 보여 주는데, 이 측면들은 이미 가지고 있는 지식에 기초를 두는 처음 단계로부터 시작해서 지식에 도달하는(至) 마지막 단계에 이르기까지의 '확장'의 과정을 구성하는 여러 단계들을 특징지어 준다.

첫째, 확장은 <u>이미 알고 있는 것에 기초를 둔다</u>. 주희는 이미 가지고 있고 확장의 기초를 제공할 수 있는 지식을 '시작(端)' 또는 '단서端緖'라고 지칭했다.44) 그리고 '인因'(…에 바탕해서), '거據'(…에 근거해서), '종從'(…으로부터) 등의 표현을 사용해서 그 역할을 나타냈다.45) 따라서 격물치지는 반드시 "밝은 것"46),

---

41) 『朱文公文集』 권42 16b, "致知云者, 因其所已知者, 推而致之, 以及其所未知者, 而極其至也. 是必至於擧天地萬物之理, 而一以貫之, 然後爲知之至." "一以貫之"라는 구절은 『논어』 「里仁」편 제15장에 나온다.
42) 『朱子語類』 권18 3a2, "格物只是理會未理會得底."
43) 『朱子語類』 권18 3a1, "窮理者, 因其所已知而及其所未知, 因其所已達而及其所未達."
44) 『朱子語類』 권16 8a1, 권18 11b 등.

"자신에게 매우 친숙한 것"[47], "명백히 드러난 것"(發明/發見)으로부터 시작해야만 했다.[48] 주희는 "'궁리'를 시작할 때에는 마치 견고한 물체를 공략하듯이 모름지기 그 안으로 들어갈 수 있게 해 줄 틈새를 찾아야만 한다"고 말하기까지 했다.[49] 확장이 이렇게 시작될 수 있는 것은 주희가 지적했듯이 모든 사람이 알고 있으면서 '시작이나 단서로 활용될 수 있는 것들이 존재하기 때문이다. "사람이 반드시 이해할 수 있는 것이 있다. 예컨대 부모에 대한 자식의 효도, 아우에 대한 형의 사랑, 물은 반드시 차갑고 불은 반드시 뜨겁다는 것 등을 사람이 모른다고 말하는 것은 불가능하다."[50]

다음 단계로, 자신이 이미 가지고 있는 이러한 지식들로부터 <u>추론함</u>(推)으로써 지식을 확장시킨다. 주희가 '치지'의 '치致'를 '추推'와 같은 뜻으로 해석한 것은 바로 이러한 의미에서였다. "확장한다는(致) 것은 곧 '극한까지 추론함(推極)을 의미한다.'[51] "'치致'라는 글자에는 '추론해 낸다(推出)는 뜻이 있다."[52] 주희는 다음과 같은 비유를 들어 이를 설명하기도 했다.

'치'라는 글자의 [의미는] '추론하여 열어'(推開) 나간다는 뜻과 같다. 비유하자면, 캄캄한 방 속에서 몇몇 밝은 곳을 본다고 하자. [안에 있는 사람은] 이 밝은 곳을 찾아서 가기만 하면 갑자기 바깥으로 나가게 되고 크고 작은 [모든 것을] 매우 환히 볼 수 있게 된다. 사람이 '치지'하는 일도 이와 같다.[53]

---

45) 『朱子語類』 권15 2a2・9a1; 『朱文公文集』 권42 16b 등.
46) 『朱子語類』 권14 13a1, 권15 7a1・8b1 등.
47) 『朱子語類』 권15 2b1.
48) 『朱子語類』 권15 5b1.
49) 『朱子語類』 권15 7a1, "窮理之初, 如攻堅物, 必尋其罅隙可入之處."
50) 『朱子語類』 권14 14b3, "人固有理會得處, 如孝於親, 友於弟, 如水之必寒, 火之必熱, 不可謂他不知."
51) 『大學章句』, 1b, "致, 推極也."
52) 『朱子語類』 권15 8b2, "致字有推出之意."
53) 『朱子語類』 권15 8b1, "致字, 如推開去. 譬如暗室中見些子明處, 便尋從此明處去, 忽然出到外面, 見得大小大明. 人之致知, 亦如此也."

다음 단계로, 그러한 추론은 알지 못했던 것을 알게 해 준다. 그리고 그 결과, 지식은 '쉬운' 것에서 '어려운' 것으로,54) '드러나고'(顯) '통상적인'(平易) 것에서 '감춰지고 미묘한'(幽微) 것으로,55) '가까운' 것에서 '먼' 것으로,56) '거친'(粗) 것에서 '정제된'(精) 것으로,57) '낮은' 것에서 '높은' 것으로,58) '겉으로 드러난 것에서 '속에 담긴' 것으로,59) '얕은' 것에서 '깊은' 것으로,60) '보고 듣는' 것에서 '보고 듣지 못하는' 것으로61) 확장된다. 그리고 주희는 그같은 확장을 "확장시켜서 밝혀 준다"(推明),62) "확장시켜서 열어 준다"(推開),63) "확장시켜서 넓혀 준다"(推廣) 같은 식으로 기술했다.64)

다음으로, 지식을 확장하는 노력은 그것이 완결될 때까지 지속해야만 한다. 주희 자신의 말로 하면, "지식을 극한까지 확장해(致) 나가야만 한다."65) "자신의 지식을 확장하는(致) 사람은 속에서부터 살펴 나가서 더 이상 탐구할 것이 남아 있지 않을 때까지 추론해야(推) 하며, 외면으로부터 살펴 들어가서 더 이상 진행할 곳이 없을 때까지 추론해야만 한다."66) 그는 심지어 "지식을 확장시키면(致), 단 한 가지 일도 규명되지 않음이 없고, 단 한 가지 사물도 알지 못함이 없다"고 말하기까지 했다.67)

---

54) 『朱子語類』 권1 6b5, 권14 1a2 등.
55) 『朱子語類』 권8 11b2.
56) 『朱子語類』 권15 25b3.
57) 『朱子語類』 권14 14b3, 권15 12a3, 권18 12a2; 『朱文公文集』 권64 26a 등.
58) 『朱子語類』 권8 11b1.
59) 『朱子語類』 권15 25b3.
60) 『朱子語類』 권14 14b3.
61) 『朱子語類』 권14 12a3.
62) 『朱子語類』 권14 13a1, 권15 7a1.
63) 『朱子語類』 권15 8b1・9a1.
64) 『朱子語類』 권15 2b1・8a4, 권16 5a1 등.
65) 『朱子語類』 권14 14b3, "但須去致極其知." 『朱子語類』 권18 1a4도 함께 볼 것.
66) 『朱子語類』 권15 16a2, "致其知者, 自裏面看出, 推到無窮盡處; 自外面看入來, 推到無去處."
67) 『朱子語類』 권15 15b2, "惟致知, 則無一事之不盡, 無一物之不知." 『朱子語類』 권15 9a1도 함께 볼 것.

이런 식으로 확장이 완결되면, "지식이 도달했다"(知至)고 말한다.68) 그리고 이 상태에 이르러서 사람의 뜻(意)이 진실되게(誠) 된다.69) 그 이유는, 지식을 확장하는 과정에서 "마음으로 [그 지식을] 시험해 보고 그것을 자신의 몸에 체화시키며",70) 이를 통해 자신이 체득한 도와 리를 자신 및 다른 사물로 확장할 수 있기 때문이다.71) 따라서, "지식에 도달하게 되면, 저절로 주재主宰의 [능력을] 지니게 될 것이며 분별하고 취사선택할 수 있게 될 것이다."72) 주희에게 이것은 『대학大學』의 "그 멈춰야 할 바를 아는"(知其所止) 상태를 의미했다. 그는 "천하의 일을 다룸에 있어, 항상 그 멈춰야 할 바를 앎으로써 의심이 없어진다"고 말했다.73)

　끝으로, 이러한 상태에 도달했을 때 격물치지의 궁극적인 목표인 '관통貫通'을 이루었다고 말한다. 이 상태에 이를 때까지는 노력을 중단해서는 안 된다. 주희는 "격물의 노력을 기울였으면 관통을 달성하지 못하더라도 또한 해롭지 않은 것이 아닙니까?"라는 질문을 한 제자를 호되게 꾸짖었다.74)

　이 모든 내용이 『대학』 5장에 주희가 덧붙인 유명한 구절에 잘 요약되어 있다.

　　천하의 사물에 접해서, 항상 이미 알고 있는 리에 바탕하여 그것을 더욱 깊이 탐구해 가서 그 극한에 도달하기를 추구하지 않으면 안 된다. 힘쓰기를 오래해서 하루아침에 갑자기 관통하는 [경지에] 이르게 되면, 모든 사물의 표리表裏와 정조精

---

68) 『朱子語類』 권15 12b2·3 및 25b3 등.
69) 『朱子語類』 권15 16a2·25b3; 『朱文公文集』 권16b~17a 등.
70) 『朱子語類』 권15 15b2, "以心驗之, 以身體之."
71) 『朱子語類』 권18 17a1.
72) 『朱子語類』 권15 25b3, "到得知至時, 卻已自有箇主宰, 會去分別取舍."
73) 『大學章句』, 3b, "於天下之事, 皆有以知其所止而無疑矣."
74) 『朱子語類』 권15 6a1, "格物工夫未到得貫通, 亦未害否?"

粗에 도달하지 않음이 없고 내 마음의 전체全體와 대용大用에 밝지 않음이 없을 것이다. 이를 일컬어 "사물이 탐구되었다"(物格)고 하고, 이를 일컬어 "지식이 도달했다"고 말하는 것이다.75)

## 5. 완벽하고 철저한 이해에 기반한 '유추'

위와 같은 종류의 확장이 가능하려면, 무엇을 앎에 있어 그것을 철저하게 알아야 하며, 무엇을 탐구함에 있어 그것을 철저하게 탐구해야 하고, 리를 이해함에 있어 철저하게 이해해야 한다. 사물을 완벽하게 알고 이해해야만 그 사물에 대한 지식은 비로소 유추의 방법을 통해 자신의 지식을 다른 사물로 확장해 나갈 수 있는 탄탄한 기반으로 기능할 수 있다. 따라서 주희는 사물을 탐구할 때 그 사물에 대한 부분적인 지식에서 중단하지 말고 그것에 대한 완벽한 지식에 도달해야만 한다고 강조했다. 그에게 "격물이란 이 사물을 끝까지 궁구하는 것",76) 그리고 "사물의 리에 대해 각각 그 극한까지 도달하는 것, 그리고 그 끝까지 탐구하는 것"이었다.77) "만일 [어떤 사물에 대해] 그 10분의 1, 2를 알 수 있다면, 곧 그 10분의 1, 2에 대해 아는 바로부터 추론하여 10분의 10 [전부를 아는 상태]에 이를 때까지 계속 추론해야만 한다. [전부를 탐구해 내어 더 이상 나아갈 곳이 없을 때, 그때 바로 격물을 해낸 것이다."78) 주희는 심지어 '[사물의] 100분의 99 이상 탐구해 내야만 한다. 그래야만 비로소 [그 사물을] 탐구한 것'이라고

---

75) 『大學章句』, 5a, "卽凡天下之物, 莫不因其已知之理而益窮之, 以求至乎其極. 至於用力之久, 而一旦豁然貫通焉, 則衆物之表裏精粗無不到, 而吾心之全體大用無不明矣. 此謂物格, 此謂知之至也."
76) 『朱子語類』 권15 11b1, "格物, 是格盡此物."
77) 『朱子語類』 권18 22b0, "格物, 謂於事物之理各極其至, 窮到盡頭."
78) 『朱子語類』 권18 15a1, "或能知一二分, 卽其一二分之所知者推之, 直要推到十分, 窮得來無去處, 方是格物." 『朱子語類』 권15 2a3, 18 1b5 등도 함께 볼 것.

말했다.79) 다음 인용문에서 그는 숯, 물(水), 그리고 화로火爐 등의 실제 사물을 예로 들어 이를 설명하고 있다.

숯을 예로 들자면, 흰 것도 있고 검은 것도 있다. 검은 것만을 탐구하고 흰 것을 탐구하지 못한다면 제대로 된 것이 아니다. 또 물을 예로 들면, 그것이 비록 차고 축축하지만, 또한 여러 가지 [다른 속성들도 가지고 있다. 단지 차고 축축한 성질 한 가지만을 인식한다면, 그것은 제대로 탐구한 것이 아니다.…… 또 화로를 예로 들어 보자. 한 모서리를 이해했으면 다른 세 모서리도 모두 이해해야만 하며, 또한 위아래와 네 변도 모두 이해해야만 한다. 그래야만 비로소 그 사물(즉 화로)이 탐구된 것이다. 만일 한 곳이라도 통하지 않는 곳이 있으면 그 사물이 탐구되었다고 말할 수 없다.80)

때로 주희는 이같이 하나의 사물이나 현상에 관한 철저한 지식에 도달하려는 노력을 가리켜 '치지致知'라는 용어를 사용했다. 그리고 그러한 노력의 결과를 두고 "멈출 바를 안다"(知止)는 표현을 사용했다. 그는 다음과 같이 말했다.

하나의 사물에 열 부분의 도와 리가 있다고 하자. 그 중 두세 부분만을 본다면 곧 철저하게 보지 않은 것이다. [이미 본 그 세 부분으로부터] 계속 확장해 나가서 열 부분을 모두 철저히 보아야만 비로소 격물이 된다. 열 부분을 철저하게 보았으면 그제야 멈출 바를 아는 것이다.81)

그는 "이처럼 철저히 [탐구하여] 하나의 일을 알게 되면 '멈출 바를 안다'고

---

79) 『朱子語類』 권15 11a2, "格物云者, 要窮到九分九釐以上, 方是格."
80) 『朱子語類』 권18 6b1~7a0, "且如炭, 又有白底, 又有黑底. 只窮得黑, 不窮得白, 亦不得. 且如水雖是冷而濕者, 然亦有許多樣, 只認冷濕一件也不是格.……且如火爐, 理會得一角了, 又須都理會得三角, 又須都理會得上下四邊, 方是物格. 若一處不通, 便非物格也."
81) 『朱子語類』 권15 11a1, "一物有十分道理, 若只見三二分, 便是見不盡. 須是推來推去, 要見盡十分, 方是格物. 旣見盡十分, 便是知止."

말할 수 있다"고 했다.[82]

그렇기 때문에, 주희는 격물을 할 때 몇 가지 사물은 탐구하지 않은 채로 남겨 두어도 무방하다고 생각했다. 왜냐하면 이미 탐구한 사물들에 대한 지식으로부터 탐구하지 않은 것들에 대한 지식을 추론해 낼 수 있기 때문이다. 그러나 일단 탐구의 대상으로 선택한 사물은 철두철미하게 탐구되어야만 했다. 그렇게 하지 않으면 그것에 대한 탐구에 기반해서 추론해 나갈 수 없는 것이기 때문이었다.

> 치지와 격물을 수행함에 있어, 열 가지 일 가운데 아홉 가지를 탐구하여 꿰뚫어 통하고 한 가지를 꿰뚫어 통하지 못하는 것은 무방하다. [반면에] 한 가지 일을 [탐구하면서] 그 10분의 9만을 탐구하고 [나머지] 10분의 1을 꿰뚫지 못한다면 그것은 가장 바람직하지 못하다.[83]

미처 이해하지 못한 10분의 1이, 확장의 과정에서 "혼돈과 잘못의 뿌리"가 될 수 있는 것이다.[84]

그러나 한 가지 사물을 철저하게 탐구해서 그 리를 완벽하게 이해하는 것은 결코 쉬운 일이 아니다. 사실 모든 사물을 항상 그렇게 철두철미하게 이해할 수는 없는 것이다. 아무리 해도 완벽한 탐구와 이해가 불가능한 사물이 있을 수 있기 때문이다. 주희는 "한 가지 일에 대해 철저히 탐구할 수 없으면 또 다른 일을 탐구해 보라"[85]는 정이의 말을 그러한 경우를 가리키는 것으로 해석하고 한 가지 사물을 철두철미하게 이해해 낼 수 없으면 그것에만 집착하지 말고 다른 사물들에 대한 탐구로 옮겨 가라고 충고했다.

---

82) 『朱子語類』 권15 22b0, "此徹上徹下, 知得一事, 亦可謂之知止."
83) 『朱子語類』 권15 20a1, "致知·格物, 十事格得九事通透, 一事未通透, 不妨; 一事只格得九分, 一分不透, 最不可."
84) 『朱子語類』 권15 15b2, "只此一分未盡, 便是鶻突苟且之根."
85) 『河南程氏遺書』 권15(『二程集』, 157쪽), "如一事上窮不得, 且別窮一事."

이러한 경우 [한 가지 일을] 이해하지 못했을 때, [이] 한 가지 [일]에만 매달려 집착하면, 오히려 혼란에 빠질 것이다. 또 다른 한 가지 일을 탐구하는 작업을 시작해야만 한다. [이 두 번째 일을 이해하게 되면 혹시 이에 바탕해서 그것(미처 이해하지 못했던 앞의 일)을 이해할 수 있을 수도 있다.86)

이 인용문의 마지막 문장에서 '유추에 의한 확장'이라는 관념이 분명히 드러나 있음을 볼 수 있다.

물론 주희는 지극히 어려운 일을 다루는 예외적인 경우에 한해서만 앞 문단과 같은 태도를 취해야 한다고 강조했으며, 위에서 인용한 정이의 언급은 그러한 예외적인 경우를 염두에 것이었다고 밝혔다.87) 그리고 그는 이 같은 태도의 잠재적 위험에 대해 다음과 같이 이야기했다.

평소 어떤 일들에 접해서 어느 한 가지 일에 대해 철저히 이해하지 못한 채로 또 두 번째 일을 이해하려 하고, 두 번째 일에 대해 철저히 이해하지 못했는데 또 세 번째 일을 이해하려고 한다면, 이런 식으로는 종신토록 멀리 나아가지 못할 것이다.88)

## 6. '관통'을 향한 느리고 점진적인 과정 속에서의 '유추'

이제까지의 논의는 흔히 '갑자기'(脫然·忽然) 그리고 '저절로'(自·自然) 일어 나는 것으로 묘사되는 '관통'이 사실은 지극히 느리고 점진적인 과정일 수밖에 없음을 보여 주었다. 물론 관통이 일어나는 것은 한순간의 일일

---

86) 『朱子語類』 권18 7a1, "蓋於此處既理會不得, 若專一守在這裏, 却轉昏了. 須著別窮一事, 又或可以因此而明彼也."
87) 『朱子語類』 권18 5b2~6a0, 7a2~7b0, 7b1, 28b0 등.
88) 『朱子語類』 권18 7b1, "若平常遇事, 這一件理會未透, 又理會第二件; 第二件理會未得, 又理會第三件, 恁地終身不長進."

수가 있다. 그러나 그 '순간'은 오랜 시간 각고의 노력을 거친 후에야 그 결과로 '갑자기' 그리고 '저절로' 닥쳐오는 것이다. 예컨대 주희는 다음과 같이 말했다.

> 세상에 어찌 하나의 리만 통하고서 곧바로 만 가지 리를 이해하여 모두 통하는 경우가 있을 수 있겠는가. 모름지기 쌓고 또 쌓아 나가야 한다.…… 학문에는 오히려 점진적인 나아감만이 있을 뿐, 서두르고 재촉하여 될 수 있는 리는 없다. 일찍이 어떤 사람이 말하기를, 학문을 함에 있어 한 가지 큰 주제를 탐구하기만 하면 그 나머지가 모두 통할 것이라고 했지만, 나로서는 감히 [내가] 이와 같이 [할 수 있다고] 말하지 못하겠다. 반드시 차근차근 조금씩 반복해서 [탐구]해 나가야 한다.[89]

주희는 "오늘 한 가지를 탐구하고 내일 한 가지를 또 탐구"하면 '갑자기' '저절로' 관통의 상태로 이어지리라는 정이의 말에 대한 주석에서 "이 일을 빨리 하려고 해서는 안 된다. 빨리 하려 하면 결국 [관통에] 도달할 수 없다. 반드시 천천히 해 나가야만 한다"고 말했다.[90] 따라서 "독서에는 반드시 순서가 있고"[91] "글을 읽는 데는 서두르고 다그쳐시는 안 된다."[92]

주희는 그러한 점진적인 과정이 어떻게 관통을 가져올 수 있는지에 대해 다음과 같이 개략적으로 이야기했다.

> 하나씩 하나씩 이해해야만 한다. [그러면 머지않아 [이해하는 것이] 많아질 것이며 점차로 관통할 수 있을 것이다. 두 가지에 대한 이해가 모여서 하나가 되고, 머지않아 또 일고여덟 가지에 대한 이해가 모여서 하나가 된다. 그러면 곧 일제히

---

89) 『朱子語類』 권18 2a2, "天下豈有一理通便解萬理皆通! 也須積累將去.……學問却有漸, 無急迫之理. 有人嘗說, 學問只用窮究一箇大處, 則其他皆通. 如某正不敢如此說, 須是逐旋做將去."
90) 『朱子語類』 권18 4b1, "此簡事不可欲速, 欲速則不達, 須是慢慢做去."
91) 『朱子語類』 권11 11b1, "凡讀書, 須有次序."
92) 『朱子語類』 권11 8b4, "大凡看文字要急迫不得."

꿰뚫어 통하게 될 것이다.93)

그는 그 과정을 사람의 걸음걸이에 비교하기도 했다.

> 공부가 나날이 증가할 때까지 기다려야만 한다. 오늘 하나의 사물을 탐구했으면, 내일 또 하나의 사물을 탐구하라. 공부는 멈추지 않고 진행해야만 한다. 마치 왼발을 한 걸음 내딛으면 오른발도 한 걸음 내딛고, 오른발을 한 걸음 내딛으면 왼발도 내딛는 것과 같다. 멈추지 않고 계속하면, 저절로 관통[하게 될 것이다.94)

주희에게 '유추'는 이러한 점진적인 과정에서 사용되는 방법이었다. 그는 "유추란 무엇인가?"라는 물음에 다음과 같이 대답했다.

> 꼭 높이 뛰어넘고 먼 곳을 보려 하지 않아도 된다. 종횡으로 배회하다가 돌연히 멈추는 것도 아니다. 다만 여기 근처에 있는 가까운, 그리고 이해하고 있는 곳들로부터 나아가는 것일 뿐이다. 만약 이 한 가지 일을 철저히 이해하면, 또 이 일에 [대한 이해에 근거하여 저 일에 대해 추론해 나아가서 그 일 역시 이와 같음을 아는 것과 같다. 이 등불에 허다한 빛이 있음을 알면 곧 이 등불에 [대한 이해에 근거하여 추론해 나아가서 저 촛불도 역시 이와 같이 밝음을 아는 것과 같다. 마치 계단을 오르는 것과 같다. 1층에 올라가면 곧 이 1층을 발판으로 삼아 2층으로 나아간다. 또한 3층을 발판으로 삼아 4층으로 나아간다. 다만 이와 같이 앞으로 나아가는 일에만 전념한다.…… 만일 1층에서 곧바로 3층으로 뛰어오르려고 들게 되면, 내딛는 보폭만 넓어질 뿐 노력만 낭비할 것이다.95)

---

93) 『朱子語類』 권14 21a1, "須是逐一理會, 少間多了, 漸會貫通, 兩箇合做一箇, 少間又七八箇合做一箇, 便都一齊通透了."
94) 『朱子語類』 권18 3a1, "然仍須工夫日日增加. 今日既格得一物, 明日又格得一物, 工夫更不住地做. 如左脚進得一步, 右脚又進一步; 右脚進得一步, 左脚又進, 接續不已, 自然貫通."
95) 『朱子語類』 권49 4b1, "不要跳越望遠, 亦不是縱橫陡頓, 只是就這裏近傍那曉得處挨將去. 如這一件事理會得透了, 又因這件事推去做那一件事, 知得亦是恁地. 如識得這燈有許多光, 便因這燈推去, 識得那燭亦恁地光. 如升階, 升第一級了, 便因這一級進到第二級, 又因第三級進到四級. 只管恁地挨將去,…… 若第一級便要跳到第三級, 擧步闊了便費力."

그렇다면 '유추'는 '관통'을 향한 주희의 '격물'과 '치지'의 작업에서 가장 중요한 방법이었다. 그리고 주희에게는 지적인 작업과 도덕적인 작업이 서로 밀접하게 연결되어 있었기 때문에, 자연히 유추는 자기수양에서 사용되는 방법이 되기도 했다. 사실 앞에서 인용한 구절의 뒷부분에서 주희는 부모에 대한 효도(親親)로부터 백성을 자애롭게 대하고(仁民) 만물을 아끼는(愛物) 것으로, 또는 자기수양(修身)으로부터 '제가齊家', '치국治國'으로 나아가는 과정이 다름 아닌 유추에 의한 것임을 이야기한다.96)

---

96) 『朱子語類』권49 5b0, "只是傍易曉底挨將去. 如理會得親親, 便推類去仁民, 仁民是親親之類. 理會得仁民, 便推類去愛物, 愛物是仁民之類. 如刑于寡妻, 便推類去至于兄弟; 至于兄弟, 便推類去御于家邦. 如修身, 便推去齊家; 齊家, 便推去治國. 只是一步了, 又一步."

# 제2부 유가 전통 속의 과학

# 제1장 자연세계와 과학지식에 대한 주희의 태도

## 1. 머리말: 주희의 자연지식

　주희朱熹(1130~1200)의 수많은 저술과 방대한 양의 대화 기록으로부터 오늘날 '과학'(science) 또는 '과학적'(scientific)이라고 부를 수 있을 만한 것을 찾아보면, 대체로 다음의 세 가지 종류가 나온다.
　1) 우선 가장 널리 퍼져 있는 것은 『주문공문집朱文公文集』이나 『주자어류朱子語類』의 이곳저곳에 산재해 있는 단편적 자연지식들이다.
　2) 둘째로 눈에 띄는 것은 '자연철학'이라고 부를 수 있는 내용으로 리理, 기氣, 음양陰陽, 오행五行 등의 개념들을 포함한 논의들이다.
　3) 그리고 마지막으로는 가장 두드러지는 종류로 천문역법天文曆法, 화성학(律呂), 음악(樂), 지리地理, 상수象數 등 여러 전문지식 분야들에 대한 그의 많은 논의들이 되겠다.
이 세 종류를 모두 합쳐서 보면 주희의 자연지식은 매우 광범위에 걸쳤으며 때로는 상당한 깊이까지도 보여 주었다. 그러나 주희에게 이 세 종류의 지식이 하나의 정합성 있는 전체를 이루지는 못했다. 그리고 그에게는 위의 세 종류 모두를 포괄하는 하나의 일반적 관념—우리의 '과학'이라는 관념에 해당하는—이란 존재하지 않았다. 사실 위의 세 가지 각각이 더 넓은 장르들의 일부분을 이루고 있었고, 그런 장르들 중 어느 것도 자연세계에만 국한되지는 않았다.

예컨대 위의 세 종류 중 첫 번째에 속하는 갖가지 자연지식의 단편들이 담겨진 주희의 저술들과 어록은 그 관심의 초점이 도덕적·사회적 문제들에 있었고 자연세계가 주된 관심인 적은 결코 없었다. 그 같은 자연지식의 단편들은 많은 경우 그가 경전들—고대의 성인들이 썼거나, 최소한 성인의 뜻을 담은 것으로 생각되었던—에 언급된 자연현상들에 대해 설명하고 주해를 다는 과정에서 나타났다. 물론 이 같은 주해들에서 자연현상들에 대한 그의 논의는 상당히 자세했고 그 현상들에 대한 그의 관심도 아주 깊고 진지했던 것으로 보이지만, 그럼에도 불구하고 그의 진짜 관심은 성인의 뜻을 밝히는 데 있었다. 위의 두 번째 종류에 대한 그의 논의도 결코 '자연철학'이라고 부를 수 있는 별도의 독립된 장르를 구성하지 못했고, 그의 철학과 사상 전체로부터 분리할 수 없는 부분들이었다. 한편 주희의 자연지식 중 세 번째 종류는 각종 전문지식 분야들로 이루어진 넓은 장르의 일부분들이었던 것으로 볼 수 있는데, 거기에는 위의 천문역법, 화성학, 음악, 지리, 상수 등의 분야만이 아니라 법률, 행형行刑, 세제稅制, 군사, 관직 등의 분야들의 전문지식이 포함되었다. 물론 위의 각각의 분야가 그 나름대로 별도의 독립된 영역들이었고 그 자체의 독자적 전통을 지니고 있었던 것은 사실이지만, 이들 전문분야들 중에서 자연세계에 관련된 천문역법, 화성학, 지리 등이 그렇지 않은 분야들과 명확히 구분되어 별도로 다루어지는 일은 없었다.

이 같은 상황은 주희에게 '과학'이라는 별개의 독자적 범주가 존재하지 않았음을 보여 준다. 위와 같은 각종 형태의 자연지식 단편들은 주희의 거대한 철학체계—모든 것을 다 포괄했던, 그리고 흔히 "신유학의 종합"(Neo-Confucian synthesis)이라고 불리는—의 일부분을 구성했을 뿐이었다. 사실 이들 단편들은 주희의 체계가 모든 것을 포괄하는 과정에서 그 체계 속으로 들어갈 수 있었던 것이다. 따라서 주희에게는 '과학'이나 '자연'을 가리키면서 '과학이 아닌 것'과 '자연이 아닌 것'과 구분을 지어줄 수 있는 용어들은 없었다.[1] 또한 그에게 '과학'과 '자연'은 서로 정확히 대응되는 개념들도 아니었다. 설사 주희에게서 '과학'이라는 이름으로 부를 수 있는 어떤 것을 찾아낸다고 해도 그것이 자연세계의 탐구에 국한된 영역이 될 수는 없었으며, 반대로 그에게 자연세계란 반드시 '과학적'으로만 탐구될 대상이 아니었던 것이다.

이 글에서 나는 위에서 본 여러 제약들을 염두에 두면서 자연세계에 대한 주희의 지식의 여러 장르들을 살펴보고 그 주된 특징들에 대해 논의할 것이다. 먼저 2절에서 자연세계에 대한 주희의 관념을 개관하면서 시작한 후, 자연현상을 그야말로 '자연스러운'—당연하고 명백한— 것으로 생각하는 그의 특징적 태도를 볼 것이다. 다음으로 3절은 주희의 그같은 태도를 그의 자연철학의 기본 개념들 및 가정들의 몇몇 측면들과 연관시켜 이해할 수 있음을 보이고, 그가 자연세계의 물체들과 현상들에 대해 이야기하는 데에 사용한 개념적 틀들이 지녔던 일반적 특성들이 자연세계에 대한 그의 관념과 이해에 영향을 주었을 가능성을 제시할 것이다. 이어서 4절은 과학적 전문분야들에 대한 주희의 태도를 논의하며, 끝으로 5절은 중국에서의 그 이후의 과학의 발전에 있어 주희—그의 자연지식, 그리고 과학과 자연에 관한 그의 태도—가 미친 영향에 대해 추론해 봄으로써 마무리할 것이다.

---

1) 물론 주희가 '自然'이라는 표현을 사용하지 않은 것은 아니지만 대부분의 경우에 그것은 자연세계를 가리킨 것이 아니라 글자 그대로 '저절로 그러함'을 나타냈다.

## 2. 주희의 자연세계

주희에게는 이 세상은 '천지天地', '만물萬物', '사람(人)'의 세 가지 주된 구성요소로 이루어져 있었다. 그리고 이 셋은 서로 간에 다양한 관계를 형성하고 있었다.

우선 하늘(天), 또는 '천자'는 사람과 만물을 생성했다. 그리고 그렇게 천지에 의해 생성된 사람과 만물은 하늘과 땅 사이에서 살고 존재한다. 사람과 만물은 하늘과 땅의 기(天地之氣)와 마음(天地之心)을 받아서 자신들의 기와 마음을 이룬다. 천지에 의해서 생성된 모든 것들 중 사람이 가장 영靈스럽다. 왜냐하면 사람이 부여받은 기가 가장 '바르고'(正) '맑고'(淸) '온전한'(全) 성질을 지녔기 때문이다. 따라서 사람은 하늘과 땅과 함께 '천天-지地-인人'의 '삼재三才'를 이루고, 하늘과 땅의 작용을 보완한다. 주희는 또한 사람과 만물이, 그 중에서 특히 사람이, 천지와 평행한 것으로 볼 수 있음을 이야기했다. 때로는 그 같은 평행관계는 사람을 천지와 천지간의 모든 것을 포함하는 전 세계와 일체로 보는 관념으로 발전하기도 했다.[2]

위의 세 가지 구성요소로 이루어진 세계는 그 안에 비단 '물리적'(physical)이거나 '물질적'(material)이라고 특징지을 수 있는 것들만이 아니라 그 외의 모든 것을 다 포함했다. 주희에게는 '자연적'인 것과 그렇지 않은 것을 분리해 주는 경계가 없었다. 생명이나 정신만이 아니라 심지어는 도덕이 관련된 물체나 현상들도 천지, 만물 및 사람으로 이루어진 그의 세계에 포함되었고, 그 세계 속에 '자연적'인 영역과 '비자연적'인 영역의 구분은 없었던 것이다. 그리고 이 같은 구분의 결여는 기, 음양, 오행 등 그의 기본개념들에도 잘 나타나 있는데, 그것들에는 물질만이 아니라 생명,

---

[2] 이에 대한 더 자세한 논의를 위해서는 김영식, 『주희의 자연철학』(예문서원, 2005), 6장을 볼 것.

정신의 속성이 부여되어 있었다.

자연세계에 대한 위와 같은 주희의 관념이 빚은 한 가지 결과는 '자연세계가 '비자연'—인간과 사회의—세계와의 조화 속에 존재한다는 것이었다. 그 같은 관념을 지닌 그로서는 도덕적으로 중립적인 '자연'세계와 도덕의 지배를 받는 인간세계 사이의 마찰 같은 것은 생각할 수도 없었다. 그와는 반대로, '천지'라고 불리는 자연세계 자체에 도덕적 속성들이 주어지는 경우가 많았는데, 위에서 본 인간과 천지 사이의 평행관계 또는 동일성이 이 같은 생각에 기여했다. 그리고 바로 이것이 자연세계에 도덕적 질서가 존재함으로써 인간의 도덕성에 일종의 근거를 제공해 준다는 고대 이래 널리 퍼진 생각의 바탕에 깔려 있었다.3) 결국 주희의 '자연'세계는 인간과 사회의 영역들까지를 포함하는 더 큰 범주의 세계의 분리불가능한 일부분이었고, 그 영역들 사이에는 경계란 존재하지 않았다. 주희의 세계로부터는 아무것도 제외되지 않았던 것이다.

이 같은 자연세계는, 그리고 그 속에 존재하는 것들이나 그 속에서 일어나는 것들은, 주희에게는 '자연스러운' 것이었다. 그에게는 자연세계의 대부분의 물체들과 현상들은 명백한 것들이었다. 그는 그것들을 당연한 것으로 받아들였고 그것들에 대해 더 설명할 필요를 느끼지 않았다. 오히려 그는 어렵고 복잡한 도덕적·사회적 문제들에 대해 논의하면서 명백하고 당연한 것으로 받아들여지는 일상적인 자연현상들과 그 같은 도덕적·사회적 문제들 사이의 유비관계를 이용하는 경우가 많았다. 일상적인 자연현상들을 그것들 자체에 관한 관심에서 그가 이야기하는 경우는 지극히 드물었다.

---

3) 예를 들어 Thomas A. Metzger, *Escape from Predicament: Neo-Confucianism and China's Evolving Political Culture* (New York: Columbia University Press, 1977), Secs.3i, 3p; Peter K. Bol, "Chu Hsi's Redefinition of Literati Learning", William Theodore de Bary and John W. Chaffee, eds., *Neo-Confucian Education: The Formative Stage* (Berkeley: University of California Press, 1989), pp.151~185 등을 볼 것.

예를 들어 주희는 일단 수레가 움직이기 시작하면 그것을 계속 움직이게 하기 위해서 별로 큰 힘이 필요하지 않다는 이야기를 자주 했지만, 이는 공부를 시작할 때에 큰 노력이 들어가지만 일단 시작한 후에는 쉬워진다는 것을 주장하기 위해서였다.[4] 마찬가지로, 조그마한 불순함이라도 마음(心)에 섞여 들면 마음은 진실됨(誠)을 잃고 자기기만(自欺)에 빠져든다는 것을 주장하기 위해 그는 금(金)에 적은 양의 은(銀)이 섞여 들어도 그 금은 금으로서의 가치를 잃는다는 사실과의 유비를 사용했다.[5] '독서법', 특히 '숙독(熟讀)'의 필요성과 관련해서는 두 가지 서로 다른 유비들이 한 가지 점을 주장하는 데에 사용되었다.

[주희가 이야기했다.] "무릇 책을 읽음에 있어 반드시 숙독해야 한다. 숙독하면 [글의] 정수(精髓)에 익숙해지고 정수에 익숙해진 후에 리가 저절로 보인다. 그것은 과일을 먹는 것과 같아서, 처음 입에 댔을 때는 맛을 모르고 그냥 먹는다. 잘고 부드럽게 씹어야만 맛이 저절로 나와서 단맛인지 쓴맛인지 맛을 알기 시작하게 된다." [주희가] 또 [다음과 같이] 이야기했다. "정원사가 정원에 물을 줄 때, 물주기를 잘하는 정원사는 채소와 과일 한그루 한그루씩 물을 준다. 얼마지 않아 물주기가 충분해지면 흙과 물이 서로 조화를 이루고 식물들은 양분을 얻어 자연스럽게 자라난다. 물주기를 잘 못하는 정원사는 서둘러서 하고……."[6]

물론 이 예들로부터 자연현상—예컨대 움직이는 물체가 지닌 경향, 금속 혼합물의 성질, 맛의 지각, 식물의 영양 등—에 대한 주희의 견해를 찾아보는 것이 불가능한 것은 아니다. 그러나 그의 진짜 관심은 다른 곳에 있었다. 예컨대 공부를

---

4) 『朱子語類』 권31 8a0·1, 8b0·1·2, 9a1, 9b2; 권78 35b1 등.
5) 『朱子語類』 권16 19b0, 권59 36a2 등.
6) 『朱子語類』 권10 6a1, "大凡讀書須是熟讀. 熟讀了自精熟, 精熟後理自見. 如喫果子一般, 劈頭方咬開, 未見滋味, 便喫了. 須是細嚼敎爛, 則滋味自出, 方始得這個是甛是苦是辛, 始爲知味. 又云. 園夫灌園, 善灌之夫, 隨夫蔬果, 株株而灌之. 少間灌漑旣足, 則泥水相和, 而物得其潤, 自然生長. 不善灌者, 忙急而治之……" 또한 『朱子語類』 권80 19b1을 볼 것.

시작할 때에 열심히 노력해야 할 필요성, 마음의 진실됨과 순수함의 중요성, 숙독의 필요성을 주장하는 것이 그의 목적이었고 그것을 위해 그가 주장하는 바와 위의 자연현상들 사이의 유비관계를 사용했던 것이다. 위의 예 중 어느 것에서도 자연현상들 자체가 주희의 진짜 관심의 대상은 아니었다.

　주희의 논의에서 자연세계의 많은 구체적 물체들과 현상들이 바로 이 같은 맥락에서 등장했다. 예컨대 그가 약의 효과나 물의 맑음에 대해 자주 이야기한 것은 그것들과의 유비관계를 통해서 사람의 '성性'과 마음에 대해 논의하기 위함이었다. 그는 또한 사계절의 변함없는 순서에 대해 자주 이야기했는데, 이는 인간의 다섯 가지 기본적 덕목인 '오상五常'이 변하지 않는 것임을 주장하기 위해서였다. 그는 행성이 때로 방향을 바꿔 역행하는 현상마저도 비슷한 맥락에서, 즉 사람의 마음이 보통은 인자하지만 때로는 잔혹할 수 있다는 것을 예시하기 위해, 언급했다.[7] 심지어 그는 인간세계의 문제와 관련한 그의 주장을 뒷받침하기 위해 자연현상을 만들어 내기까지 했는데, 예를 들어 하루도 빼지 말고 매일 공부해야만 한다는 것을 뒷받침하기 위해 그는 만약 나무가 하루라도 자라기를 멈추면 그 나무는 죽는다고 말했다.[8]

　자연현상에 관한 주희의 언급 중 가장 유명한 예가 이와 같은 맥락에서 나왔다. 1942년 굿리치(L. Carrington Goodrich)는 산 위에서 발견된 조개껍질들에 대한 다음과 같은 주희의 이야기를 인용하면서 이것이 주희가 화석化石에

---

7) 『朱子語類』 권57 12a1.
8) 『朱子語類』 권72 24a2·3 등. 이 예 및 다른 예들은 김영식, 『주희의 자연철학』, 9장에 나와 있다. John E. Murdoch은 중세 유럽에서 몇몇 신학적 문제들이 빛, 운동, 天球 등과 같은 자연현상들을 논의하는 것을 합리화하는 데 사용된 경우들에 대해 언급하고 있는데, 이는 주희의 경우와는 정확히 반대가 되는 경우들이라고 할 수 있다. "From Social into Intellectual Factors: An Aspect of the Unitary Character of Late Medieval Learning", John E. Murdoch & Edith D. Sylla, eds., *The Cultural Context of Medieval Learning* (Boston: Riedel, 1975), pp.271~339, 특히 pp.278~279.

대해 이해하고 있었음을 보여 준다고 주장했다.9)

나는 일찍이 높은 산 위에서 소라(螺)와 방합(蚌) 조개껍질들을 본 적이 있는데 그 중 어떤 것들은 바위 속에 있었다. 이 바위들은 바로 옛날의 흙이고 소라와 방합은 물속의 것들이다. 아래에 있던 것이 변해서 높은 곳에 있게 되었고 부드러운 것이 변해서 단단하게 된 것이다.10)

주희의 이 구절, 그리고 심괄(沈括)(1031~1095)의 비슷한 구절들11)은 화석에 대한 주희의, 그리고 심괄의 이해와 관련해서 높은 평가를 내리도록 했고, 많은 사람들이 이들이 서양보다 수 세기 앞서서 화석의 생성원인에 대한 올바른 이해를 얻어냈다고 주장했다. 산 위에서의 조개껍질의 발견은 어디서나 있을 수 있는 일이었지만, 서양에서는 불과 수천 년 전에 이 세계가 창조되었다는 믿음이 화석에 대한 제대로의 이해를 막았던 반면, 그 같은 믿음의 제약을 받지 않아도 되었던 이들 송대 학자들은 그런 흔한 발견이 의미하는 바를, 즉 "바위 속에서 발견된 생물체 같은 형태들이 실제로 먼 과거의 동물의 잔해라는 것"을 인식할 수 있었다는 것이다.12)

그러나 위에 인용한 내용은 주희가 그의 우주론의 근간을 이루었던 『회남자(淮南子)』의 우주생성론과 음양순환의 이론을 논의하는 과정에서 이야기한 것임을 주목할 필요가 있다.13) 주희는 세계가 처음 생길 때에 원초의 기가 회전하면서 하늘을 이루고 가운데에 찌꺼를 침전시켜 땅을 형성시킨다

---

9) L. Carrington Goodrich, "Early Mentions of Fossil Fishes", *Isis* 34 (1942), p.25.
10) 『朱子語類』, 권94 3a0, "常見高山有螺蚌殼, 或生石中. 此石卽舊日之土, 螺蚌卽水中之物. 下者却變而爲高, 柔者變而爲剛."
11) 沈括, 『夢溪筆談』(北京 文物出版社 引行, 1975), 권21, 373·374항.
12) Joseph Needham, *Science and Civilisation in China* (Cambridge: Cambridge University Press, 1954~ ) vol.3, p.611.
13) 『淮南子』(四部備要版), 권3, 1a.

는 『회남자』 우주생성론의 하나의 세부적인 예로서 위에서 본 바닷물이 산이 되는 변화에 대해 이야기했던 것이다. 또한 인용문에서 주희는 그 같은 변화를 낮은 곳(바다 밑바닥)이 높은 곳(높은 산)이 되고 부드러운 것(바다 밑의 흙)이 단단한 것(바위)이 되는, 높음과 낮음, 단단함과 부드러움 같은 음과 양의 특성들의 순환적 교체를 예시하는 데에 사용했다. 따라서 위의 인용문에서 그가 꾀하고 있었던 것이 고생물학 이론이나 화석 이론의 제시가 아니라 단순히 음양순환 이론과 전통적 우주생성론의 예시였다는 것은 분명하다.[14]

## 3. 기본 개념들과 개념틀들

자연현상을 명백하고 당연한 것으로 보는 위와 같은 주희의 태도에 영향을 주었을 것으로 보이는 몇 가지 측면들을 그의 기본 개념들 및 가정들로부터 찾아볼 수 있다.

먼저 들 수 있는 것이 '기氣'의 관념인데, 기의 여러 가지 성질과 움직임들— 취산聚散, 승강昇降, 굴신屈伸 등—이 기에 내재하며, 그 같은 성질과 움직임들을 위한 외적 원인이 필요 없다는 점이 그것이다. 따라서 어떤 현상이 일단 기의 어떤 성질과 움직임들로 인한 것이라고 받아들여지면 그 현상은 충분히 설명된 것으로 간주되었고 그 현상에 대한 외적 원인이나 감춰진 메커니즘을 찾을 필요가 없게 되었다. 우주의 시초에 땅이 생성되는 과정에 대한 주희의 논의가 이 점을 잘 드러내 준다.

---

[14] 비슷한 생각이 소크라테스 이전 철학자 Xenophanes(기원전 6세기)에게서도 발견되는 것이 흥미롭다: G. S. Kirk and J. E. Raven, eds., *The Presocratic Philosophers* (Cambridge University Press, 1957), p.177.

천지의 시초에는 단지 음과 양의 기만이 있었다. 이 기가 운행하여 계속해서 회전했다. 회전이 빨라지자 많은 양의 [기의] 찌꺼기(渣滓)가 응결되었다. 그리고 안쪽에 나갈 곳이 없었기 때문에 가운데에 땅을 생성했다.[15]

여기서 그는 땅의 생성이 기의 빠른 회전 때문인 것으로 이야기하는데, 기가 그같이 회전하는 원인에 대해서는 전혀 주의를 기울이지 않았다. 그는 마치 회전이라는 것을 기가 당연히 지니는 속성인 것처럼 생각했던 것이다.

리理에 대한 주희의 관념 또한 자연에 대한 그의 태도에 영향을 미쳤다. 그에게는 어떤 사물이나 현상의 리란 단지 그 사물이 그 사물로서 존재하고 그 현상이 그 현상으로서 일어나게 해 주는 것일 뿐이다. 그것의 리가 있으면—그리고 그것의 리가 있을 때에만— 그것은 존재하거나 발생한다. 따라서 어떤 사물이나 현상의 리는 그 사물이나 현상 전체를 총체적으로 가리킬 뿐 그것을 설명해 주지는 않는다. 리는 복잡한 사물이나 현상을 간단하게 설명하거나 분석하는 데 사용할 수 있는 법칙이나 원리 같은 것이 아닌 것이다. 주희가 리를 언급할 때 그것은 단지 사물이나 현상의 존재나 발생을 보장하기 위해 제시될 뿐이었다. 그리고 리는 그 전체로서 파악될 뿐 그 내용이 분석되는 것이 아니었다. 따라서 주희가 자연세계에서 볼 수 있는 규칙성에 대해서 이야기하고 때로는 그것을 '리'라고 부르기까지 했지만 그가 관심을 가진 것은 그 같은 규칙성의 존재였을 뿐 그 구체적 세부내용은 아니었다.[16]

'형이상形而上'과 '형이하形而下'의 양분법 또한 주희로 하여금 자연현상을 당연한 것으로 쉽게 받아들이도록 하는 데 기여했다. 이 양분법에 따르면

---

15) 『朱子語類』, 권1 4b3, "天地初間只是陰陽之氣. 這一箇氣運行, 磨來磨去. 磨得急了, 便拶許多渣滓. 裏面無出處, 便結成箇地在中央."
16) 이에 대한 더 자세한 논의를 위해서는 김영식, 『주희의 자연철학』, 1장을 볼 것.

'리', '도道', '인仁' 등 형태(形)가 없는 추상적이고 고상한 개념들이 '형이상'에 속했고 감각될 수 있는 형태를 가지고 눈에 보이는 구체적인 사물들은 '형이하'에 속했다. 그리고 이 두 종류 중 형태가 있고 눈에 보이는 것들은 이해하기 쉽고 명백하거나 심지어는 하찮은 것인 반면에 형태가 없는 것들은 이해하기 어렵고 따라서 더 깊이 탐구해 볼 만한 것이라고 여겨지게 되었다. 그런데 대부분의 자연현상은 감각될 수 있는 성질과 물리적 효과를 수반하여 '형이하'에 속하기 때문에 당연하고 명백한 것으로 간주되었다. 따라서 그 같은 자연현상들은 인간이 관찰한 형태 그대로 그냥 받아들여졌고, 그것들이 제공하는 경험데이터의 표면적 실재를 넘어서는 더 깊은 탐구는 시도되지 않았던 것이다.[17]

외부세계의 실재성을 강조하는 전통적인 유가의 태도 또한 통상적으로 관찰되는 자연현상을 쉽게 받아들이는 경향을 강화시켰던 것으로 보인다. 사실 유가는 세계의 실재성을 받아들인다는 사실이 그 같은 실재성을 부정하는 도가나 불가와 자신들을 구분지어 주는 것이라고 생각했다.[18] 따라서 유가는 실제 세계에 관심을 두지 않고 현실도피적 경향을 보이는 도가나 불가의 교리와 흔히 연결지어지는 '공空', '허虛', '무無' 같은 개념들에 대해 논의하는 것을 꺼렸는데, 이 또한 주희와 같은 유가 철학자로 하여금

---

17) 전형적인 예가 천둥이 어디서 생기는가에 관해 程頤와 邵雍 사이에 오간 유명한 대화에 대한 주희의 주해이다. "[천둥은 그것이] 생기는 곳에서 생긴다"(雷起於起處)는 정이의 이야기가 "당신은 [천둥이] 어디서 생긴다고 생각하는가"(子以爲起於何處) 하는 소옹의 질문에 대한 대답으로 주어졌던 것인데, 이에 대해 주희는 "왜 꼭 그것이 어디서 생기는지를 알아야만 하는가"라고 반문했다.("伊川謂雷自起處起.何必推知其所起處.";『朱子語類』 권100 11a0) 정이와 소옹 간의 대화는『河南程氏遺書』 권21上;『二程集』(北京: 中華書局, 1981), 270쪽에 실려 있다.

18) 예를 들어 주희는 다음과 같이 이야기했다.
"'性'에 대해 유가와 불가가 이야기하는 바의 차이는 단지 다음과 같다. 불가는 '空'을 이야기하는 데 반해 유가는 '實'을 이야기하며, 불가는 '無'를 이야기하는 데 반해 유가는 '有'를 이야기하는 것이다."(儒釋言性異處, 只是釋言空儒言實, 釋言無儒言有;『朱子語類』 권126 7b2)

자연현상에 대해 추상적·이론적 논쟁을 하지 않고 그것들을 그냥 받아들이도록 하는 데 기여했을 것이다.19)

주희가 자연세계의 물체와 현상들을 논의하는 데 사용했던 음양, 오행 같은 '개념틀'들은 또 다른 측면에서도 자연현상에 대한 주희의 관념과 이해에 영향을 미쳤다. 예를 들어 '자연'과 '비자연' 사이의 구분이 결여되어 있던 주희에게는 기, 음양, 오행 등의 개념들이 물질만이 아니라 생명, 정신, 도덕 등의 속성들도 포함했으며, 그에 따라 '자연'세계만에 한정되지 않고 세계의 모든 것을 다 포괄했다.

주희 자연철학의 이들 기본개념들은 대부분 '분류적' 개념들로서 여러 속성들로 이루어지는 범주들과 연관지어졌다. 하나의 범주와 연관지어진 여러 서로 다른 속성들은 그것들 사이에 서로 연관이 지어지고, 그에 따라 상호 연관지어진 속성들의 연결망을 만들어 낸다. 실제로 그런 종류의 상호연관들은 자연현상에 대한 주희의 논의에서 사용되는 주된 설명 양식이었으며, 그 같은 분류적이고 '상호연관적'인 특성은 전통 중국의 자연현상에 대한 담론의 보편적인 특징이었다. 많은 학자들이 바로 이 특성을 가리켜 '상관적 사고'(correlative thinking)나 '상응(correspondence)의 체계' 같은 표현들을 사용했다.20)

주희에게서 이 같은 특성을 보여 주는 예들은 많이 찾아볼 수 있다. 예를 들어 사계절과 '사덕四德 ― 원元, 형亨, 리利, 정貞 ― 은 각각이 오행과 기후, 방위, 오상五常 등과의 상관관계를 통해 서로 연관지어짐으로써 수많은

---

19) 이에 대한 더 자세한 논의가 김영식, 『주희의 자연철학』, 12장 5절에 담겨 있다.
20) 예를 들어 Needham, *Science and Civilisation*, vol.2; Manfred Porkert, *The Theoretical Foundations of Chinese Medicine: Systems of Correspondence* (Cambridge, MA: MIT Press, 1974); John B. Henderson, *The Development and Decline of Chinese Cosmology* (New York: Columbia University Press, 1984; 문중양 역, 『중국의 우주론과 청대의 과학혁명』, 소명출판, 2004); A. C. Graham, *Yin-Yang and the Nature of Correlative Thinking* (Singapore: The Institute of East Asian Philosophies, 1986) 등을 볼 것.

4중 속성들의 연결망을 형성했다. 그것들은 더 나아가 '칠정七情' 중의 네 가지—애愛, 희喜, 오惡, 욕欲—를 비롯해 다양한 4중의 인간적 속성들과도 연관지어졌다. 주희는 하루의 네 부분—낮, 밤, 새벽, 황혼—도 4덕과 연관지었으며 심지어 난로의 다리 네 개에까지도 그런 4중의 의미를 부여했다.[21] 어떤 속성들은 굳이 음양이나 오행과 같은 기본 범주들과의 연관을 매개로 사용하지 않고 직접 서로 연관지어졌다. 중국 전통음악의 기본 5음을 가리키는 '오성五聲'은 다섯 가지로 이루어진 여러 범주들과 연관지어졌는데, 예컨대 궁宮은 군주(君)와, 상商은 신하(臣)와, 각角은 백성(民)과, 치徵는 일(事)과 그리고 우羽는 사물(物)과 연관지어졌다.[22] 한편 '12율律'의 각 '율'은 1년 12개월과 연관지어졌다.[23] 주희는 또한 눈과 간肝, 귀와 신장腎臟을 연관짓는 등 인간의 감각기관들과 '오장五臟'과의 연관을 언급하기도 했다.[24]

이들 상호연관들은 우리에게는 아주 임의적인 것으로 보인다. 그리고 그것들 중 어떤 것들에 대해서는 때로는 주희 자신도 설명을 해 주어야 할 필요를 느꼈던 것으로 보인다. 그러나 대개의 경우에 그는 그 같은 연관들을 아무 설명 없이 그냥 언급했다. 때로 그는 어떤 용어들을 알려진 범주들과 연관짓는 일만으로 그 용어들에 대해 충분히 설명한 것처럼 생각하기도 했다. 예를 들어 『순자荀子』의 난해한 구절 "'청명淸明'은 안에 그림자가 있고 '탁명濁明'은 바깥에 그림자가 있다"(淸明內影, 濁明外影)를 설명함에 있어 그가 한 일은 단지 '청명'을 '금金'과 '수水'에, 그리고 '탁명'을 '화火'와 '일日'에 연관짓는 것이었다.[25] 때로 그는 서로 관련 있는 용어들에

---

21) 이 예들을 포함해서 다른 많은 오행 연관들이 김영식, 『주희의 자연철학』, 3장에 나와 있다. '四德'에 대해서는 김영식, 『주희의 자연철학』, 4장 4절을 참조할 것.
22) 『朱子語類』 권78 36b0, 권92 10b0 등.
23) 『朱子語類』 권87 11b2 등.
24) 『朱子語類』 권53 10a1 등.
25) 『朱子語類』 권1 8b4. 『荀子』의 구절은 「解蔽」편에 있다.

대해 알려진 범주들과 연관짓는 일마저 하지 않고 단지 그것들을 구분지어 주는 특성들만을 이야기하고 마는 경우도 있었다. 서로 다른 종류의 변화들에 대한 그의 논의가 좋은 예를 제공하는데, 그 같은 종류들에 대해 논의하는 수많은 구절들에서 그가 하는 일은 단지 돌연한 변화인 '변變' 또는 '신神'과 점진적인 변화인 '화化'를 구분하는 것뿐이었다.26)

이들 분류적이고 상호연관적인 기본개념들은 또한 순환적이어서, 그것들은 정해진 순서에 따라 끊임없이 반복순환했다. 그리고 음양과 오행 같은 개념들만이 아니라 음양, 오행과 연관지어진 속성들도 순환했다. 예를 들어 움직임(動)-정지(靜), 굽힘(屈)-펴짐(伸), 사라짐(消)-자라남(長), 왕往-래來, 열림(開)-닫힘(翕), 낮-밤, 삶-죽음, 더위(暑)-추위(寒) 등의 여러 가지 음양 속성들이 지속적으로 되풀이되면서 시작과 끝이 없는 순환 사이클을 형성했고, 4계절, 4덕, 식물의 생명주기 등 오행과 연관지어진 속성들도 정해진 순서에 따라 끝없이 순환했던 것이다. 심지어 주희는 뉘우침(悔), 길함(吉), 탐욕스러움(吝), 흉함(凶) 등도 사계절과 연관짓고, 그것들이 "봄여름가을겨울처럼 순환한다"고 이야기했다.27) 따라서 주희에게는 그 같은 지속적인 순환적 반복이 자연현상의 보편적 특징이었는데, 누구나 쉽게 보게 되는 천체의 움직임, 계절의 변화, 바다의 조석潮汐, 식물의 생명주기, 심지어는 자벌레(尺蠖)의 '굴신屈伸'의 움직임에 이르기까지의 자연현상들에서 순환적 특성이 너무나 명백했기에 이는 당연한 일이었다고 할 수 있다. 사실, 순환적 반복은 주희만이 아니라 자연현상에 대한 전통 중국인의 이해에서 나타나는 또 하나의 주된 특징이 되었다.28)

---

26) 김영식, 『주희의 자연철학』, 7장 3절.
27) 『朱子語類』 권74 9b0.
28) Needham이 중국의 물리학을 '입자'(particle)가 아니라 '파동'의 개념으로 특징지었던 것은 바로 이 같은 순환적 반복을 가리킨 것이었다. 예를 들어 *Science and Civilisation*, vol.4, part 1, pp.3~14를 볼 것.

## 4. 전문 과학지식에 대한 주희의 태도

주희는 천문역법, 화성학, 지리, 의술 등 자연현상과 관련된 여러 전문지식의 분야들에 깊은 흥미를 지니고 있었으며, 그 중 어떤 분야들에서는 그의 지식과 이해가 상당히 높은 수준에 이르러 있었다. 특히 그의 생애의 말기에 이르러 이들 전문분야들에 대한 그의 관심은 매우 깊어졌으며, 천문역법 및 그 외의 다른 과학적 주제들에 대한 그의 논의의 많은 부분이 그와 그의 학파가 정치적으로 핍박을 당하던 시기인 1190년대 후반에 이루어졌다. 그가 죽기 전 2~3년 동안에 그는 내단內丹의 경전인『참동계參同契』의 내용을 이해하는 데 많은 노력을 기울이기도 했다.

주희가 가장 자주 논의한 전문분야는 역법과 화성학 및 지리였고, 이들 분야에서의 그의 이해는 때로는 상당히 높은 전문적 수준에 달했다. 그에게는 이들 분야들은 분명히 유가 전통의 일부분이었다. 그러나 이들 분야들과 연관된 활동들, 즉 점성술(天文), 음악 및 풍수술에 대한 그의 태도는 각각 달랐다. 그는 음악에 대해서는 자주 논의했지만, 점성술과 풍수술에 대해서는 별로 이야기하지 않았던 것이다. 유가의 '예禮'의 일부였던 음악이 그에게 중요했던 데 반해, 다른 두 가지는 그로서는 완전히 받아들일 수 없었던 것으로 볼 수 있다.

주희가 자주 논의했던 또 한 가지 분야는 이른바 '상수象數'였다. 간단한 정수整數들과『주역周易』의 괘卦들이 개입된 수비학數秘學(numerology)적 내용으로 주로 이루어진 이 분야는 근본적으로『주역』과 그 주해들에 바탕하고 있고, 따라서 주희는 이 분야를 '역학易學'이라고 부르기도 했다. 물론 상수학이 '도가적'이라고 부를 수 있는 측면들을 포함해서 한대漢代 이후의 다양한 사상적 조류들을 받아들이기는 했지만, 주희는 이 분야가 유가의 학자가 충분히 관심을 기울일 만한 분야라고 생각했다. 이 상수학 분야도 또한 점술(占·卜)과 연단술(丹) 등과 같은 분야들에 응용되었다. 주희는 이 두 가지 분야 어느 쪽에 대해서도 논의하는 것을 피하지 않았다. 특히 점술의 경우에는, 그는 그 여러 측면에 대해 다량의 저술을 남겼고 실제로 그것을 행하기도 했다. 그 외에 점술이나 연단술과 연결된 다른 여러 가지 술법들이 있었고 그 술법들의 전문가들은 '도사道士'라고 불렸는데, '양생養生'이라고 불리기도 한 내단 분야를 제외하고는 이들 술법들에 대해 주희는 별로 이야기하지 않았고 아마도 그것들에 대한 그의 평가도 낮았던 것으로 보인다.

의술(醫)은 위의 네 가지 분야—역법, 화성학, 지리, 상수학—만큼 주희의 관심을 끌지는 못했다. 『논어』에 나오는 자하子夏의 언급—"'소도小道'라고 해도 그 속에 반드시 '볼(觀)'만한 것이 있다. 그러나, 너무 멀리 가면 그에 빠질까 두려워서 군자는 그것을 '하지(爲)' 않는다"에 대한 설명에서 주희는 의술을 농사(農), 원예(圃), 점술(卜), 기술(工) 등과 함께 '소도'의 예로 들었지만 그 예들 중에 앞의 네 가지는 포함시키지 않았다.29) 그리고 그에게는 '의가醫家'는 도가, 불가, 점술가, 공장工匠, '양생가' 등과 같은 부류에 속했다. 따라서 주희가 여러 가지 약(藥)들과 처방들을 자주 언급하면서도 의학지식의 전문 내용에 대해서는 거의 이야기하지 않은 것은 놀라운 일이 아니다. 또한 그는 의술과 관련된 분야인 '본초本草'에 대해서도 많이 이야기하지 않았다. 비록 그가 여러 식물과 동물 종種들에 대해 기술했지만 그것들은 대부분 『시경詩經』과 『초사楚辭』에 대한 그의 주해에 담겨 있었다.

그 외의 전문분야들—수학(算), 농사, 기술 등—에 대해서는 주희는 더욱더 이야기할 것이 없었다. 그렇지만 그가 이들 분야들을 완전히 무시할 수는 없었는데, 지방관리로서의 그의 공적 임무를 수행하는 데 그 분야들의 지식,

---

29) 『朱子語類』 권49 2a3 등. 『논어』의 구절(雖小道, 必有可觀者焉. 致遠恐泥, 是以君子不爲也)은 「子張」편 제4장에 나온다.

특히 농사의 지식이 관련된 문제들에 접하게 되었기 때문이었다.

한편 이 분야들 이외에 주희는 의식儀式, 관제官制 및 군제軍制, 운송, 서예, 회화, 법률, 행형行刑, 세제稅制, 재정 등과 같은 전문적 주제들에 대해서도 쓰고 이야기했다. 그의 『어류』와 『문집』에서 자주 논의되는 이 분야들은 전문화된 실용적 지식의 분야들이었고 그 자체의 전문가들이 있었다는 점에서 주희에게는 위에서 언급한 분야들과 다를 것이 없었다. 그리고 이 분야들이 자연세계의 사물과 관련되어 있지 않다는 이유에서 이 글에서 제외시키지만 이 같은 구분은 우리 자신의 것이고 주희의 구분이 아니었음을 유념해야만 한다. 끝으로, 그가 어린 아이들의 교육—'소학小學'—에 필수적이라고 생각했던 기초적 기예들(六藝)—예절(禮), 음악(樂), 활쏘기(射), 수레 다루기(御), 글씨쓰기(書), 계산(數)— 등도 비슷한 성격의 분야들이었다.30)

위의 전문분야들 전반에 대한 주희의 기본적 입장은 그것들 또한 공부해야 하고 소홀히 해서는 안 된다는 것이었다. 예를 들어 그는 "화성학, 역법, 행형, 법률, 천문, 지리, 군사, 관직과 같은 것들도 모두 이해해야만 한다"고 이야기했다.31) 그리고 학교와 과거시험에 대한 그의 개인적 견해를 밝히는 글에서 그는 다음과 같이 썼다.— "예컨대 의례儀禮, 음악, 제도, 천문, 지리, 병법兵法, 행형, 법률에 속하는 것들도 역시 모두 세상을 위해 필요하며 빠뜨려서는 안 된다. 모두 익히지 않으면 안 된다."32)

주희의 이 같은 입장은 그의 '격물格物' 이론과 밀접하게 관련되어 있다. '격물'은 사물(物)의 리理를 탐구한다는 의미로 해석되었기 때문에, 격물 이론은 인간의 관심의 모든 영역에서의 모든 구체적인 사물을 탐구하는

---

30) 『朱子語類』 권7 1a1 · 1b4 등.
31) 『朱子語類』 권117 22b0, "又如律曆刑法天文地理軍旅官職之類, 都要理會."
32) 『朱文公文集』 권69 21b, "如禮樂製圖天文地理兵謀刑法之屬, 亦皆當世所須而不可闕. 皆不可以不可習之."

일을 강조하는 경향을 지녔다.33) 따라서 주희는 세상의 모든 사물은 각각 그것의 리가 있고 따라서 공부하고 이해해야 한다고 되풀이 이야기했다.34) 그는 경전, 특히 『논어』의 몇몇 표현들을 이 같은 격물 이론의 관점에서 해석했다. 예를 들어, 그는 전문분야들을 포함하여 모든 것을 공부하고 이해해야 한다는 그의 주장을 뒷받침하는 데에 '박학博學'을 강조한 『논어』의 구절을 이용했다.35) 주희는 같은 맥락에서 공자의 '하학상달下學上達'이라는 구절도 분명히 드러나고 이해하기 쉬운 구체적 사물로부터 시작해야 한다는 뜻으로 해석했다.36)

전문분야의 지식에 주희가 관심을 가질 다른 이유들도 있었다. 예를 들어 여러 전문분야들이 중요한 철학적 용어나 개념들과 연관되어 있었다. 가령 '천天' 개념이 지닌 철학적 중요성은 주희로 하여금 '하늘'에 대해 다루는 천문역법 분야를 중요시하게 했다. 한편 지리와 풍수는 '천지天地'라는 용어의 다른 한쪽 절반인 '지地'와 연관되어 있었다. 유가의 예의 일부로서의 음악의 중요성은 그와 관련된 화성학 또한 중요하게 만들었다. 그리고 『주역』 및 그 속에 담긴 관념들과 괘들의 중요성은 그것들을 사용하는 상수학, 점술, 연단술 등의 중요성으로 이어졌다. 연단술, 특히 내단은 또한 '도道'의 개념과도 연결되었는데, 왜냐하면 그것이 '도'를 추구하는 이른바 '도사'들이 종사하던 활동 중 한가지였기 때문이었다. 주희와 같은 유학자는 이 같은 분야들에 대한 탐구가 분명히 그것들과 연관된 위의 관념들과 개념들을 이해하는 일을 도울 것으로 생각했을 것이다.

---

33) 주희의 格物 이론에 대해서는 김영식, 『주희의 자연철학』, 1장을 볼 것.
34) 『朱子語類』 권15 4b2, 권18 22b0, 권34 33b0, 권116 13b0, 권117 12b0 등.
35) 『朱子語類』 권117 22b0. '博學'이라는 말은 『論語』 「顔淵」 편 제15장, 「子張」편 제6장 등에 나온다.
36) 『朱子語類』 권44 19b0~21b2; 『朱文公文集』 권47 13a 등. 『朱子語類』 권117 21a3에서 주희는 "오늘 '下學'하고서 내일 바로 '上達'하기를 원하는"(今日下學, 明日便要上達) 사람들을 비판했다. "下學上達"이라는 말은 『論語』 「憲問」편 제37장에 나온다.

몇몇 전문분야들의 지식은 또한 학자들에 의해 널리 공부되던 문헌들, 특히 경전들에 대한 표준 주소注疏들과 정사正史들에 담겨 있었다. 그 중에서도 역대 정사들은 거의 예외 없이 '예禮'와 '악樂' 이외에 '천문', '역曆', '율律', '지리' 등을 다루는 '지志'들을 포함했다. 주희는 이들 주해들이나 정사들의 전문지식 관련 부분들을 읽고 공부했으며 그 부분들에 대한 그의 이해는 상당한 수준에 이르러 있었다. 예컨대 그는 특정 주제나 문제들과 관련해서 여러 주해서나 정사의 논의들 중에서 어느 것이 가장 내용이 정확하고 우수한가에 대해 자신이 평가내릴 수 있다고 느꼈던 것으로 보인다.37) 또한 학자들 자신이 전문분야들에 대해 남긴 저술들도 있었는데 가장 두드러진 예는 다양한 주제들을 다룬 『몽계필담夢溪筆談』을 저술한 심괄沈括이었고 주희는 그를 자주 언급했다.

이들 중 몇몇 분야들의 지식은 관직을 수행하는 데 실제로 필요했음도 간과해서는 안 된다. 물론 전통 중국의 관료체제에는 전문분야들을 전담하고 전문가들로 충원된 전문직제가 포함되어 있었다. 그러나 주희와 같은 일반관료들도 전문지식과 관련된 임무에 접하는 경우가 있었으며, 보통 자신들보다 하위직인 이들 전문직 관리들을 지휘, 감독할 필요가 있었다. 이 같은 필요 때문에 주희는 과거시험제도에 대한 그의 제안에서 이들 분야들을 포함시켰고 그것들을 '시무時務'라는 항목으로 분류했다.38)

그러나, 주희는 전문분야들을 공부하고 이해해야 할 필요성을 강조하면

---

37) 사실 일단 전문분야들의 지식의 중요성과 그에 대한 공부의 필요성을 주장한 후 그 같은 전문분야들에서 어떤 문헌들이 공부할 만한 좋은 문헌들인가를 규정하는 일은 주희로서는 당연히 해야 할 일이었을 것이다. 윤리나 사회문제와 관련해서도 그는 바로 그런 성격의 일을 했던 것이다. 주희가 제시한 '학습과정'의 이 같은 성격에 관해서는 de Bary, "Chu Hsi's Aims as an Educator", in de Bary and Chaffee, *Neo-Confucian Education: The Formative Stage*, pp.186~218; Daniel K. Gardner, *Chu Hsi: Learning to Be a Sage* (Berkeley: University of California Press, 1990), pp.35ff 등을 볼 것.
38) 『朱文公文集』 권69 22a.

서도 한편으로는 그보다 더 중요한 주제들—예를 들어 윤리적·철학적 문제들—이 있다는 그의 생각을 감추지 않았다. 사실 그는 작은 것들에 대해 다루기 전에 먼저 '근본(本)'을, 그리고 '큰(大)' 것을 이해해야 한다고 되풀이 이야기했다.39)

> 만약 먼저 이 근본을 이해해 내지 못하고 단지 [구체적] 사물들에 관해서만 이해하게 되면, 비록 여러 가지 자질구레한 것들은 이해할 수 있다고 하더라도, 수많은 복잡함과 어지러움만을 너할 것이고 교만함과 탐욕스러움만을 더하게 될 것이다.40)

예를 들어 "역상(曆象)"의 공부"도 '격물'의 노력에 포함되어야 한다고 이야기한 뒤에 그는 "그러나 또한 '큰 것(大者)'이 먼저 세워져야 한다. 그런 후에 그것(역상의 공부)에 이르면, 또한 이해하기에 심히 어렵지 않고 통하지 못함이 없을 것"이라고 말했다.41) 또한 앞에서 보았듯이, 주희는 몇몇 전문분야들을 '소도'라고 불렀는데, 물론 그의 주장의 요지가 '소도'의 분야들도 소홀히 되어서는 안 된다는 것이기는 했지만, 동시에 그의 이야기는 그것들이 완전한 '도'는 되지 못한다는 것을 함께 암시하는 것이기도 했다.

> '소도'는 이단(異端)이 아니다. 그것들도 역시 도리(道理)이며 단지 '작을' 따름이다. 농사, 원예, 의술, 점술과 온갖 기술(百工) 같은 것들도 또한 그 속에 도리를 지니고 있다. 단지 위쪽 한 방향으로만 도리를 구하면, 통하지 않을 것이다.42)

---

39) 『朱子語類』 권64 5b1, 권84 3b0, 권116 13b0 등.
40) 『朱子語類』 권84 5a0, "若不先去理會得這本領, 只要去就事上理會, 雖是理會得許多骨董, 只是添得許多雜亂. 只是添得許多驕吝." 또한 『朱子語類』 권57 7a1, 권84 3b0을 볼 것.
41) 『朱文公文集』 권60 17a, "亦須大者先立. 然後及之, 則亦不至難曉而無不通矣."
42) 『朱子語類』 권49 2a3, "小道不是異端. 小道亦是道理, 只是小. 如農圃醫卜百工之類, 却有道理在. 只一向上面求道理, 便不通了."

이것이 아마도 주희가 전문분야들을 공부하기도 하고 그 분야들에 상당한 수준의 지식을 얻어 내었음에도 불구하고 결코 전문가들의 수준에 미치지 못했던 이유였을 것이다. 그는 이들 분야들의 모든 세부 사항들을 완전히 다 이해하려고 노력할 필요는 없다고 이야기했다. 예컨대 그는 위에서 인용한 구절에서 "화성학, 역법, 형벌, 법률, 천문, 지리, 군사, 관직과 같은 것들"을 모두 이해해야만 한다고 한 후 "비록 그 자세한 점들은 꿰뚫어 이해할 수 없더라도 그 대강은 이해해야만 한다"고 덧붙였다.[43] 실제로 이들 전문분야들에 제대로 지식을 갖춘 사람들은 드물었다. 천문, 지리, 음악 및 화성학이 과거시험 과목에 포함되어야 한다는 주희의 주장에 대해, 그의 제자 한 사람은 "자격 있는 시험관이 없을지 모른다"고 걱정하기도 했다.[44]

끝으로, 이들 전문분야들에 대한 주희의 태도는 분야에 따라 달랐다. 위에서도 보았듯이 천문역법이나 화성학 같은 분야는 그가 상대적으로 중요하게 생각했고 비교적 깊이 공부해서 많은 지식을 갖추고 있었는데, 이 같은 분야들의 전문가에 대해서는 주희가 그 전문성을 완전히 받아들이지 않은 것으로 보인다. 그의 생각으로는 그들 전문가들은 전문기능인에 불과했다. 때로 그는 비록 그 자신이 그 같은 전문분야들에 정통하지는 못하지만 만약 자신이 하려고만 했다면 쉽게 정통할 수 있었으리라는 생각을 감추지 않았다. 이들 분야의 전문가들에 대한 그의 낮은 평가는 또한 당대의 전문가들이 고대 이들 분야에 존재했던 완벽한 지식의 수준에 이르지 못했다는 주희의 비판에서도 읽을 수 있다. 이들 분야들에 반해서, 자신이 그렇게 많은 지식을 지니지 못했던 다른 전문분야들에 대해서는

---

43) 『朱子語類』 권117 22b0, "雖未能洞究其精微, 然也要識個規模大概……."
44) 『朱子語類』 권109 8b0, "恐卒未有考官." 이에 대한 주희의 대답은 "먼저 시험관들로 하여금 그것을 익히도록 해야 한다"(須先令考官習之)는 것이었다.

주희는 전문가들의 전문성은 인정하는 편이었는데, 그렇지만 그 같은 경우에는 그들이 종사하는 활동 자체에 대한 그의 평가가 높지 않았다.

## 5. 주희와 중국 과학의 발전

주희가 그 이후의 중국사상에 미친 압도적인 영향을 생각하면, 그가 그 이후의 중국 과학의 발전 과정에 미친 영향에 대해 많은 논란이 벌어진 것은 어쩔 수 없는 일이었다. 이 절에서는 이 같은 논란에 대한 나 자신의 생각에 대해 이야기하면서 마칠 것이다.

어떤 학자들은 자연현상과 과학적 주제들에 대한 주희의 논의와 태도에서 과학 발전에 긍정적인 측면을 보았다. 특히 호적胡適(1891~1962) 같은 사람은 주희에게서, 그 중에서도 그의 격물 이론에서 과학적 '방법'(method)과 과학적 '정신'(spirit)을 보았다. 호적은 격물의 노력에서 과학적 정신을 찾을 수 있다고 생각했으며 주희의 격물 이론 속에 "탐구와 연구의 정신, 방법, 및 과정에 대한 몇 가지 원칙들"을 보았고 심지어는 그것을 "가설의 방법과 증거에 의한 증명의 방법"이라고 이야기했다. 호적에 따르면 이 같은 주희의 과학적 정신이 과학적 성과로 이어지지 않았던 것은 그것이 자연세계가 아니라 전적으로 문헌 연구에 향했기 때문이었다.[45]

물론 주희의 격물 이론에서 호적이 본 것과 같은 정도의 과학적 정신을 볼 수 있는지에 대해서는 의심의 여지가 있다. 또한 16~17세기 과학혁명기 유럽의 '새로운 과학자'(new scientist)들이 했던 일―'새로운' 방법을 자연세계의

---

45) Hu Shih, "The Scientific Spirit and Method in Chinese Philosophy", Charles A. Moore, ed., *The Chinese Mind* (Honolulu: The University of Hawaii Press, 1967), pp.104~131, 특히 pp.116~118.

탐구에 적용하는 일—을 주희가 하지 않았다고 해서 그를 탓하는 것도 정당한 일은 아니다. 그러나 이런 문제들 외에도, 호적의 기본 입장 자체가 근본적으로 잘못된 것이라고 볼 수 있는 측면이 있다. 비록 격물 이론이 많은 구체적 사물을 탐구할 것을 강조했음에도 불구하고 격물의 노력의 주된 부분은 지적知的인 것이 아니었다는 점이다. 실제로 격물의 결과로 얻어지는 사물의 리에 대한 이해는 그 사물의 리와 사람의 마음의 리 사이의 일종의 공명(resonance)관계로 볼 수 있다. 이는 '천리天理'가 사람의 마음과 사물 속에 다 존재하기—전자에는 마음의 리로, 그리고 후자에는 사물의 리로— 때문이었다. 따라서 사람이 어떤 사물의 리에 도달하게 되면 그 사람은 그 사물의 리를 '알게' 된 것으로가 아니라 '보게' 되는 것으로 흔히 묘사되었다. 다른 말로 하면, 그가 이루어 낸 것은 그 리에 대한 지식이 아니라 통찰인 것이었다. 한편, 그런 식의 '공명'이 일어나기 위해서는 마음이 특정한 상태—'텅 비고(虛)' '밝고(明)' '고요한(靜)' 상태—에 있어야만 했다. 이러한 상태는 사람의 마음의 본연의 상태로서, 인욕人欲에 의한 차단을 벗어나서 천리를 완전히 체현體現하는 상태이다. 그리고 그 같은 상태에서는 마음은 사물의 리를 저절로 보게 된다. 사물의 리가 천리의 발현이고 그 천리는 또한 사람의 마음 속에도 포함되어 있기 때문이다.

더욱이, 구체적 개별 사물들의 리들에 대한 통찰을 얻는 것이 격물의 노력의 진짜 목적인 것도 아니었다. 격물의 궁극적 목적은 그 같은 여러 개별 리들을 통해 하나의 리, 즉 천리에 도달하는 데 있었던 것이다. 따라서 격물의 노력의 핵심적 단계는 그들 개별 리들로부터 하나의 리인 천리에 도달하는 것이었다. 그러나 여러 개별 리들과 하나의 리인 천리와의 연결은 쉽게 얻어질 수 있는 것이 아니었다. 여러 개별 리들에 대한 이해가 정확히 어떻게 하나의 천리에 대한 이해를 낳게 되는지는 결코 분명하지 않았고,

따라서 그 방법에 관한 수많은 논쟁이 생겨나기도 했다. 그러나 모두가 동의했던 것은 이 단계가 단순한 지적 과정 이상의 어떤 것을 포함해야 한다는 것이었다. 주희의 표현을 빌리면, 그것을 위해서는 알고 이해하는 것만이 아니라 정성스러운 '노력(工夫)'과 '수양(養)'이 필요했다. 특히 '경건함'(敬)이 중요했는데, 왜냐하면 사람이 경건하면 그의 마음이 '밝고'(明), '투명하고'(湛然), '생기 있으며'(有), 모든 리가 그 마음 속에 있어서 천리가 '찬연燦然'하기 때문이었다. 이런 식으로 리―여러 개별 리들과 하나의 천리―를 향한 추구에 있어서 도덕적인 노력과 지적 노력이 서로 수렴하게 되었다. 그리고 이 같은 수렴에서 도덕적 측면이 더 중요했다. 물론 지적인 측면을 완전히 무시할 수는 없는 것이었지만, 전체적으로 볼 때 격물의 지적인 측면들은 그것의 궁극적으로 도덕적인 목적 속에 융화되어 들어갔다. 그리고 주희와 같은 유가 학자에게 격물을 하는 것은 도덕성을 세우고 잘못을 피하기 위해서였던 것이다.[46]

---

[46] 더욱이, 주희는 지식의 방법론적 문제들에 대해 그다지 관심을 보이지 않았다. 예컨대 그는 "어떻게 지식을 얻어낼 수 있는가"라거나 "자신이 지닌 지식이 참이라는 것을 어떻게 확신할 수 있는가" 하는 질문들―서양 인식론 전통 상의 핵심적 질문들―에 대해 깊이 논의하지 않았다. 그가 방법에 대해 논의한 적이 있었다면 그것은 전적으로 공부하는 방법, 특히 '讀書法'에 대해서였는데, 그에게 문제가 되었던 것은 책 속에 들어있는 지식으로부터 어떻게 理를 얻어낼 수 있는가 하는 것이었다. 어떻게 책에 기록되어 있는 것을 알고 이해하는가 하는 것은 문제가 되지 않았던 것이다. '상식적'(common-sense) 인식론이라고도 부를 수 있는 이 같은 그의 인식론의 밑바탕에는 사람의 마음은 그 본연의 상태에서는 사물의 理를 저절로 파악할 수 있다는 믿음이 있었다.
또한 아는 것을 어떻게 표현하는가 하는 것도 주희에게는 별 문제가 아니었다. 예컨대 그는 엄밀한 논리적 방법에 대해 거의 관심을 기울이지 않았다. 무엇을 보거나 읽으면 그것을 알게 되고 아는 것에 대해서는 이야기하거나 써서 표현할 수 있다는 것은 그에게는 너무나 당연한 사실이었던 것이다. 그에게 문제가 되었던 것은 어떻게 지식을 얻어 내는가 혹은 그것을 어떻게 다른 사람들에게 표현하는가가 아니라, 어떻게 자신의 마음을 그 지식에 맞추고 그에 근거해서 행동하도록 하는가였다. 그리고 위에서 보았듯이 이것이 바로 그의 격물의 노력이 취한 방향이었다. 김영식, 『주희의 자연철학』, 13장 4절.

호적이 주희의 격물 이론에 초점을 맞춰 그 속에서 과학적 방법과 정신을 찾아낸 데 반해, 니덤(Joseph Needham, 1900~1995)은 주희 자연관의 일반적 성격을 '유기체론적'(organic)이라고 불렀다. 나아가 니덤은 주희 자연관의 이 같은 속성이 현대과학과 부합된다고 지적했다. 주희의 자연관에 대한 니덤의 이 같은 성격규정이 잘못된 것이라고는 할 수 없는데, 왜냐하면 그가 '유기체론적'이라는 말을 '기계론적'(mechanical)이라는 말과 대립되는 의미에서 사용하고 있고 분명히 주희의 자연관은 기계론적이기보다는 유기체론적인 속성이 더 강했기 때문이다. 그리고, 니덤이 주장하듯이, 주희의 생각들이 라이프니츠(Gottfried Wilhelm Leibniz, 1646~1716)의 '모나드'(monad)의 철학에, 그리고 더 나아가 화이트헤드(Alfred N. Whitehead, 1861~1947)의 유기체론적인 철학―니덤이 보기에는 현대과학과 아주 잘 부합되는―에 영향을 미쳤을 가능성도 생각할 수 없는 것은 아니다.47) 그러나 이런 식으로 주희, 라이프니츠, 화이트헤드 등의 성격을 비교함으로써 우리가 볼 수 있는 것은 기껏해야 문화 간 상호유사성과 상호영향의 가능성의 한 예일 따름이다. 거기서 더 나아가서, 주희의 자연관이 뉴턴(Isaac Newton, 1642~1727)의 고전과학(classical science)이 지녔던 압도적인 기계론적 속성을 극복한 현대과학의 속성을 지녔다고 생각한다든가, 기계론적인 과학이 야기한 여러 문제들에 시달리는 현대사회의 사람들에게 주희의 자연관이 바람직한 자연관이라고 주장한다면 그것은 큰 잘못이 될 것이다.

물론, 현대과학이 고전과학에 비해 상대적으로 더 유기체론적 성격이 강한 것은 사실이다. 그러나 현대과학이 지닌 유기체론적 성격은 주희의 자연관이 지닌 유기체론적 성격과는 완전히 다른 차원의 것이다. 비록 현대과학이 자연세계에 대해 고전과학처럼 철저하게 기계론적인 기술을

---

47) Needham, *Science and Civilisation*, vol.2, p.505.

하지 않는 것은 사실이지만, 그렇다고 해서 현대과학이 주희의 자연관에 비슷해질 정도로 기계론적인 성격을 벗어던져 버린 것은 아니다. 현대과학은 본질적으로는 기계론적인 속성을 지니고 있는—비록 고전과학보다는 덜하지만— 것이다.

주희의 자연관이 조화로운 전체 속에 모든 것이 그에 합당한 위치를 지니게 되는 체계적인 자연관이라는 의미에서 그것을 '유기체론적'이라고 부른다면 그 또한 잘못된 것이다. 왜냐하면 주희의 자연관은 오히려 구체적이고 개별적이었기 때문이다. 그는 대부분의 자연현상들과 그것들에 관련된 문제들을 구체적·개별적으로 다루었으며, 그것들로부터 일반화를 시도하지 않았다. 그는 그때그때 각각의 구체적 현상들 하나하나에 대해 다루었을 뿐 그 같은 개별 현상에 대한 생각을 자연세계 전체에 대한 자신의 생각들과 연관시키려 들지 않았던 것이다.[48] 사실 오히려 중세 스콜라학자들의 자연관이 이런 의미에서는 주희보다 훨씬 더 '유기체론적'이었다.

주희가 물체의 무게와 관련된 몇몇 현상들과 문제들을 다루는 방식을 중세 스콜라학자들과 비교해 보면 그의 자연관의 이 같은 개별적(particularistic) 특성이 특히 잘 드러난다. 주희는 물은 아래로 움직이려 하고 따뜻한 공기나 연기는 위로 올라가려 한다는 것을 자주 이야기했다. 이것은 물체가 낙하하느냐 상승하느냐가 그 물체가 어떤 물질로 이루어져 있는가에 의해 결정된다는—낙하와 상승이 물질 자체의 특성이라는— 중세 스콜라학자들의 견해와 비슷하다. 그러나 주희의 이 같은 생각은 모든 무거운 물체나 모든 가벼운 물체에 적용할 수 있는 일반적인 것이 아니었다. 그에게는 아래로 흐른다는 것은 모든 무거운 물질의 일반적 경향이 아니라 물(水)이라는 한 특정 물질이 지닌 고유의 경향이었을 뿐이었다. 심지어는 물이 아래로 흐르는 경향이

---

48) 이에 대한 더 자세한 논의를 위해서는 김영식, 『주희의 자연철학』, 13장 3절을 참조할 것.

무거운 물체의 낙하의 한 특수한 예라는 것을 그가 이해했는지도 확실치 않다. 마찬가지로, 비록 그가 난로 위의 기(氣)가 위로 올라간다고 이야기했지만, 이것이 가벼운 물체는 위로 올라가려 하는 경향이 있다거나 따뜻한 물체는 가볍다는 일반적 이해를 그가 지녔음을 의미하지는 않는다. 그는 단지 불이라는 한 특정 물질의 고유한 경향에 대해 이야기하고 있었을 따름인 것이다.

또한 중세 스콜라학자들에게 있어서 무거운 물체의 낙하와 가벼운 물체의 상승은 우주의 구조에 대한 그들의 관념과 결부되어 있었다. 무거운 물체들은 그것들이 자신들의 자연스러운 위치인 우주의 중심, 즉 지구 중심을 향해 움직이는 경향을 지니기 때문에 낙하하는 것이었다. 따라서 서양에서는 어떻게 무거운 지구가 하늘 한가운데에 안정되게 머물러 있을 수 있는가 하는 '지구의 무게의 문제'는 생겨나지 않았다. 무게의 개념은 그들의 우주구조 속에 포함되어 있어서, 사원소 중 가장 무거운 원소인 흙 원소로 이루어진 지구가 그것의 자연스러운 위치인 우주의 중심에 존재하고 따라서 움직이지 않는 것은 당연했던 것이다. 이에 비해, 주희에게는 무게의 문제와 우주구조의 문제는 각각 별개의 문제였고, 따라서 그는 지구의 무게의 문제를 다루어야만 했다. 서양 스콜라학자들의 우주구조가 무게라는 경험적 사실을 그것의 일부로 포함시킨 데 반해, 주희는 무게라는 관념을 우주구조와는 별개의 독립된 사실로서 설명해야만 했다. 그의 생각으로는 몇몇 무거운 물체들이 아래로 움직인다는 경험적 사실은 우주(天地)의 구조라는 또 다른 특정한 경험적 사실과는 별개였던 것이다.[49]

물론 중국 과학의 발전에 있어 주희의 영향에 대한 부정적 평가들도

---

49) 김영식, 『주희의 자연철학』, 12장 2절. 중세 서양의 자연관에 대한 간단한 논의가 Edward Grant, *Physical Science in the Middle Ages* (New York: Wiley, 1971; 홍성욱·김영식 역, 『중세의 과학』, 민음사, 1992), 4~5장에 실려 있다.

있었다. 사실 이는 피할 수 없는 일이었는데, 왜냐하면 주희의 체계가 정통으로 받아들여졌던 때가 바로 중국의 과학이 정체하거나 쇠퇴하기 시작했다고 흔히 생각하는 시기와 일치하기 때문이다.

그 같은 부정적 영향의 한 요인으로 흔히 드는 것이 음양, 오행 등 위에서 본 분류적이고 상호연관적인 주희 자연철학의 개념틀이다. 예컨대 니덤은 음양과 오행은 과학적 사상이 발전하는 데 도움이 되었던 반면 『주역』의 64괘로 이루어진 틀은 그에 방해가 되었다고 생각했고, 그레이엄(A. C. Graham)은 음양과 달리 오행 체계는 '객관성'을 결여하고 있어서 실제 과학적 논의에 별로 유용하지 못했다고 주장했다.50) 그러나 자연세계에 대한 주희의 이해가 전적으로 이들 개념틀들에 의해 조건지어진 것은 아니었다. 이들 개념틀들을 사용해 모든 개별 사실들을 망라하는 일관성 있는 자연지식의 체계를 만들려는 것이 결코 주희의 목표였던 것은 아니었으며, 또한 이들 개념틀들만이 자연현상을 설명함에 있어 그가 사용할 수 있는 수단이었던 것도 아니었다. 그렇다면 그가 사용했던 음양, 오행, 또는 『주역』 괘의 이 같은 개념틀들이 자연현상의 이해를 '도왔는자' 또는 '방해했는자'를 물을 수는 없는 것이다. 왜냐하면 위의 개념틀들을 사용하지 않은 다른 설명 수단들이 있을 경우 그는 언제든지 그것들을 채택해서 사용할 수 있었기 때문이다. 위의 분류적 틀들은 그 같은 대안적 설명들을 채택하는 것을 결코 '방해하거나' '막거나' 할 수 없었던 것이다.

음양의 개념틀을 예로 들어 보자. 주희는 수많은 자연현상을 설명하는 데 음양의 틀을 사용했다. 음양의 순환적 교대라는 관념은 월식, 4계절, 조석潮汐 같은 현상에 대한 그의 논의에서 핵심적인 역할을 했다. 그러나 그렇다고 해서 그가 그와 비슷한 모든 현상들의 설명에 음양순환의 관념을

---

50) E.g., Needham, *Science and Civilisation* vol.2, p.304; A. C. Graham, *Two Chinese Philosophers: Ch'eng Ming-tao and Ch'eng Yi-ch'üan* (London: Lund Humphries, 1958), p.33.

사용해야만 했던 것은 아니다. 그보다 더 구체적인 설명이 떠올랐을 때는 그는 얼마든지 그것을 채택할 수 있었던 것이다. 달의 차고 기우는 현상에 대한 그의 설명이 좋은 예이다. 이 현상이야말로 음양순환의 관념을 통해 지극히 자연스럽게 설명될 수 있었음에도 불구하고 그는 해와 달의 상대적 위치를 통한 설명을 제시했던 것이다. 따라서, 그가 월식이나 조석 현상에 대해 오늘날과 같이 '제대로' 설명하지 못했던 이유는 음양의 틀에서가 아니라 다른 곳에서—오늘날과 같은 설명이 그에게 주었던 어려움이나 그것을 위해 필요했던 부가적 지식의 결여에서— 찾아야 할 수밖에 없다.51)

주희가 오행의 틀을 사용한 경우에 대해서도 비슷한 점을 이야기할 수 있다. 좋은 예가 '5정색正色'과 '5간색間色'에 대한 그의 논의이다. 그는 다섯 가지 '정색'들을 섞어서 다섯 가지 '간색'들을 만들어 내는 데 대해 다음과 같이 꽤 길게 이야기하고 있다.

'청靑', '적赤', '황黃', '백白', '흑黑'은 '5방方'의 '정색'이다. '녹綠', '홍紅', '벽碧', '자紫', '류騮'는 5방의 '간색'이다. '목木'에 해당되는 청으로 '토土'에 해당되는 '황'을 이기면(克) '청'과 '황'을 합하여 '녹'을 이루고 동방의 간색이 된다. '금金'에 해당되는 '백'으로 '목'에 해당되는 '청'을 이기면 '청'과 '백'을 합하여 '벽'을 이루고 서방의 간색이 된다. '화火'에 해당되는 '적'으로 '금'에 해당되는 '백'을 이기면 '적'과 '백'을 합하여 '홍'을 이루고 남방의 간색이 된다. '수水'에 해당되는 '흑'으로 '화'에 해당되는 '적'을 이기면 '적'과 '흑'을 합하여 '자'를 이루고 북방의 간색이 된다. '토'에 해당되는 황으로 '수'에 해당되는 '흑'을 이기면 '황'과 '흑'을 합하여 '류'를 이루고 중앙의 간색이 된다.52)

---

51) 예를 들어 潮汐 현상에 대한 오늘날의 '제대로의' 이해를 위해서는 중력과 지구의 회전에 대한 지식이 요구되는데 이는 주희로서는 상상도 할 수 없는 성격의 것들이었다.
52) 『朱文公文集』 권32 12a, "青赤黃白黑, 五方之正色也. 綠紅碧紫騮, 五方之間色也. 蓋以木之青克土之黃, 合青黃而成綠, 爲東方之間色. 以金之白克木之青, 合青白而成碧, 爲西方之間色. 以火之赤克金之白, 合赤白而成紅, 爲南方之間色. 以水之黑克火之赤, 合赤黑而成紫, 爲北方之

그러나 이 긴 논의에서 주희는 색깔들이 섞여서 새로운 색깔을 이루어 내는 실제 과정에 관심이 있었던 것이 아니다. 그로 하여금 위의 논의를 하게 했던 것은 군자(君子)의 의복에 사용할 수 있는 올바른 색깔들이 무엇인가 하는 문제였던 것이다.53) 그렇다면 그런 관심을 가진 그가 여러 가지 색깔들을 그것들이 '정색'인지 '간색'인지에 따라, 그리고 그것들과 연관된 오행에 따라 분류하는 데 관심을 가지는 것은 쉽게 이해할 수 있다. 따라서 이 경우 오행의 개념틀은 색깔과 관련된 모든 현상들을 포괄하는 이론적 틀의 역할을 한 것이 아니었다. 단지 이때 주희가 색깔과 오행과의 연관들을 사용하기에 안성맞춤인 군자의 옷의 색깔에 대한 문제에 대해 논의하고 있었기에 오행의 틀을 가져다 쓴 것뿐이었던 것이다.

주희의 영향이 중국 과학의 발전에 대해 긍정적이었는지 부정적이었는지에 대해 전반적인 판단을 내린다는 것은 매우 힘들고 아마도 불가능할 것이다. 왜냐하면 주희의 지식, 태도, 방법, 양식 등이 그 이후 시기의 중국인들이 자연세계의 물체와 현상들에 대해 이해하고 설명하는 데에 영향을 미친 수많은 다양한 측면들에 대해 단일한 판결을 내린다는 것은 힘들기 때문이다. 예를 들어 주희의 자연지식이 그토록 광범위에 걸쳐 있었다는 사실도 중국 과학의 발전에 순전히 이로운 영향을 미쳤다고만은 할 수 없다. 왜냐하면, 주희의 지적 관심이 지닌 넓은 폭은 역설적으로 그 이후의 학자들의 관심이 좁혀지는 데 기여한 면이 있기 때문이다. 후대의 학자들은 자연세계에 대해 자신들이 알고자 하는 모든 것이 더 탐구할 필요 없이 이미 주희의 저술과 어록 속에 담겨 있다고 생각했을

---

間色. 以土之黃克水之黑, 合黃黑而成駵, 爲中央之間色."
53) 주희가 이야기하고 있는 것과 같은 방식으로 '正色'들을 섞어 '間色'들을—예컨대 赤과 黑으로부터 紫를, 黃과 黑으로부터 駵를— 만들어 내기가 불가능할 것이라는 사실은 그가 실제 색깔들을 섞는 과정에는 관심이 없었음을 이야기해 준다.

수가 있다. 주희가 일단 모든 것을 포괄하는 지식체계를 이루어 낸 이후에는 그의 후계자들은 자신들의 주된 관심사인 도덕과 수양 이외의 문제들에 대해서는 더 관심을 가질 필요를 못 느꼈던 것으로 볼 수 있다. 그 외의 모든 것들—자연세계에 관한 지식을 포함해서—은 주희에게서 찾을 수 있을 것이라고 생각했기 때문이다.[54]

마지막으로, 이 문제에 관해 생각하면서 제기할 수 있는 훨씬 더 근본적인 아마도 궁극적인 문제가 있다. 중국의 과학 발전에 있어서의 주희의 역할에 대해 평가하는 것은 본질적으로 만약 중국에 주희가 없었다면 중국의 과학이 어떠했을까를 묻는 것이라고 할 수 있다. 그렇지만, 주희가 없는 중국에 대해 이야기하는 것이 과연 얼마나 의미가 있을 것인가? '주희가 없는 중국'을 과연 '중국'이라고 부를 수 있을 것인가?

---

[54] 그러나 앞 절들에서 본 바로부터 이것이 그렇게 '역설적'은 아님을 알 수 있다. 예컨대 앞에서 주희가 대부분의 자연현상들을 명백하고 당연한 것으로 여기고 별도의 논의나 탐구 없이 그냥 그대로 받아들였음을 보았는데, 어떤 의미에서는 자연현상에 대해 관심을 지니지 않았던 주희의 후계자들의 태도를 이 같은 주희의 태도의 연장선상에 놓인 것으로 볼 수 있는 것이다.

## 제2장 과학적·초자연적 주제들에 대한 주희의 태도: 유가 학문의 경계 규정과 확장

주희朱熹는 자신의 시기에 존재했던 광범위한 분야의 지식, 믿음, 실행들을 자신의 학문체계 속에 포함시켰다. 여기에는 유가 학문에서 전통적으로 중시했던 경전經典, 역사 같은 주제들뿐만 아니라 흔히 '주변적'(marginal)이라고 부를 수 있는 다른 여러 분야의 주제들, 예컨대 역법曆法, 율려律呂, 지리 등의 '과학적' 주제들과 귀신鬼神, 점복占卜, 내단內丹 등의 '초자연적'(occult) 주제들도 포함되었다. 실제로 주희는 가능한 한 많은 사물을 포함하는 포괄적인 학문체계를 구성하려고 의도했던 것으로 보인다.

자신의 학문체계 속에 어떤 주제를 포함시키면서 주희는 그 주제들을 스스로 공부하고 이해하고 설명했을 뿐만 아니라 그 주제들을 어떻게 공부해야 하는지, 특히 무엇을 읽어야 하는지까지도 보여 주고자 했다. 그는 특정 주제를 공부할 때 사용할 적절한 텍스트들과 주석들을 선정했으며, 때로는 스스로 주석서를 집필하기도 했다. 어떤 주제들에 대해서는 그는 그것들이 지니는 불온한 측면들이 유학의 기본 교의教義들에 합치할 수 있음을 보임으로써 자신의 학문체계 안에서 적절한 위치를 지닐 수 있음을 보여 주어야 했다. 이 글에서 나는 실제 '과학적', 그리고 '초자연적' 주제들에 관한 주희의 작업들을 검토하고 그 같은 작업들을 통해 주희가 어떻게 유가 학문의 경계를 규정하고 확장시켰는지를 보일 것이다.

## 1. 유가 학문에서 과학 및 초자연적 주제들의 위치

과학 및 초자연적 주제들은 주희와 같은 유학자들에게 본질적으로 중요성이 있다고 여겨질 만한 몇 가지 측면들을 지니고 있었다.

첫째, 그 중 몇몇 주제들의 중요성은 그것들이 유가의 핵심 개념들과 연결되어 있기 때문에 쉽게 받아들여질 수 있었다. 예컨대 유가에서 '하늘(天)' 개념이 가지는 중요성은 하늘에서의 현상을 다루는 역법 또한 중요하게 만들었다. 지리와 풍수風水는 '천지天地'라는 중요한 단어의 다른 반쪽과 연결되었기 때문에 중요하게 여겨졌다. 예禮의 일부로서의 음악이 지니는 중요성은 그와 관련된 '율려'라는 분야도 중요하게 만들었다. 유가 의례에서의 제사祭祀의 중요성은 제사의 대상인 귀신을 중요하게 만들었다. 마찬가지로『주역周易』과 그 안에 담긴 관념들 및 도상圖象들은 그것들을 이용하는 상수象數, 점복, 연단煉丹 분야들의 중요성으로 이전되었다. 연단은, 특히 그 중 내단은 도道의 개념과 연결될 수 있어서 중요했는데, 왜냐하면 그것은 '도사道士'라고 불린 사람들, 즉 도를 추구하는 사람들이 실행하는 기법들 가운데 하나였기 때문이다.

위의 주제들 가운데 몇몇은 성인聖人이 썼다고—또는 적어도 성인의 의도를 담고 있다고— 믿어졌던 고대 경전 구절들 속에서 다루어졌고, 그에 따라 그 경전 구절들에 대한 수많은 주석註釋들을 통해 논의되었다. 특히 역법과 율려의 주제들이 그 같은 주석들에서 큰 비중으로 다루어졌다. 그 주된 이유는 아마도 그것들이 이해하기 어려워서였기 때문이겠지만, 유학자들이 그 같은 주제들에서 아무런 중요성도 발견하지 못했다면 그토록 열심히 주석했을 리는 없었을 것이다. 이 같은 주석들은 사실상 그러한 주제들에 대해 경전의 권위를 통한 인정(classical sanction)을 해 주었던 것이다.

몇몇 '주변적' 분야들의 지식은 학자들이 공부했던 다른 표준 문헌들에도 담겨 있었다. 예컨대 역대 왕조의 정사正史들은 대부분 예禮와 음악뿐 아니라, 천문, 역법, 율려, 지리, 그리고 점성술 및 다양한 초자연적 기법들에 할애된 부분들을 포함했다.1) 또한 학자들 자신이 전문적인 분야의 지식을 다루는 저술들을 펴내기도 했다. 두우杜佑(735~812)의 『통전通典』과 심괄沈括(1031~1095)의 『몽계필담夢溪筆談』이 대표적인 사례인데, 다양한 분야들에서 온갖 종류의 잡다한 지식을 담은 이들 책들은 후세의 수많은 유학자들이 공부하고 인용했다.

유학자들은 이러한 몇몇 분야들의 지식에서 볼 수 있는 백성과 나라의 복지를 위한 유용함 때문에 그것들에 관심을 지니기도 했다. 특히 이러한 분야의 지식은 실제 관료의 직무수행에 필요하기도 했다. 왜냐하면 전통시대 중국의 관제는 전문분야들을 전담하고 전문가들로 충원된 전문직제를 포함하고 있었지만, 주희 같은 일반관료들 역시 전문지식을 수반한 업무를 수행할 필요가 종종 있었으며, 자신보다 지위가 낮은 전문관료들을 관리하고 감독해야만 했기 때문이다.

주희의 '격물格物' 이론은 위의 모든 측면들에 기초를 제공했다. '사물의 리物之理를 탐구한다'는 뜻으로 번역되는 격물 이론은 주희로 하여금 인간사와 관련된 모든 영역의 구체적 현상과 사물을 모두 공부할 것을 강조하게 했다.2) 주희는 세상의 모든 사물과 현상이 각각의 '리理'를 가지고 있으며, 따라서 모든 사물과 현상을 공부하고 이해해야만 한다고 되풀이해서 말했다.3) 한 제자에게 보낸 편지에서 공부의 방법을 논하면서 주희는 다음과 같이 썼다.

---

1) 이러한 부분들은 대개 '律曆志', '天文志', '地理志', '五行志', '方技傳' 등과 같은 제목을 가지고 있었다.
2) 주희의 격물 이론에 대해서는 김영식, 『주희의 자연철학』(예문서원, 2005), 3장; 錢穆, 『朱子新學案』(臺北: 三民書局, 1975) 제2책, 504~550쪽을 볼 것.
3) 『朱子語類』 권15 4b2, 권18 22b0, 권34 33b0, 권116 13b0, 권117 12b0 등.

『대학大學』의 도道는 반드시 격물과 치지致知로 시작하여 천하의 리로 [나아가야 한다.] 천하의 책 중에서 '널리 공부(博學)'하지 않을 것이 없다.4)

같은 편지의 뒷부분에서 그는 "역상曆象의 학문은 그 자체로 하나의 분야이다. 만약 '궁리窮理'하고자 한다면, 반드시 그것들도 논의하지 않으면 안 된다"5)고 덧붙였다.

따라서 전문적 분야들에 대한 주희의 기본적 입장은 그것들 또한 공부해야 하고 무시해서는 안 된다는 것이었다. 예컨대 그는 "율려, 역법, 행형(刑), 법률(法), 천문, 지리, 군사, 관직과 같은 일들을 모두 이해해야 한다"고 말하기도 했다.6) 학교와 과거제도에 대한 자신의 견해를 표명한 글에서 그는 다음과 같이 썼다.

> 예를 들어, 의례, 음악, 제도, 천문, 지리, 병법, 행형, 법률 같은 것들도 모두 세상을 위해서 필요한 것이니, 그것들이 없이 지내는 것은 불가능하다. [이러한] 모든 것들을 공부하지 않으면 안 된다.7)

때로 그는 이러한 주변적인 분야들 가운데 몇몇은 공부하는 것이 '해롭지는 않다'는 정도로만 이야기했다. 예를 들어, 그는 그의 제자들에게 "할 일이

---

4) 『朱文公文集』 권60 16b, "大學之道, 必以格物致知爲先, 而於天下之理・天下之書無不博學."
5) 『朱文公文集』 권60 17a, "曆象之學, 自是一家. 若欲窮理, 亦不可以不講."
6) 『朱子語類』 권117 22b0, "如律曆刑法天文地理軍旅官職之類, 都要理會."
7) 『朱文公文集』 권69 21b, "如禮樂制度天文地理兵謀刑法之屬, 亦皆當世所須而不可闕, 皆不可以不之習也." 주희는 '小道'에 관한 子夏의 언급— "비록 小道라도 반드시 '볼'(觀)만한 것이 있다. 그러나 너무 멀리 가면 진흙에 빠질까 두려워 군자는 이것들을 '하지'(爲) 않는다"(雖小道, 必有可觀者焉. 致遠恐泥, 是以君子不爲也; 『論語』, 「子張」, 4장)—에 다음과 같은 주해를 달았다.
"小道는 이단이 아니다. 소도 또한 도리이며, 단지 작을(小) 뿐이다. 농업, 원예, 점복, 의료, 점복, 百工 같은 [분야들] 또한 道와 理를 지니고 있다. 만일 사람들이 오직 위쪽에서만 도리를 찾는다면, 통하지 않게 될 것이다."(小道不是異端, 小道亦是道理, 只是小. 如農圃醫葡百工之類, 卻有道理在. 只一向上面求道理, 便不通了; 『朱子語類』 권49 2a3)

아무것도 없을 때 약방藥方들을 공부하는 것은 해롭지 않다"[8]거나, "「하도河圖」와 「낙서洛書」의 수數는…… 할 일이 없을 때 읽을 만하다. 비록 그것들이 가장 중요한 일들은 아니지만, 그것을 다루다 보면 자신의 마음을 흐르고 변화시켜 움직이게 할 수 있을 것"[9]이라고 말했다. 물론 이는 아주 적극적인 형태의 권유라고 할 수는 없지만, 주희 같은 사람이 남긴 이 같은 말들은 분명히 유학자들로 하여금 그러한 분야에 관심을 갖도록 권장하는 효과를 발휘했을 것임에 틀림없다.

## 2. 표준 문헌들의 확립

주희는 위에서 언급한 여러 '주변적' 분야들을 공부하면서, 관련된 여러 텍스트, 주석서 및 그 외의 다른 저술들을 검토하여 최선의 것들을 선정하고 확립해 나갔다.

주희는 역법에 관한 지식을 다양한 문헌들부터 얻었는데, 그 중에서도 그가 특히 중요하게 여긴 것들은 『사기史記』, 『한서漢書』, 『후한서後漢書』, 『진서晉書』 등과 같은 역대 정사들의 관련 '지志'[10]들과 『서경書經』의 「요전堯典」 및 「순전舜典」,[11] 『예기禮記』 「월령月令」편의 소疏들이었고,[12] 그 외에 심괄의 『몽계필담』과 「혼의渾儀議」,[13] 소송蘇頌(1020~1101)의 『신의상법요

---

[8] 『朱子語類』 권107 16b4, "無事時不妨將藥方看."
[9] 『朱子語類』 권65 8a1, "曾看河圖洛書數否. 無事時好看. 雖未是要切處, 然玩此時, 且得自家心流轉得動."
[10] 『史記』 「曆書」에 대한 주희의 언급은 『朱子語類』 권2 11a2・12b3; 『漢書』 「律曆志」에 관한 언급은 『朱子語類』 권2 2a1・2b0・12b3; 『後漢書』 「律曆志」에 관한 언급은 『朱子語類』 권2 2b0; 『晉書』 「天文志」에 관한 언급은 『朱子語類』 권2 4b3 및 『朱文公文集』 권62 39a를 볼 것.
[11] 예컨대 『朱子語類』 권2 2a1, 2b0, 3a2, 6b3~7a0; 권78 5a0, 5b3~6a0, 13b2.
[12] 예컨대 『朱子語類』 권2 2a0・1, 2b0, 3b1; 『朱文公文集』 권62 39a.

新儀象法要』,14) 장재張載(1020~1077)의 『정몽正蒙』 같은 북송 학자들의 저술들을 자주 언급했다.15) 자신의 동시대인들 중에는 채원정蔡元定(1135~1198)과 그의 두 아들, 채연蔡淵(1156~1236)과 채침蔡沈(1167~1230)에 대해 자주 이야기했다.16)

그러나 주희는 이들 문헌들의 내용을 그대로 받아들이는 데 그치지 않고 자신의 의견을 표명했고, 종종 그 문헌들 속에 담긴 논의들에 대해서도 자기 나름의 평가를 내렸다. 특히 그는 여러 문헌들이 각기 다른 주제들과 관련해서 강점을 지니고 있다고 생각했다. 예를 들어 그는 태양이 하루에 정확히 한 바퀴를 돌 때 하늘은 한 바퀴를 돌고 1도를 더 돈다는 『예기』 「월령」편의 소疏의 설명을 높이 평가했는데17) "나머지 역서들은 모두 이것만 못하다"고 이야기했다.18) 『서경』 「순전」의 소는 왕번王蕃(3세기)의 「혼천설渾天說」을 담고 있는데, 주희는 그 소에 담긴 하늘의 전체 구조에 대한 설명이 우수하다고 하여 높이 평가했다.19) 특히 그는 북극으로부터 36도 안쪽 하늘의 항상 관측되는 부분에 대한 「순전」 소의 설명이 "매우 자세하다"고

---

13) 예컨대 『朱子語類』 권2 2a1, 7a3, 12a4; 『朱文公文集』 권45 37b.
14) 예컨대 『朱文公文集』 권44 47b; 『朱文公文集』 續集 권2 7a.
15) 예컨대 『朱子語類』 권2 4b3, 10a2. 주희는 杜佑와 邵雍의 역을 참고해 역법을 논하기도 했다. 예를 들면 『朱子語類』 권2 12b3, 권86 9a1・10a0을 볼 것.
16) 예컨대 『朱子語類』 권2 3b1~4b0, 11b1, 12a5, 12b2・3; 권86 9b0~10a0. 주희는 채원정 부자와 수차례 서신 교환을 하며, 다양한 전문적 주제들에 대해 논의했다. 채원정 부자에게 보낸 주희의 편지는 『朱文公文集』 권44 1a~16b; 『朱文公文集』 續集 권2 1a~권3 6b(채원정); 『朱文公文集』 續集 권3 6b~10a(채연); 『朱文公文集』 續集 권3 10a~11b (채침)에 수록되어 있다.
17) 예컨대 『朱子語類』 권2 2b0, 3b1. 『禮記』의 관련 구절과 孔穎達에 의해 작성된 疏는 『禮記註疏』(臺北: 新文豊, 1977), 권14, 3b에 실려 있다.
18) 『朱子語類』 권2 3b1, "其他曆書, 都不如此說." 실제로 어느 제자가 이야기했듯이 蔡淵조차도 하늘이 하루에 정확히 한 바퀴만 돈다고 생각했으며 주희는 이를 거부했다.
19) 예를 들어 『朱子語類』 권2 2b0, 3a2. 이 疏 역시 孔穎達이 쓴 것으로 관련 부분은 『書經註疏』(臺北: 新文豊, 1977), 권3, 6a~7a에 있다. 王蕃의 「渾天說」은 김영식, 『주희의 자연철학』, 262~263쪽을 볼 것.

이야기했다.20) 또한 그는「요전」의 소를 윤월閏月의 문제와 관련하여 언급하기도 했다.21) 그가 높이 평가했던 또 다른 자료는『진서』「천문지天文志」였는데22) 그는「월령」의 소와 더불어『진서』「천문지」를 "읽지 않아서는 안 될" 저술들로 추천했다.23) 그 외에 그는『후한서』의「율력지」를 높이 평가했다.24) 송대 학자의 저술 중에서는 심괄의『몽계필담』이 태양과 달의 운동에 대해 잘 설명했고25) 장재의『정몽』은 좌선설左旋說, 즉 하늘과 항성뿐만 아니라 해, 달, 오행성이 전부 왼쪽으로 돌고 있다는 설과 몇 가지 기상 현상들을 잘 설명한다고 칭찬했다.26) 주희는 또한 채원정에 대해 깊은 존경심을 지녀서27) "고대 이래 [역에 대한] 그 어떤 사람들의 이해도 여기에(즉, 채원정의 지식수준에) 도달하지 못했다"고 이야기했다.28)

주희는 몇몇 문헌들의 약점에 대해서도 언급했다. 예컨대 그는『한서』의「율력지」는『후한서』의「율력지」만 못하다는 점을 지적했다.29) 그는 소송의『신의상법요』에 제시된 정보가 실제 혼천의를 제작하기에는 불충분하다고 불만을 표시했다.30) 1160년에 왕급보王及甫가 쓴『천경天經』이라는 책에 대해 주희는 "하늘에 대한 고금의 이야기들을 범주별로 수집하여 지극히

---

20)『朱子語類』권2 7a0. 실제로 주희는 "堯典疏"라고 이야기했으나 이는 "舜典疏"(권3 6b)를 잘못 말한 것이다. 같은 구절에서 주희는『周髀算經』에서의 해와 달의 움직임들에 대한 설명을 비판하기도 했다.
21) 예컨대,『朱子語類』권78 5b3~6a0, 13b2.
22) 예컨대,『朱子語類』권2 4b3;『朱文公文集』권62 39a.
23)『朱文公文集』권62 39a.
24)『朱子語類』권2 2b0.
25) 예컨대『朱子語類』권2 7a3.
26) 예컨대『朱子語類』권2 4b3, 10a2. 좌선설에 대해서는 김영식,『주희의 자연철학』, 442~444쪽을 볼 것.
27) 예컨대『朱子語類』권2 12b3; 권86 9b0~10a0.
28)『朱子語類』권2 12b3.
29)『朱子語類』권2 2b0.
30) 예컨대『朱文公文集』권44 47b;『朱文公文集』續集 권2 7a~7b.

잘 갖추어진"책이라고 평가하면서도,31) 하늘의 형태에 관한 논의와 그림 등을 포함하여 몇 가지 문제점들을 지적하기도 했다.32) 주희에게는 때로 채원정의 설명조차 불만스러울 때—예컨대 채원정이 먼저 '태허太虛'에 대해 논의하지 않은 채 하늘의 운동에 이야기했을 때—가 있었다.33)

주희는 율려와 음악에 대한 지식 역시 여러 문헌들부터 얻었다. 가장 기본적인 문헌은 그가 자주 칭찬했던 『사기』 「율서律書」(권25)의 '율수律數'장이었다.34) 그의 견해로는 '율수'장의 율려에 대한 논의는 비록 짧지만 핵심적인 점들을 포괄하고 있으며 그보다 더 상세한 『한서』 「율력지」의 논의로부터는 얻을 수 없는 것도 포함했다.35) 음악에 대해 언급한 『논어』의 몇몇 구절들 또한 주희가 그에 대해 논의할 계기를 제공했다.36) 『예기』, 『주례』, 『국어國語』, 『좌전左傳』 같은 여러 다른 고대 경전의 구절들은 율려와 음악의 보다 구체적인 측면들을 포함했는데 주희는 관련된 문제들을 논의할 때 이 구절들을 언급했다.37) 이 같은 구절들에 대한 주註와 소疏들도 주희에게 정보를 제공해 준 자료들이었다. 예를 들어 그는 『예기』 「예운禮運」 편의 소에서의 '궁음 회전하기'(旋宮)에 관한 긴 논의를 높이 평가했다.38)

---

31) 『朱文公文集』 권62 39a. 『천경』의 저자와 저술연도는 王應麟(1223~1296)의 『困學紀聞』 (文淵閣四庫全書本), 권9, 12a에 기록되어 있다.
32) 『朱文公文集』 續集 권3 6b~7b.
33) 『朱子語類』 권2 12b2.
34) 예컨대 『朱子語類』 권92 1b1, 11b0; 『朱文公文集』 권66 27b.
35) 『朱子語類』 권92 10a2. 그러나 주희는 다른 곳, 예를 들면 『朱子語類』 권92의 1b1이나 6b1 같은 곳에서 『漢書』의 「律曆志」와 「禮樂志」를 높이 평가했다.
36) 예컨대 『論語』 「八佾」편 제23장에 관해서는 『朱子語類』 권25 24a1~b0; 『論語』 「泰伯」편 제8장에 관해서는 『朱子語類』 권35 19b4~24a1을 볼 것.
37) 『禮記』 권37 5b에 관해서는 『朱子語類』 권92 10b0; 『周禮』 권22 17b에 관해서는 『朱子語類』 권86 18b1, 권92 3a3~3b0; 『周禮』 권41 9a에 관해서는 『朱子語類』 권92 4b3; 『國語』 권3 15b에 관해서는 『朱子語類』 권92 3b2·4; 『左傳』 권41 25b에 관해서는 『朱子語類』 권92 6a3을 볼 것.
38) 『朱子語類』 권92 2a3. 이 소와 관련한 논의는 『禮記註疏』 권22 6b~10a에 나온다. '旋宮'에 관한 논의는 김영식, 『주희의 자연철학』, 448~450쪽을 참조할 것.

그는 5음계에 추가된 '변궁變宮'과 '변치變徵' 음이 『국어』의 주석에 최초로 등장한다는 점도 지적했다.39) 주희가 참조한 자료들에는 한대 이후의 여러 저작들도 포함되었다. 그는 두우의 『통전』에 대해 자주 이야기하면서 그 책의 명쾌한 논의를 칭찬했는데, 특히 정확한 숫자와 '자성子聲'에 대한 명확한 논의를 높이 평가했다.40) 심괄의 『몽계필담』의 강점은 "기구들과 숫자들에 대한 아주 정밀한 논의"에 있었다.41) 그러나 주희의 최고의 평가는 채원정과 그의 『율려신서』에 주어졌다.42) 주희는 채원정이 많은 책들을 읽었을 뿐만 아니라 그것들을 완전히 이해했음을 강조했다. 주희의 견해로는, 다른 어느 누구도 『사기』의 율려와 역법에 관한 부분들을 이해하는 데 채원정의 수준만큼 도달한 사람이 없었으며,43) 『율려신서』의 뛰어난 논의들—그 중 일부는 그 책에 처음 나오는 것인데—은 모두 확립된 방법들에 기반한 것이었다.44) 따라서 채원정의 견해가 조효손祖孝孫(당나라 초기), 두우, 왕박王朴(10세기) 같은 앞 시기 저자들의 견해와 다를 경우 주희는 채원정을 지지했다.45)

주희는 수학 분야의 몇 가지 중요한 전문적 주제들에 대해서도 상당히 잘 알고 있었다. 직각삼각형의 세 변 사이의 관계를 구하는 방법, 즉 흔히 '구고술句股術'이라 부르는 계산법은 그의 수학 지식을 보여 주는 좋은

---

39) 예컨대 『朱子語類』 권92 3b2; 『朱文公文集』 권45 37a. 이 주해와 관련된 구절은 『國語』 (四部備要本), 권3, 17b~18a에 나온다.
40) 예컨대 『朱子語類』 권92 1b1, 3a0, 6a4, 6b1, 7a1, 10a2, 11b0; 『朱文公文集』 권45 36b. '子聲'에 관해서는 김영식, 『주희의 자연철학』, 447쪽을 참조할 것.
41) 『朱子語類』 권92 6a4; 『朱文公文集』 권45 36b, "所考器數甚精."
42) 예컨대 『朱子語類』 권92 8a5·6, 8b1; 『朱文公文集』 권45 36a, 37a. 束景南은 이 책이 사실상 주희와 채원정의 협력 작업의 핵심적인 결과물이라고 보았다. 束景南, 『朱子大傳』(福建敎育出版社, 1992), 757쪽.
43) 『朱子語類』 권92 8b1.
44) 예컨대 『朱子語類』 권92 8a5; 『朱文公文集』 권76 18a. 『朱文公文集』 권76 18a에서 주희는 『율려신서』에서 논의된 주된 문제들의 출처를 이전의 여러 저작들에서 찾았다.
45) 예컨대 『朱子語類』 권92 6a3·4; 『朱文公文集』 권45 37a.

예이다.46) 채원정에게 보낸 그의 편지들에서 자주 발견되는 구고법에 관한 그의 논의들을 통해 그는 구고법의 주된 출처들인 『주비산경周髀算經』과 『구장산술九章算術』, 그리고 그것들의 여러 판본들 사이의 차이점들에 대해 이야기했으며 심지어 채원정과 반대되는 의견을 제시하기도 했다.47) 누군가 주희에게 '토규土圭'의 길이가 왜 8척이어야 하느냐고 물었을 때, 그는 서슴지 않고 "이것은 반드시 구고술을 이용해서 계산해야 한다"고 답했다.48) 또 다른 예로 주희는 '1촌寸=9분分=9×9리釐=9×9×9사絲=⋯⋯'와 같이 9진법으로 전개되는 길이의 단위들에 대해 이야기하면서, 율수 계산은 2/3, 4/3를 되풀이해서 곱하는 일이 많으므로, 『통전』에서 제시한 통상적인 십진법 체계를 따르기보다 9진법을 사용하는 편이 더 편리하다고 지적했다.49) 그는 또한 『예기』나 『주례』 같은 경전의 주와 소에서 발견되는 수학적 내용에 대해 이야기하기도 했다.50)

주희는 의학 분야의 몇몇 경전들과 그 외의 여러 중요한 의약 문헌들에 상당히 익숙했던 것으로 보인다. 그가 『황제내경黃帝內經』의 두 부분에 대해 "『소문素問』의 말들은 심오하고 『영추靈樞』의 말들은 천박하며 비교적 쉽다"고 말한 것을 보면 자신이 그런 판단을 할 수 있을 정도로 충분한 지식을 지니고 있는 것으로 자부했음을 알 수 있다.51) 그는 곽옹郭雍(1091~1187)의 『상한보망론傷寒補亡論』을 읽고 그 서문을 쓰는 한편, 그 책이 거론한

---

46) 구고술은 종종 피타고라스 정리와 비교된다. 이에 대한 간략한 논의는 Joseph Needham, *Science and Civilisation in China* vol.3 (Cambridge: Cambridge University Press, 1959), pp.22ff 를 볼 것.
47) 예컨대 『朱子語類』 권86 10b1; 『朱文公文集』 續集 권2 4b, 5b, 12a.
48) 『朱子語類』 권86 10b1, "此須用句股法算之."
49) 예컨대 『朱子語類』 권92 1b1, 6a4, 10a2.
50) 예컨대 『예기』의 소(권58 16b~17b)를 인용하고 그것에 대한 논의한 『朱文公文集』 권68 4b와 『주례』의 주(권14 7a)를 언급한 『朱文公文集』 續集 권2 12a 등.
51) 『朱子語類』 권138 1b6, "素問語言深, 靈樞淺, 較易."

여러 다양한 맥진법에 대해 매우 상세한 주석을 달았다.[52] 예컨대 그는 『맥경脈經』의 저자인 왕숙화王叔和(210~285)의 방법—그의 견해로는 곽옹의 책이 그 내용을 충분히 다뤄주지 못했지만—이 11세기 『난경難經』 주석서의 저자인 정덕용丁德用의 방법보다 낫다고 보았다. 비록 그가 자신은 "의약의 도에 정통하지 않았다"고 이야기했지만,[53] 그렇다고 그 같은 자신의 판단에 대해 애매한 태도를 보이지는 않았던 것이다.

주희는 『주역』 점의 실제 방법들에 대해서도 잘 알고 있었다. 그는 시초蓍草를 사용하여 점치는 과정, 특히 「계사전繫辭傳」(上 6)의 단편적인 정보에 바탕해서 '설시揲蓍(시초 세기) 방법에 대해 자주 논의했다.[54] 주희는 「시괘고오蓍卦考誤」라는 세목의 글을 써서 이 방법의 여러 가지 형태들을 개관했다.[55] 주희가 옳다고 평가함에 따라 이후 『주역』 점의 표준적 방법이 된 것은 「계사전」의 내용에 관한 상세한 주석서로 그가 저술한 『역학계몽易學啓蒙』 3장에서 제시한 방식이었던 것으로 보인다.[56] 또한 시초 점의 결과로 얻게 된 괘들은 자신의 상황이나 '운수'를 나타내는 신호나 조짐으로 해석되는 과정을 거쳐야 하는데, 주희는 괘들과 효들을 해석하는 방법들에 대해서도 자주 이야기했다.[57]

---

52) 『朱文公文集』 권83 21b~22b.
53) 『朱文公文集』 권83 22a~22b, "余非精於道."
54) 예컨대 『朱子語類』 권66 14b1·16b1; 『朱文公文集』 권37 33b, 권38 2b·6b, 권44 8a·12a·13b·17a, 권45 1b, 권60 15b~16a.
55) 『朱文公文集』 권66 11b~27b.
56) 이것은 「易五箋」(『朱文公文集』 권85 6a~8b)과 『周易本義』의 부록에도 그 개요가 실려 있다. 영어로 된 개략적인 설명으로는 Richard Wilhelm, *The I Ching or Book of Changes*, English trans. Cary F. Baynes (Princeton: Princeton University Press, 1950), pp.721~723을 볼 것.
57) 예컨대 『朱子語類』 권65 6b2, 12a2~12b0 및 권68 12a2, 12a4~12b0, 12b1~13a0, 13a4~13b0; 『朱文公文集』 권38 6b, 권44 12a 및 17a, 권59 21b. 주희의 점술에 관한 더 자세한 논의는 Kidder Smith, Jr., Peter K. Bol, Joseph A. Adler, and Don J. Wyatt, *Sung Dynasty Uses of the I Ching* (Princeton: Princeton University Press, 1990), chap.6; 김영

주희는 내단을 이해하기 위해 많은 노력을 기울였고, 스스로 내단의 정수精髓에 대한 이해에 도달했다고 믿었던 것으로 보인다. 그는 『참동계參同 契』를 내단의 텍스트로 보고, 그것의 교열서로 『참동계고이參同契考異』를 저술했는데, 그 책에서 그는 납갑법納甲法을 내단의 구체적 내용들을 논의하는 데 사용해야 할 정확한 방법으로 여겼다.[58] 예학 연구의 일환으로 제사祭祀, 귀신, 혼백魂魄과 같은 주제들을 광범위하게 논의하면서도, 주희는 이전 시기의 자료들을 평가하고 적절한 문헌들을 식별해 내고 정확한 해석을 제시하는 등 같은 태도를 보였다.[59]

이상에서 살펴본 바에 따르면, 주희가 초자연적 주제들에 대해 한 일은 그가 경전과 역사에 대해 수행한 작업과 기본적으로 같은 성격을 지녔다. 그는 이전 시기의 저작들을 교열, 편집하고 그 정확한 의미를 확립하고 오류를 바로잡고 때로는 텍스트에 수정을 가했다. 이것이 바로 그가 사서四書, 특히 『대학大學』을 신유학의 핵심 텍스트로 정립하면서 수행한 작업이었다.[60] 그의 편집 작업은 『근사록近思錄』과 『이락연원록伊洛淵源錄』을 비롯해서 송대의 주돈이周敦頤(1017~1073), 장재, 사양좌謝良佐(1050~1103), 호굉胡宏(1105~ 1155)의 저술들까지 포함했다.

주희의 그 같은 작업의 결과로 『맹자』, 『대학』, 『중용中庸』과 같은 고대의

---

식, 『주희의 자연철학』, 463~478쪽을 참고할 것.
58) 『참동계』에 관한 주희의 작업은 吾妻重二, 「朱熹周易參同契考異について」, 『日本中國學會報』 36(1984), 175~190쪽; Yung Sik Kim, "The Ts'an-t'ung-ch'i k'ao-i and the Place of Internal Alchemy (Nei-tan) in Chu Hsi's Thought", *Monumenta Serica* 55 (2007), pp.99~131 을 볼 것.
59) 김영식, 『주희의 자연철학』, 5장; Patricia B. Ebrey, *Confucianism and Family Rituals in Impoerial China: A Social History of Writing about Rites* (Princeton: Princeton University Press, 1991), chap.5.
60) Daniel K. Gardner, *Chu Hsi and the Ta-Hsueh: Neo-Confucian Reflection on the Confucian Canon* (Cambridge, Massachusetts: Harvard University Press, 1986); *Zhu Xi's Reading of the Analects: Canon, Commentary, and the Classical Tradition* (New York: Columbia University Press, 2003).

문헌들이 유가 학문체계에서 핵심적인 위치를 차지하게 되었다. 「태극도太極圖」도 그 같은 문헌들의 예로 볼 수 있는데, 그것이 신유학의 형이상학과 우주론의 핵심 텍스트가 될 수 있었던 것은 주로 주희의 작업에 힘입었기 때문이다. 또한 주희가 『주역』을 점복서로 인식하고 상수象數의 전통을 복원시킨 것은 이후 유학자들이 상수에 관심을 가지고 탐구를 지속하는 풍토를 조성했다. 비록 주희가 소옹의 논의 전부를 받아들인 것은 아니었지만, 소옹이 신유학 담론 안에 들어올 수 있었던 주된 이유도 주희가 그의 논의를 수용한 때문이었다.[61] 주희는 『참동계』에 대해서도 본질적으로 같은 작업을 했다고 볼 수 있다.[62]

이전 시기의 텍스트뿐 아니라 개념들도 그것들에 대해 주희가 어떤 입장을 취했느냐에 따라 이후 학자들에게 지대한 영향을 미쳤다. 예를 들어, 하늘을 이루는 맑고 가벼운 '기'가 탁하고 무거운 '기'로 이뤄진 땅을 중심으로 회전하고 있다는 주희의 우주론―여러 고대 문헌, 특히 『회남자淮南子』로부터 유래한―은 신유학의 표준적인 우주론이 되었다. 주희가 장재로부터 받아들인 소위 '좌선설' 또한 주로 주희의 지지에 힘입어 정통 신유학 이론이 되었다.

사실, 이러한 종류의 작업은 주희 스스로도 당연히 수행해야 한다고 생각했을 것이다. 왜냐하면 일단 그가 위와 같은 전문적 분야들의 중요성과 그것들을 공부할 필요성을 주장한 만큼, 그가 다른 영역, 즉 도덕이나 사회철학 분야에서 그랬듯이, 이들 분야들에 있어서도 그것들을 공부하기

---

61) 소옹에 대한 주희의 태도는 김영식, 『주희의 자연철학』, 463~466쪽; Don J. Wyatt, "Chu Hsi's Critique of Shao Yung: One Instance of the Stand Against Fatalism", *Harvard Journal of Asiatic Studies* 45 (1985), pp.649~666을 참조할 것.
62) 물론 『참동계』는 핵심 유학 경전이 되지는 못했다. 주희의 후학들이 이 책을 포함시키지 않은 까닭은 주희가 이 책을 전적으로 지지하지는 않았기 때문일 것이다. 그러나 이 책에 대한 주희의 작업은 여전히 많은 학자들이 그것에 대해 관심을 갖도록 유인하는 역할을 했다.

위해 가장 좋은, 또는 가장 정확한 문헌들을 정해 주어야 한다고 느꼈을 것이기 때문이다.63) 이런 면에서 그의 작업은 학자들과 학생들을 위한 '학습프로그램'을 구축하는 것이었다고 할 수 있다.

## 3. 초자연적 주제들의 정당화

제사, 점복, 연단과 같은 주제들을 자신의 체계 속에 포괄하기 위해서, 주희는 먼저 그것들이 지닌 불온한 측면들—'초자연적'이거나 '미신적'으로 보이는—이 어떻게 그가 신봉하는 유가의 기본 교리들과 조화될 수 있는지를 보일 필요가 있었다. 이를 위해 그는 기본적으로 두 가지 근거에 의존했는데, 첫 번째는 기 개념의 폭넓은 범주, 특히 기와 마음(心)의 상호작용, 그리고 두 번째는 그 같은 주제들과 『주역』과의 연결이었다.

### 1) 기와 마음의 상호작용

주희의 견해로는 기는 세상의 모든—물질적 또는 물리적인 것만이 아니라—사물과 현상을 구성하고 일으킨다. 예를 들어 기는 생명과 관련된 생리적 현상의 원인이다. 우선, 기는 생명의 근원이다. 기는 생명을 형성하고 생명체에 영양분을 준다.64) 풍수, 내단과 같은 술수들이 그것을 수련하는 사람에게 효과를 발휘할 수 있는 것은 기본적으로 이처럼 기가 생명의 특성을 지니고

---

63) 이런 관점에서 주희의 일반적인 학습프로그램을 검토한 논의로는 William Theodore de Bary, "Chu Hsi's Aims as an Educator", William Theodorem de Bary and John W. Chaffee, eds., *Neo-Confucian Education: The Formative Stage* (Berkeley: University of California Press, 1989), pp.186~218.; Daniel K. Gardner, *Chu Hsi: Learning to Be a Sage* (Berkeley: University of California Press, 1990), pp. 35ff을 볼 것.
64) 김영식, 『주희의 자연철학』, 71~73쪽.

있기 때문이었다.

그러나 더욱 중요한 것은, 기가 사람의 마음(心)을 구성한다는 점이다. 주희에게 '마음'이란 단지 기일 따름이며, 더 구체적으로 말하면 기의 '정상(精爽)한' 부분, 또는 '영령(英靈)스러운' 부분이다.[65] 따라서 기는 정신적 속성들도 지니고 있으며 마음과 상호작용을 할 수 있다. 마음과 기의 상호작용은 자신의 마음과 자신의 기 사이에서만이 아니라 자신의 마음과 외부세계의 기, 그리고 자신의 기와 다른 사람의 마음 사이에서도 일어날 수 있다. 이것이 가능한 것은 모든 사람의 기와 마음은 천지로부터 부여받은 것이고 따라서 다같이 '천지의 기'(天地之氣)와 '천지의 마음'(天地之心)으로 이루어졌기 때문이다.[66]

제사(祭祀)에 대한 주희의 설명 또한 조상의 기와 자손의 기, 그리고 조상의 기와 자손의 마음 사이의 상호작용에 바탕했다. 주희는 조상들과 그 자손들이 같은 기를 지니고, 그 기가 아버지로부터 아들로 그리고 손자에게로 전해진다고 믿었다.[67] 같은 기는 서로 감응하기 때문에 조상들의 기가 후손들의 기에 응하여 되돌아와 응집(聚)될 수 있는 것이다.[68] 물론 이 같은 설명은 문제를 불러일으켰다. 왜냐하면 조상들의 기가 이미 흩어져 버렸다면 그 후손들이 제사를 통해 그들에게 접근할 수 있는 방법이 없기 때문이다. 따라서 제사를 지낸다고 해도 기가 이미 흩어져 버린 죽은 조상들에게 어떻게 영향을 미칠 수 있는가 하는 질문이 제사에 대한 주희의 논의에서 핵심적인 문제가 되었다. 이 문제에 대한 주희의 대답은 사람이 죽어 흩어진 기가 완전히 사라지는 것이 아니라 얼마 동안 남아 있다는

---

65) 『朱子語類』 권5 3b2・4b2, 권60 8a0 등.
66) 김영식, 『주희의 자연철학』, 2장 2절 및 10장 4절을 볼 것.
67) 『朱子語類』 권17 11b3, 권63 21a1, 권90 18b0 등, 『朱文公文集』 권52 16a.
68) 『朱子語類』 3 12b1・13a1, 권63 21a1 등.

것이었다.[69] 그러나 제사가 죽은 조상들의 흩어진 기에 도달하여 조상들이 이에 응답할 수 있도록 하기 위해서는 제사를 지내는 후손의 마음이 '정성스럽고'(誠) '경건해야'(敬) 했다.[70] 그런 상태에서만 사람의 마음과 기가 상호작용을 할 수 있고, 그 같은 상호작용을 통해 후손의 마음이 조상의 흩어진 기를 움직일 수 있는 것이다.

기와 마음의 상호작용은 점복에 관한 주희의 논의에서도 중요한 역할을 했다. 그는 사람이 점치기를 통해 '천지의 기'의 다양한 작용들로 이루어진 우주적 유형을 감지할 수 있다고 믿었는데, 이는 사람의 마음과 '천지의 기'가 서로 상호작용을 하기 때문이었다.— "사람의 마음이 일단 움직이면 반드시 [천지의] 기에 도달한다. 그리고 굴신하고 왕래하는 것(즉 천지의 기)과 서로 감통한다. 점치기 같은 것들은 모두 그런 것들이다."[71] 제사를 후손의 마음과 조상의 기 사이의 상호작용을 통해 설명한 것처럼 점치기도 점치는 사람의 마음과 천지의 기 사이의 상호작용을 통해 설명할 수 있었던 것이다.

마음은 내단을 두고서도 비슷한 역할을 했다. 주희에 따르면 단(丹)이 형성되는 것은 어떤 초자연적인 힘이나 작인에 의해서가 아니라 음과 양의 '교합(交合)'에 의해서였는데, 그는 이 같은 '교합'의 상호작용을 마음이 주관한다고 생각했던 것이다.[72] 그는 『참동계』 2장의 다음 구절이 그 같은

---

[69] 예를 들어 제사에 대한 주희의 다음과 같은 전형적인 설명을 볼 것.
"사람이 죽으면 [그의 기가] 결국 흩어지게 되지만 또한 [그 중 일부는 흩어지거나] 없어지지 않는다. 그러므로 제사에는 [조상에] 다가가서 [그를] 움직이게 하는 리가 있다. 세대가 멀리 떨어진 조상의 기가 [아직도 남아 있는지 없는지는 알 수 없다. 그러나 제사를 지내는 사람이 그의 후손이기 때문에 [그들의 기는] 똑같은 기임에 틀림없고, 따라서 [조상을] 움직이고 통하는 리가 있다."(人死雖終歸於散, 然亦未便散盡. 故祭祀有感格之理. 先祖世次遠者, 氣之有無不可知. 然奉祭祀者, 旣是他子孫, 必竟只是一氣, 所以有感通之理; 『朱子語類』 권3 4a0)
[70] 『朱子語類』 권3 11b3, 권63 26a0 등.
[71] 『朱子語類』 권3 2a0, "人心才動, 必達於氣. 便與這屈伸往來者, 相感通. 如卜筮之類皆是."

자신의 믿음을 뒷받침한다고 생각했다.

> 음과 양의 도를 감추고 드러냄은, 재갈과 고삐를 잡고 남겨진 선을 좇아 궤도의 흔적을 따라가는 능숙한 마부와 같다. 그는 안에 있으면서 밖을 다스린다.[73]

여기에 주희는 다음과 같은 주석을 달았다.

> 이것은 사람의 마음이 음과 양을 통솔할 수 있음을 말한다. 그것은 바퀴의 축을 움직이고 단을 형성한다. 재갈과 고삐는 음과 양을 작용시키는 데 쓰이는 것을 이르고, '남겨진 선'은 '화후火候'를 말한다. 궤도는 그것의 상승하고 하강하는 경로를 가리킨다. '안'은 마음을, '밖'은 기를 말한다.[74]

여기서 마지막 구절은 마음이 몸 밖에 있는 음과 양의 기를 조절할 수 있다는 주희의 믿음을 분명하게 보여 준다. 이러한 방식으로 주희는 『주역』점이나 제사처럼 내단 역시 '기', 그리고 마음과 '기'의 상호작용을 통해 해석될 수 있음을 보일 수 있었다. 그리고 그 결과 내단은 유학자들 사이에서 이미 정당화되어 있던 『주역』점이나 제사와 같은 지위를 차지하게 되었다.

### 2) 『주역』과의 연결

『주역』은 본래 점복에 사용하려는 목적으로 쓰인 책이라는 것이 주희의 생각이었다. 그는 "『[주]역』은 원래 점복을 위해 성인들이 저술한 책"이라고 되풀이해서 이야기했다.[75] 그는 심지어 자신의 책 『역학계몽』을 "작은

---

72) 朱熹, 『周易參同契考異』(四部備要本), 3b.
73) "覆冒陰陽之道, 猶工御者執銜轡準繩墨隨軌轍. 處中以制外."
74) 『周易參同契考異』, 3b, "此言人心能統陰陽. 運轂軸以成丹也. 銜轡謂所以使陰陽者. 繩墨謂火候. 軌轍指其升降之所由. 中謂心, 外謂氣."
75) 예컨대 『朱子語類』권66의 여러 곳들과 권67 5b3·14a1. 또한 『朱文公文集』권31 15a,

점술 책(小卜筮書)이라고 부르기도 했으며,[76] 당대 학자들이 『주역』에 숨겨진 의리義理를 찾는 데 몰두하느라 정작 점복의 측면을 무시하고 있다고 비판했다.[77] 따라서 주희의 생각으로는 『주역』 점을 치는 것은 유학자로서 얼마든지 할 수 있는 일이었다.

> 점복의 경우 복희伏羲, 요순堯舜 이래로 모두 사용하였으니, 이는 그에 대한 리가 있는 것이다. 지금 사람들이 어떤 일에 대해 의심이 있으면 경건하게 점복으로 그것을 결정하니 무슨 불가함이 있겠는가?[78]

실제로 그는 모든 사람—사・농・공・상—이 모든 일을 두고 점복을 유용하게 여길 것이라고 생각했다.[79]

이러한 주희의 태도는 『주역』 점이 우주의 과정을 재현한다는 믿음에 바탕한 것이었다.[80] 『주역』 점을 치는 사람은 세계의 사물들과 현상들을 상징하는 『주역』 괘들에 대해 명상하고 그것들을 조작함으로써 우주의 운행과 작용의 유형을 파악할 수 있다는 것이다. 주희는 『참동계』의 내단에 대해 논의하면서도 『주역』 괘들을 우주의 운행과 인간의 몸의 작용을 연결하는 주된 도구로 사용했다. 따라서 주희에게 『주역』 괘들은 점복만이 아니라 내단의 이론적 기초이기도 했다. 물론 이들 주제들이 이단인 도가와

---

권33 32a~32b, 권38 21a도 볼 것.
76) 『朱文公文集』 권36 5b.
77) 예컨대 『朱子語類』 권66 19b0; 『朱文公文集』 권33 32a~32b, 권38 21a. 주희가 『역학계몽』을 저술한 목적은 바로 이러한 상황을 바로잡고자 함이었다. 『朱文公文集』 권36 5b를 볼 것. 때로는 程頤조차도 한쪽 "리에 대해서만 이야기했다"는 주희의 비판을 피할 수 없었다. 『朱子語類』 권67 5b3.
78) 『朱子語類』 권32 12a1, "如卜筮, 自伏羲堯舜以來皆用之, 是有此理矣. 今人若於事有疑, 敬以卜筮決之, 有何不可."
79) 『朱子語類』 권66 5b0.
80) 예를 들어 三浦國雄는 "점치는 사람은 천지생성의 순서를 筮竹을 빌려서 모의적으로 재연하는 것이다"라고 이야기했다. 『朱子と氣と身體』(東京: 平凡社, 1997), 172쪽.

각종 술수들의 전통에 연결되어 있었다는 사실은 주희와 같은 유학자에게 문제가 될 수 있었겠지만, 이것들이 유가 핵심 경전인 『주역』에 기초하고 있다는 믿음은 그가 이 주제들을 정당화하고 자신의 유가체계 내에 받아들이는 데 큰 도움이 되었을 것이다. 괘들이 이 세상 온갖 것의 '상象'으로 형성되었고 『주역』이 인간을 포함해서 이 세상 모든 것의 작용과 신비를 이해하는 열쇠들—괘들에 대한 해석, 그리고 괘들과 이 세상 온갖 사물과의 연관에 대한 해석—을 포함하고 있다고 믿어졌기에 『주역』은 그 같은 역할을 할 수 있었다.81)

## 4. 초자연적 주제들의 포괄: 이상한 사물들과 현상들에 대한 설명

세계의 실재성에 대한 철학적 기초—불교와 도교의 사변적이고 공허한 교리에 대항할 수 있는—를 구축하기 위해 노력한 주희는 미신으로 여겨지는 것들을 단호히 배격했다. 특히 그는 세계의 모든 사물과 현상의 원인이 되는 기의 속성과 작용을 넘어서는 '초자연적' 존재나 힘을 인정하려는 태도에 대해 완강하게 반대했다. 그러나 그렇다고 해서 그가 초자연적 현상들 자체를 거부한 것은 아니었는데, 그 대신 주희는 '초자연적' 원인 때문에 발생했다고 여겨질 수 있는 이상한 현상들에 대해 기를 통한 설명을 제공했고, 그렇게 함으로써 모든 것을 포괄하는 자신의 학문체계 안에 그러한 현상들을 포함시켰다. 다시 말해서, 그의 반反미신적 입장이 그로 하여금 이상한 사물들과 현상들에 관한 '미신적' 믿음을 거부하도록 했지만, 사물과

---

81) 『주역』과 『주역』 점에 관해서는 Kidder Smith, Jr., Peter K. Bol, Joseph A. Adler, and Don J. Wyatt, *Sung Dynasty Uses of the I Ching*, chap.6 (written by Joseph A. Adler); 三浦國雄, 『朱子と氣と身體』, 131~184쪽을 참고할 것.

현상들 자체를 거부하도록 하지는 않았던 것이다. 그와는 반대로, 그 같은 현상들을 어떤 초자연적 원인 때문이기보다는 기의 속성과 작용들의 결과로 봄으로써, 주희는 그 같은 사물들의 존재와 그 같은 현상들의 발생을 받아들이고 정당화했다. 사실, '기'라는 개념, 그리고 음양, 오행과 같은 개념체계들이 지니는 넓은 범위와 신축성 때문에 아무리 이상하게 보이는 일에 대해서도 주희는 설명을 찾아낼 수 있었다.[82]

따라서 주희가 이상한 사물과 현상을 전적으로 부인하는 일은 드물었다. 대체로 주희는 어떤 사물이나 현상을 본 사람이 그것에 대해 하는 이야기는 받아들일 자세가 되어 있었다. 어떤 현상도 배제되지 않았다. 만일 그것이 관찰되었다면 그것은 받아들일 수 있었던 것이다.[83] 여러 가지 이상한 사물과 현상들에 대한 이야기들을 논의한 긴 대화에서 주희는 큰 괴물 발자국, 깊은 산중 우거진 산림이나 큰 호수에 사는 귀신, 반인반마半人半馬, 도마뱀이 우박을 만드는 일, 전생前生과 후생後生, 죽었던 사람이 다시 살아난 일 등이 실제로 존재하거나 일어날 수 있는가 하는 질문에 대해 자신의 입장을 분명하게 표명하지 않았다.[84] 그러한 현상과 사물들에 대한 그의 특징적 태도는 그것들 모두가 철두철미하게 이해될 필요가 있다는 것이었다. 그는 그러한 현상이나 사물의 리를 이해하지 못한 사람이 그것들을 믿기를 완강하게 거부하고 그것들이 존재하지 않음을 고집한다고 이야기했다. 그것들의 리를 이해하게 되면 그것들의 이상함은 해소될 것이었다.[85]

---

82) 기의 이러한 측면에 대해서는 김영식, 『주희의 자연철학』 2장 참조. 야마다 게이지(山田慶兒) 또한 같은 입장에서 주희의 "합리주의적" 태도를 지적하고 "무한정의 합리론"이나 "합리론의 함정"으로 표현했다. 山田慶兒, 『朱子の自然學』(岩波書店, 1978), 390 및 398쪽.
83) 황제에게 보내는 한 장계에서 주희는 자신이 직접 목격하지 않은 이상한 기상현상을 수용했는데, 그 이유는 많은 사람들이 보았고 그들의 설명이 대체로 일치했기 때문이었다. 『朱文公文集』 권14 23b~24a.
84) 『朱子語類』 권3 2b2~3b0.

상상의 동물 용龍에 관한 사람들의 여러 가지 믿음들에 대한 주희의 설명은 좋은 예를 제공한다. 그는 용이 오행 중 수水와 연관된 동물이기 때문에 양기陽氣를 만나면 수의 속성인 습한 기를 만들 수 있고, 따라서 용이 나타날 때 비가 올 수 있다고 설명했다.[86] 또한 용은 양기와 합함으로써 구름을 타고 하늘로 날아오를 수 있는데, 왜냐하면 용은 가장 성한 양陽이기 때문이다.[87] 주희에 따르면, 비단 용만이 아니라 사람도 날 수 있는데 그런 사람은 자신의 기를 고도로 순화시켜서 그 뼈와 살이 녹아 형形이 없는 기가 된다. 그 기는 극히 가볍고 맑기 때문이다. 그러나 그러한 기가 다하면, 더 이상 날 수 없다.[88] 이러한 모든 경우에 대해 주희는 언급되고 있는 사물이나 현상들 자체는 받아들였다. 그것들이 가능한가 하는 것은 그에게 거의 문제가 되지 않았다.

내단에 관한 주희의 입장도 이 같은 성격을 보였다. 비록 그것이 이상하고 신비스러워 보이고, 주희 자신도 그것의 구체적 세부 내용을 완전히 이해하거나 설명할 수는 없었지만, 사람의 몸 안에서 단을 형성하는 내단의 과정과 단의 효능은 기의 작용이고 기와 마음의 상호작용의 결과라는 점만은 그에게 분명했다. 실제로 그는 내단의 최종 목표인 신선神의 존재에 대해서도 같은 태도를 보였다.— "누가 그들[신선]이 존재하지 않는다고 말하는가? 정말로 그들의 리가 있다. 다만 그들의 [신선이 되고자 하는] 그러한 노력이 매우 어려울 뿐"이라고 이야기했다.[89] 따라서 그는 그것들을

---

85) 『朱子語類』 권138 10a3. 심지어 주희는 "내가 그것들이 존재하기를 원하면 그것들은 존재하고, 내가 그것들이 존재하지 않기를 원하면 그것들은 존재하지 않는다"는 謝良佐의 말을 높이 평가했다.
86) 예컨대 『朱子語類』 권2 10a2, 권3 3a0.
87) 『朱子語類』 권63 20b0.
88) 『朱子語類』 권63 20b0~21a0. 또한 『朱子語類』 권125 13a2~13b0을 볼 것.
89) 『朱子語類』 권4 21a1, "誰人說無? 誠有此理. 只是他那工夫大段難做." 신선에 관한 더 많은 논의는 Livia Kohn, ed., *Taoist Meditation and Longevity Techniques* (Ann Arbor: Center for

그냥 배제하기보다는 설명하기 위해 노력했다. 예를 들어 그는 신선에 관한 이야기들을 다음과 같이 설명했다.

> [신선들이] 죽지 않는 것은 아니다.…… 그들은 자신들의 형과 기를 단련할 수 있어서 찌꺼기들을 모두 녹여 버리고, 그 같은 청허한 기를 지니고 있을 뿐이며 그 때문에 [하늘로] 올라가 변화할 수 있다.90)

점술에 대해서도 주희의 태도는 본질적으로 같았다. 우리는 이미 주희가 『주역』점을 자신의 체계 안에 수용할 수 있었음을 보았지만, 전지前知를 얻는 데 사용될 수 있는 다른 종류의 신호나 조짐들에 대해서도 주희는 거부하지 않았다. 예를 들어 그는 종종 거북껍질을 이용해 점치는 방법에 대해 이야기했다.91) 실제 숫자들—예를 들어 사람이 태어난 해, 달, 날, 시의 간지들—도 '산명算命'을 위해 사용될 수 있었다. 사람의 관상觀相도 그 사람의 운명을 예언하는 데 사용될 수 있었다.92) 주희는 꿈 또한 다음날 일어날 일들과 관련이 있다고 이야기했다.93) 심지어 그는 기린(麟)의 출현을 나쁜 징조로 여기는 해석을 인정했다.94) 이러한 모든 것들은 가능했고, '기'를 통해 그리고 '기'와 인간의 마음의 상호작용을 통해 설명할 수 있었다.

---

Chinese Studies, University of Michigan, 1989)의 여러 논문들을 참고할 수 있다.
90) 『朱子語類』 권125 13a2, "人言仙人不死, 不是不死.……蓋他能煉其形氣, 使渣滓都銷融了. 唯有那些清虛之氣, 故能升騰變化." 또한 『朱子語類』 권125 16a1도 참조할 것.
91) 예컨대 『朱子語類』 권66 17a1·2, 17b1·2.
92) 예를 들어, 주희는 어떤 승려에 대해 이야기하면서, 그의 관상을 보면 그가 승려가 되지 않았다면 분명히 도적의 우두머리가 되었을 것이라 이야기하기도 했다. 『朱子語類』 권4 21b0.
93) 예컨대 『朱子語類』 권86 18b3. 『朱子語類』 권114 13b3f를 보면, 주희는 "혼과 백이 만나서 꿈을 만들어낸다. 마음은 그것들 사이에 있으면서 전처럼(즉 깨어있는 것과 마찬가지로) 생각할 수 있다. 따라서 꿈을 만들어낼 수 있다"(魂與魄交而成寐. 心在其間依舊能思慮. 所以做成夢)라고 말했다.
94) 예컨대 『朱子語類』 권83 24b2, 권90 7b0.

## 5. 지적 도전, 자신감, 그리고 고대에 대한 존경

　이런 식으로 주희의 학문체계는 천문역법, 율려, 의학과 같은 전문과학 분야들뿐 아니라 내단, 『주역』 점, 제사와 같은 초자연적 주제들까지 포함해서 모든 것을 포괄하게 되었다. 어떤 실행이나 믿음을 거부할 만한 합당한 이유가 없는 한 주희는 그것을 자신의 학문체계 안에 포함시켰다. 그는 수용할 수 있는 주제들의 폭을 좁게 제한하는 엄격한 체계보다는 모든 것을 포괄하는 넓은 범주를 선호했던 것으로 보인다. 어떤 면에서, 그는 세계의 모든 것들이, 그것들이 아무리 이해하고 설명하기 어렵고 아무리 이상해 보이더라도, 자신의 학문체계 속에 포괄될 수 있음을 보이려 했다고 할 수 있다. 실제로 주희는 자신의 학문체계가 모든 것을 포괄할 수 있다고 믿었던 것으로 보인다. 그렇다면 자연스럽게 왜 그가 자신의 학문체계 안에 그토록 넓은 범위를 포괄하려 했는가 하는 질문이 나오게 된다.

　생각해 볼 수 있는 명백한 요인 한 가지는 지적 도전이다. 예를 들어 『참동계』에 대해 주희가 그토록 깊은 관심을 보였다는 것은 세계의 모든 것—천지로부터 인간의 몸, 그리고 그 안에서 일어나는 일들까지—을 포괄하는 이 고대 연단술 저작이 그에게 제공한 지적 도전을 통해 설명할 수 있다. 그는 『참동계』에서 내단의 실행과 믿음의 기초가 되는 천지와 인간의 몸 사이의 연결을 볼 수 있었다. 또한 외단의 과정을 우주의 과정과 질서가 연단술사의 실험실에서 모방되거나 재현되는 것으로 해석할 수 있듯이[95] 내단의 과정 또한 천지의 다양한 우주적 과정들이 인간의 몸 안에서 모방되거나 재현되는 것으로 해석할 수 있었다. 『주역』 괘들의 다양한 연관들을

---

95) Nathan Sivin, "Chinese Alchemy and the Manipulation of Time", *Isis* 67 (1976), pp.513~526; 번역: 네이산 씨빈, 「중국 연금술의 성격」, 김영식 편, 『중국 전통문화와 과학』(창작과비평사, 1986), 289~307쪽.

포함한 은유와 상징들로 가득 찬 이 심오한 책이 매우 이해하기 어려운 내용이었다는 사실도 주희의 지적 호기심과 자부심을 자극했을 수 있다. 『참동계』의 문체 역시 주희의 관심을 끌었던 것으로 보인다.[96] 따라서, 주희가 지적인 도전을 북돋우면서도 심미적으로 끌리는 이 책—비록 책의 최종 목표가 군자가 되고자 하는 유가의 그것이 아니라 신선이 되고자 하는 것이기는 했지만—에 관심을 지니게 된 것은 자연스러운 일이었다.

주희는 또한 이같이 어려운 경계선상의 여러 주제들을 완전히 익히고 자신의 학문체계 안에 포함시킬 수 있게 되면, 그 자신의 명성과 자부심을 높이게 될 것이라고 느꼈을 수 있다. 도학道學 집단의 지도자로서의 주희의 지위도 이와 관련해서 고려해 볼 만하다. 주희의 말년에 이르러 그가 겪었던 정치적 박해에도 불구하고—혹은 아마도 그 때문에— 지도자로서의 그의 지위는 한층 더 강화되었다.[97] 이러한 상황에서 사람들은 점점 더 그에게 많은 것을 기대했고, 그는 사람들에게 어떤 책을, 어떤 목표로, 그리고 심지어 어떤 순서로 읽어야 할지에 대해 이야기해 주어야 할 필요를 느끼게 되었다. 이것이 바로 그가 많은 경전들에 대해 '집주集註', '혹문或問', '본의本義' 같은 제목으로 주해서들을 집필하고 편찬하면서 한 일이었다. 말년이 되면서 주희는 자신의 학문의 범주를 한층 더 넓히고 재규정해 나갔다. 여전히 『서경書經』, 『대학大學』, 『의례儀禮』와 같은 경전들에 대한 작업을 열심히 계속하고, 『초사楚辭』와 「태극도」 같은 자료들에 대한 주석을 집필하는 한편, 천문역법, 율려 같은 전문분야를 연구하고 논의하고, 『참동계』를 논하며 『참동계고이』를 저술하는 일에 점점 더 많은 노력을 기울였다.

---

96) 주희는 『참동계』의 "古雅한" 문체(『朱文公文集』 권45 14b~15a)를 좋아했고, "『참동계』의 문장은 지극히 좋으며 아마 후한의 글쓰기가 능한 사람이 썼을 것이다"(參同契文章極好. 蓋後漢之能文者爲之; 『朱子語類』 권125 12b1)라고 말하기도 했다.

97) Hoyt C. Tillman, *Confucian Discourse and Chu Hsi's Ascendancy* (Honolulu: University of Hawaii Press, 1992).

또한 이때쯤 주희는 여러 분야들에 대한 자신의 이해가 높은 수준에 이르렀다고 자부했던 것으로 보인다. 그는 자신이 성취했다고 믿은 그 같은 이해를 다른 학자들에게 전파하기를 원했다. 예를 들어, 주희는 자신이 『주역』에 대한 지속적이고 광범위한 연구를 통해 『주역』의 기본 원리, 즉 '역리易理'에 대해 깊은 이해에 도달했다고 느꼈던 것으로 보인다.[98] 그는 내단을 이해하는 열쇠인 '역리'에 대한 자신의 뛰어난 이해에 바탕해서 『참동계』를 읽고 이해하는 올바른 방법을 다른 사람들에게 보여 줄 수 있다고 믿었던 것으로 보인다. 그는 『참동계』의 몇몇 특정 구절들을 찍어서 '매우 중요한(要切) 부분이라고 말할 수 있다고 느낄 정도로 그 책에 대한 자신의 이해 수준을 자신했다. 특히 그가 괘의 여러 연관들과 관련해서 기존 이론들을 거부하고 자신의 해석을 뒷받침하는 주석들에서 그의 자신감은 잘 드러난다. 또한 그는 그 책에 대한 자신의 그 같은 주석 작업의 결과 그 책의 주제인 내단을 자신의 포괄적인 철학체계 안에 포함시킬 수 있게 되었다고 믿었음에 틀림없다. 이것이 주희가 내단의 기법과 과정들의 구체적 세부 사항들을 보이는 것보다는 내단의 기본 원리들을 보이는 데에, 그리고 내단의 기법과 과정들이 세계의 모든 것의 기저를 이루는 『주역』의 상象, 괘들과 연결되어 있음을 보이는 데에 더 많은 관심을 지녔던 이유였다. 또한, 주희가 아직 『참동계』의 구체적 내용들을 자신이 모두 완전히 이해했다고 생각하지 않으면서도 『참동계고이』의 집필을 통해 그 핵심 정수는 전달할 수 있을 것이라 여긴 것도 같은 이유에서였을 것이다.[99] 주희는 『주역』 점의 올바른 방법에 대한 자신의 이해와 관련해서

---

[98] 1198년 이후의 것으로 보이는 한 대화에서 주희는 자신이 養生의 理에 관한 채원정의 언급들을 이해했다고 말하기도 했다. 『朱子語類』 권125 11a0을 볼 것.

[99] Yung Sik Kim, "The Ts'an-t'ung-ch'i k'ao-i and the Place of Internal Alchemy (Nei-tan) in Chu Hsi's Thought", *Monumenta Serica* 55.

도 같은 태도―「시괘고오蓍卦考誤」를 집필하는 등―를 보였다. 『역학계몽』을 완성한 후, 그는 이 책을 저술함으로써 이룬 성취를 『대학』에 관한 자신의 작업에 견주었으며, 이 두 가지 작업을 통해 자신이 "이전의 현인들이 도달하지 못한 것을 이해하게 되었다"고 말했다.100) 또한 그는 자신이 다른 사람들의 작업에서 찾아낸 우수한 지식도 널리 알려 이용될 수 있도록 했다.101)

이러한 주희의 자신감은 고대의 지식에 대한 그 특유의 존경심과 결합되어 그로 하여금 당대의 전문분야들이 고대 황금기 그 분야들이 지녔던 높은 수준의 지식에 비해 한참 못 미친다고 비판하도록 했다. 예를 들어 그는 정확한 역법, 즉 '정법定法'이 요·순 같은 고대 성왕聖王들의 시기에는 존재했었는데, 후대에―더 구체적으로는 한대漢代에― 사라졌다고 이야기했다.102) 주희의 견해에 따르면, 그 같은 정확한 역법이 이미 없어진 자신의 시대에는 역가曆家들에게 더 이상 '정법'이 없었고, 그들은 단지 하늘의 움직임에 달력을 맞추려고 숫자를 더하고 빼느라 분주할 뿐이었다. 따라서 당시까지 가장 정밀하다고 여겨진 당唐나라의 대연大衍 역법 또한 '정법'에 미치지 못했고 오류가 있을 수밖에 없었다.103)

또한 주희는 당대의 '악가樂家'들을 비판하면서, 고대의 음악에 대해서는 높이 평가했다. 그에 따르면 고대인들은 음악과 율려에 대해 진정한 이해를 지니고 있었다. 그들은 음악에 대해 잘 알고 있었으며 실제로 악기들을

---

100) 『朱子語類』 권14 8b6~9a0, "見得前賢所未到處."
101) 앞서 이야기한 郭雍의 책에 붙인 서문에서 주희는 곽옹의 뛰어난 의학지식을 많은 사람이 접할 수 있도록 할 필요가 있다고 이야기했다. 『朱文公文集』 권83 22a.
102) 예컨대 『朱子語類』 권2 11b1, 권86 10a0.
103) 『朱子語類』 권86 10a0. 주희는 만일 정법을 사용한다면 달력에 전혀 오류가 없을 것이라고 믿었다. 또한 그는 "역법을 정밀하게 연구할 수 있으면 定數가 있으며 결코 오차가 있을 수 없다"(若考得精密, 有個定數, 永不會差; 『朱子語類』 권86 9a1)고 말하기도 했다.

사용하여 연주할 수 있었다.104) 그는 고대인들의 그 같은 음악이 없어졌다고 자주 이야기했다. 자신의 시대의 사람들은 고대 음악에 대한 참된 지식을 지니지 못했거나 이를 공부할 방법을 지니지 못했다는 것이다.105) 이 같은 음악의 쇠퇴는 일찍이 시작되었지만, 주희는 당말의 혼란기가 그 당시까지는 존재했었던 고악이 사라진 시기라고 구체적으로 지적했다.106) 그때 왕박王朴 같은 사람이 '4청성淸聲'을 포함한 '두찬杜撰'을 내어 놓았던 것이다.107)

주희는 다른 여러 분야들에서도 고대의 완전한 지식이 쇠퇴했다고 보았다. 예를 들어 그는 고대인들이 가졌던 의례에 관한 완전한 지식이 사라져 버렸다고 자주 한탄했다.108) 고대의 지식에 대한 존경심은 고대 의학에 대한 그의 태도에서도 찾아볼 수 있다. 예를 들어, '하夏씨'의 의서를 칭찬하면서, 그는 그 책의 뛰어남은 그것이 "모두 [의학] 경전과 고대의 연구에 토대를 두었고 출전이 없는 것이 없"기 때문이라고 말했다.109) 곽옹의 의서에 대한 주희의 높은 평가 또한 곽옹이 의학 경전들의 어려운 부분들을 쉽게 이해할 수 있는 형태로 풀어썼다는 판단에 근거했다.110) 많은 주변적 분야들에서 주희 자신이 성취했다고 믿었던—또는 적어도 목표로 삼았던—것은 바로 이 같은 고대의 완벽한 지식이었음에 틀림없다.

---

104) 예컨대 『朱子語類』 권2 11b1, 권92 7b1・11a1. 『朱子語類』 권2 11b1에서 그는 "옛사람들이 鍾과 律을 계산하는 데에는…… 모두 '정법'이 있었다"(古之鍾律紐算, 寸分毫釐絲忽皆有定法)고 이야기하기도 했다.
105) 예컨대 『朱子語類』 권25 24b0, 권35 24a0, 권92 5a0・7b1・11a1.
106) 예컨대 『朱子語類』 권92 6a4・6b1・7a1・7b0・10a2.
107) 예컨대 『朱子語類』 권92 7a1・10a2. 채원정의 『율려신서』에 쓴 주희의 서문에 나오는 음악과 율려의 역사에 대한 짧은 논의는 본질적으로 같은 상황을 이야기했다. 『朱文公文集』 권76 17b를 볼 것.
108) 예컨대 『朱子語類』 권84 7a1; 『朱文公文集』 권81 5b~6a, 권83 14a.
109) 『朱文公文集』 권76 2b, "皆據經考古而未嘗無所自也."
110) 『朱文公文集』 권83 21b~22a.

## 6. 유가 학문의 범주 확장

유학자들의 주요 관심 대상을 벗어난 위의 다양한 분야들에 대해 주희가 관심을 지닌 것은 '탈선'이나 '도피' 또는 '이단'의 행동이 아니었다. 그것은 세계에 대한—천지, 만물 및 인간에 대한— 그의 이해를 넓히고 깊게 하는 일이었다. 천문역법, 율려, 의학과 같은 '과학적' 분야들 뿐 아니라, 연단, 『주역』점, 제사와 같은 '초자연적' 분야들에 대한 그의 관심과 공부를 통해, 주희는 자신이 이전에 다루지 않았던 주제들로 관심을 넓혀 가며 여러 영역들을 포괄해 나갔던 것이다.[111]

물론 도덕과 사회 문제들이 주희에게 중요한 주제들이었던 것은 사실이다. 그것들은 그를 비롯한 신유학자들의 핵심 관심사였다. 그러나 그것들만으로는 충분하지는 않았다. 세계—자연세계와 영적 세계 모두—의 작용과 신비를 이해하는 것 역시 그에게는 중요하고 도전할 만한 과제였다. 그리고 그것이 위에서 논의된 '과학적'·'초자연적' 분야들이 목표로 하는 바였다. 물론 이들 주제들은 다른 학자들—자신들에게는 더 '유용'하고 '실용적'이었던 윤리적·사회적 문제들에 몰두하고 있던—의 관심을 많이 끌지는 못했다. 주희 자신도 그가 열심히 탐구했던 윤리적, 사회적 문제들에 비교하면, 과학적·초자연적 주제들에 관해서는 관심의 정도가 덜했다. 그러나 과학적·초자연적 분야들이 주희의 관심을 벗어난 것은 아니었고, 그는 그 분야들에도 충분히 관심을 지녔다. 그리고 그러한 주희의 태도는 그가 구축한 체계가

---

111) 風水 분야에 대해서 주희는, 비록 내단이나 『주역』점과 관련해서 그가 그러했듯이 그 믿음과 실행들에 대한 자신의 의견을 피력하거나 그 이론을 공부하고 주석을 집필하는 일을 하지 않았지만, 그 분야를 거부하지는 않았다. 풍수에 대한 주희의 견해는 Patricia Ebrey, "Sung Neo-Confucian Views on Geomancy", in Bloom, Irene, and Joshua A. Fogel, eds. *Meeting of Minds: Intellectual and Religious Interaction in East Asian Traditions of Thought* (New York: Columbia University Press, 1997), pp.75~107, 특히 pp.86~97을 참고할 것.

정통正統으로서 국가에 의해 채택되고 학자들에 의해 받아들여짐에 따라 큰 영향력을 지니게 되었다.

과학적·기술적인 주제들을 포함시킴으로써, 주희는 유가의 학문을 더 폭넓고 과학적으로 만들었다. 물론 이후의 유가 학문체계에서 이러한 넓은 범위가 그대로 지속되지는 않았다. 그의 후학들의 관심이 좁혀졌던 것이다.112) 그럼에도 불구하고, 주희가 과학·기술 주제들을 자신의 학문체계 안에 위치지었다는 사실은 매우 중요하다. 이는 주희의 학문을 따르는 대부분의 학자들이 과학적·기술적 문제에 계속 관심을 가지고 공부하도록 하는 역할을 했다. 예를 들어 17~18세기 서양 과학지식이 유입되었을 때, 중국과 조선의 많은 유학자들이 그것을 받아들이고 자신들의 학문체계 속에 위치지을 수 있었다.113)

다른 한편으로, 주희가 초자연적 주제들을 자신의 학문체계 안에 포함시킨 것은 그의 반反미신적 입장을 완화시키는 효과를 낳았다. 주희는 더 합리주의적이고 반미신적 태도를 보였던 구양수歐陽修(1007~1072), 사마광司馬光(1019~1086), 장재, 정이와 같은 북송 사상가들과 비교했을 때 초자연적·

---

112) 주희가 일단 모든 것을 포괄하는 체계를 완성한 후 학자들은 자신들의 주된 관심인 윤리와 수양 이외의 다른 문제들에 대해서는 걱정할 필요를 느끼지 않는 것처럼 보였다. 다른 모든 것들—과학과 기술의 지식을 포함해서—은 이미 주희의 체계 속에 다 포함되어 있다고 느꼈던 것이다. 이러한 경향은 조선에서 더욱 심화되었는데, 조선의 주자학자들 중 많은 수가 서양으로부터 들어오는 과학지식 같은 것에는 별다른 관심을 보이지 않으면서 이른바 '朱子定論'을 확립하는 일에 몰두하고 있었다. 구만옥, 『조선후기 과학사상사 연구 I — 주자학적 우주론의 변동』(혜안, 2004), 5장을 볼 것.
113) Willard J. Peterson, "Fang I-chih: Western Learning and the 'Investigation of Things'", William Theodore de Bary, ed., *The Unfolding of Neo-Confucianism* (New York: Columbia University Press, 1975), pp.369~411; Benjamin A. Elman, *On Their Own Terms: Science in China, 1550~1900* (Cambridge: Harvard University Press, 2005); Yung Sik Kim, "Western Science, Cosmological Ideas, and the Yijing Studies in Seventeenth —and Eighteenth— Century Korea", *Seoul Jouranl of Korean Studies* 14 (2001), pp.299~334.

미신적 믿음과 실행들에 대해 더 수용적인 태도로 선회했다고 할 수 있다.114) 그리고 이런 점에서 주희는 널리 알려진 유학자들의 좌우명, 즉 귀신과 같이 알 수 없는 것에 대해서는 거리를 두어야 한다는 입장과 반대의 방향으로 가고 있었다.115)

이와 관련해서는 주희가 살았던 시대와 장소를 고려하는 것이 도움이 될 수 있을 것이다. 남송시기에는 '초자연적' 믿음과 실행들이 광범위하게— 일반 사람들은 물론 학자들 사이에서도— 퍼져 있었다. 심지어 관료들이 그들의 공적 업무의 일환으로 귀신을 쫓는 의식들을 수행하기도 했다.116) 특히 주희가 살았던 복건福建지역은 그러한 경향이 더 심했다. 또한 주희가 도교 사원들을 관리하는 것을 명목적인 업무로 하는 관직을 자주 맡았다는 사실도 기억할 필요가 있다. 주희는 그가 살았던 시대, 지역, 그리고 자신이 속한 집단에 널리 퍼져 있던 초자연적 믿음과 실행들에 대해서, 그것을 거부할 만한 확실한 이유가 없는 한 그것들을 자신의 체계 속에 포함시킬 필요를 느꼈을 것인데, 그의 철학체계에는 명백하게 그것들을 배제할 만한 뚜렷한 근거가 없었던 것이다. 더우이 남송시기 남부중국의 그 같은 분위기 속에서 주희는 이들 초자연적 주제들을 자신의 지식체계 안에 포괄함으로써, 그것들을 순화하고 그 주제들과 연관된 믿음과 실행들로부터 생길 수 있는 잠재적 위험을 막을 수 있을 것이라고 기대했을 것이다.

어쨌든, 주희가 '초자연적'으로 보일 수 있는 분야들을 자신의 체계

---

114) Patricia Ebrey, "Sung Neo-Confucian Views on Geomancy" (*Meeting of Minds: Intellectual and Religious Interaction in East Asian Traditions of Thought*). 실제 주희는 불교에 관해서도 이들 북송대 학자들에 비해 더 관용적인 태도를 보였다. 불교에 대한 주희의 태도에 대해서는 Julia Ching, *The Religious Thought of Chu Hsi* (Oxford: Oxford University Press, 2000), chap.9를 볼 것.
115) 예컨대 "敬鬼神而遠之"라는 『논어』의 구절(「雍也」 20장)을 볼 것.
116) Edward L. Davis, *Society and the Supernatural in Song China* (Honolulu: University of Hawaii Press, 2001), 특히 chap.3.

안에 포함시킨 것은 그러한 주제들과 그것들에 관련된 행위와 현상들을 정당화하는 효과를 빚었다. 그리고 초자연적인 것들에 대한 주희와 같은 식의 관용은 후대에도 지속되었다. 일단 주희가 그 같은 행위들을 정당화한 후에는 그것들에 대한 믿음은 이후 유학자들에 의해 완전히 배제될 수는 없게 되었던 것이다. 이익李瀷(1681~1763), 홍대용洪大容(1731~1783), 정약용丁若鏞(1762~1836)처럼 강한 반미신적 태도를 견지했던 조선의 사상가들조차도 점술, 풍수 같은 초자연적 술수들이나 자연현상을 재이災異로 보는 믿음을 완전히 거부하지 못했다.117)

주희가 처한 상황은 그로 하여금 가능한 한 많은 현상과 주제들을 자신의 학문체계에 수용하여 포괄하려고 노력하도록 만들었던 것으로 보인다. 그 이유는, 적어도 부분적으로는, 초자연적 주제들이 자신이 어느 정도 해결했거나 답을 찾았다고 여긴 윤리·사회 문제들과는 대조적으로 어려웠고 따라서 완전히 이해할 수 없었기 때문이었다. 또한 주희는 천문역법, 율려와 같이 그가 생각하기에 이미 다른 사람들이 상당 정도 해결해 놓은 분야들보다는 내단, 점술 같이 어렵고 해결되지 않은 분야들에 점점 더 많은 관심을 가지게 되었던 것으로 보인다.

---

117) 김영식, 「미신과 술수에 대한 정약용의 태도」, 『茶山學』 10호(2007), 7~54쪽.

# 제3장 미신과 술수에 대한 정약용의 태도

## 1. 머리말

유학자들이 유가 전통의 주변부의 것들에 대해 지니는 태도는 흥미롭다. 경전들과 그것들에 대한 주해들, 역사서들, 그리고 주류 학자들의 저술들 이외의 것들에 대해, 개개 유학자들은 어느 것은 받아들이고 어느 것은 받아들이지 않는 선택을 한다. 특히 전통적인 지식과 방식으로는 이해하거나 대처할 수 없는 새로운 문제들이 생겨나고 전통적인 지식과 태도가 당면한 문제들을 더 이상 해결해 주지 못한다는 인식이 퍼지는 전환기에는 유학자들의 선택지가 넓어진다. 조선 후기는 그러한 시기였다. 조선 후기의 유학자들은 양란 이후, 특히 만주왕조 청淸에 복속하게 된 이후의 수많은 정치·사회·경제적 문제들뿐만 아니라 과학기술을 중심으로 한 서양 학문과 기독교에도 접하고 있었던 것이다. 그들은 이런 다양한 문제들에 접하면서 자신들에게 주어진 선택지에 대해 다양한 태도를 보였다.

이들 중 정약용丁若鏞(1762~1836)은 특히 흥미롭다. 조선 후기의 이른바 '실학'을 대표하는 인물로 인식되는 그의 상징적 중요성 이외에도 그가 긴 생애 동안, 특히 중년 이후에 빠져든 18년의 유배시기 동안 이런 여러 문제들과 그것들에 대한 자신의 선택지에 대해 차분히 생각을 정리할 기회를 가졌다는 점도 중요하다. 그런 가운데, 그는 한편으로는 전통 경학經學 전체를 정리하려는 진지하고 야심찬 계획을 지니고 이를 실행에 옮겼으며 다른 한편으로는 강한 개혁사상을 지니고 있기도 했다. 게다가 그는 젊은 시기 천주교신앙에 빠졌고 천주교신학의 영향을 받기도 했었다.

이 같은 정약용의 선택지에 고려 대상으로 포함되었을 요소들로 조선 후기에 서양으로부터 새로 도입되어 조선 지식인들 사이에 관심을 끌고 논란을 빚어 가던 다음 두 가지가 두드러졌다.

1) 기독교
2) 과학기술지식을 주로 한 서양 학문

그러나 그 외에도 전통적으로 유가 학문과 사상의 수변부에 있던 다음의 요소들이 있었다.

3) 천문역법, 지리, 율려, 의학, 수학, 기술 등 분야들에서의 전문지식
4) 각종 술수와 미신

그간의 연구를 통해 이것들에 대한 정약용의 태도에 대해서는 많은 논의가 이루어졌다.[1] 그는 초기에는 기독교를 믿었기에 천天, 리理, 귀신鬼神 등에 대한 그의 관념에서 기독교신학의 영향을 찾아볼 수 있으나, 나중 기독교신앙을 버린 이후에는 그가 기독교에 적극적 관심을 보인 증거가 드러나지 않는다. 서양 과학지식이나 전통적 전문 과학기술지식 분야들에 대해서는 그는 철저하게 실용주의적 입장을 취했으며, 따라서 그가 서양 과학이나 과학기술지식 자체에 대한 이론적 관심을 보인 것은 아니었다.

---

1) 정약용에 관한 연구 결과들은 서영호, 「다산관계저작총목록」, 『茶山學』 1(2000), 333~412쪽에 수록되어 있다. 그 이후의 연구 결과들에 대해서는 이봉규, 「다산학 연구의 최근 동향과 전망 — 근대론의 시각을 중심으로」, 『茶山學』 6(2005), 135~177쪽; 「특집논문: 다산학 연구의 최근 동향」, 『다산과 현대』(연세대학교 강진다산실학연구원) 1호(2008), 11~117쪽; 2호(2009), 7~145쪽을 참조할 것.

한편 술수와 미신에 대해서는 그가 강하게 비판적이었는데, 그렇지만 그의 비판의 정도나 근거에 대해서는 충분한 검토가 이루어지거나 정리되지 못했다. 이 글에서는 각종 술수, 미신 등에 대한 정약용의 태도를 살펴볼 것이다.

그동안 술수와 미신에 대한 정약용의 비판적 태도는 그의 개혁적 사고와 함께 높이 평가받아 왔다. 그러나 자세히 살펴보면 그가 미신과 술수에 대해 철저하게 비판적이기만 한 것은 아니어서, 그는 때로 미신이나 술수의 믿음이나 현상들 중 어떤 것들은 받아들이거나 인정하는 듯한 태도를 보이기도 했다. 또한 정약용의 이 같은 태도가 전적으로 독특하고 새로운 것은 아니었다. 크게 보아 대체로 그와 유사한 입장이 주희에 의해 정립된 이래 유학자들에게 이어져 내려왔던 것이다. 사실 주희가 조선의 유학자들의 사상 전반에 커다란 테두리를 치면서 큰 영향을 미쳤기에 유가 전통의 주변부적 요소들에 대한 선택지에 대해 조선 후기 유학자들이 보이는 태도도 주희가 그어 놓은 테두리의 영향을 받았을 것임을 생각하면 이는 당연하다고 하겠다. 실제로 정약용을 비롯해 18세기 후반 이후 조선 유학자들에게 큰 영향을 미친 이익李瀷(1681~1763)과 같은 학자도 주희의 태도의 연장선상에 있음을 보게 된다. 물론 정약용의 경우는 주희와 다른 점을 많이 보였다. 예컨대 상관론적 사고에 대한 비판이나 귀신에 대한 해석에서 그는 주희와 현저하게 다르거나 상반되는 입장을 보이기도 했다. 그러나 술수와 미신에 대한 그의 태도는 크게 보아서 주희의 틀에서 벗어나지 않았다고 할 수 있다. 이 같은 상황을 보이기 위해 이 글에서 술수와 미신에 대한 정약용의 태도를 살펴보기에 앞서 먼저 이것들에 대한 주희 및 이익의 태도를 살펴 볼 것이다.

## 2. 주희

### 1) '초자연적' 현상들에 대한 주희의 설명

주희는 미신적인 것들을 강력히 거부했다. 특히 그는 이 세상의 모든 사물과 현상의 밑바탕을 이루고 있다고 믿었던 기氣의 속성들과 작용들을 넘어서는 '초자연적' 존재와 힘을 인정하는 것을 단호하게 배격했다. 그러나 주희는 많은 '초자연적' 사물들이나 현상들 자체는 부정하지 않았다. 오히려 그는 그것들을 초자연적인 원인이 아닌 기의 속성들과 작용들을 통해 설명함으로써 그것들이 존재하고 발생함을 받아들이고 '합리화'시켜서 자신의 폭넓은 체계 속에 포함시켰다. 바꿔 말하면 그는 자신의 반反미신적 입장에 바탕해서 이상한 '사물과 현상'들에 대한 '미신적' 믿음들을 거부했지만 사물이나 현상들 자체를 거부하는 일은 거의 없었던 것이다. 사실 폭넓은 범위와 적용 가능성을 지닌 '기' 개념을 사용해서 그는 아무리 이상하게 보이는 현상이라도 설명해 낼 수 있었다.[2]

따라서 이상한 사물이나 현상들에 대한 기록들을 주희가 내놓고 거부하는 일은 거의 없었다. 그는 사물들을 실제로 본 사람들의 이야기는 대체로 받아들였다. 사실 그로서는 어떤 현상도 거부할 필요가 없었다. 관찰되었다면 그것은 받아들일 수 있었던 것이다. 주희는 여러 이상한 일들에 대해 이야기하는 긴 대화에서 각종 괴물들—큰 발자국을 지닌 괴물, 깊은 산과 큰 못에 사는 괴물, 몸뚱이의 반은 사람이고 반은 말인 괴물—을 포함해서 도마뱀이 우박을 만드는 일, 전생前生과 후생後生, 죽은 후 다시 살아난 사람들 같은 것들이 실제로 존재하고 일어나는지에 대한 물음에 대해 자신의 입장을

---

[2] 氣의 이 같은 측면에 대해서는 김영식, 『주희의 자연철학』(예문서원, 2005), 2장을 볼 것.

분명히 밝히지 않았다.3) 이런 것들에 대한 그의 전형적 태도는 그것들을 철저히 이해해야 한다는 것이었다. 그는 그러한 것들의 존재를 완강하게 부정하는 사람들은 그것들의 리理를 이해하지 못하는 사람들이며 만약 그것들의 리를 이해한다면 그것들이 지닌 이상함은 없어질 것이라고 주장했다.4)

내단內丹에 대한 주희의 태도도 근본적으로 이와 같은 성격을 지녔다. 내단의 개념이나 이론들이 기이하고 신비스러웠으며 그 자신이 그 구체적 세부에 대해 완전히 이해하거나 설명할 수는 없었지만, 그에게 내단의 과정들—인체 내에서의 단丹의 형성이나 그것의 신비한 효과—은 어쨌든 기의 작용, 또는 기와 심心의 상호작용에 의한 것이었다. 실제로 내단의 궁극적 목표인 '선仙'에 대한 그의 태도는 기이한 현상들에 대해 그가 보여 준 태도와 같았다.— "누가 그들이 존재하지 않는다고 말하는가? 진실로 그들의 리가 있다. 다만 그들이 [신선이 되기 위해] 해야 하는 노력이 아주 어려울 뿐이다."5) 따라서 그는 신선들에 대한 이야기를 그냥 배척하기보다는 설명하려고 했다. 예를 들어 그는 다음과 같이 설명했다.— "[신선들이] 죽지 않는 것은 아니다.…… 그들은 자신들의 형形과 기를 단련할 수 있어서 찌꺼기들을 모두 녹여 버리고 그 같은 청허淸虛한 기를 지니고 있을 뿐이며, 그 때문에 [하늘로] 올라가서 변화할 수 있는 것이다."6) 점복占卜에 대한 주희의 태도 또한 기본적으로 같았다. 그는 『주역』점을 그의 체계 내에 받아들였다. 또한 그는 전지前知를 얻는 데 사용될 수 있는 다른 종류의

---

3) 『朱子語類』 권3 2b2~3b0.
4) 『朱子語類』 권138 10a3. 주희는 심지어 "내가 그것들이 있기를 바라면 있고 그것들이 없기를 바라면 없다"(我要有便有, 我要無便無)는 謝良佐의 말에 동의했다.
5) 『朱子語類』 권4 21a1, "誰人說無. 誠有此理. 只是他那工夫大叚難做."
6) 『朱子語類』 권125 13a2, "人言仙人不死, 不是不死.……蓋他能煉其形氣, 使渣滓都銷融了. 唯有那些淸虛之氣, 故能升騰變化." 또한 『朱子語類』 권125 16a1도 참조할 것.

신호들이나 조짐들도 모두 거부하지는 않았다.[7]

이렇듯 주희는 오늘날의 관점에서 신비스럽거나 미신으로 보이는 것들 모두를 배격하지는 않았으며 그런 것들 중 어떤 것들은 받아들이기도 했고 어떤 것들에 대해서는 모호한 태도를 취하기도 했다. 그리고 이 같은 그의 태도는 그의 사상체계 속에서는 당연한 것이었다. 특히 그의 사상체계 속의 다음 두 가지 측면이 그의 이 같은 태도의 근거가 되었다.

1) 『주역』과 술수術數의 연결
2) 기 개념의 폭넓은 범주, 특히 기와 심의 상호작용 및 귀신 개념

### 2) 『주역』

주희는 『주역』은 원래 점복에 사용하기 위해 저술된 것으로 생각했다. 그는 "『주역』은 원래 점복을 위해 [성인들이 저술한] 책"이라고 되풀이해서 이야기했으며[8] 『주역』에 숨겨진 '의리義理'에만 집중하고 점복의 측면을 무시한 당시의 학자들을 비판했다.[9] 따라서 주희의 생각으로는 『주역』 점을 치는 것은 유학자로서 얼마든지 할 수 있는 일이었다.— "점복의 경우 복희, 요순 이래로 모두 사용하였으니 이는 그에 대한 리가 있는

---

7) 중국에서의 점복의 여러 형태들에 대해서는 Joseph Needham, *Science and Civilisation in China* (Cambridge: Cambridge University Press, 1954~) vol.3, pp.346~364; Richard J. Smith, *Fortune — Tellers and Philosophers* (Boulder, Colorado: Westview Press, 1991), chaps.5~6 등을 볼 것.
8) 『朱子語類』 권66의 여러 곳들과 권67 5b3・14a1, 그리고 『朱文公文集』 권31 15a, 권33 32a~32b, 권38 21a 등도 볼 것. 따라서 주희는 『주역』과 다른 경전들의 성격상의 차이를 자주 지적했다. 『주역』과 『주역』 점에 관한 주희의 생각에 대한 좋은 논의로는 Smith, Kidder Jr., Peter K. Bol, Joseph A. Adler, and Don J. Wyatt, *Sung Dynasty Uses of the I Ching* (Princeton: Princeton University Press, 1990), chap.6 (Joseph A. Adler가 씀)을 볼 것. 『주역』과 고대의 다른 경전들과의 관계에 대해서는 이성규, 「『史記』와 易學」, 『서강인문논총』 14(2001), 115~164쪽을 볼 것.
9) 『朱子語類』 권66 19b0; 『晦庵先生朱文公文集』(四部備要版) 권33 32a~32b, 권38 21a 등.

것이다. 지금 사람들이 어떤 일에 대해 의심이 있으면 경건하게 점복으로 그것을 결정하니 무슨 불가함이 있겠는가?"[10] 주희의 생각으로는 『주역』 괘들은 이 세상의 온갖 현상과 물체들을 상징하는 것으로,『주역』 점을 치는 사람은 『주역』의 괘들을 조작하고 그것들에 대해 명상함으로써 이 세상의 여러 과정들을 재현하고 우주적 유형들을 파악할 수 있는 것이었다.[11]

『주역참동계周易參同契』의 내단에 대한 주희의 논의 또한 우주 전체와 인체의 작용을 연결짓는 주된 틀로 『주역』 괘들을 사용했다. 주희에게 『주역』 괘들은 점복만이 아니라 내단의 이론적 기초이기도 했던 것이다. 그리고 이들 주제들이 이단인 도가와 각종 술수들의 전통에 연결되어 있었다는 사실이 주희와 같은 유학자에게 문제가 될 수 있었겠지만, 이것들이 유가의 핵심 경전인 『주역』에 기초하고 있다는 믿음은 그가 이 주제들을 정당화하고 자신의 유가체계 내에 받아들이는 데 큰 도움이 되었을 것이다. 괘들이 이 세상 온갖 것의 '상象'으로 형성되었고 『주역』이 인간을 포함해서 이 세상 모든 것의 작용과 신비를 이해하는 열쇠들—괘들에 대한 해석, 그리고 괘들과 이 세상 온갖 사물과의 연관에 대한 해석—을 포함하고 있다고 믿어졌기에 『주역』은 그 같은 역할을 할 수 있었다.

### 3) 기와 심의 상호작용 및 귀신 개념

주희의 견해로는 기는 세상의 모든—물질적 또는 물리적인 것만이 아니라—

---

10) 『朱子語類』 권2 12a1, "如卜筮, 自伏羲堯舜以來皆用之, 是有此理矣. 今人若於事有疑, 敬以卜筮決之, 有何不可." 실제로 그는 모든 사람—"사, 농, 공, 상"—이 모든 일을 두고 점복을 유용하게 여길 것이라고 생각했다. 『朱子語類』 권66 5b0.
11) 예를 들어 三浦國雄는 "점치는 사람은 천지생성의 순서를 筮竹를 빌려서 모의적으로 재연하는 것이다"라고 이야기했다. 『朱子と氣と身體』(東京: 平凡社, 1997), p. 172

사물과 현상을 구성하고 일으킨다. 예를 들어 기는 생명과 관련된 생리적 현상의 원인이기기도 하다. 기는 생명의 근원이다. 기는 생명을 형성하고 생명체에 영양분을 준다.12)

기는 또한 사람의 마음(心)을 구성한다. 주희에게 '마음'이란 단지 기일 따름이며, 더 구체적으로 말하면 기의 '정상精爽'한 부분, 또는 '영령靈스러운' 부분이다.13) 따라서 기는 정신적 속성들도 지니고 있으며 마음과 상호작용을 할 수 있다. 마음과 기의 상호작용은 자신의 마음과 자신의 기 사이에서만이 아니라 자신의 마음과 외부세계의 기, 그리고 자신의 기와 다른 사람의 마음 사이에서도 일어날 수 있다. 이것이 가능한 것은 모든 사람의 기와 마음은 천지로부터 부여받은 것이고 따라서 다같이 '천지의 기'(天地之氣)와 '천지의 마음'(天地之心)으로 이루어졌기 때문이다.14)

주희는 여러 가지 초자연적 현상들과 연관되는 '귀신' 개념도 기를 통해 논의했다. 그에게 '귀신'은 여러 층위의 의미를 지녀서, 아주 넓은 의미로는 자연세계의 모든 현상을 '귀신'이라고 부를 수도 있었고 더 좁게는 그 중 신비스러워서 예측할 수 없고 이해나 설명이 힘든 것들만을 가리켜 '귀신'이라고 부를 수도 있었다. 그는 '귀신'을 "조화의 흔적"(造化之跡)이라고 하는 정이程頤(1033~1107)의 말을 이 같은 여러 층위를 가리키는 것으로 해석했다.15) 그 외에도 주희는 제사지내는 대상인 죽은 사람의 영혼이나 그 외의 존재들을 가리키는 '귀신'의 개념도 지니고 있었다. 그러나 주희는 이 같은 여러 의미로서의 귀신을 모두 기를 통해—기의 속성과 작용으로—설명했다.16) 그가 귀신이 "두 기의 양능"(二氣之良能)이라는 장재張載(1020~1077)

---

12) 김영식, 『주희의 자연철학』, 71~73쪽.
13) 『朱子語類』 권5 3b2, 4b2; 권60 8a0 등.
14) 김영식, 『주희의 자연철학』, 2장 2절, 10장 4절을 볼 것.
15) 『朱子語類』 63 22a1, 22b1・2・4, 23a1・2, 25b0; 권83 21b0 등. 정이의 말은 『周易程氏傳』 권1에 있다.

의 말을 받아들인 것은 이런 의미에서였다.[17] 주희가 이렇듯 '귀신'을 기의 속성과 작용으로 설명했기에 제사에 대한 그의 설명 또한 조상의 기와 자손의 기, 그리고 조상의 기와 자손의 마음 사이의 상호작용에 바탕했다. 주희는 조상들과 그 자손들이 같은 기를 지니고, 그 기가 아버지로부터 아들로 그리고 손자에게로 전해진다고 믿었다.[18] 같은 기는 서로 감응하기 때문에 조상들의 기가 후손들의 기에 응하여 되돌아와 응집될 수 있는 것이다.[19]

기와 마음의 상호작용은 점복과 내단에 대한 주희의 논의에서도 중요했다. 그는 사람이 점치기를 통해 '천지의 기'의 다양한 작용들로 이루어진 우주적 유형을 감지할 수 있다고 믿었는데, 이는 사람의 마음과 '천지의 기'가 서로 상호작용을 하기 때문이었다.— "사람의 마음이 일단 움직이면 반드시 [천지의] 기에 도달한다. 그리고 굴신하고 왕래[하는 기와] 서로 감통한다. 점占과 같은 것들은 모두 그러하다."[20] 제사를 후손의 마음과 조상의 기 사이의 상호작용을 통해 설명한 것처럼 점치기도 점치는 사람의 마음과 천지의 기 사이의 상호작용을 통해 설명할 수 있었던 것이다. 마음은 내단을 두고서도 비슷한 역할을 했다. 주희에 따르면 단丹이 형성되는 것은 어떤 초자연적인 힘이나 작인에 의해서가 아니라 음과 양의 '교합交合'에 의해서였는데, 그는 이 같은 '교합'의 상호작용을 마음이 주관한다고 생각했던 것이다.[21]

---

16) 김영식, 『주희의 자연철학』, 제5장.
17) 『朱子語類』 권63 22b3, 권68 3b21 등. 장재의 구절("鬼神者, 二氣之良能也")은 『正蒙』 「太和」 편(『張子全書』, 四部備要本, 권2, 4a)에 있다.
18) 『朱子語類』 권17 11b3, 권63 21a1, 권90 18b0 등; 『朱文公文集』 권52 16a.
19) 『朱子語類』 권3 12b1・13a1, 권63 21a1 등.
20) 『朱子語類』 권3 2a0, "人心才動, 必達於氣. 便與這屈伸往來者, 相感通. 如卜筮之類皆是."
21) 朱熹, 『周易參同契考異』(四部備要本), 3b.

## 3. 이익

앞 절에서 살펴본 주희의 태도는 그의 반미신적인 입장을 완화시키는 효과를 지녔다. 그리고 이런 면에서 그는 '초자연적'이고 '미신적'인 믿음과 행위들에 대해 어느 정도 수용적인 자세를 보였다고 할 수 있는데, 이는 구양수歐陽修(1007~1072), 사마광司馬光(1019~1086), 장재, 정이 같은 북송 학자들의 더 '합리적'이고 '반미신적'인 태도로부터는 한걸음 물러선 자세였다.22) 그리고 이런 점에서 주희는 "귀신을 공경하되 멀리하라"는『논어』의 유명한 구절23)에 기반한 유가의 전통적 입장으로부터 벗어나고 있었다. 이는 주희가 살던 시기와 지역의 영향이었을 수가 있는데, 남송시대에는 미신적 믿음과 행위들이 일반 민중들만이 아니라 상류 지식계층에까지 널리 퍼져 있었고24) 주희가 살았던 복건福建지방에서는 그 정도가 더욱 심했던 것이다. 이 같은 남송시대 복건지역의 분위기 속에서 초자연적이고 신비스러운 주제들을 자신의 체계 속에 포함시킴으로서 주희는 그것들의 이단적 성격을 완화시키고 그것들이 야기할 수도 있을 불온한 문제들을 막으려고 했다. 어쨌든, 미신적으로 보이는 주제들이 주희의 체계 속에 포함됨으로써 그 주제들 및 그것들과 연관된 행위나 현상들이 정당화되는 효과가 있었다. 그리고 초자연적인 것들에 대한 주희 류의 '용인'은 그 이후로도 이어졌다. 일단 주희가 그 같은 행위들을 정당화한 후에는

---

22) Patricia Ebrey. "Sung Neo-Confucian Views on Geomancy", in Bloom, Irene, and Joshua A. Fogel, eds. *Meeting of Minds: Intellectual and Religious Interaction in East Asian Traditions of Thought* (New York: Columbia University Press, 1997), pp.75~107. 사실 주희는 불교에 대해서도 이들 북송 학자들보다는 온건한 태도를 보였다. 주희의 불교에 대한 태도에 관해서는 Julia Ching, *The Religious Thought of Chu Hsi* (Oxford: Oxford University Press, 2000), chap.9를 볼 것.
23) 『論語』, 「雍也」, 20장, "敬鬼神而遠之."
24) Edward L. Davis, *Society and the Supernatural in Song China* (Honolulu: University of Hawaii Press, 2001), 특히 chap.3.

그 후의 유학자들이 그것들에 대한 믿음을 완전히 부정하기는 힘들었다. 그들은 점복, 풍수 등과 같은 초자연적 술법들이나 재이災異에 대한 믿음을 완전히 배격하지 않았다.

이 같은 태도는 정약용을 비롯하여 18세기 이후 조선 학자들에게 많은 영향을 준 이익에게서 찾아볼 수 있다. 물론 미신적인 현상과 술수에 관한 구체적인 생각이나 믿음의 내용에 있어 이익이 주희를 그대로 좇은 것은 아니었다. 여러 가지 구체적 현상들을 두고서는 주희의 설명을 이익이 그대로 받아들이지 않는 경우가 많았다. 예를 들어 이익은 "무지개가 물을 마실 수 있다"는 주희의 생각을 받아들이지 않고 특히 "물을 마실 수 있은즉 또한 반드시 내장이 있어야 한다"는 주희의 이야기를 이해할 수 없다고 말했다.[25] 또한 이익은 높은 산에서 조개껍질이 발견된 것을 두고 바다가 높아져 산이 되었기 때문에 바다 밑의 조개가 산 위에서 발견된 것이라고 하는 주희의 해석을 받아들이지 않았다.[26] 그러나 '초자연적'인 기이한 현상들에 대한 이익의 태도는 근본적으로 앞 절에서 본 주희의 태도와 같은 성격을 띠었다. 그 같은 현상들에 대한 미신적인 믿음은 배격하지만 그 현상들 자체는 거부하지 않고 설명을 제시했던 것이다. 『성호사설星湖僿說』 「만물문萬物門」의 여러 구절들에 담겨 있는 신기하고 기이한 현상들에 대해서 그는 그것들을 거부하지 않고 나름의 설명을 제시하면서 그런 현상들의 '리理'가 있을 수 있음을 이야기했다.

사실 이익에게도 그 같은 기이한 현상들 중에서 미신적, 초자연적인 현상들과 그렇지 않은 것들을 구분해 내어서 거부할 기준은 없었다. 예를 들어 '천둥 신(雷神)'에 대해 설명하면서 이익은 "산과 바다 사이에

---

25) 『星湖僿說』 권2, 「虹蜺飮水」, "旣能啜水, 亦必有腸肚."
26) 『星湖僿說』 권4, 「高山螺蜯」.

흐리고 막힌 [기의] 편중됨이 있어서 '독룡毒龍'과 같은 괴물을 길러 내는데, 모두 천둥을 치게 할 수가 있다"고 이야기하고 "천둥의 '천둥 신'은 [그것의] 리가 혹 있을 것 같다"고 덧붙였다.27) 천둥이 위쪽에서는 들리지 않는다는 데 대해서도 그는 "무릇 소리의 운행運行은 그 세勢가 항상 아래로 향한다"는 설명을 제시했다.28) 등에 보석으로 된 그림을 지닌 거북에 대해서는 그는 "천지간에 원래 이 같은 리가 있다. 그것을 거북, 용, 석문石文에서 보게 되는 것이 어찌 이상하다고 할 수 있겠는가"라고 말했다.29) 겨울의 따뜻한 날씨나 여름의 찬 날씨와 같은 이상현상에 대한 설명이나 조석潮汐과 관련한 여러 가지 신기한 이야기들에 대한 설명도 비슷한 종류였다.30)

이익은 귀신과 관련된 여러 가지 현상을 기의 작용을 통해 설명했다. 제사를 지냄으로써 자손이 조상에 통하는 것에 대해 그는 "귀신은 형形은 소멸되어도 기는 남아 있다. 사람이 정성을 바치는 것도 또한 기로써 작용하는 것이니, 삶과 죽음이 비록 다르지만 기가 통하지 않음이 없다"고 설명하고 같은 기를 지닌 조상과 후손 사이의 감응과 자석이 바늘을 끌어당기는 것과의 유비관계를 말하기도 했다.31) 이익은 또한 귀신이 기이한 효과들을 일으킨다는 믿음을 받아들였다. 예를 들어 나무나 돌 속에 글자가

---

27) 『星湖僿說』권2, 「雷震」, "山海之間, 有混鬱偏重, 養成怪物如毒龍之類. 皆能作雷震……雷之雷神, 理或有之矣."
28) 『星湖僿說』권4, 「雷不上聞」, "蓋聲之運行……其勢常下."
29) 『星湖僿說』권4, 「則圖畫卦」, "天地間元有此理. 其見於龜龍石文何足異也."
30) 『星湖僿說』권2, 「冬溫夏涼」; 『星湖全集』권43, 「潮汐辨」등.
31) 『星湖僿說』권11, 「鬼神情狀」, "鬼神者, 形滅而氣存. 人之致誠, 亦以氣爲用. 死生雖別, 氣無所不通. 如磁石引鍼, 氣相近也. 石氣燻鍼, 十年未沫南北不差. 況先祖後孫之同一氣耶." 이익이 다른 글에서 풍수술을 비판하면서는 조상과 후손 사이의 '同氣感應說'에 대해 비판적인 이야기를 하지만(『星湖僿說』권10, 「藏經」; 권12 「堪輿說」), 그가 이 구절을 "이른바 '같은 기는 서로 구한다'는 것을 이로써 증명할 수 있다"(所謂同氣相求者, 於此可明)는 말로 끝내고 있는 것을 보면 그가 기본적으로는 '동기감응설'을 받아들임을 알 수 있다.

새겨져 있거나 벼락을 맞아 죽은 사람의 몸에 글자가 새겨져 있는 데 대해 그는 이것들이 귀신(鬼)의 짓이라는 것을 받아들이고 다음과 같이 이야기했다.

> 귀신이란 지각을 지닌다는 점에서 사람과 같다. 따라서 사람이 하는 것을 귀신 또한 하지 못함이 없다. 귀신은 기이다. 기는 들어가지 못하는 곳이 없으므로 능히 나무를 뚫고 돌을 뚫어 이와 같이 순식간에 희롱하고 홀린다. 귀신의 정상情狀은 본래 자주 사람을 현혹시키는 것을 능사로 하므로 왕왕 뜻밖의 일을 일으키고 사람들이 속는 것이다.32)

일반적으로 이익은 귀신이 일으킬 수 있는 일들에 대한 미신적 믿음에 대해 주희보다도 더 수용적인 태도를 보였다. 이는 무덤 속에서 관이 뒤집히거나 시신이 없어지는 것을 땅속의 바람의 탓으로 돌린 주희의 생각을 거부하고 "이는 마기魔氣가 일으켰음에 틀림없다. 마귀(魔)도 역시 풍기風氣가 모여 이루어진 것이기 때문에 이와 같이 [사람을 어지럽히는] 변화를 일으킬 수 있는 것이다"라고 이야기한 데서 잘 드러난다.33) 그는 제주도에서 큰 천둥이 친 후에 물속에서 섬이 솟아올랐다는 이야기에 대해서도 다음과 같이 설명했다.

> 이는 반드시 어떤 것이 옮긴 것이다. 옮긴 것은 기이다. 기 속에 지각知覺이 있어서 그렇게 했음이 틀림없다. 그런즉 귀신(鬼魅)의 소행이 아니겠는가? 귀신은 풍기風氣

---

32) 『星湖僿說』 권2, 「木石中字」, "鬼者, 其有知覺 與人同, 故人之所爲, 鬼亦無不爲. 鬼者氣也. 氣無所不入, 故能透木徹石, 閃弄出幻如此也. 鬼之情狀, 本多肢人爲能, 故往往出於意想之外, 而人亦爲所欺耳."
33) 『星湖僿說』 권3 「塋壙中變異」, "此必魔氣之所爲也. 魔亦風氣聚成者, 所以能幻化如此" 이익은 이 구절을 "무릇 세간의 해괴하고 정상이 아닌 것들은 이것(즉 마귀)이 하지 않은 것이 없지만 사람들이 스스로 깨닫지 못할 따름이다"(凡世間駭非常者, 莫非此物所爲, 而人自不覺耳)라는 말로 끝맺고 있다.

가 모인 것이고 풍風은 들어가지 않는 곳이 없다. 따라서 큰 것을 작게 할 수 있고 큰 물체를 창틈으로 끌어낼 수도 있다.34)

그 외에도 이익은 큰 나무가 쓰러졌다가 3년 후 천둥을 맞아 다시 일어난 일을 "귀신이 [사람을] 어지럽히는 소행"(鬼幻之所爲)으로, 오리 떼와 개구리 떼가 며칠씩 싸움을 벌인 일을 '신귀神鬼'가 사람들을 경계하기 위해 벌인 일로 돌리는 등 여러 가지 기이한 현상들을 귀신이 일으키는 것으로 이야기 했다.35)

이 같은 예들로부터 이익이 귀신을 어느 정도 실체로 보고 있었음을 알 수 있다. 그는 귀신이 "두 기의 양능"이라는 장재의 생각은 받아들이지만 귀신이 "조화의 흔적"이라는 정이의 생각은 받아들이지 않고 오히려 "조화란 것이 귀신의 흔적이라고 말해야 할 것 같다"36)고 했는데, 이는 귀신의 실체성에 대한 그의 믿음을 보여 준다고 할 수 있다. 자연세계의 신기한 일들에 나타난 조화의 흔적을 귀신이라고 부를 것이 아니라 흔히 '조화'라고 부르는 수많은 신기한 일들을 실체인 귀신이 일으켜서 생긴 효과로 본 것이다.

이익은 괴이한 현상들을 일으키는 것으로 귀신만이 아니라 다른 '이물異物' 들도 언급했다. 예를 들어 괴이한 바람(怪風), 급한 천둥(迅雷), 폭우暴雨 같은 것들도 '이물'이 장난친 것으로 보고 "만약 때의 기(時氣)에 따라 순행하면 어찌 괴이한 일을 일으키는 데까지 이르겠는가?"37)라고 물었는데, 이는

---

34) 『星湖僿說』 권1, 「飛颺島」, "此必有物移之也. 移之者, 氣也. 氣中必有知覺而然 則非鬼魅之所爲乎. 鬼魅風氣所聚, 風無所不入. 故能變大爲小, 引大軀於窓隙."
35) 『星湖僿說』 권1, 「灾異」. 『星湖僿說』 권1에는 '灾異'라는 똑같은 제목의 글이 두 편이 있는데 이 내용은 그 중 뒤쪽 글에 나온다.
36) 『星湖僿說』 권3, 「鬼神」, "恐當云. 造化者, 鬼神之迹也."
37) 『星湖僿說』 권3, 「怪風暴雨」, "凡風迅雷暴雨, 皆是異物之作, 而其動必在夏秋之候. 若因時氣順行, 何至於作耶."

때의 기에 따르지 않으면 이물이 괴이한 일을 일으킬 수 있음을 암시했다. 이 같은 '이물' 중 그가 자주 언급한 것은 용龍이었다. 그는 용을 실재하는 것으로 생각하고 용이 주희가 이야기한 비(雨)만이 아니라 우박, 천둥, 번개, 폭풍 등 많은 현상들을 빚어낸다고 믿었다.38)

이익은 또한 여러 가지 술수들의 기반이 되는 상관론적 사고를 받아들였다. 예를 들어 그는 하늘과 사람이 서로 감응한다는 천인상감론적 믿음을 받아들이고 "하늘과 사람이 비록 간여하고 반응한다고 하지만 하늘의 큰 수數는 사람이 어길 수가 없다"거나 "왕자王者는 하늘을 본받아 때에 따라 움직여야만 비로소 근거할 바가 있게 된다"고 이야기하여 사람이 하늘에 따라야 함을 주장했다.39) 또한 그는 다스리는 자의 행동이 바르고 바르지 못한 데 따라 자연현상이 고르기도 하고 그렇지 않게 되기도 한다는 전통적 재이론의 믿음을 완전히 거부하지 않았다.40) 일식이 일어나는 것을 설명하고 예측할 수 있다고 믿고 사람의 잘못된 행동이 일식을 부르는 것이 아니라고 주장한 그였지만, 일식이 태양의 '액운厄運'인 이상 사람에게 영향을 줄 수밖에 없다고 믿었던 것이다.41) 그는 전통적인 오행의 상관관계들을 받아들였으며,42) 여러 사물 및 현상들과 숫자를 연관시키는 수비학적인 믿음도 지녔다.43) 하늘의 일정 부분과 지상의 일정 지역을 연관지어 생각하는 분야설分野說을 두고서도 이익은 그 세부 적용에 있어서의 폐단을 지적하기는 했지만, 분야설의 바탕이 되는 하늘과 땅 사이의 상관관계는 받아들였다.44)

---

38) 『星湖僿說』 권1, 「地震風雷」; 권2, 「雨」・「雷震」・「獰風」; 권3, 「怪風暴雨」; 권5, 「毒龍」 등.
39) 『星湖僿說』 권3, 「德運」, "天人雖曰參應, 天之大數 人不能違也……王者體天順時而動 方有可據."
40) 『星湖僿說』 권3, 「雲漢」.
41) 『星湖僿說』 권2, 「日食」.
42) 『星湖僿說』 권3, 「五方神」 등.
43) 『星湖僿說』 권4, 「物生之數」.

따라서 이익은 술가術家들이 길흉을 따지는 일을 완전히 배척하지는 않았다.45) 사실 위와 같이 여러 가지 상관관계를 거부하지 않은 이익에게 그 같은 상관관계에 바탕해서 길흉을 점치는 것을 거부할 근거는 없었다. 비록 이익이 인간이 자신의 '명命'을 고쳐 만들 수 있다는 '조명造命'의 관념을 받아들여 지나친 신분제의 고착을 비판한 것은 사실이지만, 동시에 그는 사람이 타고난 '기수氣數'의 길고 짧고 맑고 탁하고 두껍고 얇음에 따라 그 사람의 상황이 정해진다는 '천명天命'의 관념을 거부하지 않았다.46) 더구나 이익은 이 같은 술수를 통한 점치기가 종종 들어맞는 결과를 내기도 한다고 믿었다. 예를 들어 그는 천체와 별자리의 위치에 따라 길흉을 점치는 '성명星命'의 방법이나 그해의 간지干支에 따라 재해가 일어나는 것을 예측하는 일이 종종 들어맞음을 지적했다.47) 그 외에도 그는 술가의 설이 믿을 만하거나 의거할 만하지는 못하지만 "왕왕 기이하게도 들어맞는다"고 말했으며,48) 특히 납갑법納甲法이 들어맞는 경우가 많았고49) '태을술太乙術'이나 '양구백육설陽九百六說'도 종종 들어맞았다고 이야기했다.50) 또한 그는 비기秘記나 도참서圖讖書 등에 나오는 예언에 대해서도 완전히 부정하지는 않았다.51)

이익은 택일擇日의 이론이 『주역』, 『좌전左傳』, 『서경書經』 같은 경전에도

---

44) 임종태, 「17·18세기 서양과학의 유입과 분야설의 변화: 『星湖僿說』「分野」의 사상사적 위치를 중심으로」, 『韓國思想史學』 21집(2003), 391~416쪽. 분야설에 대해서는 이문규, 『고대 중국인이 바라본 하늘의 세계』(문학과지성사, 2000), 제1장을 볼 것.
45) 술수와 재이에 관한 이익의 생각에 대해서는 박권수, 「術數와 災異에 대한 李瀷의 견해」, 『성호학보』 3호(2006), 99~134쪽을 볼 것.
46) 『星湖僿說』 권3, 「造命」.
47) 『星湖僿說』 권1, 「太陰」; 권3, 「造命」.
48) 『星湖僿說』 권2, 「木盛土衰」, "盖術家之說往往奇中. 然都不可信而以爲據."
49) 『星湖僿說』 권2, 「納甲」.
50) 『星湖僿說』 권1, 「太乙術」; 권2, 「陽九百六」.
51) 『星湖僿說』 권2, 「高麗秘記」.

기재되어 있다고 하여 그것을 거부하지 않았으며,52) 점치기나 성명星命과 같은 술수들도 경전과 그 해석에 근본한 것이므로 탐구해야 한다고 주장했다.53) 이런 면에서 특히 『주역』은 중요했는데, 예를 들어 이익은 "선후갑경先後甲庚'의 이론이 이미 『주역』「단전彖傳」과 「상전象傳」에 씌어 있으니 술수라고 해서 이를 부정해서는 안 된다"고 이야기했다.54) 때로 이익은 택일, 상지相地 같은 술수들에 대해 이야기하면서 주희가 이사나 매장埋葬과 같은 일을 두고 금기禁忌의 날을 피한 것을 자주 예로 들었고,55) 그 같은 금기에 "구애받지 말아야 하지만 만약 피할 수 있을 경우에는 그러는 것이 좋다"고 이야기했다.56)

## 4. 미신과 술수에 대한 정약용의 태도

앞 절에서 신비스럽거나 미신적인 사실이나 현상들에 대해 설명을 제시함으로써 그 사실이나 현상 자체는 부정하지 않고 받아들이는 주희의 태도는 이익에게서도 지속되었음을 보았다. 오히려 기이한 현상에 대한 미신적 믿음을 받아들이는 정도는 이익의 경우 주희에서보다 더 강해졌음을

---

52) 『星湖僿說』 권1, 「先後甲庚」.
53) 『星湖僿說』 권26, 「郭璞李淳風」.
54) 『星湖僿說』 권1, 「水勢大運」, "先後甲庚, 已著象象, 不可以數術而非之也."
55) 『星湖僿說』 권3, 「合葬」; 권7, 「陰陽家」 등.
56) 『星湖僿說』 권7, 「陰陽家」, "須不拘拘, 苟可以忌避, 亦可爲也." 그리고 이 같은 이익의 태도와 비슷한 태도를 그보다 약간 앞선 시기 중국의 梅文鼎(1633~1721) 같은 사람에게서도 찾아볼 수 있다. 예를 들어 매문정은 일식, 월식 등이 재이가 아닌 자연현상임을 분명히 이해했음에도 불구하고 사람이 일식이나 월식에 접해서 조심하는 일은 좋은 일이라고 생각했으며 星命 이론도 배척하지 않았다. 張永堂, 「梅文鼎對術數的態度」, 『明末淸初理學與科學關係再論』(臺北: 學生書局, 1994), 265~287쪽 중 272~273쪽을 볼 것. 매문정은 기본적으로 풍수가 "분명히 그 理를 지니고 있다"고 믿었으며, 특히 자신의 아버지의 매장을 위해서 葬術을 공부하기도 했다. 같은 글, 276~277쪽.

볼 수 있다. 특히 이익이 귀신을 실체로 보았기에 그런 면은 더욱더 두드러졌다. 그러나 정약용의 경우에는 미신과 술수에 대해 비판하고 거부하는 정도가 이익에 비해서 훨씬 강해졌다. 정약용의 비판의 정도는 주희의 경우보다도 더 강했다. 따라서 정약용에 이르러서는 주희 이래 있어 온 미신과 술수에 대한 수용의 태도가 반전되었음을 알 수 있다.

### 1) 미신과 술수의 거부

술수에 대해 정약용은 기본적으로 부정적인 태도를 지녔다. 이는 그가 복서卜筮, 관상觀相, 점성占星 등은 술수를 행해서 사람들을 혹惑하는 것이지 '학學'이 아니라고 단언한 데서 잘 드러난다.57) 특히 그는 각종 점치는 일을 비판했는데, 예를 들어 "우리 [유가의] 도道의 옳고 그름을 어찌 서죽筮竹이나 거북[껍질]에 물을 수 있겠는가"라고 말했다.58) 그의 복서에 대한 배격은 근본적이고 철저했다. 그는 자신이 복서를 배격하는 것이 단지 "오늘날의 복서가 고대의 복서가 아니어서가 아니며, 비록 문왕文王이나 주공周公이 오늘 세상에 태어나도 결코 복서를 사용해서 의문 나는 일을 점치지는 않았을 것"이라고 단언하기까지 했다.59) 그는 또한 사람의 관상相을 살핌으로써 그의 습관習을 알 수 있다는 생각을 거부하고 오히려 습관에 따라 관상이 바뀌는 것이라고 주장했다.60)

---

57) 「五學論五」, 『與猶堂全書』 1집 권11 23b, "卜筮看相星耀斗數之等, 凡以術數衍者, 皆惑也. 非學也."
58) 『中庸講義補』, 『與猶堂全書』 2집 권4 258b, "吾道是非豈可質問於蓍龜乎."
59) 「答仲氏」, 『與猶堂全書』 1집 권20 16a, "此非謂今之筮非古之筮也. 雖使文王周公生於今世, 決不以卜筮稽疑." 그는 하늘을 섬기는 것(事天)과 점치는 것은 다른 일이라고 믿어서 "원래 하늘을 섬기지 않는 사람들이 감히 점치기를 하지 않지만, 나의 경우에는 지금 비록 하늘을 섬기기는 하지만 역시 점치기는 감히 하지 않는다고 말하겠다"(凡不事天者不敢卜筮. 我則曰今雖事天亦不敢卜筮; 「答仲氏」, 『與猶堂全書』 1집 권20 16a)라고 했다.

정약용은 풍수술도 강력히 비판했는데, 고금의 풍수에 관한 논의들을 모아 그것들에 대한 자신의 비판적 견해들을 담은 『풍수집의風水集議』라는 책을 짓기도 했다.61) 물론 그는 풍수설의 효과를 나타내 주는 것으로 보이는 경우들이 있을 수 있음을 인정하고 그런 경우들—어린아이들이 병이 걸려 조상의 무덤을 파 보면 과연 시체에 훼손이 있음을 보게 되는 경우 등—을 예로 들면서 "이 때문에 세상사람들이 끝내 미혹되어 깨닫지 못하는 것"이라고 한탄하기도 했지만,62) 그의 풍수에 대한 거부는 매우 단호했다. "풍수의 리理가 있다고 하는 것도 불가하고 없다고 하는 것도 불가하다"는 식으로 풍수에 대해 모호한 입장을 취하는 사람들에 대해, 그는 "논쟁을 이렇게 결말짓는 사람은 그가 선비라고 하기도 어렵다"고 말했다.63) 또한 그는 "[풍수에] 비록 리가 있다고 해도 군자는 행하지 않아야 하는 것인데 하물며 그러한 리가 전혀 없는데 있어서이랴"라고 반문하기도 했다.64)

풍수를 비판하기 위해 쓴 「풍수론風水論」이라는 글에서 정약용은 여러 가지 '환술幻術'들에 대해 함께 이야기했다. 그는 박지원이 『열하일기熱河日記』에서 환술을 보여 돈을 버는 20여 가지 사례를 기록한 것을 언급하고 "이것들[이 사람을 속이는 환술에 지나지 않는다]는 리를 알면 이것[즉 풍수]도 망령된 것임을 깨달을 것"이라고 하여 풍수술을 그런 종류의 환술과 같은 종류의 것으로 생각했다.65) 그 같은 술수들이 효과를 지니는 것으로 보이는 경우들이 있는 데 대해 정약용은 다음과 같이 설명했다.

---

60) 「相論」, 『與猶堂全書』 1집 권11 13b.
61) 『與猶堂全書』 3집 권24 1a~39a.
62) 「風水論四」, 『與猶堂全書』 1집 권11 31b, "嗚呼. 此世之所以終迷而莫之悟也."
63) 「風水論五」, 『與猶堂全書』 1집 권11 32a, "有爲曠達之論者曰. 風水之理, 曰有則不可, 曰無亦不可. 嗚呼折訟如此, 其亦難乎其爲士矣."
64) 「風水論一」, 『與猶堂全書』 1집 권11 30b, "雖有理, 君子不爲. 況萬萬無此理哉"
65) 「風水論四」, 『與猶堂全書』 1집 권11 31b, "知此理則悟此妄矣."

귀물鬼物이 사람을 희롱하는 것 중 어떤 경우는 우연히 그렇게 된 것을 재앙이나 복 [때문에 그렇게 된 것]이라고 말하는 것이고, 어떤 경우는 실제로 [그렇게 될 이유가 있어서] 그렇게 된 것을 기이하게 들어맞은 것으로 속이는 것이고, 어떤 경우는 원래 그런 재앙이 없는데 거짓으로 만들어서 사람을 현혹시키는 것이다. 눈이 보는 바는 참으로 확실하고 틀림이 없지만 그 [실제] 사물은 허망한 것이다.66)

정약용은 재이에 대한 믿음도 받아들일 수 없었다. 특히 그는 하늘에서 일어나는 현상들이 군주에 대한 상서롭거나 흉한 조짐이라는 생각을 배격했다. 예를 들어 그의 생각으로는 일식이나 월식은 재앙의 조짐이 아니었다.67) 그는 일식과 월식이 하늘이 군주에게 내리는 경고라면, "사람들이 그것들이 일어나는 시각을 조금의 차이도 없이 정확하게 미리 알 수 있는데, [과연] 이런 리가 있을 수 있는가?" 하고 반문했다.68) 그는 또한 특정한 별들이 국왕, 후비, 태자 등의 명운에 영향을 준다는 믿음을 거부했고69) 하늘의 별자리들이 지상의 일정한 지역에 영향을 준다는 분야설을 비판했다.70) 따라서 그는 역대 정사正史의 천문지天文志와 오행지五行志들이 "견강부회하고 근거가 없는" 내용들을 담고 있다고 하여 비판했다. "별들은 모두 정해진 도수度數를 지니고 있고 이를 어지럽힐 수가 없다"는 것이었다.71)

---

66) 「風水論四」, 『與猶堂全書』 1집 권11 31b~32a, "鬼物戲人, 或因其偶然而奏之爲災祟, 或因其實然而誘之爲奇中, 或本無此菑而幻造以眩人. 目之所眡眞確無, 錯而其物乃虛妄耳."
67) 「上仲氏」, 『與猶堂全書』 1집 권20 24b, "日月交食有躔次. 此非災也."
68) 「中庸講義補」, 『與猶堂全書』 2집 권4 23a, "或以日月之食勉戒於君上, 夫名曰災異, 而豫知時刻不此毫髮, 有是理乎."
69) 「春秋考徵」 권4, 『與猶堂全書』 2집 권36 18a.
70) 「地理策」, 『與猶堂全書』 1집 권8 3a;「尙書古訓」 권1, 『與猶堂全書』 2집 권22 14a;『尙書古訓』 권4, 『與猶堂全書』 2집 권25 47a~47b.
71) 「五學論五」, 『與猶堂全書』 1집 권11 23a~23b, "天文五行志, 歷世傅會無一驗者. 星行咸有定度, 不可相亂. 又何惑焉."

## 2) 미신과 술수의 선택적 수용

미신과 술수에 대한 정약용의 이 같은 비판적 태도는 결과적으로 그가 미신적이고 '초자연적'인 것을 받아들이기를 거부한 것처럼 보이게 한다. 그러나 그가 오늘날과 같은 기준에서 '초자연적'이고 미신적인 모든 것을 비판하거나 거부한 것은 아니었으며, 그 같은 그의 거부가 절대적인 것도 아니었다. 위에서 언급한 여러 가지 술수나 미신들에 대해 때로 정약용은 어느 정도 받아들이는 듯한 태도를 취하기도 했던 것이다.

예를 들어 정약용이 지상에서 일어날 일들을 하늘에서의 현상들로부터 예측할 수 있는 가능성을 완전히 배격한 것은 아니었다. 그는 별들의 관측을 통해 바람, 비, 가뭄, 홍수 등을 예측할 수 있다고 생각했다.[72] 또한 그가 재이 이론 전체를 거부하거나 재이의 현상이 앞으로 닥칠 일에 대한 조짐일 가능성을 전적으로 부인한 것도 아니었다. 실제로 그는 몇 가지 특이한 현상들이 불길한 조짐인 것으로 믿는 것처럼 보였다. 예를 들어 그는 혜성彗星은 어느 정도 불길한 조짐인 것으로 믿었다. 위에서 본 것처럼 일월식이 재이가 아니라 단언한 후, 그는 혜성의 경우에는 "상례常例를 벗어난 것 중에서도 아주 특별히 어긋나는 것 같다. 그것이 길흉에 대한 응험應驗인지에 대해서는 비록 꼬집어 말할 수 없지만, 요컨대 아무 의미가 없는 것은 아니다"라고 이야기했다.[73] 그는 하늘에서 곡식이 내린 일(雨粟), 뿔 달린 말이 나타난 일 등을 "상서롭지 못한 것들"(不祥之物)이라고 부르고 이런 현상들이 근래에 일어난 것에 대해서 그것이 자신의 유배생활이 빨리 끝나지 않을 조짐일 가능성을 걱정하기조차 했다.[74] 그 외에도

---

72) 「農策」, 『與猶堂全書』 1집 권9 16a.
73) 「上仲氏」, 『與猶堂全書』 1집 권20 24b, "恐於常例之外特特乖象者. 其休咎應驗雖不可質言 要之非無心之物."
74) 「上仲氏」, 『與猶堂全書』 1집 권20 24b.

그는 큰바람과 함께 소금비가 내린 일(鹽雨)이나 겨울에 천둥이 친 일(冬雷)을 그 지역 관원들의 잘못 때문인 것으로 설명하기도 했다.75)

정약용은 미래의 일을 미리 알 수 있는 '전지前知'의 가능성을 완전히 부정하지도 않았다. 예를 들어 그는 "귀신은 능히 [미래의 일을] 미리 알 수 있다"고 말했다.76) 그의 생각으로는 사람도 전지의 능력을 가질 수 있었다. 그는 사람이 "지극히 정성스러우면 하늘을 알 수 있고 하늘을 알면 [미래의 일]을 미리 알 수 있다"고 이야기하고 주공과 같은 성인의 전지와 사악한 술법과 귀물鬼物을 써서 꾀하는 전지를 구분했다.77) 그러나 모든 것을 전지에만 의존하여 무슨 일을 두고서나 전지의 능력이 있는 자를 찾으려 드는 당시의 풍조에 대해서는 단호히 비판했다.78)

『주역』점에 대해서도, 정약용이 그것 자체를 부정한 것은 아니었다. 물론 그는 자신은 한번도 『주역』점을 치지 않았다고 이야기했다.79) 그러나 그가 부정한 것은 『주역』점을 통해 사람들을 속이고 부당한 이익을 추구하는 것이었지 『주역』점을 통해 길흉을 알아볼 수 있는 가능성 자체를 부정한 것은 아니었다.80) 그는 『주역』은 성인이 "하늘의 명命을 청하여 그 뜻에 따르기 위해서 [쓴 것]"이라고 말하고, 성인이 어떤 경우에는 그런 식으로 하늘의 명을 청하고 어떤 경우에는 그러지 않는지에 대해 자세히 이야기했다.

---

75) 「紀古今島張氏女子事」, 『與猶堂全書』 1집 권17 36a~37a; 「玉堂遇冬雷陳戒箚子」, 『與猶堂全書』 1집 권14 5b.
76) 『中庸講義補』, 『與猶堂全書』 2집 권4 58b, "鬼神能前知."
77) 『中庸講義補』, 『與猶堂全書』 2집 권4 49b, "至誠則可以知天, 知天則可以前知."
78) 「五學論五」, 『與猶堂全書』 1집 권11 23b.
79) 「答仲氏」, 『與猶堂全書』 1집 권20 16a.
80) 『周易』점에 대한 정약용의 견해와 태도에 대해서는 금장태, 「정약용의 '역' 해석에서 복서의 방법과 활용」, 『茶山學』 제8호(2006), 341~384쪽을 볼 것.

무릇 일이 '공정公正의 선善'에서 나오고 하늘이 반드시 이를 도와 이루게 하고 복을 줄 수 있는 경우에는 성인은 다시 [하늘의 명을] 청하지 않는다. 일이 공정의 선에서 나왔지만 때(時)와 세(勢)에 불리함이 있어 그 일이 반드시 어긋나고 하늘의 복을 받을 수 없게 될 경우에는 성인은 다시 청하지 않는다. 일이 공정의 선에서 나오지 않았고 천리天理를 거스르고 사람들의 기강을 해칠 경우에는 비록 그 일이 반드시 이루어져 눈앞의 복을 바랄 수 있을 경우에도 성인은 다시 청하지 않는다. 오직 일이 공정의 선에서 나오고 그 성패와 화복을 미리 보고 헤아릴 수 없을 경우에만 비로소 [성인은 하늘의 명을] 청한다.81)

『주역』의 괘들은 그 같은 청에 하늘이 대답할 수 있도록 하기 위해 성인이 만든 것이었다. 괘들과 그 이름들은 어디까지나 사람인 성인이 만든 것이지만, 하늘이 인간에게 그 명을 고告할 때 이것들을 사용할 것이라고 정약용은 믿었다.82) 따라서 사람들은 괘를 통해 하늘의 명을 해석할 수 있는 것이었는데, 정약용은 『주역』 점을 쳐서 얻은 괘를 통해 길흉을 판단하는 과정을 다음과 같이 이야기했다.

그 [괘들의] 승강과 왕래의 자취를 살피고, 그 형상(形)이 온전하고 이지러지니, 서로 어울리고 서로 등지는 것, 그리고 그 정상(情)이 펴지고 움츠려지고, 즐거워할 만하고 두려워할 만하고, 미덥고 걱정스럽고, 편안하고 위험한 것들을 그와 비슷한

---

81) 「易論二」, 『與猶堂全書』 1집 권11 2a, "聖人所以請天之命而順其旨者也. 夫事之出於公正之善, 足以必天之助之成而予之福者, 聖人不復請也. 事之出於公正之善, 而時與勢有不利, 可以必其事之敗而不能受天之福者, 聖人不復請也. 事之不出於公正之善, 而逆天理傷人紀者, 雖必其事之成而徼目前之福, 聖人不復請也. 唯事之出於公正之善, 而其成敗禍福有不能逆睹而縣度之者, 於是乎請之也." 『易學緖言』 권4, 『與猶堂全書』 2집 권44 18a~19b의 「卜筮總義」에서 정약용은 『左傳』, 『周禮』, 『禮記』 등의 기록에서 임금을 세우거나 도읍을 옮기거나 전쟁을 하는 일을 두고 점을 친 경우들을 열거하고 있다.
82) 「易論二」, 『與猶堂全書』 1집 권11 2a~2b. 괘들이 하늘의 명을 보여 주는 것이라고 하지 않고 성인이 하늘의 명을 해석하는 데 사용하기 위해 만들었고 이것들을 하늘이 인간에게 命을 告하는 데에 사용한다고 이야기한 점을 주목할 필요가 있다. 하늘에 대한 정약용의 생각에 대해서는 정순우, 「다산에 있어서의 천과 상제」, 『茶山學』 제9호(2006), 5~39쪽을 볼 것.

것들을 통해서 음미하지 않음이 없다.[83]

하늘의 명을 청하는 데는 『주역』 점만이 아니라 다른 점법들도 사용할 수 있었다. 그리고 거북점 같은 것이 "하늘의 밝음을 받아들이는"(紹天之明) 데에는 『주역』 점보다도 더 효과적일 수도 있었다. 그러나 정약용의 생각으로는 "살아가면서 그 점사占辭들을 음미하고 그에 바탕해 그 진퇴進退와 존망存亡의 까닭을 살피고 스스로 처할 바를 아는 것으로 말하자면, 단지 『주역』만이 [그 같은 면을] 지녔다."[84] 이는 그가 말했듯이 『주역』이 다음과 같은 성격을 지녔기 때문이었다.

> 역易의 도道됨은, 크게는 천지를 두루 다스리고 이기二氣를 순조롭게 하고 사시四時의 질서를 잡을 수 있으며, 작게는 벼룩과 파리의 날고 뛰는 것을 살필 수 있다. 높게는 소장消長과 굴신屈伸의 리를 증험하여 진퇴進退와 출처出處의 소이所以를 알 수 있으며, 낮게는 말, 소, 개, 닭의 얻고 잃음을 헤아릴 수 있다. 멀게는 귀신에 이르고 천명天命을 고찰하여 바람, 비, 가뭄, 홍수의 까닭을 알 수 있고, 가까이는 부자, 군신, 부부의 변變을 안정시켜 이목구비, 사지四肢, 백체百體의 움직임 역시 그 징조를 미리 알 수 있다.[85]

그가 복서卜筮와 상수학적 측면을 포함하여 『주역』에 대해 깊이 공부하고 『주역사전周易四箋』과 『역학서언易學緒言』을 집필했던 것은 이 때문이었다.[86]

---

83) 「易論二」, 『與猶堂全書』 1집 권11 3a, "察其所昇降往來之跡, 而其形之或全或虧, 或相與或相背, 其情之或舒或麿, 或可悅或可憂, 可恃可懼, 可安可危者. 無不以其髣髴者以玩之."

84) 「易論二」, 『與猶堂全書』 1집 권11 3a, "居而玩其辭, 因以審其進退存亡之故而知其所以自處也, 則唯易有之."

85) 『易學緒言』 권4, 『與猶堂全書』 2집 권44 25a, "易之爲道, 大, 可以彌綸天地順二氣而序四時, 小, 可以察蚤蠅之飛躍. 尙之, 可以驗消長屈信之理而知所以進退出處, 卑之, 可以稽馬牛犬鷄之得喪. 遠之可以達鬼神考天命而識風雨旱潦之故. 邇之, 可以處父子君臣夫婦之變, 而耳目口鼻四肢百體之動, 亦可以前知其徵."

86) 정약용의 『주역』 연구에 대해서는 이을호, 『茶山의 易學』(民音社, 1993); 장승구, 「茶山

따라서 『주역』 점의 기본 경전이었던 『주역』은 정약용에게 있어 신비스럽거나 감추어진 텍스트가 아니었다. 그는 다음과 같이 말했다.

또한 『주역』에 무슨 감추어진 것이 있다는 말인가? [성인이] 괘卦를 베풀어 그 양, 소, 말, 돼지 등의 상象으로 비유하였고, 십익十翼을 지어 그 추이推移와 왕래의 자취를 드러내 주었으며, [효爻를] '구九'나 '육六'이라고 불러 변동하고 흘러 다니는 변용을 보여 주었다. 점인占人이 [일의] 연고를 점치니 [그 일을 하는] 하급의 사士가 여덟 사람이고, 서인筮人이 그 길흉을 판단하니 [그 일을 하는] 중급의 사士가 두 사람이다. [이렇게 하여] 나라의 의문을 매듭짓고 백성의 일용을 나아지게 하니, 『주역』에 또한 무슨 감추어진 것이 있다는 말인가?[87]

정약용은 『주역』이 "감추어지고"(幽), "신비스럽고"(神), "들여다볼 수 없고"(不可窺), "그 소이연所以然을 알 수 없다"는 생각을 거부하고, "이는 [사람들의] 지식이 미치지 못해서이지 성인의 뜻이 아니다"라고 이야기했다.[88] 성인은 "백성들이 알 수 없는 일들을 만들어 내어 황홀하고 번쩍거리고 괴이하고 속이며 시작도 끝도 없이 그 실체를 환영처럼 변화시켜 어리석은 사람들 앞에 밀어 던져 그들이 놀라 경악하고 두려워 진땀을 흘리게 하는" 일은 하지 않는다는 것이다.[89]

정약용은 양생養生의 기법들을 받아들였다. 그는 호흡법의 일종인 도인법

---

丁若鏞의 易學思想과 그 實學的 의미」, 김형효 외, 『茶山의 사상과 그 현대적 의미』(한국정신문화연구원, 1998), 163~242쪽; 금장태, 「『周易四箋』과 정약용의 易 해석 방법」, 『東亞文化』 제44집(2006), 221~268쪽 등을 볼 것.

[87] 「易論一」, 『與猶堂全書』 1집 권11 2a, "且易亦何幽之有. 爲之設卦, 以喩其羊牛馬豕之象. 爲之翼傳, 以著其推移往來之跡. 爲之曰九而曰六, 以顯其變動遷流之用. 占人占其故, 下士八人, 筮人辨其吉凶, 中士二人, 以決國疑, 以前民用. 亦何幽之有."

[88] 「易論一」, 『與猶堂全書』 1집 권11 1a~1b, "有不能達其奧而窮其蘊, 爲之徊徨瞻企, 而莫知其所以然者. 是其知之有所不及, 非聖人之志也."

[89] 「易論一」, 『與猶堂全書』 1집 권11 1b, "設爲民所不可知之事, 恍惚閃煥, 瑰怪譎詭, 無端無倪, 變幻其體, 投而抵之于愚夫愚婦之前, 使其駭愕惶汗,……聖人固如是乎."

導引法이 유익한 바가 있다고 그 효과를 인정했다.90) 또한 그가 주희의 『참동계고이』를 공자의 『주역』 십익十翼과 함께 높이 평가한 것을 보면 거기에 담긴 내단의 양생법들을 받아들였다는 것을 짐작할 수 있다. 그리고 그는 비록 풍수술은 배격했지만, 가옥家屋의 여러 부분의 상대적 위치에 대한 일반적인 믿음—창문은 남으로, 벽은 북으로, 손님을 위한 계단은 서쪽에, 주인을 위한 계단은 동쪽에, 내당內堂은 북쪽에, 외당外堂은 남쪽에 있어야 한다—을 받아들였고, 그것을 "음양의 자연스러운 세勢"(陰陽自然之勢)라거나 "건곤의 바뀌지 않는 리"(乾坤不易之理)라고 불렀다.91)

정약용은 오늘날 우리에게 '초자연적'으로 보이는 기이한 현상들을 완전히 부정하지도 않았다. 1806년 봄 경상도에서 한 어린아이가 옆구리로 태어났다는 이야기에 관한 글 「부협산자변剖脇産子辨」에서 그는, 노자老子가 왼쪽 겨드랑이로 태어났고 석가釋迦가 오른쪽 옆구리로 태어났다는 이야기나 그 외의 비슷한 다른 이야기들도 전해지는데 "이것들은 모두 부회傅會하여 꾸며낸 이야기들로 믿을 수 없다"고 하면서도,92) 그러나 그 중에는 실제 있을 수 있는 경우도 있으며 "[그와 같은] 리가 없는 것이 아니다"라고 덧붙이면서93) 그 같은 예로서 정사正史에 기록된 몇몇 경우들을 언급했다. 물론 그는 설사 그런 일이 있었다고 해도 그렇게 태어난 사람들이 노자처럼 득도得道하거나 석가처럼 성불成佛한 것은 아님을 지적하고 "이는 사람이 요사하고 사물이 기이하여 종종 있는 것들인데, 어찌 어리석은 세상사람들이 [그렇게] 쉽게 놀라는가"라고 말했다.94) 하지만 사람이 그렇게 태어날

---

90) 「上仲氏」, 『與猶堂全書』 1집 권20 24a; 「答仲氏」, 『與猶堂全書』 1집 권20 28a.
91) 「問東西南北」, 『與猶堂全書』 1집 권9 3a.
92) 「剖脇産子辨」, 『與猶堂全書』 1집 권12 19a, "此皆傅會崇飾之說, 不足信."
93) 「剖脇産子辨」, 『與猶堂全書』 1집 권12 19a, "然其中容有一眞, 非無理也."
94) 「剖脇産子辨」, 『與猶堂全書』 1집 권12 19a, "此不過人妖物異往往而有之者, 何愚俗之易驚也."

수 있을 가능성을 그가 배제하지 않은 것은 분명하며, 특히 그가 이런 식으로 정사에 기록된 사실 자체는 거부하지 않고 받아들였다는 점은 주목할 만하다. 한편 풍수술을 비판하면서 그는 "세상에는 썩은 뼈를 묻고 [저주하여] 사람에게 화禍를 불러오는 자들이 있다. [그러나 그렇다고 하더라도] 어찌 썩은 뼈를 묻어 사람에게 복을 가져올 수 있겠는가?"라고 이야기했는데,[95] 이는 썩은 뼈가 화를 불러일으킬 수 있을 가능성을 그가 완전히 부정하지 않았음을 보여 준다고 할 수 있다.

이렇듯 정약용이 술수와 미신적 현상들을 모두 거부하지 않고 그 중 어떤 것들은 받아들인 것이 사실이지만 전반적으로 볼 때 이익에 이르러 주희보다 더 심화되었던 미신, 술수 등에 대한 수용의 입장이 정약용에게서는 반전되었다. 이는 미신적·신비적 믿음과 행위들에 대한 주희의 태도의 사상적 근거였던 두 가지 요소 모두가 이익의 단계까지는 받아들여지고 있었는데, 정약용에 이르러서는 그 두 가지 중 『주역』에 대한 믿음은 여전했지만 기의 정신적 속성이나 기와 심의 상호작용에 의한 설명의 많은 부분이 더 이상 받아들여지지 않게 된 것과 관련이 있는 것으로 보인다. 물론 정약용도 기의 정신적 속성이나 기-심의 상호작용 자체를 거부할 근거는 없었고, 따라서 미신이나 술수 전체를 근본적으로, 원칙적으로 부정할 수는 없었다. 그렇지만 그가 실제로 기이한 현상들이나 술수들에 대한 믿음을 기-심의 상호작용 같은 것을 통해 '합리적으로' 설명하려 드는 일은 찾아보기 힘들다. 이익은 귀신이 '조화의 흔적'이라는 정이의 말을 거부하면서도 귀신을 '두 기의 양능'이라고 한 장재의 말은 받아들인 데 반해, 정약용은 이 두 가지를 모두 거부했다는 데서도 이 같은 경향은 드러난다.[96] 정약용은 귀신을 '두 기의 양능'이라고 함으로써 귀신을 기의

---

95) 「風水論一」, 『與猶堂全書』 1집 권11 30b, "世有薶骼以禍人者. 其有薶骼以福人者乎."
96) 『中庸講義補』 권1, 『與猶堂全書』 2집 권4 20a~21a. 귀신에 대한 정약용의 생각에 대해

작용으로—따라서 설명과 이해의 대상으로— 보는 것을 거부하고 숭배와 제사의 대상인 초자연적 실체로 본 것이다.

### 3) 상관적 사고에 대한 비판

한편 정약용이 이처럼 기와 심의 상호작용을 받아들이지 않았던 것은 그 같은 상호작용을 이해하는 가장 큰 틀인 '상관적 사고'(correlative thinking)를 그가 받아들일 수 없었던 점과 관련이 있다. 자연세계와 인간사를 포함해서 세상의 모든 것들을 몇 개의 범주들로 나누어 서로 연결시킬 수 있고 같은 범주에 속하는 것들 사이에 서로 상관관계가 있다고 보는 이 같은 상관적 사고는 당시 조선 학자들 사이에 널리 퍼져 있었다.97) 예를 들어 이익과 같은 사람이 이를 받아들였음을 앞에서 보았다. 그러나 정약용은 이를 강력히 비판했던 것이다. 결국 이 같은 상관적 사고에 대한 비판이 정약용으로 하여금 술수, 미신에 대한 더 강력한 비판자가 되게 했다고 할 수 있다.

예를 들어, 정약용이 오행 이론을 거부한 것은 근본적으로는 상관적 사고에 대한 거부였다. 오행 이론에 대한 그의 비판은 "'오행'이란 만물 중 다섯 가지 사물(物)에 불과한즉 [그것들은 다른 것들과] 같은 사물"일 따름이고, 따라서 이 같은 다섯 '행(行)'들로부터 세상의 모든 것들이 나왔다고 생각하기가 힘들다는 것으로 시작했다.98) 그러나 이 같은 그의 비판에서

---

서는 김현, 「조선유학에서의 귀신 개념」, 한국사상사연구회 편, 『조선유학의 자연철학』(예문서원, 1998), 349~418쪽, 특히 403~413쪽을 볼 것.
97) 박권수, 「徐命膺의 易學的 天文觀」, 『한국과학사학회지』 20권 1호(1998), 57~101쪽; 문중양, 「18세기 조선 실학자의 자연지식의 성격 — 象數學的 宇宙論을 중심으로」, 『한국과학사학회지』 21권 1호(1999), 27~57쪽.
98) 『中庸講義補』, 『與猶堂全書』 2집 권4 3a, "五行不過萬物中五物, 則同是物也. 而以五生萬不亦難乎."

주된 점은 여러 가지 사물이나 관념들을 오행과 연관짓는 일은 억지스러운 견강부회의 경우가 많아서 그 같은 상관의 체계가 제대로 작동할 수가 없다는 것이었다. 예를 들어 그는 『서경』「홍범洪範」편 이후 받아들여져 온 오행과 연관된 속성들—'수'와 '적시고 아래로 향함'(潤下), '목'과 '굽고 곧음'(曲直), '금'과 '따르고 변화시킴'(從革)의 속성들— 대신 '수'는 '습하고 차가움'(濕冷), '목'은 '부드럽고 올라감'(柔升), '금'은 '단단하고 내려감'(剛墜)의 속성들과 연관짓는 것이 옳다고 주장했다.[99]

상관적 사고에 대한 정약용의 이 같은 비판적 태도는 음양 이론과 관련해서도 마찬가지였다. 역시 그의 비판의 시작은 음과 양이 세상 모든 것의 원천일 수 없다는 점이었다. 예를 들어 그는 "음과 양이라는 이름은 햇빛이 비추고 가려지는 것에서 나왔으며,…… [음과 양은] 본래 체體와 질質이 없고 단지 밝음과 어두움만 있어서 원래 만물의 부모로 생각할 수 없다"고 이야기했다.[100] 그러나 음양 이론을 두고서도 정약용의 비판의 주된 표적은

---

99) 『尙書古訓』 권4, 『與猶堂全書』 2집 권25 32a. 물론 정약용이 오행 이론을 거부한 데에 서양의 '4원소'(four elements) 이론이 영향을 미쳤을 것임은 분명하다. 예를 들어 1633년 출간된 예수회 신부 高一志(Alphonsus Vagnoni, 1566~1640)의 『空際格致』에는 五行 중 金과 木에 대해 정약용이 제기한 비판과 비슷한 내용이 실려 있다. 그러나 4원소 이론이 정약용에게 미친 주된 영향은 그로 하여금 오행의 '다섯'이라는 숫자가 단지 임의적일 뿐 절대적이 될 수 없다는 점, 즉 이 세상 모든 사물과 현상을 이루는 기본적인 '行'—또는 원소(element)—의 숫자가 반드시 다섯이어야만 할 필요는 없다는 점을 인식시켜 준 것이었기가 쉽다. 그 같은 숫자는 "넷일 수도 여섯일 수도 여덟일 수도 있고, 거기에 무슨 깊은 理가 감추어져 있지 않다"(可四可五可六可八. 別無深理隱伏其中; 『尙書古訓』 권4, 『與猶堂全書』 2집 권25 31b)는 것이었다. 따라서 세상의 모든 것을 '다섯'이라는 임의의 숫자로 나누어 맞출 수는 없는데도 "반드시 이 셋을 저 다섯과 맞추어 연관지으려 하면, 끝내는 어긋나서 맞지 않게 되는"(必以此三配於彼五, 終恐齟齬而不合矣; 『中庸講義補』, 『與猶堂全書』 2집 권4 38a) 것이다. 그렇다면 정약용의 비판은 근본적으로 상관적 사고에 바탕한 4원소 이론에도 똑같이 제기될 수 있는 것이었다. 실제로 그가 오행설에 대해 비판했지만 그렇다고 서양의 4원소설을 분명하게 받아들인 것도 아니었다.
100) 『中庸講義補』, 『與猶堂全書』 2집 권4 3a, "陰陽之名, 起於日光之照掩……本無體質, 只有明闇. 原不可以爲萬物之父母."

여러 가지 것들을 음양 두 가지에 연관짓는 일이 지니는 임의성이었다.[101] 그는 간지干支 이론에 대해서도 비판했는데, 사실 분야 이론이나 여러 점술 방법들에 대한 정약용의 비판의 밑바탕에는 주로 간지를 사용하는 상관적 사고에 대한 이 같은 비판적 태도가 깔려 있었다. 그가 거부했던 것은 점술에 관한 믿음 일반이 아니라 점술에서 사용하고 있는 상관적 사고와 그에 바탕한 여러 가지 연관들이었던 것이다.

상관적 사고에 대한 정약용의 비판은 음양, 오행이나 간지와 같은 범주체계들에만 향해진 것은 아니었으며, 그는 여러 가지 다른 연관들도 비판했다. 예를 들어 도량형度量衡과 오성五聲의 율관律管을 합치시키려는 데 대한 그의 비판은 기본적으로는 아무런 관련이 없는 것들을 서로 연관지으려는 상관적 사고에 대한 비판이었다.[102] 그의 견해로는 도량형 제도에서 필요한 것은 한 가지 표준을 정해서 모든 사람이 쓰도록 하는 것이지 거기에 무슨 "현묘하고 조화로운 리"가 들어 있는 것이 아니었던 것이다.[103] 그는 또한 종두법에 대한 자료들을 모아 책으로 엮으면서, 시술하는 날의 간지에

---

101) 예를 들어 仁, 義, 禮, 智 등을 음양과 연관짓는 일의 임의성을 그는 다음과 같이 지적했다.
   "이런 일들은 본래 융통성 있게 보아야 마땅하며 반드시 [한 가지로 고정되게] 분배해야 하는 것은 아니다. 仁은 원래 양과 연관되지만 '殺身成仁'하는 것은 그 일이 음으로 보이고 '효성으로 봉양하여 仁을 이루는 것'(孝養成仁)은 그 일이 양으로 보이며, [義는 원래 음과 연관되지만] 목숨을 버리고 의를 취하는 것은 그 일이 健(즉 양)과 같고 兄을 따라서 의를 행하는 것은 그 일이 順(음)과 같으며, [禮는 원래 양과 연관되지만 喪禮와 軍禮는 음과 같고 賓禮와 嘉禮는 양과 같다. 어찌 仁과 禮를 오로지 '剛健함'(양)에만 속하도록 하고 義와 智를 오로지 '柔順함'(음)에만 속하도록 할 수 있을 것인가? 이 모두가 반드시 그런 것은 아니다."(本當活看, 不必分配. 殺身成仁, 其事似陰, 孝養成仁, 其事似陽. 捨生取義, 其事似健, 從兄爲義, 其事似順. 喪禮軍禮似陰, 賓禮嘉禮似陽. 豈得以仁禮專屬之剛健, 義智專屬之柔順乎. 斯皆不必然者;『中庸講義補』,『與猶堂全書』2집 권4 3a)
102)「度量衡議」,『與猶堂全書』1집 권9 25b, "何必使宮商淸濁之合乎律呂 而後始可以度長短量多寡衡輕重哉."
103)「度量衡議」,『與猶堂全書』1집 권9 25b, "爲之度量衡, 使其有節有準已矣. 烏覩所謂玄妙沖和之理寓於其中哉."

따라 잡아매는 실의 색깔을 다르게 한다는 식의 내용을 "술가의 부정한 설"이라고 하여 삭제해 버리기도 했다.[104] 정약용이 당시 한의학의 주된 이론이었던 '오운육기론五運六氣論'을 비판한 것도 상관적 사고에 대한 비판의 일환이었다.[105]

상관적 사고에서 정약용이 거부하는 것이 구체적으로 어떤 측면인가 하는 것은 무엇보다도 「맥론脈論」에서 펼쳐지는 그의 맥진脈診 이론 비판에서 잘 드러난다.[106] 정약용이 맥진과 관련해서 무엇을 받아들이고 무엇을 받아들이지 않는지는 분명하다. 우선 그는 맥을 짚어 봄으로써 "혈기의 쇠약함(衰)과 왕성함(旺), 그리고 병의 정황의 허虛와 실實을 살필 수 있다"고 이야기했다.[107] 맥이 뛰는 원인에 대해서는 그는 다음과 같이 설명했다.

> 맥이 한 번 움직이고 한 번 정지하는 것은 기氣와 혈血에 의한 것이다.…… 기가 있으면 움직임이 없을 수 없고 혈이 있으면 정지함이 없을 수 없다. 그것이 움직일 때에는 두루 흘러 퍼지고 그것이 정지할 때에는 적시어서 영양을 준다. 이것이 사람의 몸에 맥이 있는 끼닭이다.[108]

---

104) 「種痘說」, 『與猶堂全書』 1집 권10 12a, "有術家不正之說竝行劈破(如觀本日干支, 卽用絲異色.)"(괄호 안의 내용은 정약용의 原註임.)
105) 『醫零』, 「六氣論」・「六氣論二」・「六氣論三」(김대원, 「丁若鏞의 『醫零』 1」, 『한국과학사학회지』 15권 2호, 1993, 229~231쪽). 정약용의 五運六氣論 비판에 대해서는 베이커, 「丁若鏞의 醫學論과 西洋醫學」, 『조선 후기 유교와 천주교의 대립』(김세윤 역; 일조각, 1997), 313~317쪽에 논의되어 있다.
106) 『與猶堂全書』 1집 권11 12a~13b. 특히 「脈論」에서 다루고 있는 脈診 이론이 오늘날도 실행이 되는 이론이지만 한편으로는 논란이 되고 있는 이론이기도 해서 그것을 받아들이거나 거부하는 것이 오늘날의 기준으로 반드시 '과학적'이라거나 '비과학적'이라는 식으로 어느 한쪽으로 판정이 난 것은 아니기 때문에 이 맥진 이론에 대한 그의 태도를 살펴보는 것은 흥미 있는 일이 되겠다.
107) 「脈論一」, 『與猶堂全書』 1집 권11 12a, "脈可以察血氣之衰旺, 病情之虛實."
108) 「脈論一」, 『與猶堂全書』 1집 권11 12a, "脈之一動而一靜以氣血也.……有氣不能無動, 有血不能無靜. 方其動也, 爲周流施布. 方其靜也, 爲涵濡滋養. 此人身之所以有脈也."

그는 또한 맥진에서 살피는 세 가지 특성—'역力', '신神', '도度'—에 대해서도, "능히 움직여 손가락을 이기는 것을 '역'이라 하고, 능히 화和하여 살아 숨쉬는(生活) 기틀(機)이 있는 것을 '신'이라 하고, 능히 왕래하고 멈춤에 법法이 있어 어지럽지 않은 것을 '도라 한다"고 설명했다.109) 따라서 그는 "이 세 가지를 알고, [맥의] 뜨고 가라앉음, 더디고 빠름, 크고 작음, 미끄럽고 껄끄러움, 붓고 경화됨, 긴장되고 이완됨, 맺히고 숨음의 징후에 세심[히 주의]하면 맥가脈家가 할 수 있는 일은 다한 것"이라고 말하고 그 외에 "또 무엇을 구하겠는가?" 라고 덧붙였다.110) 여기서 "또 무엇을 구할 것인가" 라고 하여 정약용이 받아들이지 않은 것은 손목의 특정 위치의 맥과 오장육부 五臟六腑 하나하나를 연결시키는 그간의 맥진 이론이었다.111) 그는 손목에서 맥을 짚는 것은 단지 "맥의 얕게 드러난 부분이 바로 손목에 있기" 때문이라고 말하고 "하늘이 사람을 냄에 있어 어찌 꼭 오장육부로 하여금 그 영향影을 손목에 펼쳐 보이게 해서 사람들로 하여금 맥을 짚게 했겠는가" 하고 물었다.112) 따라서 그는 맥을 짚는 사람은 손, 발, 뇌腦의 경락經絡 등의 맥을 짚어 그 쇠왕衰旺과 허실虛實을 살피며, 맥에 '역', '신', '도'가 있고 없음을 살피면 되는 것일 뿐이라고 하고 그 외에 오장육부를 가져다 대는 것을 비판했다.113) 그런데도 "배움이 없는 무리들이 [맥의] 뜨고 가라앉음과 매끄

---

109) 「脈論二」, 『與猶堂全書』 1집 권11 13a, "夫能動能勝指, 之謂力. 能和能有生活之機, 之謂神. 能往來作止有法不亂, 之謂度."
110) 「脈論二」, 『與猶堂全書』 1집 권11 13a, "知此三者, 而細心乎浮沈遲數洪微滑澀弦扎緊緩結伏 之候, 則脈家之能事畢矣. 而又何求哉."
111) 구체적으로 그는 "왼쪽 촌맥寸脈은 심장(心)의 증후를 나타내고, 오른쪽 촌맥은 肺, 왼쪽 關脈은 肝과 쓸개(膽), 왼쪽 관맥은 비장(脾)과 胃, 왼쪽 尺脈은 신장(腎), 膀胱과 大腸, 왼쪽 척맥은 신장, 命門과 '三焦'의 증후를 나타낸다"는 맥진 이론을 "망녕되다"고 이야기했다.(「脈論一」, 『與猶堂全書』 1집 권11 12a, "其云. 左寸候心, 右寸候肺, 左關候肝膽, 右關候脾胃, 左尺候腎膀胱大腸, 右尺候腎命門三焦小腸者, 妄也.")
112) 「脈論一」, 『與猶堂全書』 1집 권11 12a~12b, "脈之淺露者, 適在手腕. 故切手腕耳. 天之生人, 豈必令五臟六腑昭布其影於手腕之上, 而使人切之哉."
113) 「脈論一」, 『與猶堂全書』 1집 권11 12b, "善於脈者, 切手焉, 切足焉, 切腦之大絡焉, 辨其衰旺,

럽고 막힘도 분별하지 못하면서 손뼉을 치며 증세를 논하여 '어느 장臟이 상했으니 마땅히 어느 장을 억제해야 한다'거나 '어느 기가 부족하니 마땅히 어느 경락을 보補해야 한다'고 말한다"는 것이다.114)

이렇듯 정약용이 맥진 이론을 비판한 것도 기본적으로 맥진 이론이 상관적 사고에 바탕한 것으로 보았기 때문이었다. 따라서 그의 비판의 표적은 특정한 장부臟腑와 '촌寸', '관關', '척尺' 등 손목의 특정 지점과의 연관이었던 것이다. 특히 그는 맥이 오장五臟으로부터 팔다리에 전해지는 것을 물이 산에서 발원하여 하류에 도달하는 것에 비유하면서 그 같은 연관이 근거가 없음을 지적했다. 이 비유를 사용해서 그는 손목 특정 위치의 맥과 특정 장부를 연결짓는 것은 하류의 한 특정 지점과 상류의 특정 산을 연결하는 것과 같은 잘못임을 지적했다. "만약 '촌', '관', '척'이 하나로 연결된 경로가 아니라면 그만이지만, 그것들이 하나의 경로이고 그 영역만 나눈 것이라면 오장육부 각각이 [그에 상응하는] 부위가 있다고 말하는 것은 결코 믿을 수가 없다"는 것이다.115) 물론, 여기서 더 나아가 맥을 짚어서 사람의 성정性情이나 명命, 화복禍福까지 알아낸다는 생각을 그가 배격한 것은 당연하다.116)

상관적 사고에 대한 정약용의 비판적 태도는 당시 유행하던 상수학象數學에 대한 그의 태도에서도 드러났다. 그는 상수학을 흔히 '수학數學'이라고 불렀는

---

察其虛實而已. 安有所謂五臟六腑之說哉"; 「脈論二」, 『與猶堂全書』 1집 권11 13a, "學切脈者, 唯察其有力無力, 有神無神, 有度無度, 而止矣. 何五臟六腑之能別哉."
114) 「脈論二」, 『與猶堂全書』 1집 권11 13a, "無學之徒, 曾浮沈滑濇之不能辨, 而抵掌論證曰. 某臟受傷, 當抑某臟. 何氣不足, 當補何經."
115) 「脈論三」, 『與猶堂全書』 1집 권11 13b, "使寸關尺而非一路也, 則已. 如其一路而分其界, 則其所謂五臟六腑之各有部位者, 莫之肯信矣." 물론 이 비판은 맥이 五臟六腑와 전혀 상관이 없다는 것이 아니라 손목의 어느 한 특정 위치에서의 맥이 특정한 하나의 장부와 연결된다는 것을 부정하는 것이다.
116) 「脈論二」, 『與猶堂全書』 1집 권11 13a.

데,117) 중형仲兄 정약전丁若銓(1758~1816)에게 보낸 편지에서 그는 정약전이 '수학에 몰입하고 있는 데 대해 비판하기도 했다.118) 정약용은 특히 숫자에 특별한 의미를 부여하는 수비학數秘學적 태도를 비판했다. 예를 들어 도량형에 십진법을 도입하자고 주장하면서 그는 한 근斤을 16냥兩으로 하는 방식이 자리잡은 것은 예로부터 사상四象과 팔괘八卦 등으로 말미암아 '8'이라는 숫자를 중요시하여 이를 수학의 '종宗'으로 삼은 것 때문이라고 주장하고, "이제 [다른 일에는 이미 10[진법]의 수를 사용하면서 어째서 유독 무게를 재는 데]에만 8을 사용하는 것인가?"라고 반문했다.119)

이 같은 태도는 상수학의 기본이 되는『주역』에 대한 그의 생각에도 영향을 주었다. 물론 정약용은『주역』을 극히 중요시하고 많은 시간과 정력을『주역』의 연구에 바쳤다. 또한 그가『주역』의 상수학 체계 자체를 부정한 것은 아니었으며, 앞에서 보았듯이『주역』점을 통해 길흉을 예측할 수 있는 가능성도 부정하지 않았다. 그러나 정약용은『주역』에서 유래한 여러 가지 도상圖象들과 그것들에 대한 상수학적 해석을 받아들이기를 거부했다. 예를 들어 그는 사람들이「태극도太極圖」를 중요시해서 모든 것에 그것을 가져다 대려 하고 심지어는『중용』의 해석에까지「태극도」를 끌어들이는 경향에 대해서 비판했다.120) 또한 그는「하도河圖」와「낙서洛書」 같은 것들을 가지고 사람들을 속이는 사람들을 비판했으며121) 특히 소옹邵

---

117) 그는 占에서 사용하는 '數學'과 '數理家'의 계산을 구분해서 다음과 같이 이야기하기도 했다. "筮法之七八九六別是一法. 與數理家方圓推算之法不必相同."(「上仲氏」,『與猶堂全書』1집 권20 20b)
118)「答仲氏」,『與猶堂全書』1집 권20 15a~15b.
119)「度量衡議」,『與猶堂全書』1집 권9 26a, "十六兩作斤者, 古者以四象八卦之加倍爲數學之宗.……今旣用十數, 何獨於衡而用八哉."
120)『中庸講義補』,『與猶堂全書』2집 권4 64a, "蓋太極圖不過合坎離兩卦者.……不必爲萬理之本, 而後儒之言理者, 於空蕩蕩地必說蒼蒼太極理出來."
121)「易論一」,『與猶堂全書』1집 권11 1b~2a.

雍(1020~1101) 선천역학先天易學의 상수 이론, 그 중에서도 「복희팔괘차서도伏羲八卦次序圖」를 강하게 비판했다.122) 따라서 정약용은 역법(曆)을 『주역』(易)에 맞추려는 시도들을 비판했는데, 그는 그 반대방향으로 하는 것이 옳다고 생각했다.123) 하늘의 실제 운행을 계산하는 역법을 『주역』의 상수학적 체계에 맞추려 들 것이 아니라 『주역』 상수학 체계를 역법이 보여 주는 하늘의 실제 운행에 맞추어야 한다는 것이었다.— "역曆이란 해, 달, 오행성의 기록이다. 추호라도 오차가 있으면 사계절이 어긋날 것이다. 어찌 한가로이 『주역』(易)을 본받아 역曆을 만들 것인가?"124)

### 4) 실용주의적 태도

상관적 사고에서 사용되는 연관들이 지닌 문제점을 정약용은 두 가지로 나누어 비판했다. 첫째는 그 같은 상관적 연관들이 근거가 없거나 불가능하다는 점이고, 둘째는 그런 연관들이 근거가 있다고 하더라도 그것을 실제 적용하는 데 있어 문제가 있다는 것이다. 「갑을론甲乙論」에서 그는 상관적 사고의 이 같은 폐단을 "그럴 것 같지 않은 점"(不宜然者)과 "반드시 그렇지는 않은 점"(不必然者)으로 나누어서 10간 12지와의 여러 연관들을 예로 들어서 논의했다.125)

이 같은 논의에서 정약용이 가장 자주 지적한 상관적 사고의 폐단은 어느 한 지역이나 시점에 정해진 연관들은 그 특정 지역이나 시점에 대해서만 적용될 수 있을 뿐 다른 지역이나 시점에 적용하게 되면 문제가 될

---

122) 『易學緒言』 권2 「邵子先天論」, 『與猶堂全書』 2집 권46 27b~40b.
123) 「答申在中己卯十一月日」, 『與猶堂全書』 1집 권20 6b, "以易象曆可也. 漢晉以降, 以曆象易皆似渺芒, 不可究詰, 未知如何."
124) 『易學緒言』 권2, 『與猶堂全書』 2집 권46 14a, "曆也者, 日月五星之紀也. 毫髮有差, 四時乖舛. 奚暇象易而爲之哉."
125) 「甲乙論」, 『與猶堂全書』 1집 권11 28a~29a.

수 있다는 것이었다. 날짜와 해를 세는 데 간지를 사용한 것은 각각 대요大撓의 시기와 한무제의 시기라는 특정한 시점으로서 그 이전 시기에는 해와 날짜에 간지의 이름이 없었기에 길흉을 점칠 수도 없었다는 것에 대해서나 지역에 따라 같은 시간이 서로 다른 해, 달, 날에 속하게 될 수 있는 가능성에 대해서 언급한 것은 위에서도 보았지만, 그는 또한 역사상 여러 차례 개력改曆이 있어 달력이 바뀌었고 그에 따라 동일한 시점의 해, 달, 날의 간지가 사용하는 역법에 따라 달라졌는데, 그렇다면 과거의 역법을 사용해 길흉을 정해 놓은 산명算命의 방법을 지금 사용할 수 없음을 지적했다.126) 그 외에 그는 지역마다 '일중日中'(해가 정남에 오는 시간)이 각각 다른데 어느 한 지점의 일중을 오정午正으로 정하는 것의 문제도 지적했다.127) 맥진의 경우에도 맥을 짚는 의사의 손가락의 크기가 각각 다르고 환자의 팔 길이가 달라 정확히 '촌', '관', '척' 맥의 위치를 찾아내는 것이 어려우며 잘못을 범할 수 있음도 지적했는데,128) 이것도 근본적으로는 같은 종류의 지적이라고 할 수 있다.

정약용은 동서남북의 방위에 여러 가지들을 연관짓는 데서 생기는 폐단도 자주 지적했다. 우선 위에서도 보았듯이 그는 방위는 고정된 것이 아니라 상대적인 것임을 지적했다. 그는 "사방四方 중 고정시킬 수 있는 것은 북쪽뿐이고 동쪽과 서쪽은 지역에 따라 자리를 바꾼다"거나,129) "북극과 남극은 만고에 움직이지 않고 고정된 자리가 있지만 '동해東海'와 '서해西海'는 지역에 따라 이름을 바꾸고 고정된 이름이 없다"고 이야기했다.130)

---

126) 「甲乙論二」, 『與猶堂全書』 1집 권11 30a.
127) 「問東西南北」, 『與猶堂全書』 1집 권9 1b.
128) 「脈論二」, 『與猶堂全書』 1집 권11 12b~13a.
129) 「甲乙論」, 『與猶堂全書』 1집 권11 29a, "凡四方之中, 可定者北而已. 東西隨地易位." 동쪽과 서쪽이 상대적 개념이라는 이 같은 이해는 물론 地球 관념에 바탕한 것이다.
130) 「問東西南北」, 『與猶堂全書』 1집 권9 1a, "北極南極萬古不移, 是有定位也. 東海西海隨地易名, 是無定名也."

그는 방위와의 연관들을 그대로 따르게 되면 몇 가지 받아들이기 힘든 결과들이 생기는 것도 지적했다. 예를 들어 사방과 사계절과의 연관을 따른다면 북극과 남극에서는 일년 중 계절이 없으니 사방도 없어야 할 것이라고 이야기했고,131) 남극이 북극과 같이 춥다는 점을 들어 남쪽과 '화火'를 연관짓는 것이 지니는 문제를 지적하기도 했다.132) 또한 그는 사방을 하루 중 '자子', '오午', '묘卯', '유酉'의 시각에 배열함에 있어 북반구와 남반구가 서로 반대가 되어야 하고, 그렇다면 남반구에서는 북반구에서처럼 '육갑六甲'으로 사방을 정할 수가 없게 됨을 지적했다.133) 오상五常이나 색깔 등과 방위와의 연관에 대해서도, 그는 그 같은 연관에 따르면 중국에서는 '인의예지신仁義禮智信'의 다섯 덕목 중 중앙에 연관된 '신信'만 있고 다른 네 방향과 연관된 다른 덕목들은 있을 수 없게 될 것이며, 중국은 중앙인 노랑에 해당하게 되어 중국 땅을 '적현赤縣'이라고 부를 수가 없게 됨을 지적했다.134)

상관적 연관들과 관련해서 정약용이 지적한 또 다른 종류의 문제는 서로 다른 숫자들로 이루어진 범주들 사이에 연관을 짓기가 힘들다는 것이었다. 전형적인 예는 넷으로 나눌 수 없는 것들을 사방四方과 연관짓는 경우인데, 예를 들어 그는 10간干을 사방과 연관짓는 일의 어려움에 대해 지적했다.135) 그는 또한 '지知', '인仁', '용勇'의 세 가지 덕목과 표준적인

---

131) 「問東西南北」, 『與猶堂全書』 1집 권9 1b, "春夏秋冬配於四方, 而北極南極之下一年爲一晝夜, 則此地無四時, 亦無四方歟."
132) 「問東西南北」, 『與猶堂全書』 1집 권9 1a, "金木水火配於四方, 而南極之下寒如北極, 則何所取於火熱歟."
133) 「問東西南北」, 『與猶堂全書』 1집 권9 1b, "子午卯酉配於四方, 而冬線夏線之下四時無不相反, 則此地無六甲以定四方歟."
134) 「問東西南北」, 『與猶堂全書』 1집 권9 2a, "仁義禮智旣配四方, 則中國之人只有信德歟. 淸白赤黑旣配四方, 則中國之地何名赤縣歟."
135) 「甲乙論」, 『與猶堂全書』 1집 권11 28b.

오상五常을 연관짓는 일의 어려움에 대해서도 이야기했다.136)

상관적 연관들에 대한 정약용의 이 같은 비판들은 상관적 사고 자체보다는 그것의 적용에서 드러나는 문제들을 지적하는 것으로, 이는 그의 사상 전체의 큰 특징을 이루는 실용주의적 경향37)을 보여 주는 것이라 할 수 있다. 사실 경전經典이나 정사正史처럼 믿을 만한 출처에 기록된 사실들은 받아들이고 사람들 사이에 실제로 행해지고 효과가 있어 보이는 것들은 거부하지 않은 반면 황당하고 신비스러워 보이는 것들이나 실체는 없이 사람을 속이는 것으로 생각되는 것들은 받아들이기를 거부한 정약용의 태도에서는 분명히 그 같은 실용주의적 태도를 볼 수 있다. 모호하고 신비적인 믿음이나 실천들에 대한 그의 비판의 근거는 그것들이 이해하기 힘들고 따라서 실용성이 없다는 점이었다. 이 같은 실용주의적 특성은 그가 여러 가지 술수들이 실제로 효과가 있지 않음을 주장하는 데서 잘 드러난다. 예를 들어 그는 요堯 · 순舜 임금은 미리 점을 치지 않은 채 전쟁을 하거나 제사를 지냈는데도 모든 것이 순조로웠다고 하여 복서卜筮에 대해 비판했다.138) 풍수술이 실제로 효과가 있을 수 없음을 주장하면서 제시하는 그의 논거들은 실용주의자로서의 그의 면모를 특히 잘 보여 준다. 예를 들어, 그는 만약에 자신들이 길한 땅이라고 이야기하는 곳이 후손들에게 큰 복을 가져다 줄 것이라고 풍수술사들이 진정으로 믿는다면 몇 푼의 돈을 받고 그곳을 남에게 알려주는 대신 자신들이 사용할 것이라는 점을 지적하기도 했고,139) 영웅호걸이 '명당明

---

136) 『中庸講義補』, 『與猶堂全書』 2집 권4 38a.
137) 정약용 사상 전반에서 볼 수 있는 실용주의적 성격에 대해서는 김영식, 『정약용 사상 속의 과학기술 — 유가 전통, 실용성, 과학기술』(서울대학교 출판부, 2006), 7장을 볼 것.
138) 「甲乙論一」, 『與猶堂全書』 1집 권11 28a~28b.
139) 「風水論二」, 『與猶堂全書』 1집 권11 31a; 「風水論五」, 『與猶堂全書』 1집 권11 32a.

堂'에 살고 있으면서도 자기 자식들을 보호해 주지 못해서 자식들이 병에 걸리기도 하고 일찍 죽기도 하는데 관 속의 마른 뼈가 아무리 좋은 위치에 있다고 해도 후손을 잘되게 해 줄 수 있겠는가 하고 반문하기도 했다.140) 또한 그는 풍수술을 따르지 않고 묘를 썼는데도 자손이 부귀를 누린 예들을 이야기했으며,141) 다른 한편으로는 풍수술에 능했던 사람들이 복을 누리지 못하고 자손을 남기지 못한 예들이나 풍수술을 따르고도 오히려 재앙을 입은 사람의 예들을 거론했다.142) 이 점은 풍수술에 대한 그의 강한 비판이 주로 당시 만연하던 풍수술의 폐해를 없애려는 데 있었던 점과도 연관이 있다고 하겠다.143)

---

140) 「風水論一」, 『與猶堂全書』 1집 권11 30b.
141) 「風水論一」, 『與猶堂全書』 1집 권11 30b.
142) 「風水論五」, 『與猶堂全書』 1집 권11 32a. 실제로 풍수에 대한 이런 식의 비판은 17세기 淸의 학자 陳確(1604~1677)의 경우에도 찾아볼 수 있다. Smith, *Fortune — Tellers and Philosophers*, p.162을 볼 것.
143) 이렇듯 효과가 없는 술수들을 사람들이 받아들이게 된 데 대해서도 정약용은 실용주의적인 해석을 제시했는데, 이는 그가 위의 술수들과 같은 종류의 허황된 이론으로 생각한 『脈經』의 脈診 이론을 어떻게 해서 사람들이 받아들이게 되었는가에 대해 설명한 다음 구절에서 잘 드러난다.
"맥에 대해서 말하자면, 『맥경』을 지은 사람부터 이미 자신이 지은 『맥경』을 믿지 않았고, 그 후 의술의 理를 조금이라도 통한 사람은 결코 『맥경』을 믿지 않았다. 그러나 그들의 마음으로는 그 속에 무슨 玄妙하고 오묘한 理가 있는데 자신이 깨닫지 못하는 것이 아닌가 의심하고, 또한 자신이 『맥경』을 높여 받들지 않으면 세상사람들이나 후세의 사람들이 자신이 『맥경』의 뜻에 통달하지 못했다고 말할까 두려워했다. 이에 사람들은 알지 못하면서도 자신이 홀로 얻은 바가 있는 것처럼 해서, 겉으로는 『맥경』을 '끊임없이 전해질 경전(不刊之典)으로 높이고 그 설을 설명하고 그 뜻을 해석했고, 해석할 수 없는 부분에 이르러서는 그냥 '마음으로 얻어야 하는 미묘함(妙)은 말로 전할 수 없다'고 말했다. 그러나 어리석은 자들이 몽매하여 이를 받들어 믿고 슬기로운 사람들도 그 術을 다시 사용하니, 이는 『맥경』만 그런 것이 아니라 무릇 술수의 虛僞는 모두 이러하다."(脈自著經之人己不信其自作之經, 而其後凡稍通醫理者必不信脈經. 然其心猶疑其有玄妙微奧之理, 而己之罔覺也. 復恐己不尊奉脈經, 則世人與後世之人謂己不達脈經之旨. 於是陽爲人所不知而己有所獨得者, 外尊脈經爲不刊之典, 演其說而釋其旨. 至其不可解者輒云, 心得之妙不可以言傳. 愚者蒙然奉信, 智者復用其術. 此非唯脈經爲然, 凡術之虛僞者皆然也;「脈論一」, 『與猶堂全書』 1집 권11 12b)

## 5. 맺음말: 주희, 이익, 정약용

이상에서 미신 및 술수에 대한 주희, 이익 및 정약용의 태도를 살펴보았는데, 이들을 비교해 보면 다음과 같은 차이와 변화를 볼 수 있다.

우선 주희의 경우에는 『주역』, 기氣와 심心의 상호작용 및 '귀신'에 대한 그의 생각이 그로 하여금 여러 가지 미신적 현상들과 술수들을 받아들이도록 했다. 이익 또한 미신적 현상과 술수들 중 여러 가지를 부정하지 않고 받아들였는데, 미신과 술수에 대한 이 같은 수용의 경향은 주희에게서보다 더 강해졌다. 주희로 하여금 미신적 현상과 술수들을 받아들이도록 했던 위의 근거들은 이익에게도 계속 유효했던 것이다. 우선 기와 심의 상호작용을 거부할 근거는 이익에게도 없었다. 더 나아가 이익은 귀신을 실체로 보았으며, 이는 그로 하여금 미신과 술수에 대해 더욱 더 수용적인 태도를 지니도록 했다. 귀신이 실체라고 보았기에 이익은 귀신이 "조화의 흔적"이 아니라 조화가 "귀신의 흔적"이라고 말하는 쪽이 옳다고 생각했던 것이다.144) 그러나 이익은 귀신이 "두 기의 양능"이라는 것은 그대로 받아들여 귀신이 기의 속성과 작용에 의한 것임은 인정했다.

정약용은 위에 든 주희의 근거들 중 『주역』 점은 계속 믿었다.145) 그러나 기와 심의 상호작용에 대한 믿음은 정약용에게서는 많이 약화되었다. 특히 여러 가지 미신적 현상이나 술수들을 기와 심의 상호작용을 통해 설명하려는 시도는 줄어들었다. 그가 귀신을 기의 작용으로 보지 않는 것도 그 같은 설명의 가능성을 줄였다. 정약용은 귀신을 '조화의 흔적'으로 보는

---

144) 주희 또한 비, 바람, 이슬, 천둥, 해, 달, 낮과 밤 등을 가리켜 "귀신의 흔적"이라고 이야기한 적이 있다. 『朱子語類』 권3 2a4, "雨風露雷日月晝夜, 此鬼神之迹也."

145) 『주역』 점의 구체적인 방법과 괘의 해석에 있어서는 정약용은 주희와 다른 의견을 지니는 경우가 많았다. 금장태, 「정약용의 '역' 해석에서 복서의 방법과 활용」(『茶山學』 제8호)을 볼 것.

것만이 아니라 '두 기의 양능'으로 보는 것도 거부했던 것이다. 그러나 정약용이 기와 심의 상호작용을 거부하는 데에 가장 중요한 영향을 미친 것은 상관적 사고에 대한 거부였다.

정약용이 비판한 음양, 오행 등 여러 가지 상관적 연관들이 대부분 주희가 받아들인 것임을 생각하면 정약용의 이 같은 태도는 분명히 주희로부터의 벗어남이라고 볼 수 있을 것이다. 그리고 이 같은 벗어남은 몇 가지 기본적 입장들에서 정약용이 주희와 의견을 달리했던 것과 관련이 있다.[146] 특히, 정약용이 천과 리의 분리를 통해 인간의 가치 및 믿음을 자연세계로부터 엄격히 분리한 것은 자연세계와 인간의 영역을 여러 가지 연관들을 통해 서로 연결시킬 수 있는 가능성을 막았다. 이것이 여러 미신적 믿음이나 술수들에서 자주 사용되었던 연관들의 기본이 되는 상관적 사고에 대한 그의 거부로도 이어졌을 것이다.[147]

그러나 주희가 받아들인 상관적 사고로부터의 정약용의 이 같은 벗어남도 역시 그 씨앗은 주희 자신의 사고 속에 들어 있었다. 주희가 소옹의 상수학 체계를 받아들인 것이나 주희가 받아들였기에 상수적 사고가 신유학 사고의 중요한 요소로 자리잡게 되었던 것은 사실이지만, 그렇다고 주희가 상수에 관한 소옹의 설들을 완전히 받아들인 것은 아니었다. 주희는 수(數)를 다루는 소옹의 능력을 매우 높이 평가했지만 주희에게는 소옹이 수를

---

146) 예를 들어 한형조, 『주희에서 정약용으로 — 조선 유학의 철학적 패러다임 연구』(세계사, 1996); 금장태, 「다산경학의 탈주자학적 세계관」, 『茶山學』 제1호(2000), 20~57쪽; 「좌담: 다산, 주자학, 그리고 서학」, 『茶山學』 제2호(2001), 210~271쪽을 볼 것.
147) 물론 상관적 사고에 대한 정약용의 거부는 17~18세기 중국에서 진행된 상관적 사고에 대한 거부의 움직임—John Henderson이 '중국 우주론의 쇠퇴'(decline of Chinese Cosmology)라고 표현한—과 부합되며, 중국에서의 그 같은 움직임의 영향을 받았을 것으로 생각된다. John B. Henderson, *The Development and Decline of Chinese Cosmology* (New York: Columbia University Press, 1984); 번역: 문중양 옮김, 『중국의 우주론과 청대의 과학혁명』(소명출판, 2004), 특히 7~8장을 볼 것.

가지고 행했던 일들은 여전히 기본적으로 '술법'(術)에 불과했다.[148] 또한 주희는 상관적 사고에서 나타나는 지나친 수비학적 특성에 대해서는 비판적이었다. 예를 들어 주희는 자연세계에 나타나는 숫자의 특성들—눈송이가 육각형인 것이나 거북의 등에 나타나는 줄의 숫자 같은 것들—이 "자연히 그렇게 생겨난 것이고 누군가에 의해 안배된 것이 아님"을 명확히 지적했었다.[149] 주희는 하늘의 주천도수(周天度數) 360도가 지닌 수비학적 의미도 받아들이지 않았다. 그에게 1도는 하루 동안의 하늘과 해의 회전들 사이의 차이로서 정의되는 것이었을 뿐이고, 따라서 하늘에는 365 1/4도가 있고 1년에는 365 1/4일이 있는 것이었다.[150]

끝으로, 정약용이 받아들인 것과 받아들이지 않은 것들 사이의 경계선이 주희의 경우와 그다지 다르지 않다는 점을 지적할 수 있다. 물론 천, 귀신, 음양, 오행 등의 개념들이나 그 개념들 사이의 관계, 그리고 이들 개념들과 이 세상의 물체나 현상들 사이의 관계에 대한 정약용의 견해는 주희의 견해와는 달랐지만 물체나 현상들 자체에 대한 정약용의 견해는 주희의

---

148) 『朱子語類』 권100 4b1. 또한 『朱子語類』 권4 19b1을 볼 것. 주희는 다음과 같이 이야기 했다.— "소옹의 학문은 술수학일 뿐이니 후대의 사람이 총명함을 지니고서 계산할 수 있다면 그 또한 헤아릴 수 있고 이해할 수 있을 것이다."(其學只是術數學, 後人有聰明能算, 亦可以推; 『朱子語類』 권100 11a2. 또한 『朱子語類』 권100 1b2 · 2a1을 볼 것) "성인(즉 공자)은 리를 통해 천명을 알지만 그(즉 소옹)는 '술법'(術)을 통할 뿐이다. 그러나 그가 술법의 정수를 얻을 수 있었다 해도 [천명은] 역시 술법이 다 알아낼 수 있는 것은 아니다. 그럼에도 그 시작은 술법일 뿐이다."(聖人知天命以理, 他只以術. 然到得術之精處, 亦非術之所能盡, 然其只是術耳; 『朱子語類』 권100 1b2)
149) 『朱子語類』 권65, 6a. "自然恁地生, 不待安排." 수비학적 사고에 관한 주희의 태도에 대해서는 김영식, 『주희의 자연철학』, 4장 2절을 볼 것.
150) 『朱子語類』 권2 1a2 · 1b1 등. 그는 윤년의 날수를 64괘의 효수 384에 수비학적으로 연관시키는 것도 거부했다.
"그렇다면 그것(즉 이 설명)은 3년에 한 번만 사용될 수 있으며 다른 해에는 사용될 수 없다. 더욱이 윤달은 반드시 작아야(즉 29일이어야) 한다. 당신의 말대로 자세히 살펴보면 윤년에는 383일이 있을 뿐이고 나머지 한 효는 쓸 곳이 없어진다."(則惟三年方一度可用, 餘年皆用不得矣. 且閏月必小. 盡審如公言, 則閏年止有三百八十三日, 更剩一爻無用處矣; 『朱子語類』 권67 30a2)

견해와 크게 다르지 않았던 것이다. 정약용에 이르면 하늘이나 귀신의 개념들이 포괄하는 범위는 좁아졌고, 그에 따라 그 개념들로 포괄하는 물체와 현상들의 내용은 달라졌다. 특히 그가 천 및 귀신 개념의 범주를 이처럼 좁히는 과정에서 그간 이 개념들이 지녔던 자연현상과의 연관을 제거했기 때문에 이 개념들은 더 신비적이 되었다.[151] 예를 들어, 주희에게 귀신은 기의 작용—'두 기의 양능'—이었고 많은 자연현상들을 포괄했는데, 정약용에 와서는 주희의 귀신 개념의 이 같은 넓은 범위는 좁아져서 더 이상 귀신을 기의 작용이라고 해석할 수 없게 되고, 그에 따라 자연현상들을 이야기하면서 귀신이라는 개념을 사용할 수 없게 되었다. 그렇지만, 물체와 현상들 자체에 대한 정약용의 생각은 주희의 생각에서 별로 달라지지 않았다. 예를 들어 정약용에게 비, 이슬, 서리, 눈, 바람과 같은 현상들은 더 이상 귀신 개념으로 포괄되는 현상이 아니었지만, 그럼에도 불구하고 그가 그 현상들을 기의 작용이라고 하는 것을 부정하거나 이들 현상들 자체에 대한 주희의 설명을 부정한 것은 아니었던 것이다.[152]

한편 이렇듯 '기'를 통한 설명이 배제되고 우주론적인 넓은 의미가 제거됨에 따라 귀신 개념은 더 좁혀졌지만 그렇다고 정약용이 귀신 자체를 배격한 것은 아니었다. 정약용은 이것들에 대한 주희 방식의 '합리적'인 설명을 제공하는 대신 때로 그냥 이것들을 더 믿는 태도를 보이기도 했다. 예를 들어 그는 자신이 여러 가지 기이한 능력을 지닌 '신들린 사람'(負魔者)들을 본 이야기를 하면서, 그것들이 사실은 "모두 귀물의 어지러움의 괴이함으로 일시적으로 눈을 현혹한 것인데, 어찌 이에 미혹될 수 있는가" 하고 반문했는

---

151) 그는 '하늘의 밝은 神'(天之明神)이라는 표현을 자주 사용했으며(『中庸講義補』, 『與猶堂全書』 2집 권4 32b·58b), 때로는 "귀신이 하늘이 아닌가"(鬼神非天乎; 『中庸講義補』, 『與猶堂全書』 2집 권4 21a)라고 묻기도 했다. 귀신 개념이 지니는 자연주의적 측면에 대해서는 김영식, 『주희의 자연철학』, 5장을 볼 것.
152) 『中庸講義補』, 『與猶堂全書』 2집 권4 61b~62a.

데,153) 이는 사람의 눈을 현혹하는 그 같은 효과를 낼 수 있는 '귀물鬼物'의 존재를 인정한 것이었다. 또한 죽은 사람의 귀신을 만났다는 이야기에 대해서도 정약용은 그것이 "진짜 죽은 사람의 정백精魄이 영령스럽게 나타난 것이 아니라 산도깨비와 나무도깨비가 사람의 눈을 속인 것"이라고 하여 이를 거부하지만, 그 같은 귀신의 모습을 만들어 낼 수 있는 도깨비의 존재를 부정하지 않았다.154) 사실 그 같은 의미의 귀신을 완전히 배격해야 할 근거는 정약용에게도 없었던 것이다.

---

153) 「風水論四」, 『與猶堂全書』 1집 권11 32a, "是皆鬼幻之怪 以眩一時之目者. 奚惑焉."
154) 「與鼎山寄延豊謫中」, 『與猶堂全書』 1집 권19 28b~29a, "紀信之鬼降而爲城隍. 此非紀信之 精魄眞有顯靈. 卽山魈木彭假之以眩人耳."

# 제4장 조선 후기의 지전설

## 1. 머리말

　동아시아에서는 전통적으로 평평한 땅이 우주의 중심에 정지해 있고 그 주위를 하늘과 해, 달, 별들이 돌고 있는 우주구조가 받아들여져 있었다. 이 같은 전통적 우주구조는 17세기부터 동아시아에 서양 우주관이 들어오면서 변화가 일어나기 시작했다. 그러나 이 시기는 서양에서도 우주관에 큰 변혁이 일어나던 시기였고, 당시 서양의 우주구조에 관한 지식에도 많은 혼동이 있었다. 따라서 이 시기에 서양으로부터 하나의 정합적 우주구조체계가 들어와서 동아시아의 전통적 우주구조체계를 대체한 것이 아니었다. 우주구조에 관련된 서양의 단편적 지식들이 들어왔던 것이고, 동아시아의 지식인들은 이들 단편적 지식들 각각에 대해 다양한 반응을 보이면서 자신들의 전통 우주관을 다양한 형태로 수정하고 새로운 우주관을 형성해 나갔다.

　이렇게 들어온 단편적 우주론 지식의 대표적 예로 땅이 둥글다는 '지구地球' 관념과 땅이 돈다는 '지전地轉' 관념을 들 수 있다. 이 중 '지구' 관념은 고대부터 변함없이 서양 우주관의 핵심이었던 반면 동아시아의 전통 우주구조와는 정면으로 모순되었다. 이에 따라 지구 관념은 동아시아에 도입된 이래 많은 논쟁을 빚었다. 그러나 이와는 대조적으로, '지전' 관념은 서양의 전통 우주관과도 상반되는 것으로 서양에서도 엄청난 마찰을 빚고 있었고,

특히 동아시아에 서양 우주론 지식을 전래하는 데 주된 역할을 한 예수회 신부들이 속했던 가톨릭교회 당국으로부터 그것을 논의하는 것조차 금지당하고 있었다. 이에 따라 지전 관념의 동아시아 전래에 관해서는 그 전래 시기, 경로, 수용 과정 등 많은 것이 불분명한 상황이다.

조선 후기의 몇몇 학자들이 땅이 돈다는 '지잔'의 관념을 가지고 있었다는 사실은 일찍부터 알려졌다. 그리고 당시 서양 지식의 거의 독점적 전달자였던 예수회 신부들이 가톨릭 당국으로부터 지전에 관한 논의를 금지당하고 있는 상황에서 조선 후기 학자들이 이 같은 지전 관념을 지니고 있었기에, 그것이 이들에 의해 독자적으로 창안된 것인가 아니면 어떤 방식으로든 서양으로부터 들어온 것인가에 대한 논란이 제기되었다. 이 글에서는 조선 후기 학자들에서 '지잔' 관념이 나타나는 실세 모습을 살펴보고, 서양과 동아시아 양쪽에서의 지전 관념에 대한 가능한 출처들을 포함해서 당시 지전 관념과 관련한 동아시아의 전반적 상황을 검토한 후, 이들 조선의 학자들이 그 같은 생각을 하게 된 사실을 어떤 식으로 이해해야 할 것인가에 대해 고찰해 보고자 한다.

## 2. 조선 후기 학자들의 지전 관념

지전 관념 자체 또는 지전과 관련지을 수 있는 관념을 이야기하고 있는 조선 후기의 자료들 중 의미 있게 살펴볼 만한 것들은 김석문金錫文(1658~1735), 이익李瀷(1681~1763), 홍대용洪大容(1731~1783), 박지원朴趾源(1737~1805) 등의 자료들이다. 이 외에도 김석문보다 앞서 1669년 이민철李敏哲과 송이영宋以穎 등이 제작한 혼의渾儀에 1일 1회전하는 지구의地球儀가 설치되어 있었던 것으로부터 지전 관념이 있었음을 보는 견해도 있지만[1] 이로부터는 혼의 작동 기제 이상의 의미를 확정하기 힘들며, 그것이 김석문, 홍대용 등에 영향을 미친 증거도 찾을 수 없다. 또 위의 학자들보다 뒤 정약전丁若銓(1758~1816)도 그의 동생 정약용丁若鏞과의 서신에서 지전을 옹호하는 이야기를 하고 있지만, 이는 시기적으로 상당히 나중의 일로서 위의 경우들과 함께 논의할 만하지 못하다.2)

### 1) 김석문

조선 후기의 학자들 중 지구가 돈다는 생각을 가장 먼저, 그리고 가장 여러 차례 이야기한 사람은 김석문인데, 그는 자신의 우주론 체계를 싣고 있는 『역학이십사도해易學二十四圖解』에서 지전 관념을 여러 차례 분명하게 주장하고 있다. 그의 우주론은 다음의 세 가지 요소들에 바탕해서 구성되어 있다.3)

(1) 아홉 개의 대체로 동심원으로 이루어진 구중천九重天(아홉 겹 하늘)의 우주구조;
(2) 주돈이周敦頤(1017~1073)의 「태극도설」 첫머리에 나오는 우주생성론적 언급;
(3) 그리고 소옹邵雍(1011~1077)의 우주주기설인 '원회운세元會運世' 이론.

---

1) 전상운, 「璇璣玉衡에 대하여」, 『古文化』 2(1963), 3~10쪽. 전상운은 현재 고려대학교 박물관에 보관된 혼천시계에 바탕해서 이런 가능성을 주장하지만, 오상학은 이 혼천시계가 1669년이 아니라 훨씬 뒤인 19세기 초반에 제작되었을 가능성을 제기했다. 「朝鮮時代의 世界地圖와 世界 認識」(서울대학교 박사학위논문, 2001), 130~138쪽.
2) 지전 관념과 관련해서 정약전과 정약용이 주고받은 서신의 내용에 대한 자세한 논의는 전용훈, 「조선 후기 서양천문학과 전통 천문학의 갈등과 융화」(서울대학교 박사학위논문, 2004), 255~260쪽을 볼 것.
3) 1726년에 간행되었지만 그 중요한 내용이 1697년까지에는 완성된 것으로 보이는 이 책은 민영규, 「十七世紀 李朝學人의 地動說 — 金錫文의 易學二十四解」, 『東方學志』 16(1975), 1~64쪽에서 처음 소개되었다. 지전설을 포함한 김석문의 우주론에 관해서는 이용범, 「金錫文의 地轉論과 그 사상적 배경」, 『진단학보』 41(1976), 82~107쪽; 小川晴久, 「地轉(動)說에서 宇宙無限論으로」, 『東方學志』 21(1979), 55~90쪽; 전용훈, 「金錫文의 우주론: 『역학이십사도해』를 중심으로」, 『한국천문력 및 고천문학: 태양력시행 백주년기념 워크샵논문집』(천문대, 1997), 132~141쪽; 구만옥, 「조선 후기 주자학적 우주론의 변동」(연세대학교 박사학위 논문, 2002), 134~154쪽을 볼 것.

『역학이십사도해』의 「황극구천도黃極九天圖」에 그려져 있는 김석문의 '구중천' 우주구조에서 맨 바깥의 '태극천太極天'은 정지해 있다. 그 바로 안쪽의 '태허천太虛天'은 매우 느리게 도는데, 김석문은 이를 '미동微動'이라고 표현했다. 그 안으로 항성의 하늘인 '경성천經星天', 그리고 토성(鎭星天), 목성(歲星), 화성(熒惑天), 해(日輪天; 수성과 금성의 하늘과 일치) 및 달의 하늘(月輪天)이 차례로 있고, 가장 안쪽에는 땅의 하늘(地輪天)이 있다. 태허천으로부터 안으로 갈수록 회전이 점점 빨라져서, 가장 빠른 지륜천은 하루에 한 바퀴 회전한다. 그리고 땅의 중심은 하늘의 중심에서 180,000리 떨어져 있다.4) 직접 김석문의 표현을 보면 다음과 같다.

…… 맨 아래에 땅이 있다. 그 움직임이 극히 빠르다. 1년에 366번 회전한다. 역시 서에서 동으로 돈다. 따라서 태극으로부터 땅에 이르기까지 아홉 층이 있으며 점차 느리고 빨라져서 땅에 이르면 지극히 [빠르게] 움직인다.5)

그리고 이 구절에 대한 그의 주석에서 김석문은 아래에서 보게 될 장재張載의 구절이나 『오위역지五緯曆指』의 구절들을 인용하고 있다.

김석문은 이와 같은 우주구조를 「태극도설」의 처음 몇 구절들에 연결시켜 논의했는데 그 과정에서 땅이 돈다는 것을 당연한 사실처럼 되풀이해서 이야기했다. 먼저 그는 「태극도설」의 "태극이 움직여서 양陽을 생生한다"(太極動而生陽)는 구절이 부동不動의 태극천으로부터 태허천의 '미동微動'이 나타나는 것을 가리킨다고 보았다. 그리고 다음의 "움직임이 극에 달하면 정지한

---

4) 한편 김석문은 하루 한 바퀴를 도는 지구의 둘레가 90,000리라는 것과 James Rho (羅雅谷)의 『五緯曆指』에 나오는 "諸天能力必等"이라는 원칙에 바탕해서 아홉 개의 하늘들의 크기(둘레)들을 추정했다. 모든 하늘들이 하루 90,000리를 회전하므로 거기에 그 하늘의 주기의 일수를 곱하면 그 하늘의 둘레를 구할 수 있었던 것이다.
5) 金錫文, 『易學二十四圖解』, 32a, "最下地質. 其動也極疾. 一年而三百六十有六轉. 亦自西而東焉. 故自太極至于地凡有九層, 漸次遲疾. 至于地質, 極動焉."

다'(動極而靜)는 구절은 땅이 가장 빨리 돌지만 땅 위에 있는 사람에게는 정지한 것으로 보임을 가리킨다고 해석했다. 이어서 그는 "정지해서 음陰을 생한다'(靜而生陰)는 구절은 땅이 돌아서 해의 반대편에 그림자(음에 해당되는)가 생기는데 사람들이 이를 정지해 있는 땅에 음이 생긴다고 생각함을 가리키는 것으로, 그리고 "정지함이 극에 달하면 다시 움직인다"(靜極復動)는 구절은 사람들이 땅이 정지해 있는 것으로 여기고 하늘을 움직인다고 생각하는 것을 가리킨다고 해석했다.6)

이처럼 우주의 구조를 설명한 김석문은 이어서 우주의 시간에 대해 다루었고, 소옹의 우주주기 이론(1元=12會=12×30運=12×30×12世=12×30× 12×30 年)을 받아들여 이를 확장했다.7) 그 과정에서 그는 여러 우주주기들을 하늘과 해 및 땅의 여러 가지 움직임의 주기들에 할당했는데, 이 중 '회'가 땅의 움직임에 해당되었다. 지구가 하늘(우주)의 중심으로부터 180,000리 떨어진 거리에서 그 주위를 도는 회전의 주기가 25,440년8)으로, 이것이 2회에 해당한다는 것이다. '회'를 설명하면서 김석문은 "해가 비록 때에 따라 높고 낮아지나 땅은 또한 움직이는 경로(行道)가 있어 해의 경로와 동서로 두 번 만난다"고 이야기를 시작한 후 땅이 그 같은 회전을 하는 25,440년 동안의 땅 위의 변화를 이야기하고, "이것이 땅이 한 바퀴 도는 것이다. 땅이 한 바퀴 돌아 2회를 이룬다"고 결론지었다.9) 나중에 그는 지구의

---

6) 『易學二十四圖解』, 31a~34a쪽, "靜靜者, 動之微也. 故能靜而漸動, 以有太虛. 濂溪所謂太極動而生陽也. 太虛者, 天體也. 太虛微動……何謂動極而靜. 地上之人不知地之極疾而反見地面以爲靜也. 何謂靜而生陰. 陰者地影也. 地轉背日則陰生. 地上之人不知地之極疾而反見地面見靜爲生陰也. 何謂靜極復動. 地上之物旣以地面爲靜, 則反以地轉見日爲天之動而生陽也."
7) 邵雍의 이론의 내용에 대해서는 馮友蘭, 『中國哲學史』 下卷(北京, 1934; 박성규 옮김, 『중국철학사』 하, 서울: 까치, 1999), 제11장 2절을 참고할 것.
8) 이 숫자는 세차의 주기에 맞추기 위한 것으로, 이를 사용하면 1회의 길이가 12,720년이 되어 소옹의 10,800년과 차이가 난다.
9) 『易學二十四圖解』, 40a~40b, "日雖有時高低, 地則又有行道, 與日道東西兩交……此爲地轉一周. 地轉一周成乎二會."

이 같은 긴 주기의 회전과 1일 1주의 자전을 함께 다음과 같이 정리했다.—
"따라서 땅이 1번 회전하는 것을 1'일'이라고 이야기하고 땅이 하늘을 한 바퀴 도는 것을 2'회'라고 이야기한다."10)

이런 식으로 지구의 두 가지 회전은 김석문의 우주 이론에서 빼놓을 수 없는 구성요소가 되었다. 지구의 자전은 우주의 중심에서 움직임이 가장 빠르고 밖으로 갈수록 느려져서 맨 바깥에서는 움직임이 정지하는 그의 우주구조의 핵심적 부분이었고, 우주 중심을 주위로 도는 25,440년 주기의 지구의 회전이 소옹의 이론을 확장한 그의 우주 주기 이론의 일부가 되었던 것이다.

### 2) 이익

이익은 그의 『성호사설星湖僿說』 권3에 담긴 「천행건天行健」, 「담천談天」, 「천수지전天隨地轉」, 「천문천대天問天對」 등 네 편의 글에서 '지전'과 관련된 내용을 단편적으로 언급하고 있다. 그 중 「천행건」, 「담천」, 「천수지전」의 세 편에서 그는 지전의 가능성을 언급하면서도 결국은 하늘이 도는 것이고 땅이 도는 것이 아니라 하여 지전을 부정하는 결론을 내린 반면 「천문천대」에서는 '지전의 가능성을 언급하기만 할 뿐 자신의 생각을 명백히 밝히지 않았다.11)

「천행건」에서 이익은 땅으로부터 하늘까지의 거리에 대해 이야기한 후 그와 같은 엄청난 크기의 하늘이 하루 한 바퀴 돌기 어려울 것 같다는 의심을 제기한다. 그리고 『장자莊子』「천운天運」편의 "하늘은 움직이는 것인

---

10) 『易學二十四圖解』, 41b, "是故, 地一回轉謂之一日, 地一周天謂之二會."
11) 지전에 관한 이익의 생각에 관해서는 이용범, 「이익의 지동설과 그 근거」, 『震檀學報』 34(1972), 37~59쪽; 박성래, 「星湖僿說 속의 西洋科學」, 『震檀學報』 59(1985), 177~197쪽 중 특히 186~187쪽을 볼 것.

가? 땅은 제자리에 있는 것인가?'(天其運乎, 地其處乎)라는 구절도 이 같은 의심을
표현한 것이라고 주장한다. 이어 그는 땅이 도는데도 불구하고 사람들이
이를 느끼지 못하고 하늘의 해, 달, 별들이 돈다고 느끼는 것은 돌고 있는
배 위에 탄 사람이 배가 도는 것을 느끼지 못하고 연안이 돈다고 생각하는
것과 같다고 설명한다. 그리고 『주자어류』에 나오는 "어떻게 하늘이 바깥에
서 움직이고 땅은 이를 따라 돌지 않음을 아는가? 지금 땅에 앉아서 땅이
움직이지 않는다고만 알 뿐인 것이다"라는 주희의 이야기[12]도 같은 맥락에
서 검토해 볼 만하다고 제시한다. 그러나 이 같은 논의의 끝에 가서 이익은
『주역』 건乾괘 「상전象傳」에 "하늘의 움직임은 굳세다"(天行健)는 성인의 말이
있으니 이를 따라야 한다고, 즉 땅이 도는 것이 아니라 하늘이 도는 것이라고
결론짓는다.

「담천」에서 이익은 천지의 구조에 대한 고대의 여섯 가지 설들을 소개하
는 과정에서 '안천설安天說'[13]을 소개하면서, 하늘의 엄청난 크기를 생각하면
그 같은 크기의 하늘이 하루에 한 바퀴를 돌기는 힘들 것이기 때문에
하늘은 정지해 있고 대신 땅이 도는 것이 아닌가 하는 의심을 제시한다.
그러나 여기서도 이익은 비록 그 같은 생각이 '리理'가 있기는 하지만
'천행건'이라는 구절이 있으므로 믿을 수 없다고 결론짓는다.

「천수지전」에서 이익의 주된 관심은 '지전'이기보다는 하늘이 정지해
있다는 생각이다. 먼저 그는 하늘이 돌고 땅이 이를 따라 돈다는 것으로
해석될 수 있는 위에서 본 『주자어류』의 구절을 언급한 후 그렇다면
사람이 돌고 있는 땅 위에 거꾸로 또는 옆으로 서서도 그것을 느끼지
못하는 것이라고 이야기하는데, 결국 이익의 결론은 하늘의 크기가 매우

---

12) 『朱子語類』, 권86, 9a, "安知天運於外而地不隨之而轉耶. 今坐於地, 但知地之不動."
13) 安天說에 대해서는 이문규, 『고대 중국인이 바라본 하늘의 세계』(서울: 문학과지성사, 2000), 345~347쪽을 볼 것.

커서 하루에 한 바퀴 돌기는 힘들다는 것이다. 또한 그는 하늘이 정지해 있고 땅이 도는 것이 아닌가 하는 생각에서 '안천설'이 나왔다고 이야기하기도 한다. 그러나 하늘이 정지해 있다는 이 같은 생각들에 대해 이익은 땅이 하늘의 중심에 있으면서 아래로 떨어지지 않는 것은 하늘의 움직임 때문이고 이것이 바로 '천행건'의 의미라고 하면서 반대한다는 뜻을 밝힌다.14) 이익은 이어서 위에서 본 『장자』「천운」편의 언급도 땅이 돌고 하늘이 정지해 있음을 가리키는 것으로 볼 수 있고 주희도 이에 동의했으며15) 움직이지 않는 하늘이라는 의미에서 서양의 '영정부동천永靜不動天'이라는 것도 하늘이 정지해 있다는 생각과 부합됨을 지적한 후, 그렇지만 그렇다면 영정천은 어디에 의지해야 하는가 반문하면서 이 생각을 또 부정한다.

「천문천대」의 경우에도 주제가 '지전' 자체이기보다는 『장자』「천운」편 시작 부분의 구절들에 대한 해석이다. 그 같은 해석의 과정에서 이익은 "하늘은 움직이는 것인가? 땅은 제자리에 있는 것인가?"라는 위에서 본 구절을 하늘이 정지해 있고 땅이 움직일 가능성을 이야기하고 있는 것으로 받아들이고, 이어 하늘이 엄청나게 커서 하루에 한 바퀴 돌기는 힘들지 않을까 하는 의심을 제기한 후 역시 위에서 본 배와 연안의 비유를 사용해서 그 같은 의심을 뒷받침한다. 그러나 앞의 세 편의 글에서와는 달리 이 글에서는 이익이 땅이 움직이고 하늘이 정지해 있다는 생각을 부정하는 결론을 내리지는 않았는데, 이는 이 글의 목적이 『장자』의 구절들의 뜻을 밝히는 데 있었기 때문이다. 또한 그가 이 글에서

---

14) 그는 심지어 하늘과 땅이 함께 돈다면 땅은 떨어져 버릴 것이라는 독특한 생각을 제기하기도 한다.
15) 이익은 이렇게 이야기하지만, 실제 주희의 언급은 위에서 본 대로 하늘이 돌고 땅이 하늘을 따라 돌 가능성을 제시할 뿐, 하늘이 정지해 있고 땅이 도는 가능성을 이야기하는 것은 아니었다.

지구가 돈다고 명확히 결론을 내리거나 그 같은 생각에 명확히 동의한 것도 아니었다. 단지 "만약 땅이 하루에 한 바퀴 '우전右轉한다면"이라는 가정 하에, 그럴 경우에 "사람은 대지의 한쪽에 있으면서 땅을 따라 동쪽으로 도는데, 단지 하늘이 움직이는 것만 볼 뿐 땅이 도는 것은 느끼지 못하리라"16)는 것이다.

그렇다면 '지전'에 관한 이 같은 이익의 입장은 지구가 돈다고 명백히 주장한 김석문의 입장과는 차이가 있다. 더구나 이익의 생애 말년에 그의 제자 안정복安鼎福(1712~1791)이 주관하여 개편한 『성호사설유선星湖僿說類選』은 위의 네 글 중 「천행건」과 「담천」 두 편만을 싣고 있을 뿐 아니라, 이 중 제목 자체에 '지전'을 부정하는 의미를 지닌 「천행건」을 「석천釋天」에 이어 바로 두 번째 글로 싣고 있다. 「담천」의 경우에도 '지전'의 가능성을 언급하는 부분을 빼고 싣고 있는데, 이에 따라 『유선』에 실린 「담천」은 하늘의 구조와 관련한 여섯 가지 설들을 제시하고 있을 뿐 사실상 지전과 상관이 없는 내용이 되었다. 이는 『유선』을 편찬하던 때쯤에는 이익이 '지전'의 생각을 버렸을 가능성을 암시하는 것으로 생각할 수도 있다.17)

결국 이익은 지전의 가능성을 언급하지만 받아들이지는 않은 것으로 볼 수 있다. 그리고 이 같은 그의 태도는 지전 관념에 접하고 그것을

---

16) 『星湖僿說』, 권3, 「天問天對」, "故地若一日右轉一周, 則人居大地一面隨地而東."
17) 박성래는 '지전'과 관련한 『星湖僿說類選』의 이 같은 기사 취급을 "한 가지 흥미 있는 사실"이라고 지적하고 있다.(「星湖僿說 속의 西洋科學」, 『震檀學報』 59, 187쪽) 그러나 안정복이나 이익이 지전과 관련한 논의는 「천행건」 한 편에 담겨 있는 내용으로 족하다고 생각해서 그렇게 했을 가능성도 있다. 『類選』에 싣지 않은 두 글 중 「천수지전」의 내용은 『주자어류』의 구절을 해석하는 데에 일관성이 없는 등 그 내용에 혼란스러움이 있는 한편 「천문천대」는 위에서 본 것처럼 그 목적이 『장자』 「천운」편에 대한 해석이고 그 중 '지전'에 관한 논의전개는 「천행건」의 그것과 별 차이가 없는 것이다.

받아들이지 않은 서양인들과 비슷하다. 서양인들이 지전의 가능성을 언급하고서도 결국은 성경을 끌어들여 그것을 부정하듯이 '천행건'이라는 성인의 말을 끌어들여 지전을 부정하고 있는 것이다.[18] 그런 의미에서 이익이 자신의 지전 관념의 출전이었을 이들 서양인들의 태도를 채용한 것일 수도 있다.

### 3) 홍대용

홍대용의 지전 관념은 『의산문답醫山問答』의 두 구절에 짧게 언급되어 있다.[19] '실옹實翁'과 '허자虛子' 사이의 대화 형식으로 이루어진 이 책에서 홍대용 자신의 생각은 실옹의 입을 통해 개진되는데, 먼저 실옹이 "땅이란 수水와 토土의 '질質'이다. 그 몸체는 바른 원圓이고 회전하여 쉬지 않는다"라고 하여 지구가 돈다는 것을 이야기한다.[20] 그러나 허자가 '천원지방天圓地方'이라는 전통적 관념을 들어 '지원' 개념에 대해 의심을 제기함에 따라 대화는 땅이 둥근가 여부에 대한 내용으로 전개되었고 지전에 대한 논의로 이어지지 않았다. 얼마 후 다시 실옹이 "땅덩어리는 회전하여 하루 한

---

[18] 예를 들어 지전의 가능성과 그 근거들을 여러 가지 논의한 『五緯曆指』는 끝에 가서 다음과 같은 식으로 지전을 부정하고 "바른 답은 땅의 몸체는 움직이지 않는다는 것이다"(正解曰地體不動)라고 결론지었던 것이다.
"그러나 고금의 여러 [서양] 학자들이 [지전을] 실로 바른 답이 아니라고 생각했다. 무릇 땅은 여러 하늘의 중심이고, 중심은 [회전]축과 같이 고정되어 있고 움직이지 않는다. 또한 '배에서 만약 연안이 움직이는 것을 본다면 어찌 연안에 있는 사람이 배가 움직이는 것을 볼 수 있음을 허락하지 않는 것인가?'라고 이야기하여 지전을 뒷받침하지만 그 취한 바 비유가 여전히 확증이 아니다."(然古今諸士又以爲實非正解. 蓋地爲諸天之心. 心如樞軸定是不動. 且在船如見岸行, 易不許在岸者得見船行乎. 其所取譬仍非確證; 『新法算書』[四庫全書本] 권36, 8a)
[19] 홍대용의 지전설에 관해서는 박성래, 「洪大容『湛軒書』의 西洋科學 발견」, 『震檀學報』 79(1995), 247~261쪽, 특히 255~260쪽; Park Seong-Rae, "Hong Tae-Yong's Idea of the Rotating Earth", 『한국과학사학회지』 1(1979), 39~49쪽 등을 참고할 것.
[20] 『湛軒書』(新朝鮮社, 1939) 內集, 補遺 권4, 19a, "夫地者, 水土之質也. 其體正圓, 旋轉不休."

바퀴를 돈다"고 이야기하지만[21] 그의 논지는 땅의 주위가 9만 리인데 이것이 하루에 한 바퀴를 돌려면 대단히 빨라야 할 것이고 이로부터 '상하지세上下之勢'가 생겨 물체가 땅으로 향하게 됨을 설명하는 것으로서 역시 지구의 회전 자체에 대한 논의는 이어지지 않았다. 그리고 이 두 구절 모두에서 '지전'은 그냥 언급되기만 할 따름이었다.

『의산문답』에서 지구의 회전에 대한 실제 논의는 더 뒤에 가서 허자가 지전에 대해 의문을 제시함으로써 시작된다. 허자가 "서양 [역법]의 정교하고 상세함으로도 이미 하늘이 움직이고 땅은 정지해 있다고 했고, 공자는 중국의 성인인데 역시 '천행건'이라고 했다"고 하여 지전에 대해 의문을 제기하자, 실옹은 이에 대한 대답에서 "송대에 장자후張子厚(즉 장재)가 약간 이 뜻을 밝혔고, 서양인들 역시 '배의 움직임과 연안의 움직임(舟行岸行)'이라는 비유로 추론하였는데 매우 분명하다. [그러나] 그 측후測候함에 있어서는 오로지 하늘의 움직임을 주로 하니, [이는 그렇게 하는 것이] 계산에 편하기 [때문이다]"라고 한 후 땅이 하루 9만 리를 도는 것도 힘든데 무한히 먼 거리에 있는 하늘이 도는 것은 더욱 힘들다고 하여 "하늘이 움직인다는 것이 리理가 없음은 길게 이야기할 바가 아니다"라고 결론짓고 있는 것이다.[22]

### 4) 박지원

홍대용의 지전에 관한 생각은 그의 친구 박지원에 의해 더욱 널리 알려졌다. 박지원은 홍대용의 묘비명에서 다음과 같이 썼다.

---

21) 『湛軒書』 內集, 補遺 권4, 20b, "夫地塊旋轉一日一周."
22) 『湛軒書』 內集, 補遺 권4, 22a~22b, "虛子曰. 西洋之精詳, 旣云天運地靜. 孔子中國之聖人也, 亦曰天行健.……實翁曰……在宋張子厚微發此意. 洋人亦有以舟行岸行推說甚辨. 及其測候, 專主天運, 便於推步也.……天運之無理, 不足多辨."

처음 서양인들이 '지구地球'에 대해 밝혔지만 '지전'에 대해서는 이야기하지 않았는데, 덕보德保(홍대용)가 일찍이 땅이 한 번 돌아 하루가 된다고 말했다. 그 설이 아득하고 미묘하고 깊었다. 비록 [그에 대해] 책을 쓰는 데 이르지는 않았지만 만년에 더욱 자신을 갖고 지전에 대해 의심하지 않았다.[23]

또한 박지원은 1780년 연행 중 만난 중국의 학자들에게도 이 같은 내용을 이야기했다. 『열하일기熱河日記』의 「혹정필담鵠汀筆談」에 실려 있는 내용을 보면, 중국 학자들과의 대화에서 그는 먼저 서양인들이 땅의 형태를 원으로 여기면서도 움직이지 않는다고 보는 것을 다음과 같이 비판한다.

> 나는 비록 서양인들이 쓴 설說을 보지 못했지만 일찍이 '지구'임을 의심할 바가 없다고 이야기했다. 그 형形은 원圓이고 그 덕德이 방方이며 사공事功은 동動이고 성정性情이 정靜이다. 만약 태공太空에 자리잡아 이 땅이 움직이지도 돌지도 않으면서 덩어리져 공중에 매달려 있으면, 곧 물은 썩고 흙은 죽고 그것이 썩고 흩어져 버림을 바로 보게 될 것이다.…… 또한 어찌 오래오래 멈추어서 많은 짐을 지고 강물을 받아들이면서도 새지 않을 수 있을 것인가?…… 서양 사람들은 일단 땅을 구형이라고 정하고서도 구형의 땅이 돈다는 것만은 말하지 않았다. 이는 땅이 둥글 수 있음을 알면서도 둥근 것은 반드시 돌아야 함을 모르는 것이다.[24]

이어서 그는 "나의 망녕된 생각으로는 땅이 한 번 돌면 하루가 되고, 달이 땅 주위를 한 바퀴 돌면 한 달이 되고, 해가 땅 주위를 한 바퀴 돌면 한 해가 된다"고 자신의 생각을 이야기하고, 비록 홍대용이 지전의 이론에 대해 책을 쓰지 않았지만 그것이 옳음을 확신하고 있었으며 자신에게

---

[23] 『燕巖集』(慶熙出版社 영인본, 1966) 권2, 47b, "始泰西人譎地球而不言地轉. 德保嘗論地一轉爲一日. 其說渺微玄奧. 顧未及著書, 然其晚歲益自信地轉無疑."

[24] 『燕巖集』 권14, 7b, "鄙人雖未見西人著說, 嘗謂地球無疑. 大抵其形則圓, 其德則方, 事功則動, 性情則靜. 若使太空安居, 此地不動不轉, 塊然懸空, 則乃腐水死土, 立見其朽爛潰散.……亦安能久久停住, 許多負戴, 振河漢而不洩哉.……西人既定地爲球, 而獨不言球轉. 是知地之能圓, 而不知圓者之必轉也."

그것에 대해 대신 저술해 달라고 권했다고 덧붙이고 있다. 끝으로 그는 서양인들이 지전을 이야기하지 않는 것은 계산의 편리함 때문일 것이라고 추측했다.[25]

이렇듯 박지원은 '지전' 관념을 자신의 견해라기보다는 홍대용의 견해를 자신이 받아들인 것으로 제시하고 있다. 다만 여기서 주목할 점은 박지원이 지전 개념을 지구 개념에 바탕해서 옹호했다는 것이다. 지구가 돌아야만 지구상의 만물이 썩거나 부서지거나 흩어지지 않고 유지될 수 있으리란 것이다.[26]

위에서 자세히 살펴본 네 경우를 통해서 '지전'과 관련해서 누가 무슨 이야기를 했는가 하는 사실은 어느 정도 분명해졌다. 문제는 이들 조선 후기 학자들이 어떻게 해서 '지전'이라는 생각을 하게 되었는가 하는 것인데, 이 문제를 분명히 밝히기는 불가능하고 추정만이 가능할 것이다.

국내외 학계의 이에 대한 논의는 처음에는 지전 관념이 조선 학자들의 독자적 창안이었는가를 중심으로 시작되었고, 창안이었다는 견해와 서양의 관념을 받아들인 것이라는 견해를 양극단으로 해서 다양한 견해의 스펙트럼이 존재했다. 창안이라고 보는 견해가 1950~60년대 한국, 일본, 중국 학자들 사이에 나왔는데, 1970년대 이후에는 창안이라고 보기는 힘들다는 견해가 우세해졌다.[27] 그리고 서양인들에 의해 잘못된 생각이라고

---

25) 『燕巖集』 권14, 7b~8a, "鄙人妄意以爲, 地一轉爲一日, 月一匝地爲一朔, 日一匝地爲一歲.……洪大容未曾著書. 鄙人嘗信他地轉無疑. 亦嘗勸我代爲著說.……大約西人不言地動者, 妄意以爲, 若一轉也, 則凡諸躔度尤難推測. 所以把定此地妥置一處, 如揷木橛然後, 便於推測也."

26) 「太學留館錄」에도 비슷한 언급이 나온다: 『燕巖集』 권12, 87a쪽, "有不動轉, 塊然死物. 安得不且不壞潰散而常住乎."

27) 洪以燮, 『朝鮮科學史』(서울: 정음사, 1946), 135쪽; 田村專之助, 「朝鮮李朝學者の地球回轉 說について」, 『科學史研究』 30(1954), 23~24쪽; 천관우, 「홍대용 지전설의 재검토」, 『근

소개된 지전 관념을 받아들이고 이것을 옳은 생각으로 명확히 밝힌 데서 조선 학자들의 독창성을 보는 경향이 자리잡게 되었다.[28] 최근 들어 소장 학자들을 중심으로 '지전은 조선 후기의 학자들이 우주론적 체계를 세워 가는 과정에서 생겨난 독창적 견해라는 주장이 제기되고 있다.[29]

한편 그동안의 논의는 지전 관념을 제기한 조선의 개별 학자들을 대상으로 전개되어 왔다. 그러나 이제 지전 관념과 관련하여 이들 개별 학자들을 포함하여 조선 후기 학자들의 전반적 상황과, 그 같은 조선 학자들을 포함한 동아시아 전체의 상황을 보아야 한다. 조선 학자들이 끊임없이

---

새조선사연구』(서울. 일조각, 1986; 원래 1965년에 출판됨); 席澤宗, 「朝鮮朴燕巖『熱河日記』中的天文學思想」, 『科學史集刊』 8(1965), 75쪽 등. 그리고 이 같은 변화는 '李朝 學者들의 地球回轉說'이라는 제목이 붙은 全相運의 『한국과학기술사』 제1장 제3절의 내용이 10년 간격으로 나온 초판(科學世界社, 1966)과 2판(정음사, 1976)에서 어떻게 달라졌는지를 보면 알 수 있다.

[28] 小川晴久, 「東아시아에 있어서의 地動說의 成立」, 『東方學志』 23·24 합집(1980), 375~387쪽; 이용범, 「이익의 지동설과 그 근거」, 『진단학보』 34(1972); 이용범, 「金錫文의 地轉論과 그 사상적 배경」, 『진단학보』 41(1976) 등. 이들 내용들은 박성래가 잘 정리해 주고 있다. 박성래, 「洪大容『湛軒書』의 西洋科學 발견」, 『震檀學報』 79(1995), 255~260쪽; Park Seong-Rae, "Hong Tae-Yong's Idea of the Rotating Earth", 『한국과학사학회지』 1(1979)을 볼 것.

[29] 문중양, 「18세기 조선 실학자의 자연지식의 성격 — 象數學的 宇宙論을 중심으로」, 『한국과학사학회지』 21(1999), 27~57쪽 중 35쪽; 전용훈, 「金錫文의 우주론: 『역학이십사도해』를 중심으로」, 『한국천문력 및 고천문학; 태양력시행 백주년기념 워크샵 논문집』(1997), 138쪽. 특히 전용훈, 「조선 후기 서양천문학과 전통 천문학의 갈등과 융화」(2004), 제6장은 이런 입장에서 조선 후기 학자들의 지전 관념에 대해 잘 정리해 주고 있다. 한편 임종태는 "홍대용이 지전설을 도입할 수밖에 없었던 것은, 그가 하늘의 크기를 무한히 확장함으로써 이제는 하늘의 회전이 불가능해졌고, 우주의 중심이 아닌 평범한 별 지구 주위에 존재하는 인력장을 설명하기 위한 새로운 이론적 장치가 필요해졌기 때문"이라고 주장했다. 임종태, 「무한우주를 바라본 '경계인': 담헌 홍대용의 과학 세계」(한국과학사학회 이달의 기술 인물세미나, 2004년 5월 발표자료), 17쪽을 볼 것. 그러나 임종태는 위의 발표자료를 축약한 논문, 「무한우주의 우화 — 홍대용의 과학과 문명론」, 『역사비평』 71(2005년 여름), 261~285쪽 중 275쪽에서 위의 내용을 "그가(즉 홍대용이) 지구 자전을 생각하게 된 근본적 이유는 우주를 무한히 확장함으로써 이제는 하늘의 회전이 아예 불가능해졌기 때문이다"라고 축약하고 있다.

중국 학계의 동향에 관심을 가지고 중국 학계와 소통하고 있었던 점을 생각하면 이는 당연한 일이겠다. 또한 지전 관념과 관련하여 누가 실제로 무슨 말을 하고 무슨 생각을 했으며 그런 말과 생각의 근원이 구체적으로 무엇이었는가를 따지기에 앞서, 지전이라는 관념이 동아시아의 지적 풍토에서 처했던 전반적 상황에 대해서도 면밀히 살펴보아야 한다.

## 3. 동아시아에서의 지전 관념

지전 관념이 동아시아에서 처한 상황은 아주 복잡했다. 서양에서 코페르니쿠스에 의해 제기된 지전 관념은 인간이 사는 지구가 우주의 중심에 안정되게 정지해 있는 서양의 전통 우주관과 모순되는 새로운 관념이었고 큰 논쟁을 불러일으켰다. 널리 알려진 대로 지전 관념은 교회 당국의 금지령의 대상이 되었고 그 관념을 주장한 사람들은 가혹한 박해를 받기도 했다.[30] 물론 지전 관념은 동아시아에서도 새로운 것이었다. 그러나 서양에서와는 달리 땅이 움직일 수 있는 가능성은 전통 동아시아의 우주론에서 결코 배제되어 있지 않았다. 우주공간상에서 땅의 위치가 변화할 수 있다는 것은 얼마든지 가능한 생각이었으며, 땅이 자전自轉한다는 생각조차도 배제되지 않았던 것이다. 실제로 다양한 고대의 자료들이 땅의 움직임을 이야기하거나 땅의 움직임으로 해석될 수 있는 구절들을 지니고 있었다.[31]

---

30) Robert S. Westman, "The Copernicans and the Churches", D. C. Lindberg and R. L. Numbers, eds., *God and Nature: Historical Essays on the Encounter between Christianity and Science* (Berkeley: University of California Press, 1986), pp.76~113; 번역: 로버트 웨스트만, 「코페르니쿠스론자들과 교회」, 데이비드 C. 린드버그·로널드 L. 넘버스 엮음, 이정배·박우석 옮김, 『신과 자연: 기독교와 과학, 그 만남의 역사』(서울: 이화여자대학교 출판부, 1998), 112~160쪽.
31) 鄭文光·席澤宗, 『中國歷史上的宇宙理論』(北京: 人民出版社, 1975), 105~113쪽.

가장 두드러진 예는 땅이 일 년에 네 방향으로 움직인다는 '사유四遊' 이론이었다.32) 비록 5세기경부터 우주론에 대한 관심이 전반적으로 줄어들면서 그 같은 구절들이 사라지기 시작했지만, 앞에서 본 것처럼 12세기에 들어서서도 주희는 땅의 움직임의 가능성을 이야기하고 있었다.

또한 지구 관념이 '천원지방天圓地方'이라는 전통적 관념이나 중국이 세계의 중심이라는 믿음과 근본적으로 모순을 빚은 반면 지전 관념은 동아시아 전통우주론의 핵심관념들과 모순되지 않았다. 물론, 위의 '천원지방' 관념이 땅이 돈다는 생각과 마찰을 빚는 것으로 생각될 수 있었지만, '방方'이 글자 그대로 '네모'를 의미하는 것이 아닌 한 지전을 불가능하게 하는 것은 아니었다.33) 그리고 위에서 보았듯이 『주역』의 '천행건'이라는 언급은 하늘의 움직임을 가리키는 것으로 생각되었지만 그 대구對句인 '지세곤地勢坤'이 땅이 정지해 있음을 의미하지는 않았다. 또한 양과 음을 각각 동動과 정靜에 연관시키는 음양 이론도 양과 연관된 하늘이 움직이고 음과 연관된 땅이 정지해 있음을 의미하는 것으로 해석될 수 있었지만 이 연관이 실제로 땅의 움직임이라는 관념을 억제한 것으로 보이지는 않는다. 오히려 땅의 움직임이라는 관념을 받아들이는 데 실제적으로 문제가 될 수 있었던 것은 땅이 움직인다면 어째서 땅 위의 사람들이 그 움직임을 느끼지 못하는가 하는, 일상경험에 바탕한 상식적 반론이었지만, 중국인들은 매우 이른 시기부터 땅의 움직임에 대한 그 같은 반론을 배 위에 타고 있는 사람이 배의 움직임을 느끼지 못한다는, 역시 일상경험에 바탕한 생각을 통해

---

32) '四遊'의 관념은 『周髀算經』을 포함하여 여러 옛 문헌에 나타나며 땅, 하늘, 천체들의 운동으로 다양하게 해석되었다. '사유'와 일반적인 땅의 운동에 관한 짧은 논의로는 山田慶兒, 『朱子の自然學』(東京: 岩波書店, 1978), 29~31 및 171~184쪽; 中國天文學史整理研究小組, 『中國天文學史』(北京: 科學出版社, 1987), 171~173쪽 등을 볼 것.
33) '天圓地方' 관념에 대해서는 이문규, 『고대 중국인이 바라본 하늘의 세계』(서울: 문학과지성사, 2000), 283~288쪽을 볼 것.

반박할 수 있었다.34)

따라서 예수회 도래 이전의 중국인들에게는 땅이 절대적으로 정지해 있어야 할 필요는 없었다. 그리고 이런 상황이었기 때문에 지전 관념이 동아시아에 들어왔을 때 지구 관념과는 달리 논쟁을 별로 일으키지 않았던 것도 이해가 간다. 지구 관념을 에워싸고 상당히 격렬한 논쟁이 진행되었던 것과는35) 대조적으로, 지전 관념에 대한 동아시아의 반응은 비교적 조용했던 것이다. 특히 그것이 가톨릭교회에 의해 지전 관념이 금지되었던 시기에, 그것도 그 같은 금지령의 제약을 가장 강하게 받을 수밖에 없었던 예수회 신부들의 손을 거쳐서 전달될 수밖에 없었기에 실제 상황이 분명히 드러나기는 더욱 힘들었다.

상황을 더욱 복잡하게 만든 것은 두 가지 종류의 '지전'—자체의 축 주위로 하루 한 바퀴 회전하는 자전自轉과 태양 주위의 궤도에 따라 1년에 한 바퀴 도는 공전公轉—이 있을 수 있다는 것이었으며, 더구나 이 두 가지 '지전' 개념의 수용 가능성이 서양과 동아시아 양쪽 모두에서 서로 달랐다는 것이었다. 서양의 경우에는 지구가 우주공간상을 주어진 궤도에 따라 회전한다는 공전 관념은 지구를 우주의 중심으로부터 일개 행성의 위치로 전락시킴으로써 인간 중심의 우주구조를 깨뜨리는 것이었기 때문에 매우 심각한 문제를 야기했다. 그에 비해 지구 축 주위로의 자전은 그것을 옳다고 내놓고 받아들이지 않는

---

34) 예를 들어 한대의 讖緯書인 『考靈曜』는 땅의 '四遊'를 설명하는 데 똑같은 경험을 사용했다: "땅은 항상 움직이며 그치지 않으니 배 안에 앉아 있는 사람의 경우와 비유하자면 배는 움직이지만 사람은 [움직임을] 느끼지 못하는 것과 같다."(地恒動不止, 譬如人在舟而坐, 舟行而人不覺; 張華, 『博物志』[四部備要本] 권1, 1b)
35) Pingyi Chu, "Trust, Instruments, and Cross-Cultural Scientific Exchanges: Chinese Debate over the Shape of the Earth, 1600~1800", *Science in Context* vol.12 (1999), pp.385~411; 구만옥, 「朝鮮後期 '地球說' 受容의 思想史的 의의」, 『韓國史의 構造와 展開 — 河炫綱敎授停年紀念論叢』(서울: 혜안, 2000), 717~747쪽; 임종태, 「17·18세기 서양 지리학에 대한 朝鮮·中國 學人들의 해석」(서울대학교 박사학위논문, 2003), 제4장.

한 그 가능성을 제기할 수는 있었다. 동아시아에서의 상황은 이와 전혀 달랐다. 우주공간상에서의 땅의 위치가 움직일 가능성은 동아시아의 전통 우주론 속에서 자주 찾아볼 수 있었던 반면에 축을 중심으로 자전할 가능성은 거의 제기되지 않았다. 로마 가톨릭 당국의 입장을 무시할 수 없는 상태에서 중국 지식인들을 상대로 활동해야 했던 예수회 신부들에게 두 가지 지전에 대한 서양과 동아시아의 이처럼 거의 정반대인 상황은 복잡한 영향을 미쳤을 것이다.36)

상황이 이러했기 때문에 지전 관념의 동아시아 도입 과정에 대해서는 여러 가지가 불분명하다. 먼저 지전 관념이 서양으로부터 동아시아로 언제 어떻게 들어왔는지가 분명히 밝혀지지 않았다. 구체적으로는, 예수회 신부들이 지전 관념에 대해 얼마나 알고 있었고, 얼마만큼 이야기할 수 있었을까, 또는 이야기하려고 했었을까? 또한 동아시아인들은 이들 서양의 전달자들이 이야기할 수 없었던 지전 관념의 존재에 대해 얼마만큼 알고 있었을까?

결국 19세기 후반에 이르면 동아시아 지식인들이 지전설을 받아들인 것은 확실하지만, 그때까지 동아시아에서 지전 관념이 처했던 상황은 지극히 모호하다. 김석문처럼 비교적 자신의 견해를 구체적으로 이야기한 사람의 경우를 제외하면 '지전'이라는 말로 정확히 어떤 운동을 의미했는지도 알기 힘든 경우가 많다.37) 그리고 지전에 대한 어느 개인의 입장이 반드시 한 가지 방향으로 확실한 것도 아니었다. 받아들이면서 지전에 대해 회의할 수도 있었고, 거부하면서도 혹시 지전이 사실이 아닐까 하는 의심을 지닐 수도 있었던 것이다.

---

36) 특히 예수회 신부들은 두 가지 '지전' 중에서 그나마 동아시아인들이 더 받아들이기 쉬웠을 공전을 이야기하는 데 대해 오히려 더 강한 금지의 압력을 받고 있었다.

37) 위에서 언급한 정약용과 정약전의 서신교환에서 사용되고 있는 표현은 '地轉'이 아니라 '地運'이었음을 주목할 만하다.

## 4. 조선 후기 지전 관념의 가능한 출처 및 근거들

조선 후기 학자들로 하여금 '지전'의 가능성을 생각하도록 하고 지전을 주장하도록 했을 수 있는 가능한 출처들이나 근거들로 다음과 같은 것들을 생각해 볼 수 있다.

### 1) 전통 중국의 출처들

먼저 이미 지적했듯이 땅이 움직인다는 관념은 동아시아에서 완전히 새로운 것이 아니었고 전통 중국의 문헌들에는 땅의 움직임을 이야기하는 것으로 해석될 수 있는 선례들이 있었다. 특히 땅의 움직임을 이야기하거나 땅의 움직임으로 해석될 수 있는 구절들을 지닌 고대의 자료들이 많이 있다.[38]

후대의 유학자들, 특히 조선 후기 학자들 사이에서는 그 중에서도 『장자』 「천운」편의 구절—"하늘은 움직이는 것인가? 땅은 제자리에 있는 것인가?"—이 많이 인용되었다.[39] 이 구절은 하늘이 정지해 있고 땅이 움직일 가능성을 생각하게 해 주며, 『장자』 전편이 띠고 있는 상대주의적 경향에 비추어 이 구절로부터 하늘이 정지해 있고 땅이 도는 경우와 땅이 정지해 있고 하늘이 도는 경우를 구분할 근거가 없다는 생각으로 이어질 수도 있었다. 그러나 이 짧은 구절이 이익과 같은 조선 학자들로 하여금 구체적으로 땅의 1일 1회전할 가능성을 생각하도록 했다고 보기는 힘들다. 오히려 무슨 이유에서

---

38) 鄭文光·席澤宗, 『中國歷史上的宇宙理論』, 105~108쪽에서는 기원전 3세기에서 기원후 4세기 사이에 중국에 '지전'과 관련된 많은 이야기가 있었으나 정통 속으로 받아들여지지 않음으로써 인멸되었음을 주장했다. 같은 책, 109~111쪽에서는 '地游'에 관한 고대의 언급들의 예들을 보여 주고 있다.
39) 예를 들어 이익은 「천행건」, 「천문천대」, 「천수지전」의 세 글에서 이 구절을 인용했다.

인가 그들이 일단 '지전'이라는 생각을 한 후에 이 구절이 그 같은 생각을 뒷받침하는 근거가 될 수 있음을 보게 되었기가 쉽고, 이것이 실제로 이익이 이 구절을 언급하는 방식이기도 했다.

한편 우주구조에 관한 고대의 여러 이론들 중 하나인 안천설安天說을 하늘이 안정되게 정지해 있다는 의미로 해석하여 그렇다면 하늘이 도는 대신 땅이 돌아야 한다는 결론이 얻어진다고 생각하는 경우도 있었다.[40] 그러나 원래 『진서晉書』 「천문지天文志」에 나오는 안천설에서 '안천安天'이란 하늘이 정지해 있음을 뜻하는 것이 아니라, 하늘이 단단해서 안정된 형태라는 의미였다. 따라서 이 같은 내용의 안천설이 동아시아 학자들로 하여금 '지전'을 생각하도록 했을 가능성은 거의 없으며 오히려 일단 땅이 돌고 하늘이 정지해 있을 가능성을 생각한 후에 '안천'이라는 말을 이런 식으로 해석했다고 보는 것이 타당하다.

송대 신유학자들의 언급들 중에도 '지전' 또는 '지동地動'이라는 생각을 나타내는 것으로 해석되는 구절들이 있다. 우선 장재의 『정몽正蒙』 「삼량參兩」 편의 지극히 모호한 다음의 두 구절이 '지전'의 관념을 담고 있는 것으로 해석되어 왔다.

> 해, 달 및 오행성은 하늘의 움직임에 거슬러서 움직이고, 함께 땅을 에워싼다. 땅은 그 가운데에 있다. 비록 하늘의 움직임에 따라 좌선左旋하지만, 그에 매달려 있는 별들이 이를 따르고 조금 늦으면 반대로 움직여 위행이 된다.[41]

> 고금으로 하늘이 좌선한다고 말하는데 이는 지극히 거친 논의이다. 해와 달이 뜨고 지고 항성이 어두워지고 밝아지는 변화를 고려하지 않은 것이다. 내 생각으로

---

40) 역시 이익이 「천수지전」, 「담천」 등에서 이 같은 생각을 이야기했다.
41) 『張子全書』(四部備要本) 권2, 6a쪽, "日月五星, 逆天而行, 并包乎地者也. 地在其中, 雖順天左旋, 其所繫辰象隨之, 稍遲則反移徙而右爾."

는 하늘에서 움직이는 것은 칠요七曜(즉 해, 달 및 오행성)뿐이다. 항성이 밤과 낮이 되는(즉, 뜨고 지는) 까닭은, 바로 '지기地氣'가 '기틀'(機)에 타서 좌선하고, 그 때문에 항성과 은하수로 하여금 북에서 남으로 가게 하고 해와 달이 하늘로 인해 숨었다 보였다 하게 하는 것이다. '태허太虛'는 몸체가 없고, 그런즉 그것이 움직이는 것을 밖에서 증험할 방법이 없다.[42]

야마다 게이지(山田慶兒) 등 일본 학자들과 중국학자들이 이 구절들을 주목하여, 장재가 지전 관념을 이야기하고 있는 것으로 해석했다.[43] 물론 이 구절들에 담긴 일부 표현들을 '지전'으로 해석할 수 있는 가능성이 있는 것은 사실이지만, 그렇다고 해서 이 구절들이 분명히 지전을 의미하는 것이라고 보기에는 무리가 있다. 그렇게 보는 것은 『정몽』의 다른 구절들과 전혀 부합되지 않을 뿐만 아니라, 이 구절들을 지전을 이야기하지 않는 것으로 보는 더 설득력 있는 해석 방법이 있는 것이다.[44] 사실 예수회 신부들이 들어오기 이전에는 동아시아 전통 지식인 중 그들이 자주 읽었을 이 구절들에서 지전의 가능성을 본 사람은 없었다. 주희도 땅의 움직임의 가능성에 대해 언급하면서 장재의 이 구절들에 대해서는 언급이 없었다. 따라서 17세기 이래 지전에 대해 언급한 중국의 여러 학자들이나 조선의 김석문, 홍대용이 장재의 이 구절들을 지전 관념의 중국에서의 선례로 언급하고 있기는 하지만, 이 구절들이 실제로 그들의 지전 관념의 출처일

---

42) 『張子全書』, 권2, 6b~7a쪽, "古今謂天左旋, 此直至粗之論爾, 不考日月出沒, 恒星昏曉之變. 愚謂在天而運者, 惟七曜而已. 恒星所以爲晝夜者, 直以地氣乘機左旋於中, 故使恒星河漢, 因北爲南, 日月因天隱見. 太虛無體, 則無以驗其遷動於外也."

43) 山田慶兒, 『朱子の自然學』; 小川晴久, 「東아시아에 있어서의 地動說의 成立」(『東方學志』 23·24 합집); 中國天文學史整理硏究小組, 『中國天文學史』; 鄭文光·席澤宗, 『中國歷史上的宇宙理論』.

44) Yung Sik Kim, "'Fossils', 'Organic World-view', 'The Earth's Movements', etc.: Problems of Judging East Asian Scientific Achievements from Western Perspectives", A. K. C. Chan, G. K. Clancey, and H Loy, eds., *Historical Perspectives on East Asian Science, Technology and Medicine* (Singapore: World Scientific Publishers, 2002), pp.14~26 중 특히 pp.19~22.

가능성은 없으며, 역시 무슨 이유에서인가 그들이 일단 땅이 회전하지 않을까 하는 생각을 한 후에 이 구절이 그 같은 생각을 뒷받침하는 근거가 될 수 있음을 인식하게 되었기가 쉽다.

『주자어류』에서의 주희의 다음과 같은 언급도 앞에서 본 것처럼 지전 관념의 선례로 간주되었다.

> 하늘의 운행에 차이가 있다고 생각한다. 땅은 하늘을 따라 회전하고 [따라서 그 운행에] 차이가 있다. 지금 여기 앉아서 다만 땅이 움직이지 않는다고 생각할 뿐이다. 어떻게 하늘이 바깥에서 운행하고 땅이 그것을 따라 회전하지 않는다고 알 수 있겠는가?[45]

그러나 이 구절은 하늘이 정지해 있고 땅이 회전할 가능성을 말하기보다는 오히려 「천수지전」에서 이익이 해석하듯이 하늘이 돌고 땅이 하늘의 그 같은 움직임을 따라 회전하는 것을 가리키는 것으로 보는 것이 타당하다. 더구나 땅의 움직임을 이야기하는 주희의 다른 언급들에 비추어 볼 때 이 구절이 땅의 1일 1회전을 이야기하는 것은 더욱더 아니고 그보다 훨씬 작은 규모의 움직임을 가리킨 것으로 보인다.[46] 물론 이익 같은 사람은

---

45) 『朱子語類』 권86, 9a, "想是天運有差. 地隨天轉而差. 今坐於此但知之不動耳. 安知天運於外而地不隨之以轉耶."

46) 또 다른 대화에서 주희는 '四遊說'과 관련지어 땅의 운동을 이야기했는데 그에 따르면, "땅이 四遊하여 오르고 내리는 것을 말한다.…… 봄에는 [땅이] 동으로 3만 리 옮겨가고 여름에는 남으로 3만 리 옮겨가고 가을에는 서로 3만 리 옮겨가고 겨울에는 북으로 3만 리 옮겨간다."(謂地之四遊升降.……春游過東三萬里, 夏游過南三萬里, 秋游過西三萬里, 冬游過北三萬里; 『朱子語類』 권86, 10a) 같은 대화의 후반부에서 주희는 이런 움직임들을 물 위에서 떠다니는 빈 배의 운동으로 설명하는 데 동의했다. 한편 더 이른 시기에 기록된 구절에서 주희는 "지금 땅의 움직임은 단지 한 곳에서의 움직임이고 그 움직임 또한 먼 곳까지 이르지 않는다"(今之地動只是一處動, 動亦不至遠也; 『朱子語類』 권100, 6a)고 이야기했다. 이 말에서 그가 무엇을 염두에 두었는지 정확히 알 수는 없지만 또 다른 종류의 더 작은 규모의 운동에 대해 생각하고 있었던 것은 분명하다. 김영식, 『주희의 자연철학』(예문서원, 2005), 264~266쪽을 참조할 것.

이 구절이 하늘이 정지해 있고 땅이 돈다는 관념과 부합될 수 있다고 생각한 것이 사실이지만, 이는 일단 그가 그 같은 생각을 한 후에 보게 된 가능성이며, 처음부터 이 구절이 지닌 그 같은 가능성에 바탕해서 '지전'의 생각을 한 것은 아니었기가 쉽다.

한편, 전통 중국 자연관의 핵심 사상들 중에 '지전' 관념을 받아들이는 데 장애가 되는 요소들이 포함되어 있었는데, 예를 들어 위에서 보았듯이 '천행건天行健'이라는 성인의 말이 하늘의 회전을 가리키며, 따라서 땅이 돌고 하늘이 정지해 있다는 것은 잘못이라는 생각을 들 수 있다. 이익의 경우는 바로 이 생각이 지전의 개념을 받아들이는 데 장애로, 또는 지전 관념을 받아들이지 못하는 근거로 작용했다.47) 홍대용도 허자의 입을 통해 이 생각을 제기하고 있는 것을 보면 당시 이 생각이 지전 개념에 대한 반대의 논거로 널리 인식되고 있었음을 알 수 있다. 또한, 하늘의 한가운데에 있는 땅이 아래로 떨어지지 않는 것은 하늘의 기가 빠른 속도로 돌아 이를 지탱해 주기("大氣擧之") 때문이고 만약 하늘이 돌지 않는다면 땅이 떨어질 것이라는 전통적인 믿음에 바탕해서 땅이 돌고 하늘이 정지해 있다는 것은 잘못이라는 생각도 있었다.48)

## 2) 서양의 출처들

조선 후기의 몇몇 학자들은 『오위역지』, 『측천약설測天約說』과 같이 지전

---

47) 「천행건」, 「천수지전」, 「담천」에 이 같은 생각이 보인다.
48) 이익의 「천수지전」에 이 같은 생각이 보인다. '大氣擧之'는 『黃帝內經素問』 67篇에 처음 나오는 표현으로, 무거운 땅이 氣로 이루어진 하늘 한가운데에 떨어지지 않고 있을 수 있음에 대한 전통적인 설명으로 주어졌다. 이 관념을 둘러싼 조선 후기의 상황에 대해서는, 임종태, 「17·18세기 서양 지리학에 대한 朝鮮·中國 學人들의 해석」, 168~176쪽; 전용훈, 「조선 후기 서양천문학과 전통 천문학의 갈등과 융화」, 229~238쪽을 볼 것.

의 가능성에 대해 이야기하고 있는 서양의 문헌들을 읽었던 것으로 보인다. 비록 지전 가능성을 거부하는 기본 입장을 견지하기는 하지만 이들 서양 문헌들에는 지전 관념, 특히 지구의 회전을 뒷받침하는 몇 가지 논거들이 들어 있었는데, 『서양신법역서西洋新法曆書』에 담긴 이 책들은 17세기 말쯤이면 조선 학자들 사이에 읽히고 있었다.[49] 특히 『오위역지』의 다음 구절에 지전 가능성을 뒷받침하는 많은 근거들이 담겨 있었다.

> 이제 땅 위에서 여러 별들이 좌행左行함을 보는데 역시 별의 실제 움직임이 아니다. 별은 하루에 한 바퀴 도는 움직임이 없다. 단지 땅이 기氣, 화火와 함께 하나의 공(球)이 되어 서에서 동으로 매일 한 바퀴 도는 것이다. 마치 사람이 배를 타고 연안의 나무 따위를 보면서 자신이 움직이는 것을 느끼지 못하고 연안이 움식인나고 느끼는 것과 같다. 땅 위의 사람이 여러 별이 서쪽으로 움직인다고 보는 것도 그 리理가 또한 이와 같다. 이렇게 하면, 땅의 움직임 하나로 하늘의 [천체들의] 여러 움직임을 회피하고, 땅의 작은 한 바퀴 [회전]으로 하늘의 큰 한 바퀴 [회전]을 회피하게 된다.[50]

이 인용문에는 우선 엄청난 크기의 하늘이 하루에 그렇게 먼 거리를 돈다고 보는 것보다는 땅이 돈다고 보는 것이 더 그럴듯하다는 주장이 담겨 있다. 김석문은 이 구절을 직접 인용하고 있고[51] 위에서 든 이익의 글 네 편 모두에 이 생각이 담겨 있다. 그 중 이익의 「담천」에서는 이 생각에 대해 이야기하는 과정에서 그토록 빠른 총탄의 경우에도 지구 주위를 한 바퀴 도는 데에 며칠이 걸리는데 하물며 지구보다 훨씬 큰 하늘이 그

---

49) 전용훈, 「조선 후기 서양천문학과 전통 천문학의 갈등과 융화」, 제2장.
50) 『新法算書』(四庫全書本) 권36, 7b~8a, "今在地面以上見諸星左行 亦非星之本行. 蓋星無晝夜一周之行 而地及氣火通爲一球 自西徂東每日一周耳. 如人行船見岸樹等 不覺己行而覺岸行 地以上人見諸星之西行 理亦如此 是則 以地之一行免天上之多行 以地之小周免天上之大周也."
51) 『易學二十四圖解』, 32a.

주위를 하루 한 바퀴 돈다는 것은 얼마나 힘든 일일 것인가를 지적하기도 한다. 그러나 그렇다고 이익이 독자적으로 하늘의 엄청난 크기를 생각해서 그것이 하루 한 바퀴 돌기는 힘들고, 따라서 오히려 하늘 대신 땅이 도는 것이 아닌가 하는 생각을 했을 가능성은 없어 보인다. 더구나 서양의 생각이 들어오기 전에 하늘을 구체적인 물리적 실체로 생각하고 실제로 하늘이 회전함에 따라 일어날 구체적인 물리적 상황에 대해 고찰했을 가능성은 크지 않았을 것이다. 오히려 하늘이 기氣의 일대 회전이라는 전통적인 생각이 그냥 받아들여졌기가 쉽다. 결국 대부분의 조선 후기 학자들이 언급하는 이 생각의 출처는 위와 같은 서양의 문헌이었기가 쉽고, 이를 이익은 지전의 유력한 뒷받침으로 받아들였을 것이다.

위 인용문에는 또한 만약 땅이 돈다면 왜 사람이 그 같은 땅의 움직임을 느끼지 못하는가 하는 질문에 대해 배 위에 탄 사람이 배가 움직이는지 연안이 움직이는지 구별할 수 없다는 비유를 통한 설명이 주어져 있다. 물론 앞에서도 지적했듯이 고대 중국의 『고령요考靈曜』 등에도 비슷한 생각이 나오기는 하지만,[52] 김석문은 이 생각과 관련해서 『오위역지』를 책 이름을 들어가며 그대로 인용하고 있고, 이익 또한 「천행건」, 「천문천대」, 「담천」에서, 그리고 홍대용도 서양인들의 생각이라 하여 인용하고 있는 것을 보면 서양 문헌이 그 출처일 가능성이 크다. 특히 홍대용이 "배의 움직임과 연안의 움직임"(舟行岸行)이라는 축약된 표현을 사용해서 이 생각을 표현하는 것을 보면 홍대용의 시기에는 이미 서양 문헌에 나오는 이 같은 생각이 조선의 일부 학자들에게 제법 널리 퍼져 그 같은 짧은 표현만으로 그것이 무엇을 가리키는지 알 수 있는 상황이었던 것으로 보인다.

위 인용문은 지구를 둘러싼 기氣와 화火가 지구와 함께 하나의 구球를

---

[52] 위의 주34)를 볼 것.

이루어 돈다는 생각(氣火通爲一塊)도 담고 있는데, 이를 통해 왜 지구가 도는데도 던져 올려진 물체가 제자리로 떨어지는가를 설명할 수 있었다. 실제로 김석문이 그런 설명을 제시했는데 그 과정에서 지전설을 부정하는 『측천약설測天約說』에서의 슈렉(Johann Schreck, 鄧玉函, 1576~1630)의 논의를 다음과 같이 비판했다.

> 서양의 설은 다음과 같이 말한다. "땅의 몸체는 항상 움직이지 않는다. 그 장소를 떠나지 않고 또한 회전하지 않는다. 원래의 장소를 떠나지 않아야 하는 것이 [원래의 장소를 떠나면, 곧 하늘의 한가운데에 있지 못하게 된다. 회전하지 않아야 하는 것이 회전하면, 사람이 마땅히 그것을 느껴야 한다. 또한 돌지 않는다면 그만이지만 돈다면 반드시 하루에 한 바퀴를 돌아야 할 것이고, 그 움직임이 지극히 빠를 것이다. 모든 운행하는 새들은 [땅의 이 회전에] 순행하는 것들은 더 느려질 것이고 역행하는 것들은 더 빨라질 것이다. 혹 사람이 땅에서 공중으로 물건을 던지면 땅에 다시 떨어지는 것은 그 처음 [던져 올린] 장소가 아니어야 할 것이다. 그러나 이 모든 것이 그렇지 않으니 땅이 회전하지 않음을 족히 분명하게 해 준다." 땅이 회전하지 않는다는 [데 대한 서양의 설의] 증거가 이에 지나지 않는다. 가히 "지극히 조잡한 논의"라고 할 만하다.[53]

이들 이외에 땅이 돌고 하늘이 정지해 있다는 관념과 서양의 '영정부동천永靜不動天'의 개념이 부합된다는 생각이 이익의 「천수지전」에 나타난다. 하늘의 구조를 '12중천重天'으로 보고 맨 바깥에 '영정부동'의 천구天球가 있다고 보는 서양 전통 우주구조의 이 개념은 『천문략天問略』과 같은 책을 통해서 중국에 들어와 있었다. 그러나 이 개념이 지닌 깊은 신학적 의미,

---

53) 『易學二十四圖解』, 33a, "西洋之說曰. 地體恒不動 不去本所 亦不旋轉. 不去本所者去 卽不在天之最中也. 不旋轉者若旋轉 人當覺之. 且不轉則已, 轉須一日一周. 其行至速. 一切運行鳥飛順則遲 逆行則速. 人或從地擲物空中 復divisão於地 不宜在其初所. 今皆不然. 足明地之不轉." 其所證地之不轉 不過如此. 可謂至粗之論也. 김석문이 인용한 내용은 『測天約說』(四庫全書本) 권11, 14a에 나온다.

그리고 기독교에 대해 비판적이었던 당시 조선 학계의 상황을 고려하면 이익이 이 개념을 받아들이고 그로부터 '지전'을 생각했을 가능성은 거의 없어 보인다. 실제로 '영정천永靜天'에 대한 이익의 언급은 비판적이었으며, 신학적인 의미를 지닌 서양의 원래 개념을 이익이 정확히 인식한 것은 아니었던 것으로 보인다.

한편, 둥근 것은 돌아야 한다는 생각이 박지원에 의해 지구의 회전을 뒷받침하는 중요한 근거로 사용되었음을 앞에서 보았다. "[땅의] 몸체는 바른 원이고 회전하여 멈추지 않는다"(其體正圓旋轉不休停)는 홍대용의 이야기 역시 같은 생각을 보여 주는 것이었기가 쉽다.[54] 그러나 '지구' 관념 역시 예수회 신부들의 도래 이전에는 동아시아에 존재하지 않았으며, 예수회 신부들에 의해 지구 관념이 도입된 이후에야 이 같은 논거로 '지구'로부터 '지전'을 추론하는 사람들이 나오기 시작했다.[55]

## 5. 조선 후기 지전 관념: 서양으로부터의 수용인가, 독자적 창안인가?

앞 절에서 조선 후기의 학자들에게 있어 '지전' 관념의 가능한 출처들과 근거들을 살펴보았다. 이들 중 가장 많은 출처와 근거들에 관해 이야기하고 있는 이익은 지전을 단정적으로 받아들이지는 않았다. 그에 반해 김석문, 홍대용 등은 지전을 분명한 확신을 가지고 받아들이는 것으로 보이지만 자신들의 그 같은 생각에 대한 출처들이나 근거들을 밝히지는 않았다.

그렇다면 위의 출처와 근거들은 실제 조선 후기 학자들이 '지전'이라는

---

54) 『湛軒書』 內集, 補遺 권4, 19a.
55) 지구 관념으로부터 지전 관념으로 이어지는 이 같은 상황에 대해서는 전용훈, 「조선 후기 서양천문학과 전통 천문학의 갈등과 융화」, 238~246쪽을 볼 것.

생각을 하고 그것에 대해 자신의 의견을 형성하는 데에 어떤 역할을 했던 것일까? 그들이 '지전'이라는 생각을 하기에 앞서 이 출처들에 접했고 이것들이 그들로 하여금 '지전'을 생각하도록 한 것일까, 아니면 그들이 일단 '지전'이라는 생각을 한 후에 이 같은 출처들에 접해 그것들을 '지전'을 뒷받침하거나 부정하는 데 사용한 것일까?

'지전'을 이야기한 조선 학자들이 서양의 지전 관념에 전혀 접하지 않은 채 독자적으로 지전 관념을 생각해 냈을 가능성을 두고 가부간에 확정적 결론을 내리기는 불가능할지 모른다. 물론 독자적 생각이었다는 것을 주장할 만한 근거들이 있기는 하다. 위에서 보았듯이 중국 전통 우주론의 핵심 요소들 중 어느 것도 지전 관념과 직접 상충되는 것은 없다는 점과 둥근 것은 도는 것이 자연스럽다는 상식적인 생각이 그것이다. 일단 땅이 구형이라는 것을 받아들인 동아시아인에게는 그같이 둥근 땅이 회전한다고 생각하는 것을 막을 아무것도 없었던 것이다.

그러나 무시할 수 없는 점은 이들 조선 학자들이 지전에 관해 이야기한 시기보다 앞서 중국에는 이미 코페르니쿠스 천문학 이론이 유통되고—아마도 암암리에— 있었다는 사실이다. 일찍부터 지적되어 온 이 같은 사실은 최근 중국 학자들에 의해 더 구체적으로 밝혀지고 있다.[56] 특히 명말 황도주黃道周(1585~1646)와 유예遊藝(1614~1684)가 이미 지전을 이야기했음을 보였던 석운리石云里는 예수회 선교사 스모글레키(Jean-Nicolas Smogulecki, 穆尼閣, 1611~1656)가 『천보진원天步眞原』의 원본에서는 일심지동日心地動 모델을 사용했으

---

56) Boleslaw Szczesniak, "Notes on the Penetration of the Copernican Theory into China (Seventeenth~Nineteenth Centuries)", *The Journal of Royal Asiatic Society*, April 1945, pp.30~38; 石云里, 「十七紀中國的準哥白尼學說」, 『大自然探索』 14(1995), 122~127쪽; 石云里, 「『天步眞原』與哥白尼天文學在中國的早期傳播」, 『中國科技史料』 21(2000), 83~91쪽; 楊小明, 「哥白尼日心地動說在中國的最早介紹」, 『中國科技史料』 20(1999), 67~73쪽. 이들 내용은 전용훈, 「조선 후기 서양천문학과 전통 천문학의 갈등과 융화」, 246~254쪽에 정리되어 있다.

나 후에 설봉조薛鳳祚(1600~1680)가 『역학회통曆學會通』에 집어넣으면서 땅과 태양의 위치를 바꿨을 가능성을 제시했으며, 방이지方以智(1611~1671)나 황백가黃百家(1643~1709) 등의 저술에 보이는 지전설에 대한 언급은 스모글레키로부터 받아들인 것으로 생각할 수 있다고 주장했다.57) 지전 관념을 둘러싼 중국 쪽의 혼란된 상황에 대해 더 연구가 진전되면 이외에도 많은 예가 드러날 것으로 보이며, 그렇게 되면 지전에 대한 생각이 그것에 대한 수용 여부를 떠나 17세기 이후 중국 학자들 사이에 꽤 넓게 퍼져 있었을 가능성을 부정하기 힘들게 될 것이다. 그리고 『오위역지』의 경우에도 보았듯이, 예수회 신부들이 지구 축 주위로의 자전의 가능성에 대해 얼마든지 이야기할 수 있었다는―궁극적으로 그것을 부정하기만 하면― 사실은 그런 점에서 주목할 만하다.

이 같은 상황을 감안하면, 이 경우 '근거를 대어야 할 책임'(burden of proof)은 지전 관념이 조선 학자들의 독자적 창안임을 주장하는 쪽에 주어진다고 생각된다. 그 시기 조선이 서양과의 교류가 별로 없었고 그 시기가 서양의 지전 관념이 중국에 유입된 때로부터 한참이 지난 시점인 것은 사실이지만, 그렇다고 해도 조선 학자들이 17세기부터 중국 학계에 어느 정도 유통되고 있던 지전 관념에 대해 전혀 모르고 있었다고 생각하기는 힘든 것이다. 물론 독자적인 창안임을 직접적으로 보인다는 것은 힘든 일이다. 그들이 서양의 관념을 담은 한역서漢譯書들이나 중국인들의 저술을 읽지 않았고 그것들에 담긴 내용에 대해서 전혀 듣지도 않았음을 보여야 하겠기 때문이다. 그러나 독자적 창안임을 주장하기 위해서는, 직접 그것을 보이지는 못하더라도 적어도 당시 조선의 상황이 중국과 달랐고 그 같은 차이가

---

57) 石云里는 이들의 지전 관념이 조선 학자들의 지전설로 이어졌을 수 있다고 주장하기도 했다. 「十七世紀中國的準哥白尼學說」, 『大自然探索』 14(1995); 「從黃道周到洪大容―十七世紀中朝地動說的比較硏究」, 『自然辨證法通訊』 19(1997), 60~65쪽 등을 볼 것.

조선의 몇몇 학자들로 하여금 독자적으로 '지전'이라는 생각을 하도록 해 주었을 것이라는 데 대한 개연성 있는 설명 정도는 주어져야 할 것이다. 그런 설명이 주어지지 않은 상황에서는 조선의 학자들이 어떤 식으로인가 서양의 지전 관념에 대해 읽거나 전해 듣고 그 관념을 자신의 우주론 체계 속에 포함시켰거나 그 관념을 중심으로 자신의 우주론 체계를 구성했으리라고 생각하는 것이 더 타당할 것으로 보인다. '지전'이나 '지동'을 주장하는 데에 큰 제약을 받고 있던 예수회 선교사들과 교류하면서 활동했던 중국 학자들과는 달리 조선의 학자들은 그 같은 제약을 겪을 필요가 없었고, 급기야 김석문, 홍대용 등이 지전의 관념을 내놓고 주장하게 되었던 것이다.

더욱이 오늘날 중국 학자들은 지전 관념을 당대 중국인의 독자적 '창안'이라고 주장하기보다는 오히려 그것이 중국에 도입된 경로를 추적하는 데 많은 관심을 보이고 있음은 주목할 만하다. 과연 훨씬 뒤 시기 조선에서의 지전 관념에 대해서 다루면서 그것이 독자적 '창안'이었다고 할 수 있는 것인가? 실제로 이들 조선 학자들이 지전 관념이 담긴 한역 서양서들을 읽은 것으로 보게 해 주는 근거들은 있다. 사실 김석문의 경우는 지전을 부정하면서 『오위역지』에 실린 지전의 가능성에 대한 논의를 직접 인용하고 있음을 이미 보았다.[58] 홍대용의 경우에도 그가 서양서를 직접 언급하고 있지는 않지만 그 내용에 접했을 것으로 보는 것이 타당할 것이다.[59]

그렇다면 흥미 있는 문제는 왜 이들 조선 학자들이 '지전'이라는 생각의

---

58) 그리고 김석문이 『천문략』 같은 책을 통해 읽었을 서양 12중천설의 이론 가운데 영원히 정지해 있는 宗動天(제11중천)의 바로 안쪽 제10중천 및 제9중천의 움직임이 극히 '작다'(微)는 생각이 맨 바깥의 태극천은 정지해 있고 그 바로 안쪽 태허천의 움직임이 극히 '작은'(微) 김석문 자신의 우주구조에 영향을 주었을 수도 있다.
59) 더구나 브누아(Michel Benoist, 蔣友仁, 1715~1774)가 乾隆황제에게 코페르니쿠스 이론이 담긴 『坤輿全圖』를 바친 때는 홍대용이 북경을 방문하기 6년 전인 1760년이었다.

기원이 서양이었음을 이야기하지 않았는가 하는 점일 것이다. 예를 들어, 왜 김석문은 그가 서양의 출처로부터 지전 관념을 받아들인 것을 이야기하지 않고 있는 것일까? 그가 그의 지전 관념의 출처를 감추는 것이었을까? 그리고 그렇다면 왜 그것을 감추기를 원했을 것인가? 또한 김석문만이 아니라 홍대용도 자신의 지전 관념의 출처에 대해 이야기하지 않고 있다. 사실 여러 가지 정황으로 보아 홍대용이 김석문의 저술을 읽었거나 그에 대해 들었을 것으로 보이는데도60) 그에 대해 이야기하지 않고 있는 것이다. 왜 그랬을까? 이런 면에서 지전 관념을 둘러싼 이들 조선 학자들 사이의 상호영향관계를 밝히는 것도 중요한 일이다.

이들 질문들은 또한 새로운 종류의 질문들을 제기한다. 땅이 도는가 정지해 있는가 하는 우주론적 문제가 김석문에게—그리고 그 후의 다른 조선의 학자들에게— 얼마나 중요한 것이었는가? 앞에서 보았듯이 땅이 움직인다는 생각은 동아시아 전통 우주론의 기본 이론들과 모순되지 않았으며, 그런 상황에서 지전 관념은 지구 관념처럼 심각한 문제를 야기하지 않았기에 그다지 중요한 문제가 아니었을 수도 있다. 그렇지만 지전 관념을 자신의 우주론의 중요한 부분으로 채택했던 김석문에게조차 그것이 중요하지 않았던 것일까? 그리고 만약 그랬다면 그 때문에 김석문이 굳이 그 출처에 대해 언급할 필요를 느끼지 않았던 것일까? 오히려 정반대로, 그것이 매우 중요했기 때문에 그 출처를 감추려고 했던 가능성은 없는 것일까?

사실 김석문이 서양 출처에 대해 전혀 이야기하지 않고 있는 것은 아니었다. 앞에서 본 대로 그는 지전의 근거가 될 수 있는 생각들을 언급하면서도 끝내 지전을 받아들이지 않는 『오위역지』의 논의를 직접 인용하며 비판했던

---

60) 예컨대 홍대용은 김석문의 이론에 깊은 관심을 지니고 있던 黃胤錫(1729~1791)과 깊이 교류하고 있었다. 김태준, 『洪大容評傳』(서울: 민음사, 1987), 107~108쪽; 小川晴久, 「地轉(動)說에서 宇宙無限論으로」, 『東方學志』 21, 89쪽 등을 볼 것.

것이다. 그렇다면 김석문은 지전의 가능성이 반드시 누군가에 의해 '독창적으로' 새롭게 고안되어야 하는 성격의 것으로 생각하지 않았을 수가 있다. 그에게 지전의 가능성을 거론하는 것 자체의 중요성은 크지 않았고, 오히려 그것을 받아들이는가 아닌가가 중요했던 것일 수 있는 것이다. 실제로 동아시아나 서양 양쪽 모두에 지전의 가능성을 거론하는 예는 전부터 있어 왔고, 그가 보기에는 서양인들은 받아들이지 않는 데 반해 동아시아에는 장재와 같이 이것을 받아들인 전례가 있었던 것이다. 특히 서양인들이 위에서 본 것처럼 『측천약설』에서와 같은 매우 조잡한 생각을 바탕으로 그것을 거부한 데 반해 김석문 자신은 그 가능성을 받아들이고 그에 바탕해 짜임새 있는 우주구조론을 구축한 것이며, 그에게는 이 사실이 중요했던 것이다.

이와 관련해서 또 다른 질문들이 제기될 수 있다. 김석문은 '지전'이라는 서양으로부터의 관념을 받아들인다는 사실과 그 결과에 대해 얼마나 의식하고 있었던 것일까? 장재나 주희 같은 중국 선학들의 관념을 받아들이는 것과 서양의 관념을 받아들이는 것에 대한 그의 생각에는 어떤 차이가 있었을까? 그리고 그가 중국인이 아니라 조선 사람이었기에 서양의 관념을 받아들이는 데에 중국인들이 느꼈던 것 같은 거부감을 덜 느꼈던 것일까? 사실 그는 한문으로 씌어진 책들에서 서양의 관념들에 대해 읽었을 것이며 이 책들의 서양인 저자들의 이름은 중국명으로 붙여져 있었다. 또한 그는 서양의 천문학자들을 지칭해서도 중국 천문역법 전문가들을 지칭하는 '역가曆家'라는 표현을 그대로 쓰고 있었음도 주목할 만하다.[61]

이들 질문에 대해 모두 답하는 것은 현재의 상황에서는 힘든 일로서, 당시 중국과 조선의 학계 및 그 교류 상황에 대한 훨씬 깊은 이해를 필요로

---

61) 『易學二十四圖解』, 32a.

한다. 그리고 이와 관련해서 당시 동아시아의 지적 풍토의 한 측면을 보다 깊게 고찰해 볼 필요가 있을 것이다. 17세기 초 두 차례 호란胡亂을 겪고 그간 오랑캐라고 멸시하던 만주족에게 굴욕을 맛본 후 조선의 학자들 사이에는 오랑캐의 것들에 대한 강한 반감의 분위기가 퍼져 있었고, 이런 반감은 서양 오랑캐들의 과학지식으로도 향해졌다. 이 같은 분위기에서 김석문과 같은 사람이 오랑캐 서양으로부터 유입된 관념이 지닌 '오랑캐'적 속성을 감추거나 순화시켜야 할 필요성을 느꼈을 것은 짐작이 간다. 그가 서양인들이 지전의 가능성을 받아들이지 않음을 비판하면서 지전 관념의 출처로 오히려 중국의 정통 사상가 장재를 언급하려 했을 것은 이런 면에서 이해가 가는 일이다.

## 6. 맺음말

이 글에서 조선 후기의 학자들에게 지전 관념이 나타나는 모습을 살피고 그들이 그 같은 생각을 하게 된 상황을 검토하면서, 나는 주로 그것이 그들의 독자적 창안이기보다는 서양의 관념을 수용한 것이리라는 입장을 두둔했다. 그러나 그것이 지전을 주장한 조선 학자들의 독창성을 부정하자는 것은 아니었다. 오히려 내가 꾀한 것은 지전 관념을 제기한 이들 조선 후기 학자들의 생각과 주장들이 나온 당시의 상황에 대한 더 수긍이 가는 이해를 얻어 보자는 것이었다. 그들은 서양으로부터 들어온 '지구', '지전' 등의 단편적 지식들을 받아들여 자신들의 우주론 체계를 형성하고 있었고, 그들의 독창성은 이 같은 우주론 체계들에서 드러났던 것이다. 실제로 이들 중 김석문, 홍대용 등의 우주론 체계는 높은 독창성을 보여 주었다. 물론 이들의 우주론 체계 속에 포함된 '지전', '지구' 관념 등이 그들의 체계의 독창성에 기여했던 것은 사실이다. 그러나 그 같은 독창성은 이들 관념들 자체를 그들이 독자적으로 생각해 냈는가 아닌가에 달린 것이 아니었다. 설사 그들의 체계에 포함시킨 지전의 내용을 그들이 독자적으로 생각해 내지 않았다고 하더라도 그 같은 체계를 만들어 낸 그들의 독창성이 크게 줄어들지는 않는 것이다.

또한 이 글에서는 지전 관념에 대한 조선 후기 학자들의 서로 다른 생각과 태도를 보였을 뿐 그들 간의 상호영향관계나 같은 시기 또는 그 이전 시기의 중국 학계와의 관계에 대해서는 다루지 않았다. 그간의 많은 논의에도 불구하고 아직 지전 관념을 둘러싼 조선 후기 학계의 구체적 상황이 충분히 밝혀져 있지 않을 뿐 아니라 여기에 영향을 미쳤을 것으로 보이는 중국 학계의 상황은 더욱더 규명되지 않고 있기 때문이다. 물론 지전 관념을 에워싼 당시 서양의 상황, 특히 예수회 신부들이 처한 상황이 원천적인 한계를 만들고 있는 것은 사실이지만, 그 같은 관계들이 밝혀져야만 조선 후기 지전 관념에 대한 제대로의 이해가 얻어지게 될 것이다.

# 제3부 사회적 · 문화적 맥락들

# 제1장 전통시대 중국 사회의 학자들과 전문 과학기술지식

현대사회에서 전문 과학기술지식은 일반 지식인들의 관심과 이해로부터 분명하게, 그리고 때로는 아주 심하게 분리되어 있다.[1] 그리고 이 같은 분리의 상황은 오늘날 너무나 뚜렷하고 광범위하게 발견되기 때문에, 사람들은 이것이 원래부터 존재해 왔던 자연스러운 상태라고 가정하는 경향이 있다. 그러나 이 같은 상황은 지난 2~3세기 동안 과학이 전문화된 결과로 나타난 비교적 근래의 현상이다. 그리고 이것은 서양에서만 일어난 독특한 현상으로서, 모든 문화권의 역사적 발전 과정에서 공통적으로 일어나야만 하는 일이 아니었다. 예를 들면, 중국에서 그러한 일은, 적어도 서구에서 나타났던 정도로는 일어나지 않았다. 전통시대 중국에서, 그리고 이러한 분리가 진행되기 전의 유럽에서, 일반 지식인들—학자, 작가, 사상가—이 과학이나 자연세계에 대한 지식을 그들의 관심 범위에서 배제할 이유는 없었던 것이다.[2]

이 글에서 나는 전통시대 중국 사회에서 전문 과학기술지식이 처해

---

1) 예컨대 C. P. Snow는 그의 유명한 책에서 이러한 분리 상태를 '두 문화'(two-culture)의 문제라고 표현했다. C. P. Snow, *The Two Cultures and the Scientific Revolution* (Cambridge: Cambridge University Press, 1959).
2) 이슬람세계에서도 일종의 분리 상태는 존재했지만, 그것은 이슬람의 '종교적' 과학과 고대 그리스의 '철학적' 과학 사이의 구분이었다. A. I. Sabra, "Situating Arabic Science: Locality versus Essence", *Isis* 87, pp.654~670; J. L. Berggren, "Islamic Acquisition of the Foreign Sciences: A Cultural Perspective", in F. Jamil Ragep & S. P. Ragep (Eds.), *Tradition, Transmission, Transformation* (Leiden: E. J. Brill., 1996), pp.270~271을 볼 것.

있던 상황, 특히 전문 과학기술지식에 대한 학자들의 태도를 살펴볼 것이다. 그러나 내가 할 수 있는 일은 대략적인 개관에 그칠 수밖에 없다. 왜냐하면 전통시대 학자들과 전문지식을 둘러싼 상황은 대단히 복잡했기 때문이다. 사실 이 글의 주제를 구성하는 단어들—'학자', '전문 과학기술지식', '전통시대 중국'—은 모두 대단히 복합적인 의미를 지닌다. 그것들 중 어느 하나도 단일한 집단, 단일한 지식, 단일한 시기를 지칭하는 용어들이 아니다. 우선 '전문 과학기술지식'이라는 표현은 매우 다양한 분야들을 가리키며, 그 분야들은 전통 중국에서 단일한 분야를 구성하지 않았다. 역법(曆), 화성학(律), 수학(算), 의료(醫) 같은 분야들은 종종 기술(工), 농업(農), 원예(圃) 등과 같은 다른 전문분야들과 함께 거론되었으며, 그러한 분야들의 목록에는 대개 오늘날 '과학적'이라고 부를 수 없는 분야들, 예컨대 점복卜, 연단煉丹, 풍수風水뿐만 아니라 행형行刑, 재정財政, 병법兵法, 세무稅務 등 과학 외적인 주제들까지도 포함되었다.3) 그 같은 전문지식의 '전문가'들에 대해 이야기하려 들게 되면 상황은 훨씬 더 복잡해져서, 다양한 종류의 전문지식을 소유하고 그러한 지식에 관련된 활동에 종사한 온갖 종류의 사람들이 있었으며, 거기에는 기술자, 장인匠人, 농부, 기능직 관료, 다양한 의료 종사자들, 그리고 위의 분야들에 대해 전문적인 관심과 지식을 소유한 학자들까지가 포함되었다. '학자'라는 용어도 다양한 종류의 인간상을 망라했다. 그들 중 어떤 사람은 순전히 연구와 학문에만 전념했고, 어떤 사람은 직업적인 관료였으며, 어떤 사람은 지주였고, 어떤 사람은 상업과 산업 등 다른 실용적인 활동에 종사했고, 어떤 사람은 선생이었고, 어떤 사람은 은자였다. 그리고 그들 중 많은 사람들이 이들 가운데 두 가지 이상에 해당되었다. 학자들은 매우 다양한 기호와 지적 성향을 지니고 있었으며, 자연히 여러

---

3) 전통시대 중국에서 그러한 전문화된 주제들이 처한 상황에 대해서는 김영식, 『주희의 자연철학』(예문서원, 2005), 11장 1절을 볼 것.

분야들에 대해 서로 다른 태도를 가지고 있었다. 끝으로, '전통시대 중국'이라는 표현도 매우 긴 기간을 대상으로 하고 있고 그 안에서 내가 검토하고자 하는 상황은 시기마다 큰 차이를 보일 수밖에 없다.

그 같은 상황의 복잡함을 줄이기 위해서, 나는 이 글에서의 논의를 전문 과학기술 분야들, 유가의 이념과 학문을 신봉한 유학자들, 그리고 그러한 유학자들의 독특한 지적 유형이 형성된 송대(960~1276) 이후로 한정할 것이다. 그러나 이렇게 논의의 범위를 한정했다고 해서 문제가 완전히 해소되는 것은 아니다. 전통시대 중국의 역사에는 전문지식에 대한 학자들의 태도에 다양한 방식으로 영향을 미쳤던 여러 가지 요소들이 존재했기 때문이다. 이 글은 그 같은 요소들—전문분야들에 대한 학자들의 태도를 형성하는 데 영향을 미쳤던 경전의 관념과 구절들, 그리고 유학자들이 전문분야들에 관심을 두지 않을 수 없도록 만들었던 실용적인 이유들—을 분석함으로써 시작할 것이다. 다음으로 학자들과 전문분야들 사이의 다양한 관계를 보여 주는 실제 사례들을 살펴보고, 대략 1000년부터 1700년 사이 유학자들과 전문 과학기술지식 사이의 관계에 대한 조감鳥瞰을 시도해 볼 것이다. 끝으로 이 같은 전통 중국의 상황을 일반 학자들과 전문 과학기술지식 사이의 분리와 수렴 양쪽 모두가 일어났던 서양의 상황과 비교함으로써 글을 마칠 것이다.

이 같은 개괄적 논의의 과정에서 나는 최소한의 구체적인 사례를 통해 전체적인 그림을 제시할 것이다. 따라서 이 글은 전통시대 중국의 학자들과 전문지식이 처한 복잡다단한 상황을 충분히 기술하지 못할 것이며, 개인 학자에 따라, 주제에 따라, 그리고 시기에 따라 매우 다양하게 나타났던 지극히 풍부하고 복잡한 세부 사항들을 단순화할 수밖에 없을 것이다. 나는 그러한 불가피한 문제들에도 불구하고 이 같은 종류의 전체적인 그림을 그려 보는 일이 얼마간의 가치를 지니고 있다고 믿는다.

## 1. 전문가가 되는 것을 경계하는 경전의 근거들

전통시대 중국의 유학자들에게는 일반적으로 전문가가 되는 것을 꺼려하는 경향이 있었고, 그러한 경향은 결국 유학자들이 전문 과학기술 분야들에 관심을 지니는 것을 억제하는 효과를 빚었다. 그리고 이에는 유가 경전에 담긴 몇 가지 핵심적인 관념들이 중요한 역할을 했다.

### 1) '형이상'과 '형이하'의 이분법

첫째, '형이상形而上'과 '형이하形而下'의 이분법을 들 수 있다. 이러한 이분법의 기원은 "'형이상'을 '도道'라고 하며 '형이하'를 '기器'라고 한다"(形而上者謂之道, 形而下者謂之器)는 『주역周易』「계사전繫辭傳」의 유명한 구절(上 12)에서 찾아볼 수 있다. 그리고 '리理'와 '기氣', '리'와 '수數', 그리고 '리'와 '기器' 등을 두고도 이와 비슷한 이분법들이 존재했다.[4] 이러한 이분법들은 당연히 자연현상과 과학지식에 대한 유학자들의 태도에 영향을 주었다.

이들 이분법에 따르면, 도·리·성性·심心·인仁 등과 같이 분명한 형태(形)를 지니지 않는 추상적이고 고답적인 개념들은 형태를 초월한 '형이상'에 속하고, 반면에 형태를 띤 구체적인 사물들—세속적·구체적·실질적인 것들을 포함해서—은 '형이하'의 범주에 속했다. 이 중 형태를 갖추고 눈으로 볼 수 있는 것들은 이해하기 쉬운 반면에 형태를 갖추지 않은 것들은 이해하기

---

4) 이들 용어들에 대해서는 Ho Peng Yoke, *Li, Qi and Shu: An Introduction to Science and Civilization in China* (Hong Kong: Hong Kong University Press, 1985), chap.1; 김영식, 『주희의 자연철학』, 1~4장을 볼 것. 『孟子』「滕文公上」에서는 "어떤 사람은 마음으로 일하며, 어떤 사람은 [육체적인] 힘으로 일한다. 마음으로 일하는 사람은 다른 사람을 다스리고, 힘으로 일하는 사람은 다른 사람에 의해 다스려진다"(或勞心, 或勞力. 勞心者治人, 勞力者治於人)라고 하여, 정신노동을 하는 사람과 육체노동을 하는 사람의 이분법적 구도로 보일 수 있는 주장도 발견된다.

어렵다고 흔히 여겨졌는데, 이해하기 어려운 것들이 더 중요하고 더 탐구할 만한 가치가 있다고 생각된 반면에 이해하기 쉬운 것들은 뻔하고 심지어는 사소한 것으로 간주되었다. 그러한 태도는 신유학을 집대성함으로써 중국과 동아시아의 지식세계에 수세기 동안 압도적인 영향력을 미쳤던 주희朱熹의 다음과 같은 언급에서 볼 수 있다.

> 사물은 보기가 쉽지만, 마음은 형태가 없다. 사물의 무게와 길이를 재는 것은 쉽지만, 마음의 무게와 길이를 재는 것은 어렵다. 사물을 재는 데 착오가 있으면 그것은 단순히 한 가지 일의 착오에 그치지만, 마음에 잘못됨이 있으면 만사를 그르치게 된다.[5]

일반적인 자연현상은 대부분 지각 가능한 구체적 성질들과 물리적 효과를 수반하기 때문에 '형이하'에 속하는 것으로 인식되었고, 따라서 뻔한 것으로 간주되어 그것들이 지각되는 형태대로 받아들여졌다. 겉으로 드러난 경험적인 데이터를 넘어서는 더 깊은 탐구는 필요가 없었던 것이다. 따라서 유학자들은 자연현상 및 그 현상에 대한 과학지식을 가벼이 여기기가 쉬웠다. 심지어는 '형이상'인 형이상학 및 도덕철학과 '형이하'인 과학지식 및 기술 사이에 위계의 관념도 나타났고, 그것은 결국 일반 지식인으로서의 '학자-관료'와 형이하의 분야에 종사하는 '전문가' 사이의 위계 관념을 낳았다.[6] 이러한 위계적 관념은 학자-관료들이 기능직 전문가들의 상위에 위치하면서 전문가들의 업무를 감독하는 관료제의 구조로 제도화되기도

---

5) 『朱子語類』 권51, 5a, "物易見, 心無形. 度物之輕重長短易, 度心之輕重長短難. 度物差了, 只是一事差. 心差了時, 萬事差." 바로 앞의 구절에서 주희는 같은 주장을 다른 식으로 표현하여 "사물의 오류는 해가 없지만, 마음의 오류는 해가 있다"(物之差無害, 心之差有害)고 이야기했다.

6) 비록 '儒醫'라고 불린 '학자-의사'들의 존재가 의학이 유학자들을 위한 하나의 주제로 인정될 수 있었음을 보여 주기는 하지만, 그럼에도 불구하고 그들의 지위가 일반 유학자들보다는 낮았다는 사실에는 의심의 여지가 없다. 祝平一, 「宋明之際的醫史與儒醫」, 『中央研究院歷史語言研究所集刊』 77(2006), 401~449쪽.

했다.7) 그리고 적어도 그러한 이분법은 '형이상'과 '형이하'의 분리를 정당화하는 효과를 지녔다.8)

## 2) '군자불기'

『논어』의 "군자는 도구가 아니다"(君子不器:「爲政」 12장)라는 구절은 위에서 언급한 도와 기의 이분법 및 위계와 결합하여 전문분야들에 대한 유학자들의 태도의 기초를 형성했다. 공자 자신이 한 말이라고 알려진 이 구절은, 진정한 군자가 되기 위해서는 도·리·성과 같은 고차원의 개념들을 추구해야만 하며 단순한 도구에 지나지 않는 구체적·실용적·기술적인 문제와 지식에는 관심을 기울이지 말아야 한다는 의미로 해석되었다. 다른 말로 하면, 군자는 단순한 도구적 기능만을 수행하는 좁은 범주에 자신을 한정시켜서는 안 되며 폭넓은 학문과 수양을 목표로 삼아야 한다는 것이다. 이는 자연히 전문 과학기술 분야들을 비롯해서 단순한 도구로 간주되는 분야들에 대해 유학자들이 대체로 무관심하고 심지어는 경멸하기까지 하는 태도를 낳게 되었다.

## 3) '소도'

"비록 '소도'(小道)(작은 도)이지만 반드시 살펴볼(觀) 만한 가치가 있다. [그러나 너무 멀리까지 추구하면 수렁에 빠질까 염려된다. 이 때문에 군자는

---

7) 심지어 Thatcher Deane은 일반관료들에 비해 '曆家'의 지위를 의도적으로 낮추려 했던 漢代 조정의 정책을 언급하기도 했다. Thatcher E. Deane, "The Chinese Imperial Astronomical Bureau: Form a Function of the Ming Dynasty Qintianjian from 1365 to 1627" (Ph. D. Dissertation, University of Washington, 1989), p.68.
8) 명말의 李之藻(1565~1630)는 서양 학문에 대한 영향력 있는 총서 『天學初函』을 편찬하면서 그것을 '理編'과 '器編'으로 나누었다. 물론 이 경우 리와 기는 각각 서양의 종교와 과학지식을 가리켰다.

그것을 하지(爲) 않는다'(雖小道, 必有可觀者焉, 致遠恐泥. 是以君子不爲也:「子張」4장)라는 『논어』의 구절 또한 전문화된 분야들에 대한 유학자들의 태도에 상당한 영향을 미쳤다. 특정 분야들을 '소도'라고 지칭하고 "군자는 그것을 '하지' 않는다"고 단언함으로써, 이 구절은 유학자들이 '소도'로 간주될 수 있는 분야들—전문 과학기술 분야들을 포함해서—의 활동에 종사하는 것을 억제하는 효과를 빚었다.

## 2. 전문분야들에 대한 학자들의 관심을 고무하는 요소들

앞 절에서 살펴본 관념들과 구절들이 전문 과학기술지식에 대한 학자들의 관심을 억제하는 효과를 지녔음에 반해, 전통시대 중국의 역사에서는 이와 반대로 전문분야들에 대한 학자들의 관심을 고무하는 몇 가지 요소들도 존재했다.

### 1) 경전 근거들의 양면성

우선, 위에서 본 것과 같은 경전의 관념들과 구절들이 유학자들의 태도에 영향을 미친 실제 상황은 그렇게 단순하지 않았다. 예컨대 도와 기를 분리하여 도를 기보다 우위에 놓는 경향과, 양자를 불가분의 관계로 간주하면서(道器不離) 두 가지가 똑같이 중요하다고 보는 경향이 동시에 존재했다. 이 중 후자의 경향을 지닌 학자들은 도가 기 안에 존재하며 기 없이는 도가 존재할 수 없다고 주장했다. 마찬가지로, 리와 기氣, 리와 수數, 그리고 리와 기器 같은 짝들 사이에도 리가 기氣, 수, 기器를 떠나서는 존재할 수 없다고 보는 경향이 존재했다. 따라서 많은 유학자들은 '도'와 '형이상의 것들만 아니라 '기'와 '형이하'의 것들—전문화된 과학기술 주제들을 포함해서—또한 중요하고 탐구할 만한 가치가 있다고 보았다. 실제로 소옹邵雍(1011~1077)과 주희 이래 신유학 사상 속에 지속적으로 존재했던 리와 수의 연결에 대한 믿음은 수학과 역법을 유가 학문의 일부로 포함시키는 데 대한 강력한 근거를 제공했다. 그 같은 관점에서 보면 수의 탐구는 유가 학문의 목표였던 '리'의 탐구가 될 수 있기 때문이었다.

'군자불기'라는 말의 효과 또한 그렇게 단순하거나 일방적이지 않았다. 그것은 폭넓은 학문과 수양을 목표로 삼을 것을 강조했지만, 그러한 폭넓은 학문과 수양에는 자연세계에 관한 공부가 포함되었고 기술에 관한 지식—실행까지는 아니더라도—도 제외되지는 않았다. 자연세계 및 그 속의 현상과 물체들, 즉 '천지', '만물', 그리고 '사람'에 대한 지식과 사색은 단순한 '도구'로서 기피될 것이 아니라 오히려 군자의 공부와 수양의 정당한 대상이었다. '군자불기'라는 말의 실제 효과는 유학자들에게 좁은 주제—그것이 과학이건 기술이건 그 외의 다른 전문분야이건—에 갇힌 단순한 전문가가 되지 말라고 경고하는 것이었을 뿐, 학자들이 당연히 추구해야 할 폭넓은 관심과 학문으로부터 과학과 기술의 주제들을 배제시키는 것이 아니었다.

'소도'의 경우에는 그 같은 양면적 특성이 훨씬 더 분명하게 드러난다. 사실 양면성은 '소도'라는 말 자체에 들어 있다. '소도'의 '소小'라는 글자가 그것이 사소하고 부차적이며 덜 중요하다는 것을 표현하는 반면, 그것이 여전히 '도'라고 불리었기 때문에 유학자들의 학문에 포함될 잠재력을 지녔던 것이다. 그리고 『논어』의 원문도 '소도' 역시 "반드시 살펴볼 만한 가치가 있다"는 긍정적인 태도와 함께 "군자는 그것을 '하지' 않는다"는 부정적인 태도를 보였다. '할 만한 것은 아니지만 그럼에도 불구하고 살펴볼 만한 가치는 있다는 이러한 양면성은 유학자들 사이에 전문 주제들의 지적 지위에 관해 여러 다양한 의견과 논쟁을 일으켰다. 예컨대 주희는 아래의 인용문에서 몇몇 전문분야들을 '소도'라고 부르면서 그것들을 공부해야만 한다고 강조했지만, 실제 그의 말 속에는 그것들이 진짜 '도'는 아니라는 느낌이 분명히 함축되어 있었다.

> '소도'는 이단이 아니다. 그것도 역시 '도'이다. 그것은 다만 작을 뿐이다. 농업, 원예, 의료, 점복占卜 및 온갖 기술들(百工)도 도와 리理가 그 안에 있다. 위쪽만을 향하여 도와 리를 추구한다면, 결국 도와 리가 통하지 못하게 될 것이다.[9]

또한 유학자들 사이에서 어떤 주제들이 '소도'에 속하는지에 대해서도 의견이 엇갈렸다. 일반적으로 역법은 '소도'에 포함되지 않았지만, 어떤 사람들은 역법을 '소도'로 간주하기도 했다.[10] 반면에 의학, 농업, 기술은 '소도'의 목록에 거의 예외 없이 포함되었다.[11]

### 2) 철학적 개념들

여러 전문분야들이 중요한 철학적 용어나 개념들과 연관되어 있었고, 따라서 전통시대 중국의 유학자들에게는 그러한 분야들의 탐구가 중요했다. 예를 들어 '천天' 개념의 중요성은 유학자들로 하여금 '하늘'에 대해 다루는 천문역법 분야를 중시하게 만들었다. 지리와 풍수는 '천지天地'라는 용어의 다른 한쪽 절반인 '지地'와 연관되어 있었기에 중요했다. 유가의 예禮의 일부로서의 음악의 중요성은 그와 관련된 율려律呂(화성학) 또한 중요하게

---

9) 『朱子語類』 권49, 2a, "小道不是異端, 小道亦是道理, 只是小. 如農圃醫卜百工之類, 卻有道理在. 只一向上面求道理, 便不通了."
10) 역법을 '소도'의 일부로 보는 사례는 18세기 조선의 사상가 洪大容의 문집인 『湛軒書』 內集, 권3, 22b에 나타난다.
11) 김영식, 『주희의 자연철학』, 423・485쪽.

만들었다. 이와 비슷하게, 『주역』 및 그 속에 담긴 관념들과 괘들의 중요성은 그것들을 사용하는 상수象數, 점복, 연단 등의 중요성으로 이어졌다. 연단, 특히 내단은 또한 '도道' 개념과도 연결되었는데, 왜냐하면 그것이 '도'를 추구하는 이른바 '도사道士'들이 종사하던 활동 중의 한 가지였기 때문이었다. 유학자들은 이 분야들에 대한 탐구가 그것들과 연관된 위의 관념들과 개념들을 이해하는 일을 도울 것으로 믿었을 것이다. 그리고 그들은 실제로 역법·율려·지리·연단·점복 등과 같은 분야들에 관심을 가졌고, 그러한 분야들은 유학자들의 지적인 관심의 중요한 대상이 되었다.

### 3) 주석의 전통과 표준 문헌들

몇몇 분야들의 과학지식은 학자들이 널리 공부하던 표준적 문헌들 안에 담겨 있었다. 특히 성인이 썼거나 아니면 적어도 성인의 의도를 담았다고 여겨졌던 유가 경전들에서 자연현상이나 과학지식을 언급하는 경우 유학자들은 해당 구절들의 주해에서 그 같은 현상이나 지식에 대해 자세히 논의했고, 논의의 과정에서 전문적인 과학지식을 사용하는 경우도 많았다. 대표적인 예가 『서경書經』 「순전舜典」의 "선기옥형이제칠정璇璣玉衡以濟七政"(선기옥형으로 칠정, 즉 일·월·오행성을 가지런히 한다)라는 구절과 『서경』 「요전堯典」의 "기삼백유육순유육일朞三百有六旬有六日"(한 해 366일)이라는 구절인데, 많은 유학자들이 이 두 구절을 주해하면서 천문의기天文儀器 및 치윤법置閏法에 관해 자세히 논의했다. '선기옥형'이라는 표현은 일종의 천문의기를 가리키는 것으로 흔히 해석되었는데, 강희 연간(1661~1722)의 '박학홍유博學鴻儒" 시험에 '선기옥형'을 주제로 한 부賦를 짓는 문제가 출제될 정도로[12] 유학자

---

12) Ping-yi Chu, "Technical Knowledge, Cultural Practices and Social Boundaries: Wan-nan Scholars and the Recasting of Jesuit Astronomy, 1600~1800" (Ph. D. Dissertation, University of California, Los Angeles, 1994), pp.150~157.

들에게는 친숙한 어휘가 되었다. 『예기』의 「월령月令」과 「악기樂記」 편의 주석들도 역법과 율려에 대한 전문지식을 담고 있었다. 그 외에도 학자들에게 관련 분야의 전문지식을 논의할 기회를 제공했던 다른 중요한 경전 구절들로는 『시경詩經』의 '시월지교十月之交'라는 제목의 시, "뭇별들이 그것(즉 북극성)에 경의를 표한다"(衆星共之)는 『논어』 「위정爲政」 편의 구절(1장), "하늘은 높고 별들은 멀다"(天之高也, 星辰之遠也)라는 『맹자』 「이루하離婁下」 편의 구절(26장) 등이 있다. 유학자들은 또한 경전들, 특히 『시경』에 나오는 수많은 동식물들에 대해서도 자세히 논의했으며, 실제로 『시경』에 나오는 종種들을 확인하고 설명하는 것이 경전 연구의 한 분야가 되기도 했다.13)

위에서 언급한 경전들의 표준 주해서들은 아주 자세하고 전문적인 과학지식의 논의들을 자주 포함하였으며 해당 분야의 표준적인 문헌이 되었다. 경전 속의 천문 관련 기록과 그 주석들을 모아 놓은 왕응린王應麟(1223~1296)의 『육경천문편六經天文編』이 좋은 예로서, 대진戴震(1724~1777)은 『사고전서총목제요四庫全書總目提要』에서 『육경천문편』에 대해 언급하면서 역법의 핵심적인 주제들이 모두 육경에 들어 있다고 말했다.14) 또한 유학자들은 여러 가지 기술에 대한 지식을 『주례周禮』 「고공기考工記」의 주석에서 논의하기도 했다.15)

전문 과학기술지식의 논의를 담고 있는 다른 표준적인 문헌들도 있었다. 예컨대 중국의 역대 왕조에서 공식적으로 편찬한 사서史書인 정사正史들은 거의 예외 없이 예禮와 악樂뿐만 아니라 천문, 역법, 율려, 지리 분야의

---

13) Joseph Needham, et al., *Science and Civilisation in China*, vol.6 (Cambridge: Cambridge University Press, 1986), part 1, pp.463ff.
14) 『四庫全書總目提要』, 892, "然堯典·豳風·月令·左傳·國語所言星辰, 前後已相差一次. 是歲差之法, 可卽是例推. 周禮土圭之法, 日南景短, 日北景長, 日東景夕, 日西景朝, 是里差之法, 亦可卽是而見. 六經所載, 未始非推步之根."
15) 예컨대 王安石(1021~1086)과 林希逸(1193~1271)은 '考工記解'라는 제목의 저술을, 그리고 대진은 「考工記圖」를 집필했다.

'지志'들을 포함했는데, 이들 '지'들은 해당 분야의 전문 과학지식을 많이 담고 있었고 유학자들에게 그 같은 지식의 표준 문헌의 역할을 했다. 또한 학자들이 직접 쓴 저술들도 전문 과학기술지식에 대한 논의를 포함하는 경우가 있었다. 가장 유명한 예는 두우杜佑(735~812)의 『통전通典』과 심괄沈括(1031~1095)의 『몽계필담夢溪筆談』으로, 온갖 종류의 주제들을 다루고 있는 이 책들을 수많은 후대 유학자들이 공부했고 자신들의 논의에서 자주 인용했다.

많은 학자들이 이 같은 주해들과 '지' 등 표준적 문헌들에 담긴 전문 과학지식을 공부했으며 이에 대한 그들의 이해는 상당한 수준에 도달하기도 했다. 주희가 좋은 예인데, 그는 특정 분야나 문제와 관련해서 이 같은 표준 문헌들 중 어느 것이 우수한지에 대해 스스로 평가할 수 있다고 자신할 정도로 상당한 수준에 이르러 있었다.[16] 예컨대 그는 하늘이 하루에 한 바퀴를 완전히 돌고 1도를 더 돈다는 사실을 분명하게 밝힌 「월령」의 소疏와 하늘의 구조를 일반적으로 설명한 「순전」의 소를 높게 평가했다. 그는 윤달의 문제와 관련하여 「요전」의 소를 언급하기도 했다. 『진서晉書』 「천문지天文志」도 그가 높이 평가했던 또 다른 고대 문헌이었다. 주희는 또한 각각의 문헌들의 약점에 대해서도 이야기했다. 예를 들어 그는 "『한서漢書』 「율력지律曆志」는 『후한서後漢書』만큼 훌륭하지 못하다"고 비판했다. 율려와 음악의 지식과 관련해서는, 그는 종종 『사기史記』 「율서律書」(권25)가 모든 중요한 점들을 망라하고 있다고 하여 칭찬했다.[17]

---

16) 김영식, 『주희의 자연철학』, 426~428 및 452~453쪽.
17) 실제로 이 같은 일은 주희로서는 당연히 행할 수밖에 없는 일이었는데, 왜냐하면 일단 전문분야들의 중요성과 그것들을 공부해야 할 필요성을 주장하고 나면 그것들을 공부하는 데 있어 어떤 문헌들이 가장 훌륭하고 적절한 것들인지를 결정해 주어야 했기 때문이며, 이는 도덕적・사회적 주제들을 두고서도 그가 했던 일이었다. 이러한 성격을 지닌 주희의 '학습프로그램'(program of learning)에 대해서는 William Theodore de Bary, "Chu Hsi's Aims as an Educator", in William Theodore de Bary & John

### 4) 격물

송대 이후 신유학의 학문적·도덕적 노력과 자기수양의 기초가 된 '격물格物' 이론도 유학자들이 전문적인 분야들에 관심을 가지고 공부하도록 하는 중요한 동기를 부여했다. 유학자들이 '격물'이라는 말을 '사물의 리(物之理)'를 탐구한다'는 의미로 해석했고, 세상의 모든 사물은 각각의 리를 지니고 있고 그 리가 하나의 보편적인 리, 즉 천리(天理)의 발현이기 때문에, 유학자들에게 모든 사물은 탐구할 만한 가치가 있었다.[18] 예컨대 주희는 세상의 모든 사물은 리를 지니고 있으므로 그것들을 공부하고 이해해야만 한다고 되풀이해서 말했다.[19]

경전에 나오는 몇 가지 표현들이 격물에 대한 이 같은 해석을 뒷받침하는 것으로 받아들여졌다. 『논어』에 나오는 '박학(博學)'이라는 표현이 좋은 예로서,[20] 이 말은 모든 것을 공부하고 이해해야 한다는 주장을 뒷받침하는 데 흔히 사용되었다. 예를 들어 주희는 만물을 공부하고 이해할 것을 역설하는 자신의 주장을 뒷받침할 때 '박학'이라는 표현을 이용했다.

> 『대학大學』의 도는 반드시 격물과 치지(致知)로 시작하여 천하의 리로 [나아가야만] 한다. 천하의 책 중에는 '널리 공부하지'(博學) 않을 것이 없다.[21]

---

W. Chaffee (Eds.), *Neo-Confucian Education: The Formative Stage* (Berkeley: University of California Press, 1989), pp.186~218; D. K. Gardner, *Chu Hsi: Learning to Be a Sage* (Berkeley: University of California Press, 1990), p.35ff를 볼 것.

18) 물론 신유학자들이 '物'을 '일(事)'이라는 의미로 해석했고, '격물'에 대한 그들의 논의가 대개 도덕과 사회적인 관심에 무게를 두어 이루어진 것이 사실이다. 그러나 구체적인 물체와 현상이 그들의 '物' 개념으로부터 배제된 것은 결코 아니었으며, 따라서 자연현상과 물체에 대한 지식과 이해는 '격물'을 위한 노력의 일환이었다. 격물과 리 관념에 대한 더 자세한 논의는 김영식, 『주희의 자연철학』, 1장을 볼 것.

19) 『朱子語類』 권15 4b, 권18 22b, 권34 33b, 권116 13b, 권117 12b.

20) '博學'이라는 말은 『論語』, 『論語』 「顔淵」 편 제15장, 「子張」 편 제6장; 『禮記』(『禮記註疏』, 臺北: 新文豊, 1977년 影印本, 권53 2a) 등에 나온다.

21) 『朱文公文集』 권60 16b, "大學之道, 必以格物致知爲先, 而於天下之理, 天下之書無不博學."

명백히 드러나고 알기 쉬운 구체적인 일들에서부터 시작해서 더 어려운 것으로 나아가야 한다는 뜻을 지닌 '하학상달下學上達(아래에서 배워서 위에 도달한다)'이라는 표현도 같은 식으로 해석되었다.22)

왕수인王守仁(陽明, 1472~1529)처럼 격물에 대한 주희의 해석에 반기를 든 사람들이 나타난 것은 사실이지만, 구체적인 사물의 탐구를 강조하는 이 같은 격물 이론은 주희 이후 유학자들 사이에 지속적인 영향을 미쳤다. 예컨대 양신楊愼(1488~1559), 이시진李時珍(1518~1593), 송응성宋應星(1587~1666) 처럼 광범위한 전문 과학기술지식을 담고 있는 중요한 책들을 저술한 학자들은 그들의 책에서 다양한 전문지식을 제시하고 그러한 지식을 공부하는 것이 중요함을 강조하면서 그 같은 주장을 격물 이론을 내세워 뒷받침했다.23) 17세기의 여러 유학자들도 서양의 과학지식을 유가의 학문체계 안에 포함시키는 것을 격물 이론을 통해 합리화했다.24)

### 5) 실용성

지금까지 살펴본 이러한 개념적·문헌적·사상적 요소들 이외에, 전문분야들이 지닌 실용성 또한 전문지식에 대한 학자들의 흥미를 불러일으키는 데 역할을 했다.

---

22) 『論語』, 「憲問」, 37장.
23) Willard J. Peterson, "Confucian Learning in Late Ming Thought", in D. Twitchett & F. W. Mote (Eds.), *The Cambridge History of China*, vol.8 (Cambridge: Cambridge University Press, 1998), pp.708~788, 특히 pp.783~786을 볼 것.
24) Willard J. Peterson, "Fang I-chih: Western Learning and the Investigation of Things", in William Theodore de Bary (Ed.), *The Unfolding of Neo-Confucianism* (New York: Columbia University Press, 1975), pp.369~411; 張永堂, 『明末方氏學派研究初編: 明末理學與科學關係試論』(臺北: 文鏡, 1987); 張永堂, 『明末淸初理學與科學關係再論』(臺北: 學生書局, 1994). 張永堂은 심지어 方以智(1611~1671)가 격물의 노력의 일환으로 실제로 몇 가지 '物理硏究'를 수행했다고 주장하기도 한다. 張永堂, 『明末方氏學派研究初編』, 84쪽 이하를 볼 것.

유학자들은 잠재적인 관료, 즉 '학자-관료'(scholar-official)로서 역법・농업・군사・측량・건축・수리・의학 등 과학적・기술적 문제들과 관련된 여러 업무를 직접 담당하거나 아니면 적어도 그 같은 업무를 관리하고 감독해야만 했기에 전문분야들에 무관심할 수가 없었다. 따라서 유학자들은 역법・수학・농업・의학과 같은 전문분야들에 어느 정도의 지식을 갖추어야 할 실용적 필요가 있었던 것이다. 학자-관료들은 다양한 분야들의 전문지식을 담고 있는 행정지침서를 펴내기도 했다. 몽골이 송을 함락하고 개봉開封을 약탈할 때 천문대의 역가曆家들이 희생되지 않은 이유도 바로 그러한 전문지식이 지니고 있는 실용성 때문이었다.25) 명말의 많은 학자들은 왕조 말기의 위기를 타개하기 위한 잠재적 수단으로 다양한 분야의 실용지식에 관심을 가졌다.26) 이 때문에 서광계徐光啓(1562~1633)와 왕징王徵(1571~1644) 같은 학자들이 예수회 선교사들이 전래한 서양의 과학기술지식에 접하기 전부터 이미 기계와 기술적인 문제들에 관심을 가지고 있었던 것이다.27)

여러 전문분야들 중에서 유학자들의 관심을 가장 크게 끈 분야는 역법이었다. 정확한 달력은 통치자가 '천명天命'에 따르고 있음을 확실하게 보여주는 증표가 되었기 때문에 정확한 달력을 제작해서 "시간을 주는"(授時) 정부의 기본적인 업무를 위해 역법의 지식이 필요했고, 이는 군왕과 관료들

---

25) 山田慶兒, 「授時曆の道: 元朝治下の天文臺と天文學者」, 『中國の科學と科學者』(京都: 京都大學人文科學硏究所, 1978), 1~207쪽 중 20쪽. 秦始皇帝(BC 259~210) 때의 焚書에서조차도, 의료・약물・점복・농업・원예 등에 관한 서적들은 대상에서 제외되었다. Robert Kent Guy, *The Emperor's Four Treasuries: Scholars and the State in the Late Ch'ien-lung Era* (Cambridge: Harvard University Press, 1987), p.11.
26) Francesca Bray and George Méailié, "Who Was the Author of the Nongzheng quanshu?", in Catherine Jami, Peter Engelfriet, & Gregory Blue (Eds.), *Statecraft and Intellectual Renewal in Late Ming China: The Cross-cultural Synthesis of Xu Guangqi (1562~1633)* (Leiden: Brill, 2001), pp.322~359, 특히 p.323.
27) Jacques Gernet, "A Note on the Context of Xu Guangqi's Conversion", in Catherine Jami, et al. (Eds.), *Statecraft and Intellectual Renewal in Late Ming China*, pp.186~190.

에게 명백한 정치적 중요성을 지녔다. 점성술과 점복도 대개 역법의 지식과 데이터를 사용했기 때문에 역법과 밀접히 관련되어 있었으며, 점성술과 점복의 작업은 천문관서에서 일하는 역가들이 수행해야 하는 중요한 임무가 되었다. 역대 왕조가 달력 만드는 지식을 독점하려 하고 심지어는 역법의 사적私的 학습에 대해 금령을 내린 이유는 바로 역법이 지니고 있는 이러한 중요성 때문이었다.28)

실용성 때문에 유학자들의 관심을 끈 다른 전문적인 분야들도 있었다. 예를 들어 의학이 유학자들의 관심을 끈 이유도 주로 그 실용성 때문이었다. 건강한 삶을 유지하고 질병을 치료하는 것은 유학자들 자신과 그들의 부모, 그리고 국가의 명백한 필요를 충족시켰다. 따라서 많은 유학자들이 의료의 다양한 측면에 대한 지식에 깊은 관심을 가졌고, 때로는 실제 의료행위를 하기도 했다. 건강을 유지하고 오래 살기 위해 유학자들 사이에 널리 퍼져 있었던 양생술養生術에 대한 그들의 관심에서도 똑같은 실용적인 특성이 발견될 수 있다.29) 농업도 유학자들이 지속적인 관심을 보인 분야였는데, 그들은 보통 농업을 사회질서와 백성 및 국가의 복지를 위한 기반으로 간주했다.30) 따라서, 군왕과 관료들이 농업을 진흥시킨 데에는 단순히 식량생산이라는 실용적 필요만이 아니라 우주론적이고 도덕적인 이유들도 개입되었다.31) 예컨대 '권농勸農'은 학자-관료들의 중요한 임무 가운데

---

28) 신민철, 「명대 천문 '私習'의 금지령과 천문서적의 출판: 그 이념과 실제」, 『한국과학사학회지』 29(2007), 231~260쪽.
29) Yung Sik Kim, "The Ts'an-t'ung-ch'i k'ao-i and the Place of Internal Alchemy (Nei-tan) in Chu Hsi's Thought", *Monumenta Serica* 55 (2007), pp.99~131.
30) 사실 농업은 흔히 '本' 또는 '本業'으로 지칭되었다. 예컨대 Francesca Bray, "Science, Technique, Technology: Passages between Matter and Knowledge in Imperial Chinese Agriculture", *British Journal for the History of Science* 41 (2008), pp.319~344, 특히 p.321・328을 볼 것.
31) Francesca Bray, "Science, Technique, Technology", *British Journal for the History of Science* 41, p.330.

하나였고, 그들은 '권농문勸農文'을 자주 집필했다.32) 뿐만 아니라, 대부분의 유학자들은 지주였으며, 그들 중 일부는 관직에서 물러나 있을 때 실제 농사를 경영하기도 했다. 이러한 상황에서 많은 유학자들이 농업 전문서나 지침서들을 저술했고, 그러한 책들은 유학자들의 중요한 저술 장르가 되었다.33) 농사와 관련하여, 수리水利기술도 많은 유학자들이 관심을 보인 중요한 주제였다.34) 그 외의 다양한 기술들도 관료들 자신에게, 그리고 잠재적 관료인 학자들에게 중요했다. 건축과 군사 기술이 명백한 사례들인데, 그 외에도 소금, 비단, 자기磁器 등 국가의 통제 하에 있던 몇 가지 핵심적인 물자들의 생산기술도 유학자들의 관심 대상이 되었다.

물론, 유학자들이 실용성을 지닌 전문적인 주제들에 대해 보인 태도에는 개인의 지적 경향을 반영하는 다양한 차이가 존재했다. 그 같은 차이의 근저에 깔려 있는 중요한 한 가지 요소는 그들이 담당하고 있는 관직이었다. 실용적인 업무를 맡고 있는 관료들은 대체로 관련된 전문분야들에 대해 훨씬 더 적극적인 관심을 보였는데, 때로는 전문 종사자에 가까운 태도를 보이기도 했다. 그러한 차이는 심지어 학자들이 지식을 치국治國의 '술術'을 위한 실용적 지식과 자기수양의 학문적 실천을 위한 학자적 지식으로 양분할 수 있을 만한 상황을 빚기도 했다.35)

---

32) '권농문'에 대해서는 김영식, 『주희의 자연철학』, 494쪽; 周藤吉之, 『宋代經濟史研究』 (東京: 東京大學出版會, 1962), 45~48쪽. 심지어 徐光啓의 『農政全書』조차도 주로 '권농'의 임무에 대한 그의 관심으로부터 비롯된 것이었다. Bray and Métailié, "Who Was the Author of the Nongzheng quanshu?", *Statecraft and Intellectual Renewal in Late Ming China*.

33) Timothy Brook, "Xu Guangqi in His Context: The World of the Shanghai Gentry", in Catherine Jami, et al. (Eds.), *Statecraft and intellectual renewal in Late Ming China*, pp.72~98, 특히 pp.92~93.

34) Li Cho-ying, "Contending Strategies, Collaboration among Local Specialists and Officials, and Hydrological Reform in the Late-Fifteenth-Century Lower Yangzi Delta", *EASTS* 4 (2010), pp.229~253.

35) Francesca Bray, "Introduction: The Powers of Tu", in Francesca Bray, V. Dorofeeva-Lichtmann,

## 3. 전문 과학기술지식에 대한 학자들의 관심

앞의 두 절에서 논의된 다양한 요소들을 감안하면, 전통 중국에서 전문 과학기술지식에 대한 학자들의 태도가 대단히 복잡했던 것은 당연했다. 실제로 전통시대 중국의 오랜 역사를 통해서 유학자와 전문 과학기술지식 사이에 나타난 '분리'와 '수렴' 양쪽 모두의 다양한 측면들을 보게 된다.

많은 유학자들이 전문 과학기술지식에 관심을 가지고 있었다. 그 중 몇몇은 해당 분야에서 당대의 전문가들 수준의 지식에 도달해 있었고, 어떤 사람들은 전문 저서를 집필하기도 했다. 제국 초기에도 그러한 학자들은 결코 드물지 않았다. 한대 이래 여러 학자-관료들이 잦은 개력 논의에 활발히 참여하고 개력의 실무를 맡았으며, 농업·의료·기술과 같은 분야의 전문적인 지식에 정통해 있었다.[36] 송대에도 과학기술지식에 관심을 가졌던 여러 학자들을 발견할 수 있다.[37] 사실 범중엄范仲淹(989~1052), 호원胡瑗(993~1059), 구양수歐陽修(1007~1072), 왕안석王安石(1021~1086), 사마광司馬光(1019~1086), 소식蘇軾(1037~1101) 등 북송대의 중요한 학자들이 대부분 관료로서 활약했으며 다양한 전문적인 주제들에 관심을 보였다.[38] 학자-관료들뿐만 아니라, 황제들도 전문분야들, 특히 의학에 관심을 보였다. 북송대의 여러 황제들은 의료처방 및 의학 서적들에 깊은 관심을 가지고 있었다.[39] 예컨대 휘종徽宗(재위 1100~1125)은 학자들로 하여금 의학을 공부하고 심지어는 직접 의술을 실행하도록 장려하기도 했다.[40]

---

& G. Métailié, (Eds.), *Graphics and Text in the Production of Technical Knowledge in China: The Warp and the Weft* (Leiden: Brill, 2007), pp.1~78 특히 p.46.
36) 金秋鵬, 『中國科學技術史: 人物卷』(北京: 科學出版社, 1998).
37) 樂愛國, 『宋代的儒學與科學』(北京: 中國科學技術出版社, 2007).
38) 樂愛國, 『宋代的儒學與科學』, 10~37쪽.
39) Asaf Goldschmidt, "The Song Discontinuity: Rapid Innovation in Northern Song Dynasty Medicine", *Asian Medicine* 1, pp.53~90.

송대의 몇몇 유학자들은 넓은 범위의 전문분야들에 정통했고, 그들 분야의 저술을 남겼다. 위에서 언급한 심괄과 정초鄭樵(1104~1162)가 주된 예이다. 또 다른 주목할 만한 예로는 『율려신서律呂新書』라는 화성학 저술을 남긴 채원정蔡元定(1135~1198)을 들 수 있는데, 『율려신서』는 『성리대전性理大全』에 수록되어 학자들 사이에 널리 유통되었다. 송대에는 수학 공부에 정진하여 높은 수준의 수학 지식에 도달한 학자들도 많았으며, 몇몇은 그 시기의 최고의 수학서를 썼다. 예컨대 『수서구장數書九章』의 저자인 진구소秦九韶(1202~1261)와 『측원해경測圓海鏡』의 저자인 이야李冶(1192~1279)는 모두 고전적인 유학 교육을 받은 학자들이었다. 남송 말기의 관료였던 진구소는 『수서구장』의 서문에서 "수와 도는 두 개의 [서로 다른] 근본이 아니다"(數與道非二本)라고 이야기했다. 이야는 수학 연구에 매우 깊이 몰두한 탓에 사람들이 자신을 두고 "[올바른 유학자로서의] 뜻을 그르쳤다(喪志)"고 비판할까 걱정할 정도였다.

주희에 대해 이야기하자면, 분명히 전문 과학기술 주제들에 대한 그의 지식은 앞에 언급한 학자들의 수준에 미치지 못했다. 그러나 그 역시 여러 전문적인 주제에 넓은 관심과 상당한 지식을 소유하고 있었으며, 다른 학자들에게 그러한 주제들을 공부하도록 권했다. 주희의 이러한 태도는 그 이후의 학자들에게 큰 영향을 미쳤다. 몇몇 전문적인 분야들은 주로 그가 인정한 까닭에 후대의 유학자들이 공부할 만한 정당한 대상으로 간주되었다. 물론, 그 이후의 시기에 학자들의 관심의 폭이 축소되었던 것은 사실이다. 주희의 학문의 넓은 폭은 후대의 유학자들에게 계승되지 않았고, 그의 후학들의 관심은 좁아졌던 것이다.[41] 그러나 주희가 그의

---

40) Charlotte Furth, "The Physician as Philosopher of the Way: Zhu Zhenheng (1282~1358)", *Harvard Journal of Asiatic Studies* 66 (2006), pp.423~459, 특히 p.435.
41) 주희의 저술이 다루고 있는 지식의 넓은 범위가 이의 부분적인 이유였을 수 있다.

학문체계 안에 전문 과학기술지식이 존재할 위치를 찾아 주었다는 사실은 중요하다. 주희의 이 같은 태도가 대부분 그의 추종자였던 후대 유학자들이 전문적인 분야들에 관심을 지니고 공부하도록 고무했던 것이다. 그리고 그 결과로 유학자들과 전문 과학기술지식 사이에 어느 정도의 수렴의 상태가 지속되게 되었다.

그러한 '수렴'의 상황은 역법 분야에서 특히 두드러졌다. 예수회 선교사들이 서양의 천문학을 소개함으로써 역법에 대한 관심을 일깨우기 오래 전부터, 명대의 유학자들은 역법에 관심을 가지고 공부해 왔다. 공식적으로는 천문역법을 개인적으로 공부하는 것이 금지되어 있었던 탓에 학자들이 전문 서적을 구득하는 것이 쉽지는 않았지만, 천문 지식에 대한 지속적인 관심이 학자들 사이에 존재했다.42) 예컨대 『명사明史』는 "역관曆官은 아니었지만 역법을 이해한 사람들"(非曆官而知曆者)의 예로서 주재육朱載堉(1536~1611)과 당순지唐順之(1507~1560) 등의 학자들을 언급했다.43) 형운로邢雲路(1549~?)는 심지어 역법(글자 그대로는 "달력, 천문 및 시간을 알려주는 학문"[曆象授時之學])은 "우리 유학자들의 본업"(吾儒之本業)이라고 말했다.44) 마테오 리치(Matteo Ricci,

---

일단 주희가 모든 것을 망라하는 지식의 체계를 완성하게 되자 그 이후의 학자들은 그들의 주된 관심사였던 도덕과 자기수양 이외의 문제들에 대해서는 관심을 가질 필요조차 느끼지 못했던 것으로 보인다. 전문적인 과학기술지식을 포함해서 모든 것이 주희의 방대한 全集 안에 이미 다 담겨 있다고 생각하게 되었던 것이다. 이러한 경향은 특히 조선의 주자학자들 사이에서 현저하게 나타났다. 그들 대부분은 서양으로부터 유입된 과학지식에는 거의 관심을 보이지 않은 채 이른바 '朱子定論'을 확립하는 데만 몰두하고 있었던 것이다. 구만옥, 『조선후기 과학사상사 연구 I: 주자학적 우주론의 변동』(혜안, 2004), 5장을 볼 것.

42) 신민철, 「明代 天文 '私習'의 금지와 曆法觀의 재정립」(서울대학교 석사학위논문, 2007), 25~26쪽. 16세기 중반부터 호황을 누리기 된 출판업자들은 학자들의 점증하는 수요를 충족시키기 위해 천문 서적을 출판하기 시작했다. 신민철, 「明代 天文 '私習'의 금지와 曆法觀의 재정립」, 27쪽.

43) 『明史』 권31, 544쪽, "其非曆官而知曆者, 鄭世子而外, 唐順之・周述學・陳壤・袁黃・雷宗皆有著述."

44) 『古今律曆考』 권65, 「辯大統曆之失」.

利瑪竇, 1552~1610)는 이러한 상황에 대해서 "중국인들만큼 수학을 중시하는 사람들은 없을 것"이라고 이야기했다.45) 물론 의학, 농업, 기술과 같은 그 외의 다른 전문적인 분야들도 여러 유학자들의 관심을 끌었다.

## 4. 제한된 '수렴'

그러나 전반적으로 보면 중국 전통사회에서 유학자와 전문 과학기술지식 사이의 '수렴'은 완전하지 않았다. 유학자들은 보통 과학기술의 전문 주제들에서 지적인 도전이나 자극을 느끼지 않았으며, 따라서 그 같은 주제들의 공부에 전력을 기울이지 않았던 것이다. 또한 그들은 그러한 전문적인 주제들이 아무리 노력해도 완전히 이해할 수 없을 정도로 어렵다고 생각하지도 않았다.

그러한 태도는 주희에게서 찾아볼 수 있었다. 주희는 전문 주제들을 공부하고 이해해야 할 필요성을 강조하면서도, 그러한 주제들이 그보다 더 중요한 주제들인 도덕과 사회의 문제들에 비해서는 부차적이라는 느낌을 감추지 않았다. 그것이 바로 그가 '작은' 문제에 관심을 갖기에 앞서 먼저 '근본'(本)을, 더 중요한 것을 이해해야 한다고 반복해서 말한 의도였다. 따라서 그는 전문 주제들의 세부 사항 모두를 완벽히 이해하려고 노력할 필요는 없다고 인정하기도 했다. 그는 또한 그러한 주제들이 아무리 어려워 보이더라도 자신이 노력하기만 하면 그것들을 완전히 이해할 수 있다고 믿었다. 그가 전문적인 주제를 공부하는 데 전력을 기울이지 않았던 이유는 그 주제들이 충분히 그의 관심을 끌지 못했기 때문이었던 것이다.46) 주희는

---

45) Louis Gallagher, *China in the Sixteenth Century: The Journals of Matteo Ricci, 1583~1610* (New York: Random House, 1953) p.476.

이러한 주제들의 전문가들도 그다지 높게 평가하지 않았다. 그에게 그들 전문가들은 그 자신은 정통하려고 노력할 필요를 느끼지 않았던 분야의 전문기능인들에 불과했다. 그는 심지어 달력이 하늘의 실제 운동과 어긋나는 것을 역가曆家들의 능력부족 탓으로 돌리기도 했다. 그가 보기에 역가들은 하늘의 운동을 관찰・기록・계산・예측하는 데 여념이 없었고 편법으로 수치를 얻어 내는 일에만 몰두할 뿐, 진정한 역법이 목표로 해야 할 하늘의 실제 운행에 대한 이해를 위해서는 노력하지 않았던 것이다.[47]

이러한 주희의 태도는 대체로 후대 유학자들의 기본적인 태도가 되었다. 전반적으로 보면, 유학자들은 전문지식에 지적 호기심은 지녔지만 결코 거기에 선력을 기울이지는 않는 학자일 뿐이었다. 그리고 이는 그들이 주된 목표가 하나의 보편적 리, 즉 '천리天理'에 도달하는 것이었음을 생각하면 당연한 일이었다. 물론 이 보편적 리가 모든 사물 속에 그 사물의 개별 리로서 담겨 있기 때문에 유학자들은 전문적인 과학기술의 주제들을 포함해서 모든 사물에 대해 공부해야만 했다. 그러나 그들에게 중요한 것은 보편적 리에 도달하는 것이었고 특정한 개별 리들을 탐구하는 것은 아니었다. 수학 공부에 너무 몰두한다고 하여 다른 사람들이 비난할까 염려했던 위에서 본 이야의 술회는 전문분야들에 대한 유학자들의 일반적인 태도를 잘 보여 준다. 수학과 같은 분야에 몰두하는 것은 "[올바른] 뜻을 그르치는 것"처럼 보였던 것이다.

이러한 태도는 전통시대 중국에서 학문적 주제들의 지적 지위를 결정하

---

46) 김영식, 『주희의 자연철학』, 11장, 특히 414~424쪽. 그가 진짜로 어렵고 이해하기 힘들다고 생각했던 주제는 『參同契』에 담긴 內丹이었다. 주희는 『참동계』의 내단에 일종의 지적인 도전을 느꼈으며, 그것을 완전히 이해하기 위해 상당한 노력을 기울였다. Yung Sik Kim, "The Ts'an-t'ung-ch'i k'ao-i and the Place of Internal Alchemy (Nei-tan) in Chu Hsi's Thought", *Monumenta Serica* 55.
47) 김영식, 『주희의 자연철학』, 428~430쪽.

는 데 있어 압도적인 영향력을 지녔던 과거시험에서의 전문지식의 상황에도 반영되었다.48) 물론 전문적인 주제들은 이른 시기부터 과거시험에 출제되었으며, 특히 명대에는 그러한 상황이 더욱 분명했다.49) 예컨대 주재육은 관료들과 그들의 자제, 학생, 군인, 심지어 은둔한 학자들 중에서 역법에 조예가 깊은 사람들을 초치하기 위해 1497년과 1522년에 시행된 시험들에 대해 기록했다.50) 그러나 전반적으로 보면 전문 과학기술의 주제들은 과거시험에 출제되는 주제 목록에 당당하게 포함된 적이 한 번도 없이 늘 부차적인 주제로만 남아 있었다. 그리고 그 결과, 과학기술 분야의 전문가들이 정부 내에서 유망한 경력을 기대할 가능성도 없었다.51)

유학자와 전문가들 사이의 수렴은 이처럼 완전하지 않았으며, 수렴이

---

48) Benjamin A. Elman, *A Cultural History of Civil Examinations in Late Imperial China* (Berkeley: University of California Press, 2000). Ferdinand Verbiest(南懷仁, 1623~1688)가 유가 경전에 더해서 스콜라철학을 과거시험 과목에 포함시키기 위해 황제의 재가를 얻으려고 노력했던 점을 보면, 그 역시 과거제도의 중요성을 제대로 이해했던 것 같다. Nicolas Standaert (ed.), *Handbook of Christianity in China, volume one: 635~1800* (Leiden: Brill, 2001), p.608.
49) Elman, *A Cultural History of Civil Examinations in Late Imperial China*, pp.461~481.
50) 朱載堉, 『聖壽萬年曆』, 「附錄」, "在弘治十年, 令訪取世業原籍子孫, 倂山林隱逸之士, 及致仕退閑等項官, 吏·生·儒·軍·民人等, 有能精通天文者, 試中取用. 在嘉靖元年,……保擧精通天文曆法者, 不拘致仕官員·監生·生員·山林隱逸之士." 『明實錄』 1521년 7월 6일의 기록에는 역법에 정통한 몇몇 관료들이 한 번에 몇 단계를 승진하는 예도 있었다. 청대에는 이러한 관행이 중단되었으나, 그 이유는 역법이 덜 중요하다고 생각했기 때문이 아니라 역법과 관련된 논쟁이 정치적인 불안을 조장할지도 모른다는 우려 때문이었다. Benjamin A. Elman, *On their Own Terms: Science in China, 1550~1900* (Cambridge: Harvard University Press, 2005), p.133. 역법과 관련된 주제들은 16세기 초 조선의 과거시험에서도 출제된 사실이 확인된다. 구만옥, 『조선후기 과학사상사 연구 I』, 74쪽.
51) Verbiest는 청 조정에서 유능한 역가가 부족한 이유를 설명하면서 이 점을 날카롭게 지적했다. Willy Vande Walle, "Ferdinand Verbiest and the Chinese Bureaucracy", in J. W. Witek (Ed.), *Ferdinand Verbiest (1623~1688): Jesuit Missionary, Scientist, Engineer and Diplomat* (Nettetal: Steyler Verlag, 1994), pp.495~515, 특히 pp.511~512를 볼 것. 이와 관련하여 특히 의학 같은 전문분야들은 과거시험에 낙방하거나 응시가 가로막힌 학자들이 매력을 느끼는 분야였음을 상기할 필요가 있겠다.

일어났다고 할 수 있는 경우에도 한 방향으로만의 수렴이었다. 유학자들은 전문지식에 관심을 갖고 있었지만, 기술자·장인·기능직 관료·농민 등 전문분야 종사자들은 자신들의 직업에 대한 저술을 남기지 않았다. 또한 전문분야 종사자들에게서는 근대 초 유럽의 기술자, 장인들에게서 볼 수 있었던 관심의 확장이나 지적 호기심의 심화 같은 것도 찾아볼 수 없었다.[52] 물론 제국 후기에는 전문 서적들의 독자층이 확대되는 일이 일어났다. 예컨대 명대 후기에는 유가 경전, 과거시험, 경세經世 등의 주제들을 다루는 유서類書들이 관官의 지원을 받아 대량으로 출판되었고 농업·양생·수학 등 잡다한 주제들에 관한 개인 저자들의 일용 백과전서들도 급증했으며, 학자, 기술사, 상인, 서리胥吏들이 계층을 불문하고 이러한 책들을 읽었다.[53] 이 책들에서 논의된 주제는 점성술, 지리, 의학, 수학, 양생, 양잠養蠶, 식물植物 등만이 아니라 서예, 법률, 그리고 해몽解夢에 이르기까지 다양한 주제들을 망라하고 있었다.[54] 그러나 전문분야 종사자들이 자신의 전문분야에 대해서 글을 남긴 증거는 없다. 그들은 직업상 요구되는 일만을 수행했던 것이다.

자신들의 분야의 직업적 정보와 지식에 대해 비밀을 유지하려고 하는 전문분야 종사자들의 경향이 이 같은 상황에 영향을 미쳤을 수 있다. 흔히 비방秘方을 대물림하는 의료가문에 속했던 의사들은 자신들의 의료처방을 비밀에 부치는 경향이 있었다. 그 같은 경향은 송대 과거문화와

---

52) Paolo Rossi, *Philosophy, Technology and the Arts in the Early Modern Era* (New York: Harper, 1970); Pamela Long, *Openness, Secrecy, Authorship: Technical Arts and the Culture of Knowledge from Antiquity to the Renaissance* (Baltimore: Johns Hopkins University Press, 2001), chaps.6~7.
53) Benjamin A. Elman, "Collecting and Classifying: Ming Dynasty Compendia and Encyclopedias (Leishu)", *Extrême-Orient, Extrême-Occident hors série* (2007), pp.131~157.
54) Elman, "Collecting and Classifying: Ming Dynasty Compendia and Encyclopedias (Leishu)", *Extrême-Orient, Extrême-Occident hors série*, p.136.

인쇄술의 확산이 상황을 서서히 바꿔 놓고 '의안醫案'이라고 하는 장르가 확산된 명대 후기까지 지속되었다.55) 연단, 풍수, 점복 같은 분야의 지식도 마찬가지로 비밀 유지의 필요성이 있었을 것이다. 역가들도 자신들의 전문지식을 공개하지 않는 경향을 보였다. 심지어 정부도, 명대 천문역법의 사적인 학습 금령—비록 엄격히 시행되지는 않았지만—에서 볼 수 있는 것처럼, 그 같은 비밀주의적 경향으로부터 자유스럽지 않았다.56)

이러한 상황에서, 전문 과학기술 주제들에 관한 대부분의 저술은 학자들에 의해, 그리고 대개는 학자들을 위해 씌어졌다. 물론 농부들의 지식이 농서들에 수록되는 경우는 있었다. 『제민요술齊民要術』의 저자인 6세기 가사협賈思勰, 『농서農書』의 저자인 14세기의 왕정王禎, 『농정전서農政全書』의 저자인 17세기의 서광계 등 주요 저자들은 자신의 농서를 집필할 때 농민과 기술자들의 조언을 받았다.57) 그러나 이는 전문분야 종사자들이 자신들의 업무에 관해 저술하는 것과는 거리가 멀었다. 명대 후기 전문지식의 가장 중요한 세 저술들인 이시진의 『본초강목本草綱目』(1578), 송응성의 『천공개물天工開物』(1634), 서광계의 『농정전서』(1639)가 모두 학자들에 의해 씌어졌다는 사실은 이런 점에서 주목할 만하다. 학자인 저자들이 자신들과 독자들(대개 동료 학자들)의 지적인 흥미를 위해 기술과 생산물들을 그들의 저술 안에 포함시킨 이들 예들에서는 자연히 유학자들의 지적인 흥미가 두드러졌다. 유학자들, 특히 '유의'들이 쓴 의서들도 전적으로 실용적인 목적만이 아니라 지적인 흥미를 위해 씌어졌다.58)

---

55) Charlotte Furth, "Introduction: Thinking with Cases", in Charlotte Furth, J. T. Zeitlin, & Ping-chen Hsiung (Eds.), *Thinking with Cases: Specialist Knowledge in Chinese Cultural History* (Honolulu: University of Hawaii Press, 2007), pp.13~14.
56) 신민철, 「명대 천문 '私習'의 금지령과 천문서적의 출판」.
57) Francesca Bray, "Agricultural Illustrations: Blueprint or Icon?", in Bray, Dorofeeva-Lichtmann, and Métailié (eds.), *Graphics and Text in the Production of Technical Knowledge in China*, pp.521~567 특히 pp.541~542.

유학자들은 책 이외의 다른 장르들을 통해서도 전문 주제들을 다루었다. 그러나 이들 장르들이 비록 기술적인 정보를 어느 정도 담고 있기는 했지만, 그 주된 목적이 기술의 자세한 구체적 내용을 서술하는 데 있는 것은 아니었다. 기술의 구체적 내용에 대한 무관심은 예컨대 관농문에서도 발견되는 특성이다.59) 또한 학자-관료들은 농사기술, 의료처방 등의 유용한 정보를 보급하기 위해 시詩를 짓기도 했다. 그리고 학자-화가들은 도구, 기계 및 생산 과정의 삽화를 그렸다. 그러나, 이러한 삽화나 시 속에 의미 있는 기술적인 개선이 묘사되어 있는 경우는 없었다. '경직도耕織圖'라고 불린 독립된 장르가 그러한 삽화와 시로부터 출현했다. 쌀농사와 양잠의 주요 과정들을 시와 그림으로 표현하여 한데 모아놓은, 송대의 누숙樓璹(1090~1162)으로 그 기원이 소급되는 경직도 장르는 이후 시기에 크게 유행했다.60) 그러나 이 같은 그림과 시들은 농민들보다는 통치자와 엘리트를 대상으로 한 것이었다. 그것들이 강조한 것은 자세한 기술적 정보가 아니라 농사와 직조織造의 '고달픔(辛苦)'을 보여주는 데 있었고, 이를 통해 지배계층 구성원들에게 도덕적인 메시지를 전달하려 했던 것이다.61)

전문 과학기술 주제들에 대한 유학자들의 지식수준은 대개 그리 높지 않았으며, 당대의 최고 수준에 도달한 경우는 드물었다. 역시 주희가 그 대표적인 사례인데, 비록 그가 여러 전문분야들을 공부하고 여러 분야들에

---

58) Angela Ki-Che Leung, "Medical Learning from the Song to the Ming", in Paul J. Smith and Richard Von Glahn (eds.), *The Song-Yuan-Ming Transition in Chinese History* (Cambridge: Harvard University Press, 2003), pp.374~398; Furth, "The Physician as Philosopher of the Way", *Harvard Journal of Asiatic Studies* 66 (2006).

59) Bray, "Agricultural Illustrations", *Graphics and Text in the Production of Technical Knowledge in China*, p.549.

60) Bray, "Agricultural Illustrations", *Graphics and Text in the Production of Technical Knowledge in China*, pp.524~535; 中國農業博物館 編, 『中國古代耕織圖』(北京: 新華書店, 1995).

61) Bray, "Agricultural Illustrations", *Graphics and Text in the Production of Technical Knowledge in China*, pp.533~534.

서 상당한 지식을 지니기는 했지만 그의 이해는 결코 당대 전문가들의 수준에 미치지는 못했던 것이다. 그의 주석에 담긴 지식은 종종 그 당시 전문가들의 수준보다 수세기 뒤처져 있었다. 예컨대 그는 1년의 날수로 그 당시 역가들이 사용하던 365.2425일 대신에 고대 사분력四分曆의 365.25일을 계속해서 사용했다. 대부분 주희의 추종자였던 후세의 유학자들은 이를 두고도 주희를 충실히 따랐다. 경전 주석의 전통이 막 시작된 후한대의 역법인 사분력이 제시한 역수曆數가 이후 유학자들의 논의에서 표준적인 수치가 되었기 때문이다. 또한 전문 과학기술지식에 대한 관심이 유학자들 사이에서 널리 퍼져 있거나 흔했던 것도 아니다. 천문, 지리, 악률樂律 같은 분야들을 과거시험 과목에 포함시켜야 한다고 하는 주희의 제안에 대해 한 제자가 "자질을 갖춘 시험관이 없을 것 같다"는 우려를 표명한 사실이 당시의 상황을 잘 보여 준다.[62]

이상의 개관을 통해 유학자들과 전문 과학기술지식 사이에 충분한 수렴이 이루어지지 않았음을 보았는데, 이러한 상황은 서양 과학기술지식이 중국에 도입된 이후에도 지속되었다. 예컨대 아이퍼스(Jacob Eyferth)가 지적했듯이, 제지製紙산업에 대한 청대의 저술은 대부분 고된 작업과 노동의 도덕적 가치에 관한 것이었다. 물론 몇몇 관료들이 종이 만드는 기술에 대해 훨씬 더 자세한 기록을 남겼지만, 그러한 기록은 전문분야 종사자들에 의해 읽혀지지 않았다. 많은 제지기술자들은 자신들의 기술적 지식을 재생산하는 나름의 다른 방식들을 가지고 있었기에 글로 표현된 그 같은 형태의 지식을 무시했던 것이다.[63]

---

62) 『朱子語類』 권109 8b, "先生云: '如天文・地理・樂律之類, 皆指定令學者習, 而用以爲題.' 賀孫云: '此法若行, 但恐卒未有考官.'"

63) Jacob Eyferth, "Craft Knowledge at the Interface of Written and Oral Cultures", *EASTS* 4, 2 (2010), pp.185~205.

## 5. 서양의 상황과의 비교

전문적인 과학기술지식이 지식인들의 일반적인 관심으로부터 분리되는 현상은 과학혁명 이후 어느 시점에 유럽에서 시작되었으며, 긴 기간 동안 복잡한 과정을 거치면서 지속되었다.[64] 그러는 사이 과학은 기술적으로 응용이 가능해졌고 막대한 비용이 소요되는 거대한 규모로 성장했으며 이해하기 어려워졌고, 무엇보다도 '전문화'되었다. 그리고 그러한 분리의 과정은 다음과 같은 두 가지 현상과 함께 진행되었다.

(1) 자연세계에 대한 모든 지식을 아우르는 하나의 영역으로서의 '과학(science) 개념의 출현.
(2) 자존감(自尊感)을 지닌 별개의 집단으로서의 '과학자'들의 등장.

그리고 이 두 현상에 선행하여 다음의 현상이 일어났다.

(3) 철학자(학자)의 전통과 다양한 전문분야 종사자(전문가)의 전통 사이의 수렴, 또는 양자 사이의 경계 파괴.

주목할 만한 것은 현상 (3)의 수렴이 전문지식의 분리의 방향으로 진행된 현상 (1) 및 (2)와는 반대방향이었다는 점이다. 그러나 이처럼 일견 모순적으로 보이는 상황은 전문 과학기술지식의 분리가 사실은 현상 (3)과 같은 '수렴' 때문에('수렴'에도 불구하고가 아니라) 가능했음을 보여 준다. 그리고 현상 (3)의 수렴은 서양 사회에서의 분야들과 지식의 전문화가 단순히 전문가들(과학자들)의 관심 폭이 '축소'되면서 일어난 것이 아니라 전문가들

---

64) 과학혁명 시기의 이와 같은 상황에 대해서는 A. Rupert Hall, "The Scholar and the Craftsman in the Scientific Revolution", in Marshall Clagett (ed.), *Critical Problems in the History of Science* (Madison: University of Wisconsin Press, 1959), pp.3~23; Rossi, *Philosophy, Technology and the Arts in the Early Modern Era* 등을 볼 것.

이 주류 학자들의 문화로부터 어떤 것을 받아들여 그것을 자신들의 영역 안에 포함시키는 일종의 '확장'과 함께 발생했다는 사실을 설명해 준다.[65]

한편 전문가들이 자신들의 활동에 대한 자존감을 갖게 된 현상 (2)는 서양에서 자연지식의 전문화가 전문지식과 전문분야 종사자들 양쪽 모두의 지위의 점진적 상승과 함께 일어났고 그 결과 오늘날 과학이 인문학, 예술 등의 비과학 분야들보다 여러 측면에서 높은 지위를 차지하게 되었음을 설명해 준다. 이러한 일은 중국에서는 일어나지 않았다. 전통시대 중국에서 지식의 전문화가 얼마간 일어났다고 한다면, 그것은 전문지식의 지위 상승이 아니라 하락을 동반하면서 일어났던 것이다.[66] 서양과 중국의 학문의 위계에서 볼 수 있는 한 가지 차이가 이러한 측면에서 의미가 있어 보인다. 중세 유럽 대학의 조직에서 법학과 의학 등 전문분야의 교수들은 철학학부 교수들보다 상위의 고급학부들에 속해 있었는데,[67] 중국의 상황은 대체로 그 반대였다. 철학의 지적 지위가 항상 전문지식 분야의 도전을 불허하는 절대적 우위를 점했던 것이다.

이러한 상황의 차이는 전통시대 중국에서 '전문직업'(profession)이 형성되지 않았던 이유를 해명해 줄 수 있을 것이다. 그러나 전통시대 중국에서 전문직업화가 일어나지 않은 이유는 전문직업의 모델이 없었기 때문은

---

65) Rossi, *Philosophy, Technology and the Arts in the Early Modern Era*; Long, *Openness, Secrecy, Authorship*. 이것은 또한 우리가 서양의 근대과학에서 보편화와 전문화의 경향을 동시에 보게 되는 이유가 될 수 있다. 18~19세기에 전문화가 진행됨에 따라 개별 과학 분야들이 다른 분야들과 서로 연결되고, 그 결과로 현상 (1)에서 언급했던 것처럼 모든 과학 분야를 아우르는 '과학' 개념이 출현했던 것이다.
66) 17~18세기 중국의 수리과학 분야들이 그 분야들에 정통한 유학자들의 사회적 지위를 상승시키는 데 기여했다는 주장도 있다. Elman, *On Their Own Terms*, p. xxix. 그러나 그런 일이 정말로 일어났다면 그 주된 이유는 서양 과학의 실용성이 이미 많은 학자들에 의해 받아들여져 있었기 때문이었다.
67) 중세 대학의 이 같은 상황에 대해서는 Pearl Kibre and Nancy G. Siraisi, "The Institutional Setting: The Universities", in David C. Lindberg (ed.), *Science in the Middle Ages* (Chicago: University of Chicago Press, 1978), pp. 120~144 등을 볼 것.

아니었다. 명백히 전문직업과 같은 특성들을 지니는 강력한 집단으로서 '사士'계층이 존재했고, 이들이 전문직업화를 지향하는 다른 집단들에게 좋은 본보기를 제공했던 것이다.68) 실제로, 의사들, 특히 '유의儒醫'라고 불리던 사람들은 학습과 교육, 그리고 자신들의 전문 전통의 전승傳承에 있어 '사'계층을 본보기로 삼았다.69)

이러한 맥락에서 조선 후기에 들어서 전문 과학기술 분야를 독점했던 독특한 사회계층인 '중인中人'집단에 대해 생각해 볼 수 있다. 중인들은 폐쇄적이고 기본적으로 세습적인 전문가계층을 형성했는데, 그들은 지배층인 양반에 의해 멸시당했고 사회의 주요 사안들과 관련해 아무런 역할도 부여받지 못했지만, 그럼에도 불구하고 계급적 안정과 함께 자신들의 전문적 활동과 연관된 높은 수익의 특권을 누렸다.70)

과학과 기술의 구분이라는 또 다른 측면에서의 서양과 중국 사이의 차이가 두 문화권에서 학자들과 전문지식 사이의 관계가 서로 다른 양상으

---

68) '士'계층이 지닌 일종의 전문직업으로서의 특징에 대해서는 John W. Dardess, *Confucianism and Autocracy: Professional Elites in the Founding of the Ming Dynasty* (Berkeley: University of California Press, 1983), chap.1을 볼 것. Elman은 청대 학자집단을 지칭해서 실제로 '전문직업화'(professionalization)라는 용어를 사용했다. Benjamin A. Elman, *From Philosophy to Philology: Intellectual and Social Aspects of Change in Late Imperial China* (Cambridge: Harvard University Press, 1984), chap.3.
69) Chao Yüan-ling, "The Ideal Physician in Late Imperial China: The Question of Sanshi", *EASTM* 17 (2000), pp.66~93 중 pp.82~86; Leung, "Medical Learning from the Song to the Ming", *The Song-Yuan-Ming Transition in Chinese History*; Furth, "The Physician as Philosopher of the Way", *Harvard Journal of Asiatic Studies* 66.
70) 중인들을 '전문직업' 종사자로 보기 어렵게 만드는 여러 특징들이 있다. 예를 들어 그들이 어느 한 분야의 전문가가 아니었다는 점을 거론할 수 있다. 한 사람이 역법·율려·수학·점복·의료·법률·언어 등 여러 전문분야를 동시에 넘나들 수 있었던 것이다. 중인의 전문성은 그들이 종사한 분야 자체의 전문성이 아니라, 그들이 조선시대의 사회적·관료제적 위계서열 안에서 점했던 잘 규정된 틈새적 지위의 전문성이었다고 할 수 있다. 중인들에 대해서는 Yung Sik Kim, "Problems and Possibilities in the Study of the History of Korean Science", *Osiris* 13 (1998), pp.48~79 중 p.76에 간단히 언급하고 있다. 더 자세한 논의는 연세대학교 국학연구원 편, 『韓國 近代移行期 中人研究』(신서원, 1999)를 볼 것.

로 전개된 것을 이해하는 데 있어 유용할 수 있다. 고대부터 지금부터 바로 2~3세기 전까지 서양 역사의 대부분을 통해서 과학과 기술이 서로 분리되어 있었으며 서로 다른 경로를 따라 발전했다. 서양에서 과학과 기술의 연결은 과학혁명 시기 무렵부터야 이루어지기 시작하였으며, 그 후 매우 복잡한 과정을 거쳐 두 가지가 서로 더욱 밀접하게 연결된 오늘날의 상황에 도달했다.71) 그러나 중국의 상황을 고려하게 되면, 우리는 처음부터 어려운 문제에 봉착하게 된다. 왜냐하면 전통시대 중국에서 과학과 기술의 구별이 가능한지 분명하지 않으며, 더욱 중요한 것은 과거의 중국인들 자신이 과학과 기술을 구분했는지가 불투명하기 때문이다.72) 비록 오늘날 우리가 '과학적'이라거나 '기술적'이라고 부를 만한 여러 전문분야들이 전통 중국에 존재하기는 했지만 이들은 서로 분리된 독립적 분야들로 개별적으로 존재했으며, 그것들 중 '과학적'인 것과 '기술적'인 것 사이의 뚜렷한 구분도 없었다. 심지어 전통시대 중국에서 '과학'(science)이나 '기술'(technology)이라고 부를 만한 것들이 존재했었는지도 의심스럽다고 할 수 있다.

중국의 경우에 과학과 기술의 구분이 어려웠다는 사실은, 과학과 기술을 구별할 때 흔히 사용하는 다음과 같은 세 가지 기준을 고찰해 보면 더욱 명확해진다.

---

71) 오늘날, 과학과 기술은 종종 '과학기술'(science-technology) 또는 '테크노사이언스' (techno-science)라고 부르는 한 가지 활동영역으로 결합되기까지 했다. 현대 중국어에서는 이를 '과기科技'라는 한 단어로 압축하기도 한다. 서양의 역사에서 과학과 기술 사이의 관계의 복잡한 발전 과정은 John M. Staudenmaier, *Technology's Storytellers: Reweaving the Human Fabric* (Cambrige: MIT Press, 1985), chap.3을 볼 것.
72) 물론 상황을 좀더 면밀히 검토해 보면, 과학과 기술 사이의 단순하고도 명쾌한 구분은 서양에서조차도 가능하지 않다. 그러나 적어도 이론적으로는 그러한 구분을 해 볼 수 있다.

1. 자연 대 인간(인공)
2. 학자 대 장인
3. 지적 호기심 대 실용성

위의 세 가지 이분법 중 어느 것도 전통시대 중국의 상황을 다룰 때에는 유효하지 않은 것이다.

우선, 자연과 인공 사이의 아리스토텔레스주의적 구분—그리고 그에 바탕한 과학과 기술 사이의 구분—은 과학혁명 시기까지 서양인들의 관념을 지배했지만,73) 전통 중국에는 자연과 인간 사이의 명확한 구분이 존재하지 않았다. 물론 '천天'과 '인人', '신神'과 '성聖' 등 대칭관계에 있는 글자들을 통해 사연과 인간의 구분과 비슷한 구분을 하는 일이 있기는 했다. 자연현상을 대개 '천'에 속하는 것으로 간주하면서 자연현상의 신기한—또는 신비스럽거나 초월적인— 측면에 대해서는 '신'이라는 글자를 사용해서 언급했던 반면에, 기술이나 문화, 제도 등은 '성인聖人'—탁월하기는 하지만 어디까지나 인간인—이 확립하고 창제한 것으로 여겼던 것이다. 예를 들어,『주역』「계사전」의 유명한 하전下傳 제2장은 농사(耒耨), 어로(网罟), 의복(衣裳), 선박(舟楫), 활과 화살(弧矢), 가옥(宮室) 등과 관련된 기본 기술들이 고대의 여러 전설적인 성인들에 의해 만들어진 것으로 전했다. 또한 기술은 '예禮'의 일부로 간주되기도 했으며, 위에서 보았듯이『주례』「고공기」와 같은 문헌에서 논의되었다. 이 같은 생각은 '천'과 '신'에 속하는 자연현상에 대해 인간과 성인에 속하는 인간의 활동을 대비시키는 전통시대 중국인들 나름의 자연 대 인공의 구분 관념을 낳았다. 그러나 이 구분은 그렇게 엄밀하지는 않았다. '천과

---

73) Lorraine Daston, "The Nature of Nature in Early Modern Europe", *Configurations: A Journal of Literature, Science, and Technology* 6 (1998), pp.149~172. 과학혁명 시기 이후, 특히 데카르트 이후로는 자연과 인간의 구별이 훨씬 더 뚜렷해지는 한편, 자연과 인간의 수렴—인간을 자연 속의 한 대상으로서 연구하는 데서 보듯—현상을 동시에 발견할 수 있다.

'산'은 자연의 영역에만 국한되지 않았기 때문이다. 때로는 기술도 '천'이나 '신'과 연관되었다. 예컨대 '신공神工', '신기神技' 등과 같은 표현들이 종종 인간이 만든 높은 수준의 기술을 표현하는 데 사용되었다. 심지어 '천공天工' 과 같은 표현까지도 『천공개물』과 같은 책 제목의 일부로 사용되기도 했다.

위의 나머지 두 가지 이분법—학자 대 장인, 지적 호기심 대 실용성— 역시 전통시대 중국에서의 과학과 기술의 구분을 논의하는 데 유효하지 않다. 단순하게 과학을 학자 및 지적 호기심과 연관시키고 기술을 장인 및 실용성과 연결시킬 수는 없기 때문이다. 위에서 본 것처럼, 전문분야에 대한 전통 중국의 많은 학자들의 관심 속에서 실용성은 지적 호기심과 함께 나타났다. 과학기술의 전문 주제들에 관한 대부분의 책은 전문분야 종사자들에 의해 씌어진 것이 아니었으며, 심지어 그들을 위해 씌어진 것도 아니었다. 학자들이 지적인 호기심에서 동료 학자들을 대상으로 썼던 것이다. 또한, 유학자들은 인간의 문제에 주된 관심을 가졌기에 종종 '인공'의 편에 선 반면에, 도교와 관련된 장인들은 '자연'의 편에 서는 경우가 많았다.[74]

서양과 전통시대 중국에서 학자와 전문 과학기술 분야들을 둘러싼 상황에서의 그 외의 수많은 차이들 또한 과학기술의 내용과 활동 양쪽 모두에서 일반 지식인 학자들과 전문지식이라는 '두 문화' 사이의 상호관계에 영향을 미쳤을 것이다.

---

74) 도교와 자연세계의 친화력, 그리고 과학 활동에 대한 '道士'들의 선호에 대해서는 Needham, *Science and Civilisation in China*, pp.33~164를 볼 것. 근대과학에서도 '자연철학적'인 측면과 '도구주의적'(instrumentalist)인 측면이 동시에 존재했다. Peter Dear, *The Intelligibility of Nature: How Science Makes Sense of the World* (Chicago: University of Chicago Press, 2006), pp.1~14.

## 6. 맺음말

이상에서 전통시대 중국에서 전문 과학기술지식에 대해 유학자들이 지녔던 양면적 태도의 다양한 측면들에 대해 살펴보았다. 유학자들은 한편으로 전문 과학기술 분야들에 관심을 가지고 높은 수준의 지식을 지녔다. 그러나 이들 분야에 대한 그들의 관심은 단지 부차적인 것이었고, 이는 결국 전문 과학기술지식의 지적·사회적 지위에 제약을 가했다. 전문 과학기술 분야들은 전통시대 중국에서 학문의 정당한 일부로 완전히 받아들여지지 않았으며, 학자와 전문지식 사이의 완전한 수렴도 이루어지지 않았던 것이다.

그러나 유학자들이 그러한 상황을 만족스럽게 생각하지 않았다는 사실은 중요하다. 많은 유학자들은 전문분야들에 대한 공부를 소홀히 하거나 무시하는 것이 옳지 않다고 주장했다. 주희가 그러한 태도를 예시해 주는데, 그의 태도는 후세에 큰 영향을 미쳤다. 그는 전문적인 주제들에 대한 완벽한 지식이 고대에 존재했다고 믿었으며, 고대의 학자들이 역법·수학·율려 등과 같은 주제들을 공부했고 높은 수준의 지식을 지니고 있었다고 생각했다.[75] 주희는 그러한 믿음에 근거하여 학자들이 그러한 전문분야들을 공부해야 한다고 역설했다. 이러한 생각은 후세의 여러 유학자들에 의해 공유되었고, 그들은 실제로 전문 주제들에 대해 관심을 지녔고 그 주제들을 공부하기도 했다. 적어도 그들에게는 자신들의 공적인 업무나 사회적 책임이 그러한 주제들의 지식을 필요로 했을 때 그 주제들을 공부하고 이해하지 않아도 될 핑계가 없었으며, 따라서 그들은 그 같은 주제들을 공부하고 논의하기를 회피하지 않았다.

---

75) 김영식, 『주희의 자연철학』, 435~436쪽.

# 제2장 전통 중국에서의 과학과 종교

1.

　서양 사회와 문화의 역사에서 과학과 종교는 양쪽 모두 중요하고 강력한 요소들이었다. 기독교는 고대 로마시대에 뿌리내린 이래 지난 2천 년의 대부분 기간 동안 서양 사회에서 가장 두드러진 영향력을 발휘했다. 과학 역시 서양의 역사에서 그 중요성이 작지 않았다. 과학의 중요성이 처음 인식된 후기 르네상스 이후 서양 사회에서 과학이 차지하는 위상은 점점 높아져 왔다. 이렇듯 과학과 종교는 서양 사회의 강력한 두 가지 요소였던 만큼, 둘 사이에 서로 많은 영향을 주고받았을 것을 쉽게 짐작할 수 있다. 게다가 종교의 대상인 신(神)과 과학의 대상인 자연은 신이 자연세계를 창조했다는 믿음 속에서 직접 연결되어 있었다. 그러므로 서양 역사를 통해 종교와 과학이 서로 밀접하게 연결되어 상호작용을 했을 것은 당연하다. 13세기의 기독교 스콜라주의, 갈릴레오(Galileo) 종교재판, 청교도 시기와 왕정복고기 영국의 과학, 18세기의 자연종교(natural religion), 그리고 다윈(Darwin)의 진화론을 둘러싼 논쟁 등의 두드러진 예들 이외에도 종교와 과학의 연결 및 상호작용을 보여 주는 무수한 사례들을 거의 모든 시기에서 발견할 수 있다.[1] 사실 서양에서 과학과 종교의 관계를 살펴보는 것은

---

1) C. A. Russell, ed., *Science and Religious Belief: A Selection of Recent Historical Studies*

서양 문명의 '두 개의 기둥'—아테네와 예루살렘— 사이의 관계를 살펴보는 일인 것이다.

그러나 전통 중국의 상황은 이와는 전혀 달랐다. 중국에서는 과학과 종교 양쪽 모두가 서양에서처럼 중요하지 않았을 뿐만 아니라, 이 둘이 다루는 대상들 사이에 명백한 연관이 존재하지도 않았다. 물론 중국에서도 종교적 요소들이 중요했던 시기도 있었으며 때로는 과학적 관심이 컸던 예외적인 시기도 있었다. 예컨대 기원후 200년경의 한漢왕조 몰락 이후로부터 몇 세기 동안에는 도교와 불교의 믿음과 활동이 널리 퍼져 있었다. 또한 이 시기는 다양한 '원시과학'(proto-science) 활동—연단술, 점성술, 양생술, 그리고 여러 형태의 불리석·생리석 치료술 등—이 많은 관심을 끌던 시기이기도 했다.2) 그러나 중국에서는 서양에서의 기독교나 아랍에서의 이슬람교가 그러했던 것처럼 하나의 종교가 지배적인 영향력을 행사한 시기는 없었다. 불교가 가장 성했던 시기에도 그것은 당대의 여러 종교들 중 하나에 불과했다. 또한 위와 같은 과학적 활동(또는 원시과학 활동)이 주도적 지식계층의 학문적 탐구 속에 완전히 통합된 적도 없었다. 그러한 활동은 사회적으로나 지적知的으로나 주변부에 속한 사람들의 활동이었으며, 그것에 대한 지배층의 관심이 컸던 때조차 그러한 관심은 그들이 가장 우선시했던 지적·학문적 관심에 비해 부차적이었다. 더구나 중국 사회·문화의 전통적 유형이 자리

---

(London: Oxford University Press, 1973); I. A. Barbour, *Issues in Science and Religion* (Englewood-Cliffs, NJ: Prentice-Hall, 1966); David. C. Lindberg and Ronald. L. Numbers, eds., *God and Nature: Historical Essays on the Encounter between Christianity and Science* (Univ. of California Pr., 1986).

2) 이 시기에 이들 활동에 대한 간략한 개관은 Max Kaltenmark, *Lao tseu et le taoisme* (Paris: Editions du Seuil, 1965), chapter 3; Holmes Welch, *Taoism: The Parting of the Way, revised edition* (Boston: Beacon, 1965), part 3을 볼 것. 이에 대한 더 자세한 논의를 위해서는 Henri Maspero, *Le Taoisme et les religions chinoises* (Paris: Gallirnard, 1971), 특히 V~VII, IV권; Holmes Welch and Anna Seidel, eds., *Facets of Taoism: Essays in Chinese Religion* (New Haven: Yale University Press, 1979)을 참고할 것.

잡고 전개된 송末(960~1270)대 이후로 과학과 종교의 힘은 양쪽 모두 더욱 약화되었다.

전통 중국의 이 같은 상황 속에서, 과학과 종교의 관계가 서양과 달랐던 것은 당연한 일이며 기존의 연구들이 그러한 차이에 대해 자주 언급해 온 것도 놀랄 일이 아니다. 그렇지만 과학과 종교의 관계가 서양과 중국에서 보이는 차이에 집중된 과도한 관심이 때로 전통 중국 사회에서 과학과 종교의 관계가 지니는 독특한 특성들을 제대로 이해하는 데 오히려 문제들을 일으키기도 한다. 이 글에서 나는 이러한 문제들을 고찰하고 전통 중국에서의 과학과 종교 사이의 관계를 바라보는 몇 가지 더 유익한 관점들을 제시할 것이다.


2.

전통 중국 사회에서의 과학과 종교의 관계를 살펴보는 것은 결국 이 두 가지가 다 그다지 중요하지 않았던 사회에서 둘 사이의 관계를 살펴보는 것이라 할 수 있다. 이러한 연구는 자칫하면 중국보다 더 종교지향적인 서양 사회에서 그랬던 것처럼 중국에서도 종교가 과학 발전에 중요한 역할을 했을 것이라고 가정하는 위험에 빠지기 쉽다. 실제로 중국에서의 과학과 종교의 관계를 다룬 그간의 대부분의 연구들이 이러한 가정들을 보여 주었는데, 대체로 다음과 같은 두 가지 유형을 들 수 있다. 첫째는 과학과 종교 사이의 관계의 미약함을 강조하고 과장하는 유형이고, 둘째는 종교적 요소의 부재가 중국 과학 발전에 미친 효과를 찾거나 추측해 보는 유형이다.

첫 번째 유형의 두드러진 예로 자주 보게 되는 것이 과학과 도교道教

사이의 연결을 찾는 일이다. 니덤(Joseph Needham), 마스페로(Henri Maspero), 웰치(Holmes Welch), 그리고 이들의 선구적 연구를 계승한 많은 연구자들은 도교와 관련된 여러 집단들의 과학 활동이나 원시과학 또는 '유사類似)과학'(pseudo-science) 활동에 주목했다.3) 특히 니덤은 한결음 더 나아가 자연에 관한 탐구와 도가(道家)사상 사이의 연결과 친화성을 강조한 바 있다.4) 니덤이 과학과 도교의 관계에서 이 같은 측면을 강조하는 데 대해서는 그간 많은 비판이 있어 왔으므로5) 여기서 또 다른 비판을 제기할 필요는 없을 것이나, 그러나 과학 또는 원시과학 활동과 도교 사이의 연관을 보여 준 그간의 수많은 구체적 연구들은 분명히 많은 문제점을 지니고 있다. 우리가 이들 연구들로부터 연단술, 점성술, 의료 등의 지식과 관련된 여러 문헌들과 실행들에 대해 매우 흥미롭고 중요한 정보들을 얻은 것은 사실이지만, 과학과 종교의 관계라는 시각에서 이 연구들을 조명해 보면 많은 문제점들이 발견되는 것이다. 예컨대, 그 같은 과학, 원시과학 활동들이 종교적 목적에서 이들 집단에 의해 행해졌다는 사실을 제외한다면, 중국에서 과학과 종교 간의 관계에 대해 그 같은 활동들이 지니는 의미는 도대체 무엇인가? 이러한 활동들이 그것들을 수행한 사람들의 종교적 믿음 및 실천과 정확히 어떻게 관련되어 있었던 것인가? 그들의 과학 또는 원시과학 활동이 그들의

---

3) 앞의 주2)에 인용한 글들 외에, Joseph Needham, *Science and Civilisation in China* (London: Cambridge University Press, 1954) vol.5, part 2 pp.62~127 및 part 3 pp.1~117; *History of Religions* 17 (special issue: "Current Perspectives in the Study of Chinese Religions": February and May 1978); 酒井忠夫 編, 『道敎の總合的 硏究』(東京, 1977)를 볼 것.
4) Needham, *Science and Civilisation* vol.11, pp.33~164.
5) Wing-tsit Chan, "Neo-Confucianism and Chinese Scientific Thought", *Philosophy East and West* 6 (1957), pp.309~332; Shigeru Nakayama, "Joseph Needham, Organic Philosopher", S. Nakayama and N. Sivin, eds., *Chinese Science: Explorations of an Ancient Tradition* (Cambridge, 14-4: MIT Press, 1973), pp.23~43; Willard J. Peterson, "Chinese Scientific Philosophy and Some Chinese Attitudes towards Knowledge about the Realm of Heaven-and-Earth", *Past and Present* no.87 (1980), pp.20~30.

종교로부터 영향을 받았다든가 적어도 그들의 종교와 연결되어 있었다고 할 수 있는 것인가? 이들 연구가 보여 주는 것은 단지 동일한 집단 내에 원시과학 활동과 도교적 경향이 함께 존재했다는 사실일 뿐 둘 사이의 어떤 본질적 또는 인과적 연관은 아니지 않은가?6) 이와 관련해서 과학적 취향과 종교적 열정을 동시에 보여 주었던 17세기 영국인들을 두고 벌어진 오랜 논쟁을 상기할 필요가 있을 것이다.7) 그리고 설사 도교와 원시과학 활동 사이에 실제로 연결이 있었다고 해도, 그 이후 본격적인 과학으로 발전하지 않은 이러한 활동들에서 중국 과학의 '기원'을 찾을 수 있는 것인가? 그로부터 별다른 발전이 이루어지지 않았다면, 어떻게 그것을 '기원'이라 부를 수 있을 것인가? 오히려 그처럼 제대로 발전하지 못한 원인을 찾아야 하게 되는 것인가?

위에 언급한 두 번째 유형의 연구는 '신'(god)이라는 개념에 집중되어 있다. 전통 중국에는 세계를 창조하고 통치하는 '창조주로서의 신'(creator-god), '입법자로서의 신'(divine legislator), 또는 '인격적인 신'(anthropomorphic god) 등의 관념이 없었다는 점이 그간 자주 지적되어 왔다.8) 그리고 중국에 그 같은 신 관념이 없었다는 사실이 중국 사람들이 자연을 이해하는 방식에 어떤

---

6) 심지어 Nathan Sivin은 이들 집단을 '도가'(Taoist)라고 부르는 것이 정확한가에 대해 의문을 제기했다. "On the Word 'Taoist' as a Source of Perplexity. With Special Reference to the Relations of Science and Religion in Traditional China", *History of Religions* 17 (1978), pp.303~330.
7) 이러한 논쟁은 Robert K. Merton의 유명한 "Science, Technology and Society in Seventeenth Century England" (*Osiris* 4, 1938, pp.360~632)가 출간된 후 시작되었다. 이른바 '머튼 명제'(Merton Thesis)를 둘러싼 논쟁에 대한 최신의 비판적인 논의가 Gary A. Abraham, "Misunderstanding the Merton Thesis", *Isis* 74 (1983), pp.368~387에 실려 있다.
8) 이런 면에서 전형적이고 영향력 있는 예는 니덤의 다양한 연구에서 찾아볼 수 있다. Needham, *Science and Civilisation* vol.11, p.580ff. 이 주제에 관한 최근 비평은 Shu-hsien Liu, "Theism from a Chinese Perspective", *Philosophy East and West* 28 (1978), pp.413~417; John S. Major, "Myth, Cosmology and the Origins of Chinese Science", *Journal of Chinese Philosophy* 5 (1978), pp.1~20을 볼 것.

영향을 미쳤는가도 자주 논의되어 왔다. 가장 두드러진 것으로는, 창조주 신 개념이 없었기 때문에 전통 중국에서는 자연세계의 현상과 사물이 신—그것들을 창조하지 않은—에 대한 종교적 믿음과 사실상 아무런 관련이 없게 되었다는 주장이었다. 또한 세상 모든 것이 따라야 하는 신성한 법칙을 제정한 입법자로서의 신 관념이 부재했기 때문에 전통 중국인들은 자연의 법칙을 찾아내고 그것을 숭배하기 위한 '자연세계의 탐구'에 큰 관심을 보이지 않았다는 주장도 제기되었다.9)

물론 모든 사람들이 이러한 점에 동의하는 것은 아니며, 실제로 중국에서의 창조신화와 자연법칙과 같은 것들의 존재 여부에 대한 논쟁은 계속되고 있다.10) 그러나 그러한 것들의 존재 여부에 대해 어느 쪽 입장을 취하더라도 이러한 논쟁들에는 문제점이 있다. 왜냐하면 이들 논쟁들은 서양에서 일어난 과학과 종교의 상호작용 방식이 모범적이거나 표준적인 방식이며, 그 같은 방식이 나머지 모든 문화권에서도 그대로 답습되었을 것이라는 숨겨진 가정에 바탕한 것으로 보이기 때문이다. 그 같은 가정에 바탕해서 서양에는 존재했고 서양 과학의 발전에 중요한 역할을 했던 특정한 종교적 요소를 중국에서 찾으려 들게 되면, 결국은 중국에 그러한 요소가 부재했기 때문에 중국에서는 그와 같은 영향이 나타나지 않았다는 결론에 도달하게 될 것이다. 물론 그러한 탐구가 완전히 쓸데없는 일은 아니고 그 나름대로 흥미로울 수도 있다. 실제로 그 같은 탐구들은 중국의 자연지식이 발전해 온—또는 발전에 실패해 온— 다양하고 독특한 방식들에 관해 많은 흥미로운 설명들을 제공해 주었다. 그러나 특정한 역사적 요인의 부재가 빚은 효과를

---

9) Needham, *Science and Civilisation* vol.11, pp.518~583.
10) N. J. Girardot, "The Problem of Creation Mythology in the Study of Chinese Religion", *History of Religions* 15 (1976), pp.289~318; Derk Bodde, "Evidence for 'Laws of Nature' in Chinese Thought", *Harvard Journal of Asiatic Studies* 20 (1957), pp.709~727; "Chinese 'Law of Nature': A Reconsideration", *Harvard Journal of Asiatic Studies* 39 (1979), pp.139~155.

찾으려는 시도는 특정한 역사적 사건이 일어나지 않은 원인이 무엇인가 찾으려는 시도만큼이나 심각한 문제점을 내포한다.11)


3.

과학과 종교의 관계는 본질적으로 '문화의존적'(culture-dependent)이다. 중국에서의 과학과 종교의 관계에 대한 이해는 서양에서의 과학의 발전을 두고 의미 있는 종교적 관념들, 실행들, 집단들, 연결고리들의 유무를 살펴보는 것을 통해 얻어질 수 없다. 서양에서의 과학과 종교의 관계가 종교와 과학이 맺을 수 있는 관계의 유일한 형태는 아니기 때문이다. 중국에서의 과학과 종교의 관계에 대한 연구는 서양과는 다른 관계, 즉 중국의 과학, 종교, 사회의 맥락에서 의미가 있는 유형의 관계를 살펴보아야만 한다. 그리고 이를 위해 주목해야 할 것은 서양의 과학과 종교의 관계를 연구할 때 살펴보게 될 과학 및 종교의 측면들이나 요소들과는 다른 측면들과 요소들이다.

과학과 종교의 관계는 단지 그 관계가 문화에 따라 달라진다는 점뿐만 아니라 그 관계의 의미와 중요성 또한 문화에 따라 달라진다는 점에서도

---

11) 후자의 문제—일어나지 않은 일의 원인을 찾는 것—에 대한 더 자세한 논의는 "Natural Knowledge in a Traditional Culture: Problems in the Study of the History of Chinese Science", *Minerva: A Review of Science, Learning and Policy* 20 (1982), pp.83~104 (번역: 「중국 전통 과학 연구의 문제들」, 김영식 편, 『중국 전통문화와 과학』[창작과비평사, 1986], 74~106쪽); "The 'Why not' Question of Chinese Science: Scientific Revolution and Traditional Chinese Science", *East Asian Science, Technology, and Medicine* 22 (2004), pp.96~112 (번역: 「중국과학에서의 Why-not 질문: 과학혁명과 중국 전통과학」, 박민아·김영식 편, 『프리즘 — 역사로 과학 읽기』[서울대학교 출판부, 2007], 421~444쪽)를 참조할 것. 이 문제에 관한 보다 추상적·철학적 논의로는 Robert S. Cohen, "The Problem of 19(k)", *Journal of Chinese Philosophy* 1 (1973), pp.103~117이 있다.

문화의존적이다. 이미 보았듯이, 서양의 과학과 종교는 서양에서 가장 중요한 두 가지 요소였고 본질적으로 서로 연결되어 있었다. 따라서 서양에서 이 두 요소들 사이의 관계는 밀접했고 서양 과학과 종교 각각의 발달을 이해하는 데 있어 그것들 사이의 관계에 대한 이해가 매우 중요하다. 그러나 그렇다고 해서 다른 문화에서도 과학과 종교의 관계가 서양에서와 마찬가지로 밀접했고 그 문화의 과학과 종교 각각의 발전을 이해하는 데 중요하리라고 기대해서는 안 된다. 심지어 전통 중국에서는 종교와 과학의 관계를 이야기하는 것이 무의미하며 과학과 종교의 관계를 찾으려는 시도는 중단되어야 한다는 입장까지도 생각할 수 있을 것이다. 물론 그렇게까지 극단적으로 갈 필요는 없다. 그러나 서양과는 다른 사회·문화적 맥락에서 서양과는 다른 종류의 과학과 다른 종류의 종교를 다룬다는 사실은 명확히 인식해야 한다. 중국에서의 과학과 종교의 관계를 다룰 때 우리는 서양과는 다른 유형의 과학과 종교의 관계―서양의 과학–종교 관계를 연구할 때 살펴보는 것들과는 질적으로 다른 상호작용, 의존관계, 연결고리들―를 다루고 있는 것이다.

아마도 이 '문화의존성'의 핵심에 '종교'라는 관념 자체가 놓일 것이다. 중국의 종교는 기독교나 이슬람교와 같은 서양의 종교와는 다른 유형의 종교이기 때문이다. 예를 들어, 중국에는 국가권력과 연결되었으면서도 독자적인 종교적 권력을 갖춘 성직자제도가 확립되지 못했다. 또한 중국의 종교들은 내세에 대한 강한 믿음도 없었다. 심지어 '종교'라는 용어를 중국의 종교적 믿음과 실행에 들어맞도록 서구의 맥락에서 적용했던 방식과는 다르게 해석해야 할지도 모른다. 그리고 서양에서 종교가 과학에 미친 것과 같은 종류의 영향을 미칠 수 있는 유형의 종교를 중국에서 찾으려는 경향에 빠지지 않도록 주의해야 한다. 아마도 우리가 찾게 될 것은 서양식의 강제력 있고 제도화된 종교가 아니라 단순한 '믿음체계'일 것이다. 이러한 차이점들을 완전히 깨달아야만 과학과 종교 사이의 관계, 영향, 상호작용을 묻는 질문에 대해, 단지 그런 것들이 '있었다'거나 '없었다'고 말하는 것보다 더 의미 있고 더 흥미로운 답을 얻을 수 있게 될 것이다.

4.

이러한 맥락에서 무시할 수 없는 주제 한 가지가 유교儒敎의 문제인데, 이 문제에 대해 나는 단지 몇 가지 질문들을 제시할 뿐 그에 대한 답을 제시하지는 않을 것이다. 전통 중국에서 과학과 종교의 관계를 살펴볼 때 유교의 믿음과 실행들을 포함시켜야 하는 것이 아닌가? 그리고 그렇게 하면 서양과의 더욱 흥미로운 비교를 할 수 있게 되는 것이 아닌가? 유교는 당唐(618~906) 이후 전통 중국의 사회와 문화를 지배한—기독교가 중세 유럽 사회와 문화를 지배한 것과 견줄 만한 정도로— 유일한 믿음체계였다. 중세 유럽의 지식인들이 기독교의 가치와 이념에 몰두하는 잠재적 성직자였던 것처럼 당 이후 시기 대부분의 중국 지식인들은 유교적 가치와 믿음에 헌신하는 잠재적 관료들이었다. 따라서 유교를 종교라고 부를 수 있는지 없는지에 대해서는 이견이 있을 수는 있지만, 한 사회의 주된 믿음체계가 그 사회의 자연지식에 어떻게 영향을 미쳤는지를 살펴보는 것이 그 사회의 과학, 종교, 그리고 그 둘 사이의 관계를 더 잘 이해할 수 있도록 해 주리라는 사실을 부인할 수는 없는 것이다.[12]

---

[12] 이와 관련해서, 사실 그간 우리가 과학과 종교에 관계에 대한 논의에서 도교를 종교로 다루어 왔음—그것을 종교라고 부르기에 문제되는 측면이 있음에도 불구하고—을 상기할 필요가 있다. 더 넓은 맥락에서 Max Weber는 유교와 도교를 '종교'라고 불렀다. *The Religion of China: Confucianism and Taoism* (New York: Free Press, 1951).

한편 이렇게 유교를 살펴보면서 주목해야 할 것은 서양에서 중요했던 특정한 종교적 개념과 실행들이 존재했는가 부재했는가가 아니라 중국의 맥락에서 중요했던 유교적 개념과 실행들이어야 한다. 그런 면에서 들 수 있는 가장 중요한 예는 '하늘'(天)이라는 개념이 될 것이다. 왜냐하면 '하늘' 개념이 서양의 신 개념과 비록 차이가 있다고 해도, 유학자들은 '하늘'이 인간을 포함한 자연세계 만물의 생성과 작용을 주재한다고 생각했다는 점을 부인할 수 없기 때문이다. 『성리대전性理大全』(1415)이나 『주자어류朱子語類』(1270) 같은 신유학의 기본 문헌들은 하늘이 인간과 만물을 생성하고(生), 생물에 생명을 주는 무엇인가를 부여하고(分付), 또한 모든 것을 주재한다는 명확한 언급들을 포함하고 있다.13) '하늘' 개념의 이 같은 측면들을 더 깊이 검토하면 이 개념이 '창조주로서의 신'이나 '입법자로서의 신' 개념이 지니는 함축들을 어느 정도 포함하고 있다는 것을 알게 될 것이다. 특히, 중국에서의 이들 개념들의 부재가 자연에 관한 탐구를 '억제했다'거나 자연에 대해 탐구하도록 하는 데에 도움이 되지 못했다고 하는 주장은 설득력이 없음을 알게 될 것이다.

'하늘'과 관련이 있으면서 때로 종교적 함의를 지니는 또 다른 용어로 '성인聖人'을 들 수 있다. 대부분의 유가, 특히 신유학 문헌들은 대체로 애초에 하늘이 인간과 만물을 생겨나게 했지만, 각종 문화적·기술적 기물器物과 도구들, 사회제도, 그리고 경전들─성인의 말씀과 성인의 도를 싣고 있는─까지를 포함한 모든 인공물들을 창조한 것은 성인(물론 성인도 하늘에 의해 생겨났다)을 통해서였다고 주장한다.14) 이를 염두에 두고 성인이라는 용어를

---

13) 『朱子語類』 권4 4b, 권16 2b, 권17 14b, 권18 17b 등. 신유학의 '하늘' 개념에 대한 논의는 김영식, 『주희의 자연철학』(예문서원, 2005), 183~197쪽을 볼 것.
14) 『朱子語類』, 권4 20b, 권76 4a, 권87 23a 등. 이 같은 측면을 포함하여 성인에 대한 논의는 김영식, 『주희의 자연철학』, 197~207쪽을 참조할 것.

더 깊이 이해하게 되면, 자연세계의 사물과 현상들, 그리고 그것들에 대한 언급이 담긴 경전 구절들이나 그 구절들에 관한 논의들의 의미를 이해하는 데 큰 도움이 될 것이다.

그 외에도 중국에서의 과학과 종교의 관계와 관련해서 살펴볼 만한 유교적 요소들은 많다. 유가 조상숭배의 핵심 의식인 제사祭祀 또한 분명히 종교적 함의를 가지고 있다. 제사에 대한 다양한 설명들을 다루는 연구, 특히 '귀신鬼神'—그 자체로 서로 다른 층위의 여러 의미를 갖는— 개념을 다루는 연구는 인간의 삶과 죽음에 관한 관념들, 그리고 제사가 그 같은 관념들에 미치는 영향에 관해 많은 것을 이야기해 줄 것이다.15) 또한 유교의 종교적인 측면을 다루면서 왕수인王守仁이나 동림東林학파와 같은 진지한 신유학 사상가들의 '격물格物'이라 불리는 강렬한 정신적·지적 노력들에서 현대 학자들이 감지해 낸 명확한 종교적 성격을 고려해 볼 필요가 있다.16) 그들의 '격물' 작업이 지닌 이러한 종교적 성격이 자연세계에 관한 그들의 지식에 어떤 영향을 미쳤을까를 질문할 필요가 있는 것이다.

## 5.

불교의 경우에는, 비록 그것이 서양의 종교와 상당히 다르기는 하지만 그것을 '종교'라고 부를 수 있는가 하는 질문을 제기할 사람은 없을 것이다.

---

15) 鬼神 개념에 대한 자세한 논의는 김영식, 『주희의 자연철학』, 5장을 참조할 것.
16) 그들의 종교적 성격은 다음과 같은 많은 현대 학자들에 의해 논의되었다. Tu Wei-ming, *Neo-Confucian Thought in Action: Wang Yang-ming's Youth (1471~1509)* (Berkeley, CA: University of California Press, 1976); Julia Ching, *To Acquire Wisdom: The Way of Wang Yang-ming* (New York: Columbia University Press, 1976); Heinrich Busch, "The Tung-Lin Academy and Its Political and Philosophical Significance", *Monumenta Serica* 14 (1949~1955), pp.1~163.

그리고 불교는 중국에서 5~6세기를 전후하여 큰 세력을 떨쳤으며, 그 후로도 중국 지식인들에 대한 불교의 강력한 영향력은 완전히 사라지지 않았다.[17] 예를 들어 12세기에 이르러서도 주희가 불교를 격렬하게 비판할 필요를 느꼈다는 사실을 통해 그 당시까지도 불교의 영향력이 강력했음을 확인할 수 있다.[18] 그렇지만 불교가 중국의 과학과 관련하여 연구된 경우는 니덤의 책 『중국의 과학과 문명』 2권의 '불교사상' 부분이 거의 유일한 예일 정도로 매우 드물었다.[19]

불교사상이 중국에서의 과학 발달에 부정적인 영향을 미쳤다는 것이 니덤의 평가이다. 불교는 기본적으로 중국 과학의 성장을 억제했거나 최소한 아무런 도움을 주지 않았다는 것이다. 선제석으로 보아 니덤의 이 같은 평가는 결국 옳았다고 할 수 있지만, 엄밀히 말해 그가 제시한 이유 때문은 아니다. 그는 중국불교에서 현실부정, 불가지론(Agnosticism), 신비주의, 그리고 심지어 자연에 관한 합리적 탐구에 대한 적대감 등 과학에 부정적인 온갖 요인들을 보았다. 물론 이러한 요인들은 자연세계를 탐구하는 태도와 잘 조화되기 힘든 것들임이 사실이다. 그러나 이러한 요인들이 그 자체만으로 중국의 과학지식 발달을 억제했다고 볼 수는 없다. 사실 플라톤(Platon)주의와 결합한 기독교신학이 득세하던 시기인 중세 초기 유럽에서도 이와 비슷한 태도들―경험적 실재에 대한 플라톤주의적 거부, 초기 기독교의 불가지론과 신비주의, 과학과 합리주의에 대한 성직자들의 적대감 등―을 볼 수 있는데,[20] 이러한

---

17) 중국의 불교에 관한 역사적 개관들로는 Arthur F. Wright, *Buddhism in Chinese History* (Stanford: Stanford University Press, 1959); Kenneth K. S. Ch'en, *Buddhism in China* (Princeton: Princeton University Press, 1964); E. Zürcher, *Buddhist Conquest of China* (Leiden, 1959) 등이 있다.
18) 불교에 대한 주희의 비판은 여러 곳에서 발견되지만, 중요한 구절은 『朱子語類』 권 126에서 찾을 수 있다. 이에 대한 논의는 錢穆, 『朱子新學案』(臺北: 三民書局, 1971) 제3책, 489~579쪽을 볼 것.
19) Needham, *Science and Civilisation* vol.2, pp.396~431.

태도들은 과학 발달에 분명히 부정적인 영향을 주었을 것임에도 불구하고 중세 후기 스콜라주의 철학자들 사이에서 과학적 탐구가 출현하는 것을 억제하지는 못했던 것이다.

더욱이, 니덤 자신도 인정했듯이, 불교 교리에는 과학적으로 중요한 의미를 지니는 질문들에 관한 이론적 논의로 이어질 수 있는 근본적이고 추상적인 개념들이 비교적 풍부했다. 예를 들어, 불교에서 강조하는 '공空', '허虛' 또는 '무無'의 개념들은 '진공眞空'(void) 개념에 관한 논의로 이어질 수도 있는 것이었다. 마찬가지로 환생還生, 지옥과 천당의 교리는 우주의 유일함, 영원불멸함, 무한함, 그리고 생명, 영혼, 육체에 관한 문제들을 제기할 수도 있는 것이었다. 물론 이런 불교의 교리들이 중세 유럽 기독교의 유사한 개념들이 그랬던 것과 같은 격렬한 논쟁들[21]—서양에서 이러한 논쟁들은 결국 '과학혁명'(Scientific Revolution) 동안 풍부한 결실을 맺었다—을 일으키지는 않았지만, 이러한 교리들이 존재했다는 사실은 불교의 믿음과 교리들이 그것들 자체로 과학의 발달을 저해했다고 결론내릴 수는 없게 해 주는 것이다.

불교의 교리들 중 어떤 것들은 실제로 과학적 논쟁을 야기하기도 했으며, 때때로 그런 논쟁이 유학자들 사이에서 벌어지기도 했다. 가장 두드러진 예는 사람이 죽은 후 영혼이 육체에서 분리되어 다른 사람이나 동물의 몸 속으로 전해진다는 '윤회輪廻'의 믿음이다. 이 믿음은 영혼과 육체의 기원에 관한 불교도들의 관심을 불러일으켰을 뿐 아니라,[22] 신유학자들의

---

20) 이 시기 종교, 과학, 학문의 상황에 대한 간단한 논의로는 Edward Grant, *Physical Science in the Middle Ages* (New York: Wiley, 1971; 번역: 홍성욱 · 김영식 역, 『중세의 과학』, 민음사, 1992), chapter 1; Brian Stock, "Science, Technology, and Economic Progress in the Early Middle Ages", D. C. Lindberg, ed., *Science in the Middle Ages* (Chicago: University of Chicago Press, 1978), pp.1~51을 참고할 것.

21) John E. Murdoch, "From Social into Intellectual Factors: An Aspect of the Unitary Character of Late Medieval Learning", J. E. Murdoch and E. D. Sylla, eds., *The Cultural Context of Medieval Learning* (Boston: Reidel, 1975), pp.271~339.

비판의 표적이 되기도 했다. 유학자들은 윤회사상을 거부하는 데에 죽은 후에 기氣가 흩어진다는 일반적인 믿음을 이용했다.23) 하지만 그 같은 믿음은 이미 죽어 기가 흩어져 버린 조상들에게 제사를 지내는 일에 대해서 문제를 제기했고, 따라서 유학자들은 제사에 대한 아주 자세한 설명들을 제시하는 일에 공을 들여야만 했다. 물론 그 설명들은, 예컨대 중세 유럽의 '성찬'(Eucharist)의 교리가 생명의 원리, 물질의 구조, 변화 등에 관해 빚어낸 극도로 전문적이고 이론적인 논의의 수준에는 도달하지 못했다.24) 그러나 그것은 유가와 불교의 믿음과 교리들이 그런 문제들에 관한 흥미를 배제했거나 억제했기 때문은 아니었던 것이다.

따라서 서양과 중국의 과학-종교 관계를 비교할 때, 종교적 개념과 교리의 차이에만 주목해서는 안 된다. 이미 보았듯이, 중국의 종교적 개념과 교리들—불교와 유교 양쪽 모두의— 중에는 과학적으로 유익한 논쟁으로 이어질 수 있는 것들이 있었다. 이런 점에서 중국과 서양 사이의 진실로 중요한 차이는 논쟁을 대하는 태도에서의 차이, 즉 관련 문제들에 대한 관심의 강도에서의 차이였다. 예를 들어, 중국에서는 유학자들과 불교도들 양쪽 모두 우주의 영원함과 무한함, 진공 등에 관한 이론적 질문들을 쓸모없는 것으로 생각한 반면, 서양 중세 기독교 스콜라학자들은 이런 질문들과 관련된 논쟁들에 깊이 참여했다. 심지어 몇몇 기독교 자연철학자들은 특정한 신학적 논점들을 구실로 삼아 운동, 천체, 빛과 같은 문제들을 논하기도 했다.25)

---

22) 예를 들어 니덤은 이 교리가 '발생'(generation)에 대한 불교도들의 관심에 미친 영향력을 보았다. *Science and Civilisation* vol.2, p.402.
23) 윤회사상에 대한 신유학자들의 비판의 전형적인 예는 陳淳(1153~1217)의 『北溪字義』(1200), 권2, 39쪽에서 찾아볼 수 있다.
24) John E. Murdoch and Edith D. Sylla, "The Science of Motion: The Role and Scope of Motion in Medieval Natural Philosophy", Lindberg, ed., *Science in the Middle Ages*, pp.206~264, 특히 pp.219~221.

이 글에서 내가 제시한 질문들과 논의들은 잘 정리된 결론으로 이어지지는 못했다. 그러나 중요한 것은 과학과 종교의 관계가 중국이나 그 외의 다른 어느 전통문화에서도 그렇게 단순하지 않다는 것, 그리고 그 관계를 제대로 이해하기 위해서는 과학과 종교에 국한하지 않고 그 문화의 다른 다양한 측면들에 주목할 필요가 있다는 것을 깨닫는 일이다. 그렇게 함으로써 그 문화의 과학과 종교를 포함해서 사회와 문화 전체에 대해 더 잘 이해할 수 있게 될 것이다. 물론 과학과 종교가 중요했던 특정 사회를 다룰 때, 우리는 그 사회에 존재했던 과학과 종교의 긴밀한 연결, 상호작용, 심지어 인과적 영향에 주목하게 된다. 17세기 영국이 전형적인 예가 되겠다. 하지만 그 같은 예를 전통 중국에서 찾기는 힘들다.

---

25) Murdoch, "From Social into Intellectual Factors: An Aspect of the Unitary Character of Late Medieval Learning", J. E. Murdoch and E. D. Sylla, eds., *The Cultural Context of Medieval Learning*, pp.278~279.

# 제3장 전통 중국의 과학과 관료제

　기원전 3세기 말 제국 성립 이래 관료제는 계속해서 중국 사회의 중요한 요소였다. 송대에 이르면 중국의 관료제는 몇 가지 독특한 특성들을 지니게 되고, 관료들—'사노', 또는 '학자－관료'(scholar-official)—은 성직자, 귀족, 군사 엘리트 또는 상업 엘리트 같은 다른 권력집단들이 없었던 중국 사회의 모든 측면을 지배하게 되었다. 발라즈(Etienne Balazs)는 이 같은 상황에 대해 다음과 같이 이야기한 바 있다.

> 수적으로는 매우 적지만 그들의 힘, 영향력, 직위 그리고 특권 때문에 무엇이든 못할 것이 없는 전능한 존재였던 '학자－관료'—또는 '만다린'(mandarin)—계층은 모든 권력을 쥐고 있었고, 가장 많은 토지를 소유하고 있었다. 이 계층은 온갖 특권, 무엇보다도 그 자체를 재생산하는 특권을 가졌는데, 이는 교육의 독점을 통해 가능했다.…… [이] 계층은 그들의 힘을 그들 자신이 수행하는 기능—전체 사회 유기체가 작동하도록 하기 위해 다른 사람들의 생산 노동을 조정하고 감독하는, 사회적으로 요구되며 실제로 없어서는 안 되는—으로부터 끌어냈다. 모든 조정과 관리의 기능이 학자－관료들에 의해 수행되었다. 그들은 달력을 만들고, 교통과 교역을 조직하고 도로·운하·둑의 건조를 감독했으며, 각종 공공사업, 특히 가뭄과 홍수를 막기 위한 일들을 책임지고 있었고, 기근에 대비해 예비식량을 비축하고 갖가지 관개사업을 권장하는 일을 했다. 그들의 사회적 역할은 건축가와 엔지니어, 교사, 관리자 그리고 통치자의 역할을 동시에 합친 것이었다.[1]

따라서 관료제는 통치와 정치에만이 아니라 전통시대 중국 사회와 문화의 거의 모든 측면에 깊은 영향을 미쳤다. 물론 과학도 예외는 아니었다. 따라서 관료제는 중국 과학의 사회적·지적 맥락을 이해하기 위해 연구되어야 할 주제들의 목록에서 거의 맨 위에 올라야 마땅하며 그 목록의 거의 모든 주제와 관련이 있다. 관료제는 과학 활동을 수행하는 사람들의 교육과 시험, 채용과 승진, 수입과 사회적 지위 등 관료제와의 관련이 명백해 보이는 주제들에만이 아니라 과학과 종교, 또는 과학과 기술과 같은 주제들과도 관련이 있는 것이다.

그러나 중국에서의 과학과 관료제의 관계는 지금까지 제대로 연구되지 못했다.[2] 이 주제가 빈번하게 논의되어 왔고 또 간략하게 언급되는 일도 자주 있기는 했지만, 대부분 중국에서의 과학 발달을 '고취'하거나 '억제'한 관료제의 효과에 관한, 그 중에서도 주로 억제한 효과에 관한 인상적인 언급 수준이었다. 이런 식의 접근은 주어진 문화요소가 과학의 발달을 고취하는 것인지 아니면 억제하는 것인지의 둘 중 하나로 분류하는 일에만 몰두하는, 지나치게 단순한 시적 태도를 반영한다. 과학과 관료제 사이의 매우 복잡하고 다면적인 관계에 대해 더 깊은 이해를 얻기 위해서는 훨씬 더 정교한 접근이 필요할 것임이 분명하다.

---

1) Etienne Balazs, "China as a Permanently Bureaucratic Society", H. M. Wright (tr.), *Chinese Civilization and Bureaucracy* (New Haven, 1964), pp.13~27 중 p.16.
2) 지금까지 중국에서의 과학과 관료제의 관계에 대해 논의한 이들 중 가장 영향력이 큰 학자는 Joseph Needham이었다. *The Grand Titration: Science and Society in East and West* (London, 1969)에 모아놓은 그의 논문들, 특히 6장 "Science and Society in East and West"를 볼 것. 이 주제에 관한 최근의 논의들은 대부분 Needham의 견해로부터 도출된 것들이다: Derk Bodde, *Chinese Thought, Society, and Science: The Intellectual and Social Background of Science and Technology in Pre-modern China* (Honolulu, 1991), ch.5; Toby E. Huff, *The Rise of Early Modern Science: Islam, China, and the West* (Cambridge, 1993), chs.7·8; H. Floris Cohen, *The Scientific Revolution: A Historical Inquiry* (Chicago, 1994), ch.6을 볼 것.

이 글에서 나는 전통시대 중국에서의 과학과 관료제의 관계를 검토하고, 이 관계에 대한 연구가 지니는 문제점들과 가능성들을 제시해 볼 것이다. 이를 위해 먼저 이 관계에 관한 지금까지의 논의들을 살펴보고, 그 논의들에서 공통적으로 제기된 문제 몇 가지를 언급한 다음, 과학과 관료제의 관계에 관한 그간의 논의에 그 같은 문제점들이 자주 나타난 원인에 대해 생각해 볼 것이다. 그런 다음 과학-관료제 관계의 성격을 더 일반적으로 검토하고 서로 다른 문화 간의 비교에 있어서의 몇 가지 문제점들을 제시할 것인데, 그 과정에서 전통시대 중국의 또 하나의 문화요소인 종교와 과학의 관계와의 비교로부터 도움을 받게 될 것이다. 끝으로, 중국에서의 과학과 관료제의 관계에 대한 연구에 도입될 수 있는 몇 가지 새로운 시각들을 제시하고, 새로운 시각에서의 연구를 통해 유익한 성과를 거둘 수 있는 몇 가지 주제들—오래된 것들과 새로운 것들을 포함하여—을 언급하면서 논의를 마무리할 것이다.

물론 나는 내 자신의 논의가 중국에서의 과학과 관료제의 관계의 몇몇 측면들에 관한 단순히 '인상적인 언급'의 수준을 뛰어넘을 것이라고 주장하지 않는다. 그리고 나의 논의는 이 관계가 중국의 과학 발달에서 지닌 의미에 관한 상당수의 성급한 추론들을 어쩔 수 없이 어느 정도 포함할 것이다. 또한 구체적인 사실들과 사건들에 관한 나의 논의들은 많은 경우 매우 일반적이고 잠정적이고 시론적일 것이고, 따라서 종종 지나치게 단순하고 피상적일 것이다. 이런 위험들을 충분히 의식함에도 불구하고 내가 이 같은 논의를 진행하는 것은, 몇 가지 질문들을 제기하고, 더 깊이 연구되고 검토되어야 할 문제들을 제시하기 위해서이다.

## 1. 전통시대 중국에서 관료제는 과학의 발달을 '억제' 했는가?

중국에서의 과학과 관료제의 관계에 대해, 또는 중국의 과학 발달에서 관료제의 역할에 대해 지금까지 이루어진 논의는 대부분 중국에서 관료제가 과학의 발달을 고취했는지 아니면 억제했는지의 문제와 관련하여 대체로 억제했다는 결론으로 마무리지었다. 그리고 그런 지나치게 단순한 해석들은, 비록 가끔은 매우 통찰력 있는 견해로 이어지기도 하지만, 많은 문제들을 안고 있을 수밖에 없었다.

중국의 관료제는 흔히 과학의 발달에 필요했던 상인계층, 민주주의, 도시, 대학 같은 다양한 요소들의 발달을 억누른 제도라고 인식되어 왔다. 그러나 이런 견해들은, 만약 위와 같은 요소들이 중국에 존재했었다면 그것들이 서양의 과학 발달의 어떤 시기에 어떤 측면에서 지녔던 것과 똑같은 '고취약' 효과를 중국에서도 발휘했을 것이라는 생각을 깔고 있음이 분명하다. 예를 들어 니덤(Joseph Needham)은 "상인계층이 국가의 권력집단으로 부상하지 못한 것이 중국 사회에서 근대과학의 출현을 억제한 근본 원인"이라고 지적한다.[3] 그러나 이것은 결코 입증된 적이 없는—심지어 서양에서의 과학 발달을 두고서도 입증된 적이 없는— 가정이다. 상인계층의 성장과 과학의 발달을 연결시키기 위해 니덤이 내놓는 설명, 즉 상인들은 "사물의 성질들에 관심이 있는데, 왜냐하면 상업경제 또는 정량적(quantitative) 경제는 그 같은 성질들에 바탕해서만 발달할 수 있기 때문"이라는 설명은 별로 설득력이 없다.[4] 더욱이, 아무도 중국에서 관료제가 상인계층, 민주주의, 도시 그리고 대학 같은 요소들의 발달을 정확히 어떻게 '억눌렀는지'를 보여준 적이 없었다. 심지어 관료제가 과연 그것들을 실제로 '억눌렀는지' 여부조차 분명치 않다. 사실, 도시와

---

3) Needham, *The Grand Titration*, p.186.
4) Needham, *The Grand Titration*, p.136.

대학이 중국에서 실제로 발달했다는 사실―비록 서양의 그것들과는 매우 다른 형태로이기는 하지만―을 완전히 부정하기도 어렵다.5)

흔히 접하게 되는 또 하나의 견해는 중국에서 과학이 일단 관료제 안으로 유입된 후에는 과학 활동이 좁은 한계 속에 갇히고 정체되었다는 것이다. 이 견해의 주창자들은 명明대(1368~1643) 이후 중국 과학이 정체하고 쇠퇴했다는 사실을 지적한다.6) 어떤 학자는 심지어 서양으로부터 도입된 천문학이 흠천감欽天監 안에서 "관료제직으로 규정된 형태로 갇힘"에 따라 청淸대(1644~1911) 천문학 활동이 받은 '속박'의 효과를 지적하기도 했다.7) 그러나 과학 활동이 명대와 그 이후에 실제로 정체하거나 쇠퇴했는지에 대해 의문을 제기하는 연구들이 나오고 있다.8) 적어도 수학의 경우, 명대 사회와 경제에 관해 우리가 아는 여러 가지 사실들―수학 서적들의 출판뿐만 아니라 지속적이고 활발한 상업, 측량 등의 활동들―은 그런 분위기 속에서 수학적 활동이 쇠퇴했으리라는 것을 믿기 힘들게 해 주며, 실제로 명대 후기에는 수학에 대한 대중적 관심이 대단했다는 것이 밝혀졌다. 또한 설사 과학이 명대에 실제로 정체하고 쇠퇴했다는 것을 받아들인다 하더라도, 관료제가 그 같은 정체,

---

5) E.A. Kracke, Jr., "Sung K'ai-feng: Pragmatic Metropolis and Formalistic Capital", in John W. Haeger (ed.), *Crisis and Prosperity in Sung China* (Tucson, 1975), pp.49~77; Jacques Gernet, *Daily Life in China on the Eve of the Mongol Invasion 1250~1276* (London, 1962), chapter 1; Thomas H. C. Lee, *Government Education and Examination in Sung China* (Hongkong, 1985), chapter 4.

6) 명대의 과학 쇠퇴에 관해서는 Joseph Needham, *Science and Civilisation in China* vol.3 (Cambridge, 1959), pp.50~52; Li Yan and Du Shiran, *Chinese Mathematics: A Concise History* (Oxford, 1987), p.175; Liu Dun, "400Years of the History of Mathematics in China ― A Introduction to the Major Historians of Mathematics since 1592", *Historia Scientiarum* 4 (1994), pp.103~111 중 pp.103~104를 볼 것.

7) Jonathan Porter, "Bureaucracy and Science in Early Modern China: The Imperial Astronomical Bureau in the Ch'ing Period", *Journal of Oriental Studies* 18 (1980), pp.61~76 중 p.72.

8) Willard J. Peterson, "Calendar Reform prior to the Arrival of Missionaries at the Ming Court", *Ming Studies* 21(1986), 45~61.

쇠퇴와 실제로 연결되었는지에 대한 문제는 여전히 남는다. 관료제가 자신의 영역 안에 들어온 과학 활동들을 어떻게 '제한'하고 '억눌러'서 그런 활동들이 정체하고 쇠퇴하게 했는가? 그런 효과들을 빚은 것은 관료들의 의식적인 의도였는가, 아니면 무의식적인 동기였는가, 아니면 그 둘 다였는가? 그리고 관료제 일반에, 또는 특수하게 중국의 관료제에 과학 활동을 필연적으로 '제한'하고 '억제'하는 고유한 어떤 것이 있는 것인가? 만약 이 마지막 질문에 대한 대답이 '그렇다'라면, 중국 관료제의 형성기에 해당하는 송末대(960~1279)에 과학 활동이 역동적이었고 과학이 크게 발달했던 것을 우리는 어떻게 이해할 수 있을 것인가? 그리고 심괄沈括(1031~1095)이나 소송蘇頌(1020~1101) 같은 그 시대의 많은 주요 '과학자'들이 관료였으며, 다양한 과학·기술 활동들이 송대에 관료화되었다는 사실은 어떻게 이해해야 할 것인가?

이와 관련해서, 과학과 기술 활동들에 대한 국가의 '통제'—'억누르는' 효과를 지니는—라는 면에서만 관료제의 역할을 보아야 하는지에 대해 의문이 세기될 수 있다. 관료제나 국가가 과학기술의 활동들과 그것들에 종시하는 사람들을 '후원'한 측면은 없었던 것일까?[9] 실제로, 니덤은 중국의 관료제에서 과학과 기술의 발달을 고취하는 효과를 지녔다고 볼 수 있는 측면들을 찾아내었다. 중요한 자연현상들을 미리 예측해야 할 필요, 분류하기 좋아하는 관료들의 습관, 관료적인 절차들의 확립 같은 것이 그런 예들이다. 이 같은 측면들이 국가로 하여금 천문관측과 관측기록 보존, 관측기구 제작과 역서曆書 편찬, 백과전서식 유서類書들과 전문서적들의 출판, 과학적

---

9) 이들 질문들을 더 깊이 추구하지 않아도 이에 대한 강력한 근거 하나를 어렵지 않게 생각해 낼 수 있는데, 과학과 기술이 철저하게 관료화되어 있는 현대사회에서 과학기술이 크게 성하고 있다는 사실이 그것이다. 이에 관해서는 이 글의 뒤에 가서 논할 것이다.

탐사, 대규모 건설공사 같은 과학기술 활동에 관심을 갖도록 했다. 니덤은 심지어 '무위無爲'를 높이 평가하는 중국 관료제의 '불간섭'의 태도와, 중국 물리학을 특징짓는다고 자신이 믿는 '분리된 물체 사이의 작용'(action at a distance)에 대한 선호 사이에 관련이 있다고 보기까지 한다.10) 그에게는 관료제가 지닌 이 같은 '고취'하는 효과가 근대 이전 대부분의 시기에 중국이 과학과 기술에서 유럽에 앞서 있었던 사실을 설명해 주는 하나의 이유가 되어 주있다.

그러나 관료제에 대한 니덤의 판정은 결국은 부정적이었다. 관료제는 그가 과학의 발달에 필요불가결하다고 본 상인계층을 '억압'했을 뿐 아니라 학자와 장인 사이에 넘기 힘든 장벽을 만듦으로써 그 두 집단 사이의 유익한 상호작용을 막았다는 것이다. 그렇다면 관료제가 니덤에게 그의 거대 질문, 즉 "중국이 기원후 첫 1400년 정도 동안에는 여러 면에서 유럽을 앞서 있었으면서도 본격적인 근대과학을 형성하는 데는 실패"11)한 데 대한 질문에 답할 수 있게 해 주는 하나의 열쇠를 제공하는 것은 자연스러운 일이다. 중국의 관료제는 "처음에는 자연지식의 성장에, 그리고 인간의 이익을 위해 자연지식을 기술에 응용하는 데 도움이 되었지만 나중에 가서는 근대자본주의와 근대과학의 출현을 억제했다"는 것이다.12)

중국에서의 이 같은 상황, 특히 관료제가 과학의 발달을 억제했다고 생각되는 명대 이후 시기의 상황을 일부 과학자들을 '궁정인'(courtier)이라고

---

10) 과학과 관료제에 대한 Needham의 견해의 요약은 *Grand Titration*, pp.211~212; Bodde, *Chinese Thought, Society, and Science*, pp.190~191; Cohen, *Scientific Revolution*, pp.451~453을 볼 것. 중앙집권적인 관료제와 실용적인 과학을 함께 포함하고 있는 '水力'(hydraulic)사회라는 Harold Dorn의 개념도 참조할 만하다: *The Geography of Science* (Baltimore, 1991).
11) Needham의 '거대 질문'은 *Science and Civilisation in China* vol.5, part 2, p. xxiii의 「저자의 말」에 이 같은 형태로 제시되어 있다.
12) Needham, *The Grand Titration*, p.197.

하는 것이 적절할 정도로 다양한 형태의 왕실 '후원'이 존재했던 근대 초 유럽 과학자들의 상황과 비교해 보면 흥미로울 것이다.13) 예를 들어 중국의 국립천문관서인 흠천감에서 활동한 천문학자들의 상황을 연구하고, 이를 매우 관료화되어 있기는 했지만 천문학자들의 과학 활동을 원활하게 지원해 준 것으로 보이는 파리 과학아카데미에서 활동하던 천문학자들의 상황과 비교할 수 있을 것이다. 그 같은 연구를 행한 후에도, 천문학의 관료화가 중국에서 부정적인 영향밖에 미칠 수 없었다고 계속 주장할 수 있는 것일까? 천문학 활동에 대한 정부의 배타적인 '독점'의 결과가 전체적으로 보아 중국의 천문학에 해로운 효과를 빚었을 수 있다는 점 이상을—또는 그 같은 점만이라도— 말할 수 있는 것일까? 그리고 마지막으로, 설사 관료제가 명대 이후 중국 과학의 쇠퇴와 정체에 책임이 있다는 것을 인정한다고 하더라도, 과연 그 모든 책임을, 또는 주된 책임을 관료제가 져야 하는 것일까?

중국 과학 발달에 대한 억제요소로 흔히 거론되는 중국 관료제의 한 측면, 즉 중국 관료세가 전직으로 문학, 경학, 도덕철학 등에 대한 공부만을 강조하는 과거제도를 통해 과학을 포함한 다른 분야들로 진출할 수도 있었을 젊은 인재들 대부분을 독차지했다는 설명은 일견 더 설득력이 있어 보인다.14) 그러나 과거시험에서의 문학, 도덕철학에 대한 강조는 그동안 생각되어 오던 것만큼 배타적이지는 않았던 것으로 보이고, 다른 관심들을 완전히 차단하기에 충분할 정도는 분명히 아니었다. 예를 들어 당唐대(618~906)에는, 비록 대부분의 응시자들은 일반관료를 뽑는 문과 진사

---

13) 과학혁명 동안의 서양의 상황에 대해서는 Richard S. Westfall, "Science and Patronage: Galileo and the Telescope", *Isis* 76 (1985), 11~30; Mario Biagioli, *Galileo, Courtier: The Practice of Science in the Culture of Absolutism* (Chicago, 1993)을 볼 것.
14) Needham, *The Grand Titration*, p.39.

시험에 응시했지만, 수학, 천문학, 의학 분야의 전문관료를 뽑는 시험이 있었다.15) 엘먼(Benjamin Elman)의 최근 연구는 심지어 관료제가 과학 발달을 억눌렀다고 흔히 생각되는 명대에도 과거시험에 천문학을 비롯한 과학적 주제들에 관한 질문이 분명히 포함되어 있었으며, 많은 과거응시자들이 그 같은 주제들을 공부해야 했다는 것을 지적해 주었다.16) 또한 과거시험이 문학과 도덕철학을 압도적으로 강조했다는 점을 인정한다 하더라도, 대부분의 인재들이 다른 대안적인 경력을 추구하기보다는 그 같은 과거시험에 응시해서 일반관료체계에 들어가는 쪽을 선택했다는 사실이 전통시대 중국에서의 과학 발달의 결여에 대한 실질적인 설명이 되지는 못한다. 왜냐하면 중국의 인재들 대부분이 그처럼 일반관료가 지배하는 관료체계에 이끌린 이유는 무엇인지, 그리고 역대 중국왕조들이 그들의 젊은 인재들에 대한 보상체계에서 이런 극도의 불균형을 그대로 유지한 이유는 무엇인지가 여전히 설명되어야 할 문제로 남기 때문이다.17)

이상에서 언급한 그동안의 논의들은 모두 한 가지 공통점을 지니고 있다. 그것들은 모두 중국의 관료제가 과학의 발달에 미친 영향이 부정적이었다고 판정한다는 점이다. 그리고 모든 평가가 그토록 부정적이었던 이유를 찾는 것은 어렵지 않다. 중국의 과학 발달에서 관료제가 어떤 역할을 했는지에 대한 분석은, 중국에서는 중요했지만 서양에서는 중요하지 않았

---

15) 이 전문관료 선발 시험이 송대로까지 이어지지는 않았다는 점은 주의해야 한다. Bodde, *Chinese Thought, Society, and Science*, pp.213~214.
16) Benjamin A. Elman, *A Cultural History of Civil Examinations in Late Imperial China* (Berkeley: University of California Press, 2000), chapter 9.
17) 다른 한편 심지어 근대적 관료체계가 확립된 시기의 유럽 나라들에서도 정규적인 관료양성과정과 선발시험은 과학이나 수학, 공학, 농학, 의학 같은 과목들을 포함하지 않았으며, 그런 분야의 전문가들은 특별한 방법으로 충원되었고 그들에게는 하위직만이 주어졌다는 점에 주목해야 한다. Sir Laurence Helsby, "Recruitment to the Civil Service", in William A. Robson (ed.), *The Civil Service in Britain and France* (Lodon, 1956), p.44를 볼 것.

던 문화요소가 중국의 과학에 미친 영향을 다룬다는 점에서, 중국의 과학에 대한 비교연구에서 보기 드문 예에 속한다. 중국과 서양의 과학에 대한 비교연구의 다른 거의 모든 경우에 연구 대상이 되는 것들은 서양의 과학 발달에서는 중요했지만 중국에서는 중요하지 않았거나 결여되었다고 생각되는 요소들—예를 들어 신(god), 창조, '신이 만든 자연 법칙'(divine law of nature) 같은 종교적 관념들, 증명, 형식논리, 기하학, 기호대수(symbolic algebra) 같은 방법론적 도구들, 그리고 상인 계급, 도시, 노예제 같은 사회·경제적인 요소들—의 역할이었다. 이런 요소들을 살펴보는 연구들에서는 흔히 서양에서의 과학 발달에 중요했던 이들 요소들의 결여가 중국 과학의 발달을 억제한 요인이었다고 추론되어 왔다. 이런 입장에 선 사람들은 중국에서는 지배적이었지만 서양에서는 중요하지 않았던 관료제의 경우에는 그것의 지배적 지위가 중국의 과학 발달에 억제요인으로 작용했다고 결론지으려 들리라는 것은 쉽게 짐작할 수 있는 일이다.

## 2. 문화 간 비교의 문제들

중국에서의 과학과 관료제 관계에 대한 연구들이 직면하는 문제들의 대부분은 실은 서로 다른 문화들 사이의 비교에 있어 흔히 나타나는 문제들이다. 과학과 관료제의 관계에 대해 논의하다 보면 종종 중국의 다양한 문화요소와 측면들을 서양의 그것들과 비교하게 되기 때문이다. 이때 이 두 문화에서의 과학의 발달이나 관료제만이 아니라 두 문화에서의 과학과 관료제의 관계도 서로 비교하게 된다.

그러나 이런 비교를 함에 있어 우리는 비교 대상이 되고 있는 것들이 '문화의존적'이며, 따라서 서로 다른 문화에서는 서로 다르다는 사실에 유념해야 한다. 과학과 관료제 각각이 이 두 문화에서 서로 뚜렷하게 달랐다. 중국과 서양 양쪽 모두에서 '과학'과 '관료제'라는 같은 단어들을 써서 그것들을 지칭하지만, 중국에서의 그것들은 서양에서와는 다른 성격의 것이었다. 두 가지 중 '과학'이 두 문화에서 서로 달랐다는 것은 새삼 다시 언급할 필요도 없을 것이지만, 관료제 역시 중국과 서양에서 아주 달랐던 것이다. 서양에서는 훨씬 후대에 이르기까지 관료제가 충분히 발달하지 못했을 뿐 아니라, 뒤늦게 관료제가 출현했을 때에도 그것은 일반관료들이 지배하는 중국의 관료제와는 매우 다른 형태의 것이었다. 근대 서양에서 출현한 것은 본질적으로 전문직 위주였으며 정치권력으로부터는 대체로 분리된 관료제였던 것이다.[18] 당연히, 이처럼 서로 다른 형태로 이루어진 관료제의 발달이 이 두 문화에서 과학, 기술 발달에 어떻게 다른 영향을 미쳤는지 연구해야 할 것이다.

이 두 문화에서 서로 달랐던 것은 과학 발달과 관료제만이 아니었다. 그 둘 사이의 관계 역시 서로 매우 달랐던 것이다. 과학과 관료제의 관계가 지니는 의미와 중요성은 문화에 따라 다르다. 서로 다른 문화에서의 과학과 관료제의 관계를 비교할 때, 우리는 서로 다른 종류의 사회적·문화적 맥락 속에서 각각 다른 종류의 과학과 다른 종류의 관료제를 다루게 되며, 따라서 서로 '공약불가능'(incommensurable)한 다양한 과학―관료제 관계들―서로 다른 종류의 상호작용, 의존관계, 연결, 영향들―을 보게 되는 것이다. 그렇다면 서로 다른 문화에서 과학과 관료제가 존재하는 서로 다른 맥락들 모두에 있어 의미를 지니는 단일한 과학―관료제 관계란 있을 수 없음이 분명하다.

---

18) Needham은 중국의 관료제와 근대 서양의 관료제의 차이점들에 주목하고, 중국 관료제의 특징을 '봉건적'(feudal)이라고 규정한다. 그는 심지어 중국 관료제의 특징들을 표현하기 위해 중국어 단어 '官僚'의 音譯인 'kuan-liao'를 사용할 수 있을 가능성을 제안하기도 한다. *The Grand Titration*, p.206.

과학과 관료제 양쪽 모두에 대해 두 문화에서 서로 다른 요소와 측면들을 살펴보아야만 하는 것이다. 따라서 과학-관료제 관계에 대한 서로 다른 문화들 사이의 비교가 제공해 줄 수 있는 제대로 된 이해는 한 문화의 과학 발달에서 중요했던 어떤 관료기구, 관료적 관행과 사고, 관료집단 등이 비교대상이 되는 다른 문화에도 있었는지 아닌지를 살펴보는 방식에 의해서는 얻어질 수 없다. 특히 하나의 문화에서의 상황을 다른 문화에서의 상황을 평가하는 데 표준이나 기준으로 사용하려는 유혹에 빠지지 않도록 주의해야 한다.

이와 관련해서 나는 또 하나의 문화요소인 종교와 과학의 관계에 대한 연구 성과를 활용하는 것이 도움이 될 것이라고 생각한다.[19] 중국에서의 과학 발달과 관료제의 관계는 서양에서의 과학과 기독교의 관계와 비교될 수 있는데, 왜냐하면 중국 사회에서 관료제가 지녔던 영향력의 정도는 서양에서의 기독교의 그것에 비교할 만큼 컸기 때문이다. 기독교가 고대 말 서양 사회에 뿌리내린 이래 서양의 역사에서 줄곧 지배적인 요소였던 것처럼 관료제는 제국시기 내내 중국에서 지배적인 요소였던 것이다. 관료제와 기독교는 또한 중국과 서양의 지식인들에게 각각 지배적인 영향력을 발휘했다는 점에서도 비슷하다. 중세 서양의 지식인들이 기독교의 가치와 이념에 몰두한 잠재적 성직자였던 것처럼 전통시대 중국의 지식인 대부분은 유교의 가치와 신념에 헌신한 잠재적 관료였던 것이다.

서양의 역사에서 과학과 종교의 관계는 서로 대립하는 세력들 사이의

---

19) 과학과 종교의 관계는, 적어도 서양의 경우에 대해서는, 심도 있게 연구되어 왔다. John H. Brooke, *Science and Religion: Some Historical Perspectives* (Cambridge, 1991); David C. Lindberg and Ronald L. Numbers (eds), *God and Nature: Historical Essays on the Encounter between Christianity and Science* (Berkeley, 1986). 중국에서의 과학과 종교의 관계에 관해서는 Yung Sik Kim, "Some Reflections on Science and Religion in Traditional China", 『한국과학사학회지』 제7권 1호(1985), 40~49쪽(번역: 이 책의 제3부 제2장, 전통 중국에서의 과학과 종교)을 볼 것.

관계라고 흔히 생각되어 왔지만 지난 수십 년 동안 이 둘 사이의 관계가 심도 있게 연구되어 온 결과 이제 우리는 그 관계가 지녔던 지극히 복잡하고 다면적인 성격에 대해 알게 되었다. 종교는 '억제하는' 역할만을 지녔던 것이 아니었으며, 오히려 다양한 시기에 여러 지역에서 다양한 방식으로 서양의 과학 발달에 도움을 주었다. 예를 들어 과학혁명(Scientific Revolution)에 관한 연구들은 기독교가 실험주의, 기계적 철학(mechanical philosophy), '청교도 윤리'(Puritan ethic) 등과 같이 근대과학에 도움을 준 여러 요소들의 형성과 관련해서 다양한 역할을 했음을 보여 주었다.[20] 그러나 생각해 보면 이는 너무나 당연한 일이었다. 서양 사회에서 그처럼 지배적인 요소였던 기독교가 그 사회에서 일어난 결정석으로 중요한 사건이었던 과학혁명에서 아무런 역할도 하지 않았다고 한다면, 그것이 과연 상상할 수 있는 일인가? 그렇다면, 우리의 논의를 다시 중국으로 돌려 우리가 지금까지 논의해 온 관료제 문제로 되돌아왔을 때, 전통시대 중국 사회에서 마찬가지로 지배적인 요소였던 관료제가 중국에서의 과학 발달에서 마찬가지로 복잡하고 다면적인 역할을 했을 것임이 명백하지 않은가?[21] 적어도, 그것의 역할이 '고취하는 것이었는지 아니면 '억제하는 것이었는지 같은 식의 단순한 양자택일식의 판단을 내리는 것은 그 둘 사이의 복잡한 관계에 대한 적절한 이해로 이어지지 못할 것이라는 점은 분명하지 않은가?

---

20) 과학혁명에 대한 진지한 연구자 중에서 '과학에 적대적이고 과학을 억압하는 종교'라는 지나치게 단순화된 관념을 여전히 고수하고 있는 사람은 아무도 없을 것이다. 예를 들어 우리는 이제 과학과 종교의 관계에 대한 그런 지나치게 단순화된 대중적 인식의 주요 원인이었던 이른바 '갈릴레오 사건'에 대해 전과는 다른, 훨씬 더 정교한 이해를 가지게 되었다.
21) 물론 전통시대 중국에서 과학은 서양에서 과학이 차지했던 것과 같은 중요한 위치를 차지하지 않았다는 점에서 확실히 그 두 관계 사이에는 분명한 차이가 있다. 서양에서의 과학과 종교의 관계는 그 사회의 매우 중요한 두 요소들 사이의 관계였던 데 반해, 중국에서의 과학과 관료제의 관계는 그렇지 않았던 것이다.

## 3. 중국의 과학과 관료제에 대한 연구를 위한 새로운 관점들

중국에서의 과학과 관료제 관계에 대한 연구를 위한 몇 가지 새로운, 유익한 성과를 낳을 것으로 기대할 만한 관점들이 있다.

우선, 중국 관료제의 두드러진 특징 하나는 그것이 철저하게 유교적이었다는 것이다. 중국의 모든 관료들은, 적어도 한대에 유교가 국가에 의해 채택된 이후에는, 유교의 가치와 믿음을 받아들였다. 그들의 교육은 주로 유가 문헌에 바탕을 두고 있었다. 관료가 되고자 하는 젊은 학자들이 치러야 하는 과거시험은 유가 고전들에 대한 응시자들의 지식을 시험하는 데 중점을 두고 있었다. 그리고 그 시험의 결과는 시험관이 생각하는 진정한 유교정신에 답안이 얼마나 충실한지에 의해 대체로 정해졌다. 이런 점에서 중국에서의 과학과 관료제의 관계라는 주제는 과학과 유교의 관계의 한 부분, 또는 한 측면으로 볼 수 있다. 따라서 과학과 유교의 관계에 대해 이야기할 수 있는 많은 것은 과학과 관료제의 관계에 대한 이해에도 이미가 있다.[22] 또한 유교가 '종교적'이라고 간주될 수 있는 측면들을 가지고 있는 한 결국 과학과 종교의 관계라는 주제와도 무관하지 않은 것이 된다.[23] 앞에서 이미 언급한 중국 관료제의 한 측면, 즉 그것이 전문직 관료가 아니라 일반관료들로 이루어졌다는 사실도 이런 맥락에 이해할 수 있는데, 왜냐하면 그것은 '군자불기君子不器'라는 공자의 유명한 말에서 볼 수 있듯이

---

22) 과학과 유교의 관계에 관해서는 Wing-tsit Chan, "Neo-Confucianism and Chinese Scientific Thought", *Philosophy East and West* vol.6(4) (1957), pp.309~332; "Confucianism and the Development of Science in East Asia", Liu Shu-hsien and Lin Yueh-hui, eds., *Modern Confucianism and East Asian Civilization: Issues and Perspectives* (Academia Sinica, Taipei: 2002), pp.183~213을 볼 것.
23) 유교의 종교적인 측면들에 관해서는 Rodney L. Taylor, *The Religious Demensions of Confucianism* (Albany, 1990); Julia Ching, *The Religious Thought of Chu Hsi* (Oxford: Oxford University Press, 2000)를 볼 것.

전문기능인이 되기를 꺼리는 태도—처음부터 유교의 두드러진 특징이었던—를 반영하기 때문이다.24)

중국 관료제의 이 같은 유교적 성격에 뒤따르는 분명한 결과 하나는 모든 중국 관료들은, 적어도 이상적으로는, 관료인 동시에 학자이기도 했다는 것이다. 따라서 중국의 관료들은 전문적인 과학적 주제들과 그것들의 전문가들에 대해 학자들이 지닌 특유의 태도를 보였을 것이라고 추측할 수 있다.25) 나는 주희에 대한 연구를 통해 그와 같은 학자-관료들은 일반적으로 전문가들을 낮게 보는 태도를 가지고 있었다는 것을 보인 바 있다.26) 그는 인간과 관련된 모든 영역의 구체적 사물과 사건들에 관한 지식 연구의 필요성을 크게 강조하는 자신의 '격물' 이론에 충실하게, 역법, 율려, 지리, 연단 같은 전문적인 분야들에 속하는 지식을 공부하고 논의했다. 그는 이들 중 어떤 주제들에 관해서는 상당히 높은 수준의 전문지식을 지니고 있었다. 그러나 동시에 그는 이런 주제들이 그의 가장 주된 관심사인 윤리적・사회적 문제들에 비해서는 그 중요성이 떨어진다고 생각했다. 그는 이런 전문적인 분야들에 종사하는 전문가들을 별로 존중하지 않았고 그들이 그저 전문기능인에 불과하다고 생각했다. 예를 들어 그는 역법의 전문가들인 '역가曆家'들은 단지 분명한 사실들을 관측하고 실무적인 계산을 할 수 있을

---

24) 공자의 구절은 『論語』 「爲政」편 제12장에 실려 있다. Derk Bodde는 심지어 중국의 관료제에는 사회학자들이 전통적으로 관료제의 필수적인 특징이라고 생각해 온 '기능적인 전문화'(functional specialization)도 없었다고까지 말한다: *Chinese Thought, Society, and Science*, p.215.

25) Yung Sik Kim, "Confucian Scholars and Specialized Scientific and Technical Knowledge in Traditional China, 1000~1700: A Preliminary Overview", *East Asian Science, Technology and Society: An International Journal* 4 (2010), pp.207~228 (번역: 이 책의 제3부 제1장, 전통시대 중국 사회의 학자들과 전문 과학기술지식).

26) Yung Sik Kim, "Chu Hsi(1130~1200) on Calendar Specialists and Their Knowledge: A Scholar's Attitude toward Technical Scientific Knowledge in Traditional China", *T'oung Pao* vol.78[1] (1992), pp.94~115. 좀더 상세한 논의는 김영식, 『주희의 자연철학』(예문서원, 2005), 11장을 볼 것.

뿐 더 심오한 문제들을 통찰하지는 못한다고 생각했다. 때로 그는 그들의 전문성마저도 제대로 존중하지 않고 명백히 전문지식이 관련된 문제들과 관련해서도 그들을 쉽게 비판하기도 했다. 주희에게 그들은 전문분야들의 전문가에 불과했다. 그리고 그는 다만 자신이 굳이 그 같은 전문분야들에 정통해지기 위한 귀찮은 노력을 기울이지 않았을 뿐이며, 만약 하려고만 했다면 쉽게 그것들에 정통하게 되었을 것이라는 자신감을 숨기지 않았다. 대부분의 중국 관료들이 학자였다는 사실은 또한 중국에서의 과학과 기술의 관계를 두고서도 어느 정도 중요성을 지니는데, 학자-관료들이 '과학적'이라고 할 만한 분야와 '기술적'이라고 할 만한 분야에 대해 각각 다른 태도를 가지고 있었을 것이라고 추측할 수 있기 때문이다.

대부분의 중국 관료들은 이상적인 유학자가 아니었다는 점에도 주목해야 한다. 사실 중국 역사의 어느 시점에서도 관료들은 높은 기준을 지닌 동시대의 이상주의적인 유학자들—항상 자신의 시기의 관료제의 상황을 개탄하고 고대 성왕의 시대에 존재했다고 믿은 이상적인 관료제도와 가치들을 복구하기를 원했던—에 의해 받아들일 만한 수준이라고 인정받지 못했다. 이것이 많은 진지한 유가사상가들이, 특히 매우 독창적이고 창조적인 사람들이 그렇게 자주 관료직을 멀리하고 학문과 도덕적인 자기수양에 전념하는 개인적 삶을 선호했던 이유의 일부였다. 이런 경향은 과거시험의 경쟁이 더 치열해지고, 보통의 학자들이 관직에 성공적으로 진입할 가능성이 더욱 희박해진 남송대 이후 더 현저해졌다.[27] 왕조교체기에는 이런 경향이 더욱 널리 퍼졌는데, 그것은 종종 '은둔'의 형태를 띠기도 했다.[28] 그렇다면 이는 중국의 관료제가

---

27) Peter K. Bol, "The Sung Examination System and the Shih", *Asia Major*, third series 3 (1990), pp.149~171.
28) Frederick W. Mote, "Confucian Eremitism in the Yon Period", in Arthur F. Wright (ed.), *The Confucian Persuasion* (Stanford, 1960), pp.202~240; Zeng Xiongsheng, "Hiding in Doctoring: The Study of 1364 Medical Practitioners", in Yung Sik Kim and Francesca Bray

재능 있는 사람들을 과학과 관련된 일로부터 '유출'시켰다고 쉽게 말할 수 없는 또 하나의 이유가 된다. 많은 인재들이, 특히 그들 중 가장 우수한 사람들이, 관료제 쪽으로 '유출되는 것'을 이런 식으로 거부했기 때문이다. 그런 면에서, 관료제로 들어가지 않는 쪽을 선택했거나 들어갈 수 없다고 생각한 사람들에게 어떤 종류의 지적(知的)인 일들이 매력이 있었는지를 살펴보는 일이 중요할 것이다. 이에 대한 지금까지의 산발적인 연구들은 다양한 이유로 관료의 길이 막힌 후 과학, 특히 의료에서 대안석인 진로를 발견한 많은 학자들의 예를 보여 주었다.29)

중국에서의 과학과 관료제의 관계를 고려하면서, 마지막으로 과학과 관료제 사이의 밀접한 관련이 사실은 근대사회의 핵심적인 특성 가운데 하나라는 점에 주의해야 한다. 근대사회에서 과학은 관료제 안에 들어갔고 관료제의 일부가 되었으며 철저하게 관료화되었다. 관료제는 대학, 기업과 함께 근대사회에서 과학이 자리잡은 세 가지 주된 장소들 가운데 하나이다. 우리는 과학과 관료제 사이의 그와 같은 연결이 서양에서는 아주 늦은 시기에야 생겨났다는 것을 알고 있다. 그 같은 일은 많은 과학자들이 다양한 정부 과제와 사업들에서 매우 효율적으로 일했던 18세기 말 프랑스에서 처음으로 일어났다고 할 수 있다.30) 과학과 관료제의 이 같은 연결은 종종 그 시기 프랑스 과학의 융성—지적 측면 및 제도적 측면 양쪽 모두에서의—에 기여했다고 생각되어 왔다. 그러나 이 시점에서 우리는 과학이, 특히 니덤이 '정통과학(orthodox sciences)'이라고 부른 역법, 수학, 율려, 지리 같은 분야들이

---

    (eds), *Current Perspectives in the History of Science in East Asia* (Seoul, 1999), pp.438~448.
29) Joseph Needham, "Social Position of Scientific Men and Physicians in Medieval China", *Proceedings, XIVth International Congress of the History of Science* (Tokyo/Kyoto: Science Council of Japan, 1974), vol.4, pp.19~34; Robert P. Hymes, "Not Quite Gentlemen? Doctors in Sung and Yüan", *Chinese Science* no.8 (1987), pp.9~76.
30) Charles C. Gillispie, *Science and Polity in France at the End of the Old Regime* (Princeton, 1980).

서양보다 전통 중국에서 훨씬 더 관료화되어 있었다는 점에 주목하지 않을 수 없다.31) 이것이 중국의 과학 발달에서 관료제의 역할이 그렇게 일방적이고 부정적이기만 했을 것이라고 생각할 수 없는 또 하나의 이유를 제공하는 것이 아닐까? 관료제가 수행한 긍정적인 역할들이 있었을 수 있고, 있었음이 틀림없으며, 그것이 더욱 면밀히 연구되어야 한다.

이와 관련해서, 서양에서 과학이 관료화되는 과정에서 어떤 일들이 있었는지 자세하게 살펴보는 것이 도움이 될 것이다. 우선 그 과정의 초기 단계에서 높이 평가된 것이 과학자들이 그들에게 맡겨진 실제적인 업무들을 수행하는 과정에서 보여 준 능력, 효율, 창조성이었다는 점을 주목할 만하다. 이런 자질들은 그들이 과학자로서 지니고 있던 것들로서 과학자가 되기 위한 교육 과정, 그리고 그들의 실제 과학 활동 과정에서 습득하게 된 것들이지 그들의 전문 과학지식으로부터 직접적으로 나오는 것들은 아니었다. 따라서 과학이 관료화되기 시작한 18세기 말, 19세기 초의 프랑스 과학자들은 좁은 전문분야들에 국한된 전문관료로서가 아니라 오히려 일반관료로서 기능했다. 물론 그들은 자기 분야의 전문지식은 분명히 지니고 있었고 그것이 그들이 관료가 되는 데 기여하기도 했지만, 그 같은 전문지식이 관료로서의 그들의 활동에서 직접적으로 이용되지는 않았던 것이다. 이런 상황을 중국의 관료제 안에서의 일반관료들의 상황과 비교해 보면 흥미로울 수 있을 것이다.32)

---

31) Needham, "Social Position of Scientific Men and Physicians", *Proceedings, XIVth International Congress of the History of Science*.
32) 이와 관련해서 과학의 전문화가 서양에서는 전문지식과 전문분야 종사자들의 위상의 상승으로 이어진 반면 중국에서는 전문화가 위상의 저하를 수반했다는 점도 주목될 수 있을 것이다. 이것은 아마도 서양에서는 전문화가 과학자들의 관심 범위의 단순한 축소를 통해서가 아니라 일종의 확장을 통해서 발생했고 그 과정에서 과학자들은 일반 문화로부터 무엇인가를 취해서 그것을 그들 자신의 활동영역 속에 융합시켜 넣었다는 사실과 관련 있을 것이다.

근대세계에서의 과학과 관료제의 밀접한 관련은 근대사회를 연구하는 학자들 사이에 널리 퍼져 있는 베버(Max Weber)적인 관습 즉 근대의 특징적인 요소들로서, 그리고 '근대'를 성취한 서양을 그러지 못한 세계의 여타 지역과 구별지어 주는 것으로서, 과학과 자본주의를 서로 연결시키는 관습에 대한 하나의 대안을 제시한다.33) 이 같은 베버적 입장을 취하는 사람들에게 과학은 오직 서양에서만 발달할 수 있었다는 것은 거의 필연적인 결론이었다. 왜냐하면 과학의 동반자인 자본주의가 서양에서만 발달했기 때문이다. 내가 생각하고 있는 대안적인 조합은 물론 과학과 관료제의 조합인데, 내게는 이것이 근대세계의 상황을 두고서는 적어도 위의 베버적인 조합만큼은 자연스러운 조합으로 보인다. 이런 비非베버적이고 반反니덤적인34) 조합의 강점 하나는, 이것을 받아들일 경우 더 이상 서양을 근대과학의 발달이 예정된 유일한 문화로 보도록 강요받지 않는다는 것이다. 과학의 새로운 동반자인 관료제는 중국에서 훨씬 더 일찍, 그리고 더 고도로 발달했기 때문이다.

## 4. 맺는 말: 새로운 연구 주제들과 질문들

중국에서의 과학과 관료제의 관계에 대한 연구에서 가장 중요한 주제는 물론 정부 부서들과 거기에서 근무한 관료들의 과학적·기술적 활동일

---

33) 그런 관습은 예를 들어 Robert K. Merton의 작업의 바탕을 이루고 있다. 그는 자본주의와 개신교 윤리에 관한 베버의 명제를 과학과 청교도주의(Puritanism)에 관한 자신의 유명한 명제로 확장했다: *Science, Technology & Society in Seventeenth Century England* (New York, 1970). 머튼 명제에 대한 여러 가지 비판은 I. Bernard Cohen (ed.), *Puritanism and the Rise of Modern Science: The Merton Thesis* (New Brunswick, 1990)를 볼 것.
34) Needham이라면 과학과 관료제가 서로 잘 들어맞을 가능성을 부정했을 것이라는 점에서 이 조합은 '反-니덤적'이다.

것이다. 그러나 이에 관한 연구의 범위를 확대하여 새로운 질문들을 던질 필요가 있다.

무엇보다도 우리는 과학적·기술적 업무를 담당한 정부 부서들에서 근무한 관료들의 특성을 연구해야 한다. 특히 이 관서들의 수장首長이 대개 일반관료들이었다는 사실은 몇 가지 질문들을 제기한다. 그들이 이 관서들을 관할한 것은 단지 명목상이었던 것인가? 만약 그러했다면 이들 일반관료들과 그들의 명목상의 감독을 받아가며 실제 작업을 수행한 전문관료들 사이의 관계는 어떠했는가? 그리고 만약 그런 것이 아니었다면, 일반관료들이 실제로 수행한 과학적·기술적 업무는 어떤 것들이었으며 그 같은 업무는 전문관료들의 작업과 어떻게 관련되어 있었고 또 어떻게 달랐는가? 그런 관서들에서 이들 일반관료들의 위치는 정확히 어떠했는가? 그리고 그 같은 위치에 대해, 특히 그들이 통상적으로 소속되게 되는 일반(비과학·비기술) 관서에서의 그들의 위치와 관련해서, 그들 자신은 어떻게 생각했는가? 과학·기술 전문 관서와 거기에서 근무한 관료들—일반관료와 전문관료 양쪽을 포함해서—이 중국의 관료체제 전체에서 치지하는 위치(역할, 중요성 그리고 관계)는 더 깊이 연구해야 할 또 하나의 주제이다. 그리고 이 모든 주제들의 연구에서 우리는 서로 다른 과학·기술 영역들 사이의 차이들을 살펴보고, 그런 차이들을 이 서로 다른 영역들이 정부를 위해 수행한 다양한 실제 기능들과 관련지어 보아야 한다. 또한 이런 측면들이 시간의 흐름에 따라 어떤 역사적 변화를 겪었는지도 연구해야 한다.

물론 많은 성과를 거둘 수 있는 다른 연구주제들도 있다. 제일 먼저 떠오르는 주제는 과거제도와 그 안에서의 과학의 위치이다. 과학의 효용, 정치적 중요성, 문화적 가치 같은 과학의 여러 다양한 측면들에 대한 관료들의 태도는 또 하나의 잠재적으로 유망한 연구주제이다. 또한 관료화되기 전의 서양 과학에서와 같은 '후원자'로서의 정부와 관료화된 중국 과학에서와 같은 '고용자'로서의 정부 사이의 차이를 살펴보고, 그런 차이가 중국과 서양의 과학 발달에서 어떤 차이들을 낳았는지도 살펴볼 만하다. 중국에서 황제와 황실의 사람들은 관료체계의 일부가 아니었는데 이들의 과학 활동은 과학과 관료제라는 주제와 중요한 관련을 가진 또 하나의 주제이다.

아직 충분히 연구되지 않은 이런 문제들에 대한, 그리고 그 외의 나른 많은 문제들에 대한 면밀한 연구는 중국에서의 과학 발달과 관료제의 관계에 대해 더 잘 이해할 수 있게 해 줄 것이다.

## ‖ 수록 논문 원게재지 ‖

### 제1부 유가의 자연철학

제1장: 「'氣'와 '心' — 朱熹의 思想에 나타난 물질과 정신」, 『哲學』 제35집(1991년 봄), 89~109쪽.
제2장: 「李滉의 理氣觀과 新儒學 傳統上에서의 그 位置」, 『退溪學報』 제81집(退溪學硏究院, 1994년 3월), 70~101쪽.
제3장: "'Analogical Extension'(leitui) in Zhu Xi's Methodology of 'Investigation of Things'(gewu) and 'Extension of Knowledge'(zhizhi)", *Journal of Song-Yuan Studies* 34 (2004), pp.41~57.

### 제2부 유가 전통 속의 과학

제1장: 「자연세계와 과학지식에 대한 주희의 견해」, 『東洋哲學』 특집호(2001. 3), 155~181쪽.
제2장: 金永植, 「界定並延伸儒學之界限: 朱熹論科學與超自然主題」, 蔡振豊 編, 『東亞朱子學的 詮釋與發展』(臺北: 臺大出版中心, 2009. 7), pp.215~241.
제3장: 「미신과 술수에 대한 정야용의 태도」, 『茶山學』 10호(2007), 7~54쪽.
제4장: 「조선 후기의 지전설 재검토」, 『동방학지』 133(연세대학교 국학연구원, 2006), 79~114쪽.

### 제3부 사회적·문화적 맥락들

제1장: "Confucian Scholars and Specialized Scientific and Technical Knowledge in Traditional China, 1000-1700: A Preliminary Overview", *East Asian Science, Technology and Society: an International Journal* 4 (2010), pp.207~228.
제2장: "Some Reflections on Science and Religion in Traditional China", 『한국과학사학회지』 제7권 제1호(1985), 40~49쪽.
제3장: "Science and Bureaucracy in Traditional China", *Medieval History Journal* 3 (2000), pp.363~379.

# 찾아보기

## 인명

가사협賈思勰　263
공자孔子　38, 114, 184, 213, 244, 301
곽옹郭雍　137~138, 154
구양수歐陽修　156, 168, 256
굿리치(L. Carrington Goodrich)　103
그레이엄(A. C. Graham)　124
기대승奇大升　40~42, 47, 50, 61, 67~68
김석문金錫文　204~208, 211, 220, 223, 226~227, 229, 232~235

누숙樓璹　264
뉴턴(Isaac Newton)　121
니덤(Joseph Needham)　19, 121, 124, 276, 284~285, 291, 293~294, 304

당순지唐順之　258
대진戴震　249
두우杜佑　130, 136, 250

라이프니츠(Gottfried Wilhelm Leibniz)　121

마스페로(Henri Maspero)　276
마테오 리치(Matteo Ricci, 利瑪竇)　258
맹자孟子　22, 25

박지원朴趾源　177, 204, 213~215, 229
발라즈(Etienne Balazs)　288
방이지方以智　231
범중엄范仲淹　33, 256
복희伏羲　145, 164

사마광司馬光　156, 168, 256
사양좌謝良佐　139
서광계徐光啓　253, 263
석운리石云里　230
설봉조薛鳳祚　231
소송蘇頌　132, 134, 293
소식蘇軾　256
소옹邵雍　140, 192, 199, 205, 207~208, 246
송응성宋應星　252, 263
송이영宋以頴　204
슈렉(Johann Schreck, 鄧玉函)　228
스모글레키(Jean-Nicolas Smogulecki, 穆尼閣)　230~231
심괄沈括　104, 115, 130, 132, 134, 136, 250, 257, 293

아이퍼스(Jacob Eyferth)　265
안정복安鼎福　211
양시楊時　77
양신楊愼　252
엘먼(Benjamin Elman)　296
왕급보王及甫　134
왕박王朴　136, 154
왕번王蕃　133
왕부지王夫之　70
왕수인王守仁　70, 252, 283
왕숙화王叔和　138
왕안석王安石　256
왕응린王應麟　249
왕정王楨　263
왕징王徵　253

웰치(Holmes Welch)　276
유예游藝　230
이민철李敏哲　204
이시진李時珍　252, 263
이야李冶　257, 260
이양중李養中　43
이이李珥　67~69
이익李瀷　158, 161, 169, 170~175, 185~186, 198, 204, 208~211, 222, 224~229
이정二程　26, 29, 37
이황李滉　40~50, 61~64, 66~68, 70

장재張載　133~134, 139~140, 156, 166, 168, 172, 185, 206, 213, 223, 234~235
정덕용丁德用　138
정약용丁若鏞　158~161, 169, 176~191, 193~196, 198~202, 205
정약전丁若銓　192, 205
정이程頤　76~80, 89~91, 156, 166, 168, 172, 185
정지운鄭之雲　41
정초鄭樵　257
정호程顥　25
조효손祖孝孫　136
주돈이周敦頤　139, 205

주재육朱載堉　258, 261
주희朱熹　17, 19~46, 49~67, 72~93, 97~158, 161~ 169, 171, 173~176, 184~185, 198~201, 209~ 210, 218, 223~224, 234, 243, 246~247, 250~252, 257~260, 264~265, 272, 284, 302~303
진구소秦九韶　257

채연蔡淵　133
채원정蔡元定　133~137, 257
채침蔡沈　133

코페르니쿠스(Nicolaus Copernicus)　217, 230

하호河鎬　27
형운로邢雲路　258
호굉胡宏　139
호안국胡安國　77
호적胡適　118~119, 121
호원胡瑗　256
홍대용洪大容　158, 204~205, 212~213, 223, 225, 227, 229, 232~233, 235
화이트헤드(Alfred N. Whitehead)　121
황도주黃道周　230
황백가黃百家　231

## 서명 및 편명

『고령요考靈曜』　227
『구장산술九章算術』　137
『국어國語』　135~136
『근사록近思錄』　139

『난경難經』　138
『논어論語』　32, 112, 114, 135, 168, 245, 249, 251

『농서農書』　263
『농정전서農政全書』　263

『대학大學』　86, 131, 139, 151, 153, 251

『맥경脈經』　138
『맹자孟子』　25, 34~35, 37, 79, 139, 249

『명사明史』 258
『몽계필담夢溪筆談』 115, 130, 132, 134, 136, 250

『본초강목本草綱目』 263

『사고전서총목제요四庫全書總目提要』 249
『사기史記』 132, 135~136, 250
『상한보망론傷寒補亡論』 137
『서경書經』 132~133, 151, 174, 187, 248
『서양신법역서西洋新法曆書』 226
『성리대전性理大全』 257, 282
『성호사설星湖僿說』 169, 208
『성호사설유선星湖僿說類選』 211
『소문素問』 137
『수서구장數書九章』 257
『순자荀子』 109
『시경詩經』 112, 249
『신의상법요新儀象法要』 132, 134

『역학계몽易學啓蒙』 138, 144, 153
『역학서언易學緒言』 182
『역학이십사도해易學二十四圖解』 205~206
『역학회통易學會通』 231
『열하일기熱河日記』 177, 214
『영추靈樞』 137
『예기禮記』 132~133, 135, 137, 249
『오위역지五緯曆指』 206, 225~227, 231~233
『육경천문편六經天文編』 249
『율려신서律呂新書』 136, 257
『의산문답毉山問答』 212~213
『이락연원록伊洛淵源錄』 139

『장자莊子』 208, 210, 221
『정몽正蒙』 133~134, 222~223
『제민요술齊民要術』 263
『좌전左傳』 135, 174

『주례周禮』 135, 137, 249, 270
『주문공문집朱文公文集』 97, 113
『주비산경周髀算經』 137
『주역周易』(易) 111, 114, 124, 129, 140~141, 144, 146, 152, 164~165, 174~175, 180~183, 185, 192~193, 198, 209, 218, 242, 248, 270
『주역사전周易四箋』 182
『주자어류朱子語類』 97, 113, 209, 224, 282
『중국의 과학과 문명』 284
『중용中庸』 28, 139, 192
『진서晉書』 132, 134, 222, 250

『참동계參同契』(周易參同契) 111, 139~140, 143, 145, 150~152, 165
『참동계고이參同契考異』 139, 151~152, 184
『천경天經』 134
『천공개물天工開物』 263, 271
『천문략天問略』 228
『천보진원天步眞原』 230
『초사楚辭』 112, 151
『측원해경測圓海鏡』 257
『측천약설測天約說』 225, 228, 234
『통전通典』 130, 136~137, 250

『풍수집의風水集議』 177

『한서漢書』 132, 134~135, 250
『황제내경黃帝內經』 137
『회남자淮南子』 104~105, 140
『후한서後漢書』 132, 134, 250

「갑을론甲乙論」 193
「계사전繫辭傳」 138, 242, 270
「고공기考工記」 249, 270
「낙서洛書」 132, 192

「단전彖傳」 175
「담천談天」 208~209, 211, 226~227
「만물문萬物門」 169
「맥론脈論」 189
「복희팔괘차서도伏犧八卦次序圖」 193
「부협산자변剖脇産子辨」 184
「비리기위일물변증非理氣爲一物辨證」 48, 50, 63
「삼량參兩」 222
「상전象傳」 175, 209
「석천釋天」 211
「순전舜典」 132~133, 248, 250
「시괘고오蓍卦考誤」 138, 153
「시월지교十月之交」 249
「악기樂記」 249
「예운禮運」 135
「요전堯典」 132, 134, 248, 250
「월령月令」 132~134, 249~250
「위정爲政」 249

「율력지律曆志」 134, 135, 250
「율서律書」 135, 250
「이루하離婁下」 249
「천명도天命圖」 41
「천문지天文志」 134, 222, 250
「천문천대天問天對」 208, 210, 227
「천수지전天隨地轉」 208~209, 224, 228
「천운天運」 208, 210, 221
「천행건天行健」 208~209, 211, 227
「태극도太極圖」 140, 151, 192
「태극도설太極圖說」 43, 63, 205~206
「풍수론風水論」 177
「하도河圖」 132, 192
「혹정필담鵠汀筆談」 214
「혼의의渾儀議」 132
「혼천설渾天說」 133
「홍범洪範」 187
「황극구천도黃極九天圖」 206

## 개념어구

간색間色 125~126
갈릴레오(Galileo) 종교재판 273
감응感應 142, 170
개별적 리 72, 74, 76, 119, 260
건乾괘 209
격물格物 72, 74~76, 83, 86~87, 89, 93, 113, 116, 118~121, 130~131, 251~252, 283, 302
격물치지格物致知 72, 79, 83, 86
결시이물決是二物 49~50, 61, 63
경건함(敬) 29, 120, 143
경성천經星天 206
경전의 권위를 통한 인정(classical sanction) 129
고용자로서의 정부 308

고전과학(classical science) 121~122
공空 65, 107, 285
공전公轉 219
과학(science) 97~99, 266, 269
과학 활동 276, 289, 292, 308
과학과 관료제(과학-관료제) 289~291, 297~299, 301, 304, 306, 308
과학과 종교 273, 275~276, 278~281, 283, 287, 289~290, 299, 301
과학기술지식 160, 239~241, 245, 249~250, 252, 256, 258~259, 265, 266, 272
과학적(scientific) 97, 99, 128, 155, 240, 303
과학혁명(Scientific Revolution) 270, 285, 300

관료제　288~295, 298, 300~301, 303~306
관상觀相　149, 176
관통貫通　72, 76~79, 86, 90~93
광기光氣　19
괘卦　111, 114, 124, 146, 152, 165, 181, 183, 248
구고술句股術(句股法)　136~137
구중천九重天　205~206
군자불기君子不器　244, 246, 301
궁리窮理　83, 131
권농勸農　254
권농문勸農文　255, 264
귀신鬼神　128, 139, 160, 164, 166~167, 170~172, 185, 198, 200~201, 283
그 멈춰야 할 바를 앎(知其所止)　86
근본(本)　116, 259
기氣　17~19, 21~23, 32~37, 39~40, 44~48, 50~51, 57~58, 61~63, 65, 69, 75, 97, 100, 105, 108, 140~142, 144, 146~148, 162~167, 170, 185, 198, 201, 226~227, 242, 245, 286
기器　62, 69, 242, 246
기계적 철학(mechanical philosophy)　300
기독교　160, 284~285, 299~300
기력氣力　23~24
기발氣發　67
기삼백유육순유육일朞三百有六旬有六日　248
기수氣數　174
기술(工·technology)　112, 160, 269
기氣와 마음(心)의 상호작용　141~143, 148, 163~164, 167, 185~186, 198~199
기氣의 정신적 속성　142, 166, 185
기氣의 찌꺼기(渣滓)　106
기화氣化　19~20, 24

납갑법納甲法　139, 174
내단內丹　114, 128~129, 139, 141, 143~145, 148, 150, 152, 158, 163, 165, 167, 184

널리 공부함(博學)　131

단丹　143, 148, 163, 167
대연大衍 역법　153
도道　75, 77, 86, 107, 114, 129, 182, 242, 244~248
도가道家　107, 112, 145, 165, 276
도교道敎　146, 275~277
도기불리道器不離　245
도사道士　112, 114, 129, 248
도심道心　31~32
도인법導引法　183
도학道學　151
동림東林학파　283
동정動靜　44, 49
동정動靜의 리　56, 63
두 기의 양능(二氣之良能)　166, 172, 185, 198~199, 201
둘이지만 하나(二而一)　69

류類　71, 80~81
리理　15, 40, 43~48, 50~58, 61~66, 69~72, 74~75, 78~79, 86~87, 89, 97, 106~107, 113, 120, 130, 145, 147, 160, 163~164, 169, 184, 199, 209, 213, 242, 244~247, 251
리기관계(리와 기의 관계)　40, 51, 57~58, 60~62, 68
리기불가분개理氣不可分開　48
리기일물理氣一物　63
리도理到　43
리발理發　42, 67~68
리자도理自到　70

마음(心)　32~33, 36, 48, 50, 74~76, 102~103, 141~143, 166~167
마음과 기의 상호작용　142, 144, 166
마음의 리　74~75, 119

만다린(mandarin)　288
만물을 아낌(愛物)　93
맥가脈家　190
맥진脈診　189, 191, 194
멈출 바를 앎(知止)　88
모나드(monad)　121
무無　65, 107, 285
무위無爲　294
문화의존적　280, 297
미동微動　206
미신　146, 160~161, 176, 179, 185~186, 198

박학博學　114, 251
박학홍유博學鴻儒　248
반反니덤적　306
반反미신적　146, 156, 158, 162, 168
백성을 자애롭게 대함(仁民)　93
베버(Weber)적　306
보편적 리　71, 74, 76, 260
복서卜筮　176, 182, 196
본초本草　112
부모에 대한 효도(親親)　93
분리　241, 256, 266, 269
분야설分野說　173, 178
불가佛家　107, 112
불가분개不可分開　50, 61, 63
불가지론(Agnosticism)　284
불교佛敎　146, 283~286
비非베버적　306

사단四端　42, 45, 47~48, 67~69
사단칠정四端七情(四七)　48, 62, 68, 70
사단칠정 논쟁　40~41, 46
사람의 리　57
사물과 사건의 리　71, 76
사물과 현상의 리　53, 55, 64, 79, 106

사물의 리　53, 56~57, 65, 74~75, 87, 113, 119, 130, 147, 251
사물이 탐구됨(物格)　87
사분력四分曆　265
사유四遊　218
사청성四淸聲　154
상관적 사고(correlative thinking/thought)　80, 108, 161, 173, 186~189, 191, 193, 196, 199~200
상관적 연관　193, 195~196, 199
상象　146, 152, 165
상수象數　97~98, 111, 129, 140, 248
상수학象數學　114, 191~192, 199
상응(correspondences)　80, 108
새로운 과학자(new scientist)　118
서양 문명의 두 개의 기둥　274
선기옥형璇璣玉衡　248
선기옥형이제칠정璇璣玉衡以濟七政　248
선천역학先天易學　193
선후갑경先後甲庚　175
설시揲蓍　138
성性　31, 73, 103, 242, 244
성聖　24, 270
성인聖人　79, 282
세성천歲星天　206
세勢　69, 170, 181, 184
소당연所當然　53
소당연의 칙則　52
소도小道　112, 116, 244~247
소이연所以然　53
소이연의 고故　52
수數　173, 199, 242, 245~246
수렴　241, 256, 258~259, 261~262, 265~266, 272
수비학數秘學(numerology)　111
수학數學(算)　160, 191~192, 240, 246, 257, 272, 304
숙독熟讀　102~103
술가術家　174, 189

술수術數　146, 158, 160, 161, 164~165, 173, 175, 176, 179, 185, 186, 196, 198
스콜라주의　273, 285
스콜라학자　122, 123, 286
시초蓍草　138
신神(god)　270~271, 277, 297
신공神工　271
신기神技　271
신명불측神明不測　25, 31
신선神仙　148~149, 163
신유학　16, 40~41, 64, 66~67, 70, 72, 98, 139~140, 199, 243, 246, 251, 282
신유학자　16~17, 40, 61, 66, 70~71, 155, 222, 285
실옹實翁　212~213
실학實學　159
심心(마음)　16~17, 24~25, 30~31, 198, 242
십익十翼　183~184

아리스토텔레스주의　270
악樂　115, 249
악가樂家　153
안천설安天說　209~210, 222
야기夜氣　34
양구백육설陽九百六說　174
양생養生　112, 183
양생가　112
양생술　254, 274
양심良心　21, 35
역易　182
역曆　115
역가曆家　153, 234, 253, 260, 302
역법曆法　113, 117, 128, 130~132, 136, 153, 193, 240, 246~249, 253, 261, 272, 302, 304
역상曆象　116, 131
역학易學　111
연단煉丹　129, 141, 155, 240, 248, 263, 302

연단술　112, 114, 150, 274, 276
영靈　31~32
영정부동천永靜不動天(永靜天)　210, 228~229
예禮　111, 115, 129~130, 249, 270
예수회　204, 219, 220, 223, 229, 236, 253, 258
오간색五間色　125
오상五常　103, 195
오성五聲　109, 188
오운육기론五運六氣論　189
오장五臟　109
오정색五正色　125
오행五行　56, 81, 97, 100, 108~110, 124~126, 147, 186, 188, 200
앙상효감工祥孝感　39
외단外丹　150
용龍　148, 173
원시과학(proto-science) 활동　274, 276~277
원회운세元會運世　205, 207~208
월륜천月輪天　206
유교儒教　281~283, 286, 299, 301~302
유기체론적(organic)　121~122
유사과학(pseudo-science) 활동　276
유서類書　262, 293
유의儒醫　263, 268
유추類推　71~72, 80~82, 87, 90, 92~93
육갑六甲　195
육십사괘六十四卦　124
윤회輪廻　285
율려律呂　128~131, 135~136, 150~151, 153, 155, 158, 160, 247~249, 272, 302, 304
음과 양의 교합　143, 167
음악(樂)　97~98, 113, 117, 129~131, 135, 153
음양陰陽　44, 46, 56, 63, 81, 97, 100, 105, 108~110, 124, 147, 184, 188, 200
음양순환　104, 105, 124, 125
의義　22, 73

의가醫家　112
의례儀禮　113, 131
의료(醫)　240, 276, 304
의술(醫)　111~112
의학醫學　150, 155, 160, 247
인仁　73, 107, 242
인격적인 신(anthropomorphic god)　277
인심人心　31~32
인욕人欲　73~74, 119
일륜천日輪天　206
일심지동日心地動 모델　230
일중日中　194
입법자로서의 신(divine legislator)　277~278, 282

자기수양(修身)　73, 93
자연지식　97~98, 124, 126, 267, 278, 281, 294
자전自轉　208, 217, 219~220, 231
전문분야　98~99, 111~117, 130, 151, 153, 240~241, 244~245, 247, 252~253, 255~256, 260, 262~267, 269, 271~272, 303, 305
전문분야 종사자　262~263, 265~267, 271
전문지식　97, 98, 111, 115, 130, 160, 240, 241, 249, 252, 253, 260, 261, 262, 263, 266, 267, 268, 271, 272, 302, 303, 305
전생前生과 후생後生　147, 162
전지前知　149, 163, 180
점복占卜　128~129, 141, 143~145, 163, 167, 169, 240, 248, 263
점성占星　176
점성술　130, 274, 276
점술(占・卜)　112, 114, 158
점술가　112
점인占人　183
점치기　143, 167, 174~175
정법定法　153
정색正色　125~126

제가齊家　93
제사祭祀　129, 139, 141~142, 144, 150, 155, 186, 283
조화造化　172, 198
조화의 흔적(造化之跡)　166, 172, 185, 198
종교　273~277, 279~283, 286, 300
좌선설左旋說　134, 140
주기파主氣派　67, 70
주리-주기 논쟁　70
주리主理　40, 45~47, 66, 70
『주역』괘　145, 150, 165
『주역』점　138, 144~145, 149~150, 152, 155, 163~165, 180~183, 192, 198
중국 과학　118, 123, 126, 275, 284, 289, 292, 295, 297, 308
중절中節　68
지志 [意]　31, 36~37, 39
지志 [誌]　115, 132, 250
지각知覺　22, 60, 171
지구地球　203, 214~215, 218~219, 229, 233, 235
지구의地球儀　204
지기志氣　33, 39
지동地動　222, 232
지륜천地輪天　206
지리地理　97~98, 111, 113~115, 117, 128~131, 160, 248~249, 302, 304
지세곤地勢坤　218
지식의 확장(extension of knowledge)　82
지식이 도달함(知至)　86~87
지원地圓　212
지전地轉　203~205, 208~226, 228~236
진공眞空(void)　285~286
진성천鎭星天　206
진실됨(誠)　102~103

창조주로서의 신(creator-god)　277~278, 282
천天　114, 160, 247, 270

천리天理　73~74, 76, 119~120, 181, 251, 260
천명天命　174, 182, 253
천문天文　113, 115, 117, 130~131, 249, 293
천문역법天文曆法　97~98, 111, 150~151, 155, 158, 160, 258, 263
천원지방天圓地方　212, 218
천지天地　100~101, 114, 129, 150, 246~247
천지의 기(天地之氣)　38, 142~143, 166~167
천지의 마음(天地之心)　142, 166
천행건天行健　209~210, 212~213, 218, 225
청명淸明　109
초자연적(occult)　128~129, 146~147, 155, 162, 169, 184, 186
추론推論(推; inference)　80~82, 84~85, 87, 89
치국治國　93
치지致知　71~72, 82~84, 88~89, 93, 131, 251
칠정七情　42, 45, 47~48, 67~69

탁명濁明　109
태극太極　44, 46, 63, 206
태극동이생양太極動而生陽　63
태극천太極天　206
태을술太乙術　174
태허太虛　135, 223
태허천太虛天　206
택일擇日　174~175
토규土圭　137

팔괘八卦　192
평단지기平旦之氣　34
풍수風水　114, 129, 141, 158, 169, 177, 240, 263
풍수술　184~185, 196~197
풍수의 리　177
플라톤(Platon)주의　284

하나로 관통함(一以貫之)　83

하나의 리　71~73, 76, 78~79, 119
하늘(天)　100, 114, 129, 282
하늘과 땅의 기(天地之氣)　100
하늘과 땅의 마음(天地之心)　100
하늘과 땅의 올바른 기(天地之正氣)　22
하학상달下學上達　114, 252
학자-관료(scholar-official)　243, 253~254, 256, 264, 288, 302~303
학자　240~241, 245, 263
허虛　29, 32, 107, 285
허자虛子　212~213, 225
혈기血氣　33, 35, 39
형形　163, 170
형이상形而上　106~107, 242~245
형이하形而下　62, 106~107, 242~244, 246
형혹천熒惑天　206
호연지기浩然之氣　22, 33~34
혼륜渾淪　48, 50, 63
혼의渾儀　204
화성학(律·律呂)　97~98, 111, 113, 117, 240
화후火候　144
확장(推·致)　71, 79, 80~90
후원자로서의 정부　308
흠천감欽天監　292, 295

지은이 김영식 金永植

서울대학교 공과대학 화학공학과를 졸업하고, 미국 하버드 대학(화학물리학)과 프린스턴 대학(역사학)에서 박사학위를 받았다. 서울대학교 화학과, 동양사학과, 과학사및과학철학 협동과정 교수를 역임하였다. 주요 연구 주제는 중국 전통 과학과 자연철학, 한국의 과학기술, 동서양 과학의 비교 등이다. 저서로는 『과학혁명』(저서), 『중국 전통문화와 과학』(편저), 『인간 주자』(역서), 『주희의 자연철학』(저서) 등이 있고, 그 외 다수의 논문이 있다.